I0032143

F 4591

DROIT CIVIL

FRANÇAIS.

On ne reconnaîtra pour non contrefaits, que les exemplaires qui porteront la signature de l'auteur ou celle de l'éditeur.

Les *trois Éditions* de cet ouvrage s'étant épuisées en peu de tems, l'Auteur a consenti à la réimpression d'une *quatrième*, conforme, à quelques corrections près, à la *seconde* et à la *troisième.*

Il paraît onze voulumes de cet important ouvrage; l'Auteur travaille avec activité au douzième.

Les corrections et additions, faites aux trois dernières Éditions, ont été rassemblées avec soin, pour ceux qui ont la *première;* elles forment un fort volume in-8°., dont le prix, pour Paris, est de 7 fr. broché; et 10 fr. franc de port.

Consultation de plusieurs avocats de Rennes, sur la validité des mariages contractés par les émigrés français avant leur retour, et le rétablissement dans leurs droits civils, rédigée par M. Toullier, et pour faire servir de supplément à ce que dit cet auteur sur la mort civile et sur le mariage, dans son premier volume du *Droit civil français;* brochure de 60 pag., in-8°., prix : 1 fr. 20 cent., et franc de port, 1 fr. 50 cent.

————————

Le Lecteur est averti que les Numéros des trois dernières *Éditions* correspondent exactement à ceux de la première, depuis et compris le second volume. Pour ne pas déranger l'ancien numérotage, on a doublé, quelquefois triplé les Numéros à la suite desquels se trouvent des additions. Par exemple, dans le III°. vol., tit. 4, pag. 526, on trouvera sous le N°. 469 *bis,* une addition importante sur les propriétés souterraines et superficiaires, et sur les droits de communauté forcée, qu'il ne faut pas confondre avec les servitudes.

DE L'IMPRIMERIE DE COUSIN-DANELLE, A RENNES.

LE DROIT CIVIL

FRANÇAIS,

SUIVANT L'ORDRE DU CODE,

OUVRAGE DANS LEQUEL ON A TACHÉ DE RÉUNIR LA THÉORIE
A LA PRATIQUE.

PAR Mr. C. B. M. TOULLIER,

BATONNIER DE L'ORDRE DES AVOCATS DE RENNES.

QUATRIÈME ÉDITION, REVUE ET CORRIGÉE.

On y a joint DEUX TABLES : l'*une*, générale et alpha-
bétique des matières contenues dans les onze
volumes ; l'*autre*, des articles des cinq Codes qui
y sont traités ou cités.

TOME PREMIER.

A PARIS,

CHEZ { WARÉE, ONCLE, LIBRAIRE DE LA COUR ROYALE ;
COUR DE LA SAINTE-CHAPELLE, n.º 13.
WARÉE, FILS AÎNÉ, LIBRAIRE, AU PALAIS DE JUSTICE.

BIBLIOTHÈQUE ROYALE

M. DCCC. XXIV.

LE DROIT CIVIL

FRANÇAIS,

SUIVANT L'ORDRE DU CODE CIVIL.

~~~~~~

TITRE PRÉLIMINAIRE.

De la Publication, des Effets et de l'Application des lois en général.

———

SECTION PREMIÈRE.

Des Lois et du Droit en général, et particulièrement du Droit civil.

SOMMAIRE.

1. *Définition de la jurisprudence.*
2. *Des lois en général.*
3. *Obscurité et inexactitude de la définition des lois, donnée par Montesquieu.*
4. *Pourquoi la loi est appelée une règle d'action.*
5. *Définition de la justice.*
6. *De la justice intérieure, extérieure et parfaite. Inutilité des autres divisions.*
7. *Justice extérieure, objet de la jurisprudence. Inutilité et obscurité de la division de la justice en distributive et commutative. Ce qu'on entend par là (à la note.)*

Tom. I. 1

1. L<small>A</small> jurisprudence est la science des lois. Le premier pas à faire dans cette science est donc de bien connaître la nature des lois, et de s'en former une idée nette et précise.

On entend par science un enchaînement de vérités fondées sur des principes évidens par eux-mêmes ou sur des démonstrations, une collection de vérités d'une même espèce, rangées dans un ordre méthodique.

L'art est l'habitude d'appliquer les connaissances à la pratique. De là, quelques jurisconsultes ont défini la jurisprudence l'habitude d'interpréter les lois et de les appliquer aux *espèces* qui se présentent.

2. Le mot loi, dans son sens le plus étendu, signifie une règle d'action : c'est la règle que suivent ou doivent suivre, dans leurs actions, tous les êtres

animés ou inanimés, raisonnables ou *irraisonnables.* On dit les lois du mouvement, de la gravitation, de l'optique, de la mécanique, comme on dit les lois naturelles, les lois civiles, les lois politiques, commerciales, etc.

Dans ce sens, comme l'observe Montesquieu (1), tous les êtres ont leurs lois; le monde matériel a ses lois, les bêtes ont leurs lois, l'homme a ses lois.

La science de toutes ces lois différentes appartient à la philosophie, qui embrasse dans son immensité toutes les connaissances que l'homme peut acquérir par l'usage de la raison.

Plus circonscrite dans son objet, la jurisprudence ne s'occupe que des lois morales particulières à l'homme.

Sous ce point de vue, la loi est la règle des actes humains, c'est-à-dire des actions qui ont pour principe le libre exercice de l'intelligence et de la volonté.

3. Montesquieu a dit que les lois, dans la signification la plus étendue, sont les rapports nécessaires qui dérivent de la nature des choses.

On a observé, avec raison, que cette définition était plus obscure que la chose à définir, et qu'elle manquait d'exactitude. Le mot rapport, dans le sens propre et naturel, signifie l'action de rapporter un corps près d'un autre. Par le moyen de ce rapprochement, nous en saisissons plus facile-

---

(1) Esprit des lois, liv. 1, chap. 1.

ment et plus distinctement les différences et les similitudes; en un mot, tous les points de comparaison. Ce sont ces points de comparaison qu'on appelle des rapports, des relations.

Il y a des rapports entre tous les êtres; entre les êtres animés et inanimés, entre les végétaux et les animaux, entre l'homme et la brute, entre l'homme et Dieu, entre les hommes considérés comme individus, comme membres d'une famille, comme membres d'un État.

La connaissance des rapports qui existent entre les hommes, et qui dérivent de leur nature, sert, à l'aide de l'observation, de la réflexion et du raisonnement, à découvrir les règles de conduite qui conviennent à leur bonheur.

Mais on ne peut pas dire que les rapports sont des lois; autrement il y aurait des lois contradictoires, car il y a des rapports absolument opposés, des rapports de différence, aussi bien que de similitude, de bonté, de méchanceté, de vices et de vertus, etc.

On peut encore moins dire, avec un auteur moderne (1), qui a cru rectifier la doctrine de Montesquieu, que « les lois sont les résultats néces- » saires des rapports que les choses ont entre elles » et avec nous, et l'obligation de nous conformer » à ces mêmes rapports. »

Les résultats que font naître les rapports qui existent entre les richesses et l'homme, entre le

---

(1) M. Perreau.

riche et le pauvre, l'homme fort ou puissant, et l'homme faible et sans crédit, l'intelligent et l'imbécile, sont que le riche se corrompt et abuse de sa richesse pour corrompre le pauvre; l'homme fort et puissant, de sa force ou de sa puissance pour opprimer l'homme faible et sans crédit; l'homme intelligent, de son esprit pour tromper, etc.

Loin que ces résultats soient des lois, les lois sont faites pour en prévenir les fâcheux effets : les lois ne sont donc ni des rapports ni les résultats des rapports; ce sont des règles d'action prescrites par un supérieur légitime.

4. On appelle la loi une règle d'action, par une métaphore empruntée de la mécanique.

La règle, dans le sens propre, est un instrument au moyen duquel on tire, d'un point à un autre, la ligne la plus courte, qu'on appelle la ligne droite.

La règle sert de comparaison dans les arts, pour juger si une ligne est droite, comme la loi sert, en jurisprudence, pour juger si une action est juste ou injuste.

Elle est juste, elle est droite, si elle est conforme à la règle, qui est la loi. Elle est injuste, si elle s'en écarte; elle n'est pas droite. Il en est de même de notre volonté ou de notre intention.

5. La justice est la conformité de nos actions et de notre volonté à la loi.

6. La justice est intérieure ou extérieure.

La première est la conformité de notre volonté ;

La seconde, la conformité de nos actions à la loi.

La réunion de la justice intérieure et extérieure forme la justice parfaite.

7. C'est la justice extérieure qui est l'objet de la jurisprudence ; la justice intérieure est l'objet de la morale.

Les anciens docteurs ont, d'après Aristote, divisé la justice en *distributive* et *commutative*. Cette division avait passé dans les misérables abrégés ou *compendium* qu'on mettait entre les mains des élèves, avant la restauration des écoles de droit, quoique Grotius, Heineccius, etc., eussent depuis long-tems démontré l'inutilité et l'inexactitude de cette division (1).

---

(1) *Voy.* Heinec., *Recit. in elem. jur. civ.*, § 23, et *Prælectiones in Grotium*, lib. 1, cap. 1, § 8 ; Barbeyrac, sur le même, § 8, not. 6, 7 et 9.

Grotius, *ibid.*, donne une autre division de la justice, en explétive et attributive ; il la fonde sur la distinction des droits et des devoirs en parfaits et imparfaits. Cette division de la justice nous paraît sans utilité, et aussi difficile à bien comprendre qu'il est difficile de distinguer les droits et les devoirs parfaits ou imparfaits.

La division de la justice en intérieure ou extérieure nous paraît la seule claire, la seule exacte, la seule utile.

Cependant, comme il serait honteux de ne pas entendre une division qui a passé dans presque tous nos livres, nous allons tâcher de l'expliquer. C'est Aristote qui, d'après les idées de Platon, a le premier, dans ses écrits sur la morale (*Magnorum moralium*, lib. 1, cap. 34 ; et ad *Nicomachum*, lib. 5, cap. 2, 3 et 4), exposé d'une manière méthodique la division de la justice en distributive et commutative. Les docteurs s'en sont emparés, et l'ont expliquée d'une manière obscure, qui n'est pas en tout conforme à la doctrine du philosophe de Stagire. Tâchons de suivre et d'exposer ses idées avec clarté.

Il ne concevait la justice, ainsi que tous les anciens philosophes, que

8. Un supérieur peut seul donner des règles de conduite obligatoires à un être intelligent et libre. Pour compléter la définition de la loi, il faut donc dire qu'elle est une règle de conduite prescrite par un supérieur légitime.

Le premier supérieur de l'homme est Dieu. C'est

---

sous l'idée d'égalité. La justice et l'égalité étaient, suivant eux, une seule et même chose : *Justum æquale est, injustum inæquale.* La justice consiste dans l'égalité ; l'homme juste est celui qui veut l'égalité. (*Magn. mor., lib.* I, *cap.* 34, *et ubiquè passim*).

Or, l'égalité est une idée relative, qui suppose nécessairement la comparaison de plusieurs personnes, de plusieurs choses. Telle personne, telle chose est égale, à qui ? Elles sont égales ou inégales, en quoi ? Voilà donc trois termes ou trois points de comparaison.

Il y a justice, lorsque l'égalité est conservée en tout. Il y a donc aussi justice, lorsque la proportion est conservée dans la comparaison des personnes et des choses ; car la proportion est égalité. Celui qui a beaucoup, doit donner beaucoup ; celui qui a peu, doit donner peu ; celui qui travaille beaucoup, doit recevoir beaucoup ; celui qui travaille peu, doit recevoir peu. Le plus ou le moins de salaire doit être proportionné au plus ou moins de travail. Si le travail de l'un est comme un, le travail de l'autre comme deux, le salaire de celui-ci doit être double du salaire de celui-là.

Supposons qu'il y ait à partager ou à distribuer entre Achille et Ajax un butin de douze, pris sur l'ennemi. Si les deux personnes étaient égales, le partage devrait aussi être arithmétiquement égal : Achille aurait six, Ajax six ; et si l'on suivait cette égalité arithmétique, Thersite lui-même aurait une part égale à celle d'Achille ; ce qui serait souverainement injuste et révoltant.

Pour éviter cette injustice, comparons la valeur des personnes, afin de leur donner des parts proportionnellement égales à leur valeur. La valeur d'Achille et celle d'Ajax ne sont point égales ; celle d'Achille est supérieure. Supposons qu'elle soit double : Achille vaut douze, Ajax six.

La part d'Achille devra être huit, celle d'Ajax quatre. Il n'y aura pas égalité arithmétique, mais égalité proportionnelle ; car huit est à quatre comme douze est à six. C'est cette comparaison des mérites, *rationum,* dit Aristote, que les mathématiciens appellent géométrique.

ici l'un des dogmes fondamentaux de la morale et
de la société civile; un de ces dogmes dont l'importance a été sentie par tous les législateurs,
tant anciens que modernes, et par tous les vrais
philosophes. C'est de la divinité que Cicéron fait
dériver les lois. La paix et l'ordre des sociétés ne

Voilà ce qu'il appelle justice distributive, dans laquelle il y a égalité
proportionnelle, quoiqu'il n'y ait pas égalité arithmétique. La justice
distributive est donc celle qui distribue les récompenses et les honneurs, suivant la proportion géométrique, en comparant le mérite des
personnes.

Rien de mieux que cette doctrine en théorie; et il serait à désirer
que les Gouvernemens suivissent toujours la comparaison du mérite
des personnes, dans la distribution des emplois et des honneurs.

Mais cette même doctrine a toujours, dans l'application, excité beaucoup de plaintes et de contestations, *pugnas*. Car, si l'on convient una-
nimement, *unò ore*, qu'il faut donner les places et les honneurs aux
plus dignes, *dignitati*, on ne peut s'accorder sur le genre de mérite
qui constitue le plus digne, qui doit faire donner la préférence, et
rendre la répartition inégale dans la distribution des emplois et des
honneurs, etc. Dès le tems d'Aristote, le peuple prétendait qu'on ne
devait considérer que la qualité d'homme libre et de citoyen; les oli-
garches, que c'était le crédit de l'opulence; les aristocrates, *nonulli*,
la noblesse; les plus gens de bien, le mérite personnel et la vertu.

Aristote bornait la justice distributive, qui considère le mérite ou
la dignité de la personne, à la distribution des honneurs et des autres
choses qui appartiennent en commun à la société, et qui sont à distribuer entre ses membres. Il ne l'étendait pas à l'application des peines
à prononcer contre les délinquans.

Quant à la justice commutative, qu'il appelle aussi plus proprement
justice corrective, *justum emendativum*, c'est celle qui, suivant lui,
consiste à maintenir ou à rétablir l'égalité entre les hommes, à redres-
ser, *emendare*, les injures ou les injustices qu'ils éprouvent de la part
les uns des autres, et qui les forcent de recourir à un juge, lequel fait
rendre à l'un ce qu'il a perdu, *damnum*, à l'autre ce qu'il a gagné in-
justement, *lucrum*; et cela, sans considérer le mérite ou la dignité des
personnes, ni la proportion géométrique, n'ayant égard qu'à la proportion arithmétique du gain de l'un et de la perte de l'autre; car il

trouveraient point une garantie suffisante dans les principes de la législation humaine, si ces principes n'étaient protégés par l'influence salutaire de la religion.

Les lois civiles seules seraient insuffisantes pour

---

n'importe, dit-il, que ce soit un homme de bien qui ait fait tort à un méchant, ou un méchant à un homme de bien ; que l'un ou l'autre ait commis un adultère ; que l'un ait fait une injure ; que l'autre l'ait soufferte : la loi ne considère que l'étendue du préjudice que l'un ou l'autre a souffert : *Ad differentiam nocumenti lex respicit tantum.*

Le préjudice peut arriver à l'occasion des contrats que les hommes passent volontairement entre eux ; comme la vente, le louage, le dépôt, etc. ; ou à l'occasion de faits arrivés contre la volonté de celui qui éprouve le préjudice, comme dans le cas du larcin, de l'adultère, du meurtre, des injures, des outrages, etc.

La justice commutative ou corrective, qui défend de faire acception des personnes, s'étend donc à la répression des délits, aussi bien qu'aux affaires d'un intérêt purement pécuniaire. Dans un cas comme dans l'autre, elle défend d'avoir égard à la qualité des personnes. De là l'ingénieux emblème du bandeau que les anciens ont mis sur les yeux de la justice. C'est donc sans raison que certains docteurs étendent la justice distributive à l'application des peines : *In præmiis et pœnis versatur habitâ ratione personarum.*

Il est vrai qu'en certains États, et autrefois en France, où il existait des castes privilégiées, d'injustes lois prononçaient, pour le même délit, des peines différentes contre les individus des castes privilégiées et contre les plébéiens. Les art. 674 et 675 de la Coutume de Bretagne, par exemple, portaient :

« Quand gens de bas état ou viles personnes, injurient le noble, ils » doivent être punis de prison, ou autrement à l'arbitrage du juge ;

» Et si noble personne dit injure à vile personne, il doit le réparer » par pécune. »

Mais aujourd'hui *la loi est la même pour tous, soit qu'elle protège, soit qu'elle punisse. Les mêmes délits sont punis des mêmes peines, sans aucune distinction des personnes.* Ces garanties, données dès 1791, par l'art. 6 de la déclaration des droits, et par le tit. 1 de la Constitution, sont brièvement, mais énergiquement répétées dans l'art. 1 de la Charte : « Tous les Français sont égaux devant la loi, quels que soient d'ailleurs » leurs titres et leurs rangs. »

régler la conduite de l'homme, si leur action n'était aidée, dirigée et suppléée par la religion ; comme aussi la morale et la religion seraient presque toujours impuissantes pour assurer la paix de la société, sans le secours des lois civiles.

- Ces lois n'ont point d'empire sur les consciences ; leur grand objet est la paix publique plutôt que la vertu.

Le droit civil garde donc, et doit garder le silence sur le plus grand nombre de nos actions, quoiqu'il en soit fort peu qui n'aient une influence plus ou moins directe, plus ou moins éloignée sur le repos ou sur le bonheur de nos semblables.

La morale et le droit naturel suppléent alors aux lois civiles, en nous enseignant que tout ce que la loi civile tolère n'est pas honnête (1), en nous ordonnant de diriger nos actions conformément à ces maximes dictées pas la saine raison, et qui sont gravées dans nos cœurs : « Ne fais pas à autrui ce » que tu ne veux pas qu'on te fasses à toi-même ; » fais à ton prochain tout le bien que tu désires » pour toi ; que le bonheur du plus grand nombre » soit la loi suprême. »

Mais tous les hommes ne savent pas obéir à leur raison, tous ne savent pas écouter, encore moins suivre la voix secrète de leur conscience ; et dans les actions même prescrites par la loi civile, il en est un nombre infini dont on peut dérober la con-

_____

(1) *Non omne quod licet honestum est. Loi* 194, *ff de R. J.*

naissance aux hommes, et qui ne peuvent conséquemment être réprimées par l'autorité du magistrat chargé de faire observer la loi. C'est alors
que la religion vient prêter son secours favorable
à la société, en enseignant aux hommes que rien
n'est caché aux yeux de l'Être souverainement intelligent; que l'ame est immortelle et que l'homme
ne périt pas tout entier, qu'il existe une autre vie
où les bons seront récompensés et les méchans punis; en un mot, qu'il est un vengeur des crimes
les plus secrets. La religion offre donc des secours
à l'homme faible, des consolations aux malheureux; elle épouvante le méchant par la vue des
peines qui l'attendent; elle fait de tous les hommes
un peuple de frères.

Quand il serait possible de comprimer le peuple par l'action des lois civiles, quand il serait
inutile que les sujets eussent une religion, il ne le
serait pas que les princes en eussent, et qu'ils blan-
chissent d'écume le seul frein que puissent avoir
ceux qui ne craignent pas les lois humaines.

Ces belles expressions sont de Montesquieu,
liv. 24, chap. 1 :

« Un prince, dit-il, qui aime la religion, est
un lion qui cède à la main qui le flatte, ou à la
voix qui l'apprivoise. Celui qui craint la religion
et qui la hait, est comme les bêtes sauvages qui
mordent la chaîne qui les empêche de se jeter sur
les passans. Celui qui n'a point du tout de religion, est cet animal terrible qui ne sent la liberté
que lorsqu'il déchire et qu'il dévore ».

Le droit naturel et la religion suffiraient seuls pour conduire les hommes, si tous les hommes étaient vraiment religieux de cœur et d'esprit; mais il n'est pas besoin d'avoir beaucoup étudié les hommes en société, pour voir que la plupart sont entraînés par leurs passions, indépendamment de leur croyance et de ce que la raison leur prescrit. S'ils ne rencontraient pas d'autres obstacles à leur cupidité et à leurs passions désordonnées, ils porteraient le trouble dans la société, et finiraient par la dissoudre et la renverser. L'action de la loi civile vient enchaîner alors ces animaux féroces, et, ne pouvant les forcer à être vertueux, elle les force du moins à vivre en citoyens paisibles, à respecter les droits de leurs semblables et l'ordre public, sous peine de voir tourner contre eux toutes les forces de la société entière, dirigées par l'autorité publique.

Ainsi la loi civile renforce la religion et la morale, supplée à leur insuffisance, les fait respecter, et force même d'observer leurs préceptes les plus essentiels.

D'un autre côté, la religion et la morale suppléent au silence de la loi civile, dans les cas qu'elle n'a pas réglés.

Il y a donc une alliance réelle et nécessaire entre le droit civil, la morale et la religion, et c'est de leur accord que dépendent la bonté des institutions d'un Etat, la paix de la société, et le bonheur de chacun de ses membres en particulier.

Voilà ce qu'ont pensé les législateurs anciens

et les modernes; voilà ce qu'ont enseigné les vrais philosophes.

9. C'est la volonté de Dieu, promulguée par la droite raison, qui est ce qu'on appelle la loi naturelle.

C'est une loi que Dieu a donnée à tous les hommes, et qu'ils peuvent connaître par les seules lumières de leur raison, en considérant leur nature et leur état.

10. Le droit naturel n'est autre chose que le système ou la collection de ces mêmes lois réunies dans un ordre méthodique.

11. Le mot droit, si fréquemment employé par les jurisconsultes, vient du mot latin *directum* (1). Il a différentes acceptions.

Tantôt il signifie la science même de la jurisprudence, comme quand on dit : Les écoles de droit.

---

(1) Supin du verbe *dirigere*, d'où on a fait *drictum*, *drictura*, *droict*, *droicture*, et enfin *droit*.

Le mot *jus* en latin a les mêmes acceptions. Il vient du mot *jussum*, commandement. Dans l'ancienne langue latine, on disait *jussa* au lieu de *jura*. Les Romains alors n'avaient point la lettre R, qui ne fut introduite qu'assez tard dans leur langue. Alors ils dirent *jus*, *juris*, *jura*, au lieu de *jussa*. On trouve encore *jussa* pour *jura* dans les fragmens de Festus.

Le mot *jura* signifiait donc les commandemens, les ordonnances, en un mot, les lois. *Id quod est jussum*, ce qui est commandé. De là les mots *justum*, ce qui est conforme aux préceptes, aux ordonnances, aux lois; et *justitia*, la conformité de la volonté ou des actions à la loi.

On ne croyait rien de juste que ce qui était ordonné par une autorité supérieure.

Tantôt il est employé pour signifier la loi même, comme quand on dit : Faire droit sur une demande, c'est-à-dire appliquer les lois à la demande.

Tantôt il signifie le recueil ou la collection des lois d'une même espèce; ainsi l'on dit : Le droit naturel, le droit civil, le droit des gens, le droit maritime, etc.

Tantôt il est pris pour une faculté accordée et régie par les lois; ainsi l'on dit : Le droit de propriété, le droit de tester, le droit de succéder, etc. C'est dans ce sens qu'on distingue les droit réels et les droits personnels, les droits à la chose et les droits sur la chose, *jus ad rem, jus in re;* et, dans ce sens, les différens droits qui nous appartiennent sont proprement l'objet des lois et de la jurisprudence.

La jurisprudence naturelle est l'art de parvenir à la connaissance des lois naturelles, de les expliquer et de les appliquer aux actions humaines.

12. Le droit naturel appliqué aux affaires des nations, est appelé droit des gens, *jus gentium.* Des auteurs modernes l'ont appelé *droit international.*

Les nations, les unes à l'égard des autres, sont considérées comme de simples individus, et comme elles n'ont point d'autre supérieur commun que la divinité, les contestations et les difficultés que font naître les relations qu'elles ont entre elles ne peuvent être réglées que par le droit naturel. C'est donc avec raison que les jurisconsultes romains ont défini le droit des gens, *quod naturalis ratio inter omnes homines constituit, voca- tur jus gentium.* § 1. I. *de jur. nat. gent. et civ. Loi* 9, *ff de just. et jur.*

Mais il existe un autre droit des gens positif, fondé sur les traités de paix, d'alliance et de commerce, ou sur les usages généralement observés entre les nations civilisées.

13. Les individus composant une nation ont un supérieur commun, qui a le droit de fixer, d'une manière positive, les préceptes du droit naturel, de leur donner une sanction nouvelle, de suppléer à leur silence; en un mot, de prescrire des lois et des règles de conduite en tout ce qui concerne le bien général de la société, et les droits respectifs de chacun de ses membres.

C'est la collection de ces lois particulières à chaque peuple qu'on appelle *droit civil;* c'est-à-dire droit de la cité, *jus civitatis,* le droit propre à chaque cité; car le corps moral et collectif, le corps politique que compose un peuple réuni en société, s'appelait autrefois cité, *civitas* (1), nom qu'on lui donne encore quelquefois. On le nomme plus communément *république;* expression qu'il ne faut pas confondre avec la démocratie, qui présente une idée toute différente.

La loi civile est donc une règle de conduite pres-

_____

(1) « La cité ne consiste point dans les maisons, les portiques, les » places publiques, ce sont les hommes qui font la cité. » L'empereur Auguste, dans Dion Cassius, liv. 56. *Voy.* l'Esprit des lois, liv. 23, chap. 21.

crite à tous les citoyens par leur souverain légitime, sur un objet d'intérêt commun. C'est la déclaration solennelle du pouvoir législatif, par laquelle il commande, sous certaines peines ou sous certaines récompenses, ce que chaque citoyen doit faire, ne pas faire ou souffrir, pour le bien commun de la société.

14. La loi est une règle de conduite prescrite à tous les citoyens. Ce n'est donc point un ordre transitoire relatif à un individu ou à un objet particulier; c'est une règle permanente, uniforme, prescrite sur un objet d'utilité générale et d'intérêt commun.

La loi considère les sujets en masse, et les actions en elles-mêmes et par abstraction. Elle ne peut statuer sur un individu, ni sur une action ou sur un cas particulier; elle doit être égale pour tous, soit qu'elle protège, soit qu'elle punisse (1) : tous les citoyens sont égaux à ses yeux.

15. La loi diffère du conseil, qui peut être donné même par un inférieur, et que nous avons la liberté de suivre ou de ne pas suivre; au lieu que la loi est un précepte auquel nous sommes obligés d'obéir.

16. La loi diffère de la convention, en ce que la

_____

(1) Déclaration des droits de 1791, art. 6. La Charte constitutionnelle porte, art. 1er. : « Les Français sont égaux devant la loi, quels » que soient d'ailleurs leurs titres et leurs rangs.

» Ils contribuent indistinctement, dans la proportion de leur fortune, aux charges de l'État. Art. 2.

» Ils sont tous également admissibles aux emplois civils et militaires. » Art. 3. »

loi intervient entre un supérieur et un inférieur; la convention, entre deux personnes indépendantes.

La loi tire sa force de la seule volonté du souverain; la convention, du consentement des deux parties.

17. La loi diffère de ce que nous appelons *des règles de droit, regulæ juris*. Ces règles ne sont que des maximes générales, formées par les jurisconsultes, qui, après avoir observé ce qu'il y a dans les lois de commun à plusieurs cas particuliers, énoncent cette conformité par une maxime qu'ils appellent une règle; parce qu'en effet, dans les cas douteux et imprévus, elle sert de règle de décision, elle sert à rattacher les cas particuliers aux principes généraux.

Plusieurs règles de droit ont été érigées en lois dans le Code civil, afin que les conséquences directes qui en dérivent soient la règle de conduite des juges et des citoyens. Ces conséquences ont alors force de loi.

18. La loi diffère des ordres ou des commandemens donnés par une autorité légitime, quoiqu'ils soient obligatoires, parce que la loi veut qu'on les exécute; mais ils ont pour objet quelques actions particulières commandées ou défendues à certains individus, en certaines occasions, et non point comme la loi, des actions en général, abstraction faite des individus : ces ordres ne sont le plus souvent que l'injonction d'exécuter la loi.

19. Enfin, la loi diffère des jugemens, qui ne

peuvent intervenir que sur des actions passées, auxquelles le juge applique la loi, au lieu que la loi ne peut statuer que sur l'avenir. Le législateur ne saurait régler ce qui n'existe plus ; le passé n'est pas en son pouvoir ; la loi n'a point d'effet rétroactif.

Nous avons dit que la loi est une règle prescrite par le souverain, une déclaration solennelle du pouvoir législatif. Il faut donc voir ce que c'est que le souverain, ce que c'est que le pouvoir législatif, à qui il est confié en France, comment il est exercé, comment se fait la loi, et combien il y en a d'espèces.

SECTION II.

De la souveraineté, du pouvoir législatif, et des différentes espèces de Gouvernemens.

SOMMAIRE.

20. La souveraineté est la toute-puissance humaine. C'est la réunion de tous les pouvoirs; c'est le pouvoir de tout faire dans un État, sans en devoir compte à personne; de faire des lois et de les exécuter ou de les appliquer, de battre monnaie, d'imposer et lever des contributions, de faire la guerre ou la paix, des traités d'alliance ou de commerce avec les nations étrangères, etc.

21. On a dit que la souveraineté appartenait au peuple, et qu'elle résidait essentiellement dans le corps de la nation.

22. Mais ce langage est une abstraction. La nation, de qui émanent tous les pouvoirs, ne peut les exercer que par délégation. Il est impossible qu'elle les exerce autrement, si ce n'est peut-être dans de petites républiques, dont la durée est nécessairement courte et précaire.

23. Quand on analyse la souveraineté, elle se divise assez naturellement en trois pouvoirs; le pouvoir législatif, le pouvoir exécutif et le pouvoir judiciaire.

24. Le premier est le pouvoir de faire des lois nouvelles, de corriger ou d'abroger les anciennes.

25. Le second, le pouvoir de faire exécuter les lois, tant dans l'intérieur de l'État qu'à l'extérieur.

26. Le troisième, le pouvoir d'appliquer la loi aux faits particuliers, de juger les différens qui s'élèvent entre les citoyens, et de punir les crimes.

27. Les lois qui règlent la division des pouvoirs, qui déterminent à quelles personnes chacun de ces pouvoirs doit être confié, la manière dont il doit être exercé, sont ce qu'on appelle la *constitution* d'un État.

C'est par le nombre des personnes qui exercent dans un État tous les pouvoirs, ou la plus grande partie des pouvoirs qui forment la souveraineté, qu'on qualifie sa constitution.

28. Lorsque le pouvoir souverain est exercé par le peuple en corps, ou par la plus grande partie du peuple, on donne à ce Gouvernement le nom de *démocratie;* expression qui présente une tout autre idée que le mot république, lequel signifie la chose publique ou l'État. Dans ce sens, une république peut être gouvernée par un monarque : république et démocratie, ou État démocratique, sont donc deux choses très-différentes.

29. Lorsque le pouvoir souverain est exercé par un petit nombre de personnes exclusivement au reste du peuple, on donne à cette forme de Gouvernement le nom d'*aristocratie.*

30. Enfin, lorsque le pouvoir souverain est concentré dans la main d'un magistrat unique, cette troisième forme de Gouvernement s'appelle *monarchie.*

Telles sont les trois formes de constitution ou de Gouvernement simples, reconnues par les auteurs qui ont écrit sur la politique.

Ces mots constitution et Gouvernement s'emploient souvent pour exprimer la même idée, la manière dont la souveraineté s'exerce dans chaque État.

Quelquefois aussi on entend par Gouvernement le corps ou l'individu à qui, dans un État, est confié le pouvoir exécutif. C'est dans ce sens que ce mot est pris quand on parle du Gouvernement, par opposition aux autres corps de l'État.

31. Mais les trois formes de Gouvernement simples, sont susceptibles de varier à l'infini par le mélange et la division des différens pouvoirs, par la manière dont ils sont déférés.

De là une multitude de Gouvernemens mixtes.

Par exemple, le pouvoir souverain peut être exercé par une classe particulière de citoyens privilégiés, nobles ou magnats, comme il l'était autrefois à Venise : c'est une aristocratie héréditaire.

Il peut l'être par un conseil de citoyens élus par le peuple : c'est une aristocratie élective.

De même la monarchie peut être héréditaire comme en France, ou élective comme dans l'ancienne Pologne.

Elle est modérée, si la division des différens pouvoirs qui composent la souveraineté et leur exercice, est réglée par des lois fixes et fondamentales que le monarque ne peut changer. Elle est absolue s'ils ne le sont pas.

32. On appelle despotique l'Etat où les pouvoirs ne sont point divisés, mais réunis dans la main d'un seul homme, quel que soit le titre qu'il porte, empereur, roi ou sultan, etc.; où le pouvoir de cet homme n'étant limité par aucune loi, il peut, en suivant sa volonté seule pour règle, faire ou abroger les lois, les exécuter ou faire exécuter comme il lui plaît, juger ses sujets, disposer de leurs vies, de leurs biens, etc.

Le fameux proverbe, *qui veut le roi, si veut la loi*, ou *que veut le roi, le veut la loi*, établirait un despotisme parfait, si les conséquences en étaient suivies dans toute leur étendue. Mais en aucun tems elles ne l'ont été en France; en aucun tems ce trop fameux adage n'a été la constitution de la France. Si les pouvoirs n'y étaient pas divisés par une Charte ou constitution écrite, on y reconnaissait néanmoins des lois fondamentales, transmises par tradition : il existait d'ailleurs des corps intermédiaires, tels que les Parlemens, qui s'étaient peu à peu arrogé le droit de vérifier les lois. Enfin, en certaines provinces, comme en Bretagne, il existait une Charte ou contrat qui établissait les conditions de la réunion de cette province à la France, et ce contrat était renouvelé à chaque tenue d'Etats, c'est-à-dire tous les deux ans. L'une de ses clauses portait qu'aucun édit, déclarations, lettres-patentes et brevets, c'est-à-dire aucune loi contraire aux priviléges de la province, n'aurait aucun effet en Bretagne, si elle n'était consentie par les Etats et vérifiée par les Cours souveraines de la province. *Voy.* entre autres l'article 22 du contrat du 30 mars 1765, passé entre le Roi et les Etats.

On appelle tyrannie la violation des lois qui règlent la division et l'exercice des pouvoirs, et tyran le chef de l'état, même légitime, qui les viole pour se livrer arbitrairement à des actes contraires à la justice.

On confond souvent le titre de tyran et celui d'usurpateur, parce que les usurpateurs sont presque nécessairement des tyrans. L'usurpation est elle-même un acte de tyrannie; mais à parler exactement, les mots de tyran et d'usurpateur expriment des idées différentes. Un roi, même légitime, peut devenir tyran, s'il gouverne d'une manière injuste et despotique; et un usurpateur peut cesser d'être tyran, gouverner et se conduire d'une manière conforme à la justice.

33. Le pouvoir souverain pouvant être divisé de mille manières différentes, il en résulte des Gouvernemens mixtes, comme le sont la plupart des Gouvernemens d'Europe.

On peut même dire avec vérité que la constitution de chaque état consistant dans la manière dont les pouvoirs sont divisés, elle ne reste jamais long-tems entièrement la même. Sa forme varie plus fréquemment qu'on ne pense, à raison des altérations qu'y éprouve la division des pouvoirs, par les empiétemens insensibles de l'un sur les attributions de l'autre; altérations qui finissent par opérer un changement réel dans la nature de la constitution et du Gouvernement.

34. Les auteurs français ont suivi la doctrine

de Montesquieu, dans la division des pouvoirs en législatif, exécutif et judiciaire Elle a prévalu sur celle de Locke, qui les divisait en pouvoirs législatif, exécutif et fédératif; car les écrivains n'emploient pas tous les mêmes dénominations, et ils n'attachent pas tous la même collection d'idées aux mêmes mots.

Il faut bien observer cette différence en les étudiant. Cette doctrine de la division des pouvoirs en législatif, exécutif et judiciaire, est plus conforme à la nature des choses, et beaucoup plus commode que la doctrine des anciens auteurs allemands et des autres écrivains, qui divisent les droits de la souveraineté, *jura summi imperii,* en différentes espèces : *jura majora,* ou *majestatica, et jura minora,* en droits *régaliens et non régaliens.*

Cette dernière division doit sa naissance au droit féodal et aux querelles sans cesse renaissantes entre les rois et leurs grands vassaux, ducs, comtes et barons, qui étaient de petits rois dans leurs petits Etats.

SECTION III.

De la division des pouvoirs en France; à qui est confié le pouvoir législatif; comment il s'exerce, et comment se forme la loi.

SOMMAIRE.

35. *Les pouvoirs sont divisés en France par la Charte constitutionnelle.*

36. *Offerte par le Roi aux représentans de la Nation, la Charte n'est pas moins inviolable que si elle avait été présentée par eux à Sa Majesté.*

37. *Texte de la Charte.*

38. *La Charte a divisé le pouvoir législatif entre le Roi, la Chambre des pairs et la Chambre des députés.*

39. *Au Roi seul appartient l'initiative, ou le droit de proposer la loi. Importance de cette prérogative.*

40. *Aujourd'hui que le Corps législatif est divisé en deux Chambres, elles pourraient sans danger partager l'initiative avec Sa Majesté.*

41. *Mais il serait dangereux de revoir la Charte.*

42. *Les Chambres ont la faculté de présenter un projet de loi, en suppliant Sa Majesté de le proposer, et comment.*

43. *Différence entre l'initiative et la simple demande de proposer une loi.*

44. *Comment le Roi propose la loi.*

45. *La loi de l'impôt est proposée à la Chambre des députés avant de l'être à celle des pairs.*

46. *La loi doit être discutée et votée librement. Renvoi aux réglemens pour la forme.*

47. *Les Chambres ne motivent ni leur adoption ni leur refus.*

48. *La Chambre qui adopte la loi en fait dresser la minute, dont elle adresse une expédition au Roi, qui la renvoie à l'autre Chambre.*

49. *Quand celle-ci a adopté le projet de loi, il reste au Roi le droit de la rejeter, ou de la sanctionner en l'acceptant.*

50. *Parce que les Chambres ont le droit de faire des amendemens tant au fond qu'à la rédaction du projet.*

51. *La Charte suppose ce droit en accordant la sanction au Roi, outre l'initiative de la loi.*

52. *La sanction est le complément de la loi; elle lui donne l'existence.*

53. *Quatre choses sont aujourd'hui nécessaires pour la forma-*
tion de la loi.

55. Nous n'avons point à disputer en France sur
la manière dont la souveraineté et les pouvoirs
qu'elle contient doivent être divisés. Après beaucoup de variations, de troubles et de malheurs,
ils l'ont été d'une manière stable par la Charte
constitutionnelle; par cette Charte que le génie
de Louis XVIII, si bien fait pour *apprécier les pro-*
grès toujours croissans des lumières, les rapports
nouveaux que ces progrès ont introduits dans la so-
ciété, et la direction imprimée aux esprits depuis un
demi-siècle, a donnée à la France pour *remplir l'at-*
tente de l'Europe éclairée, et le vœu des Français,
qui était *l'expression d'un besoin réel,* ainsi que l'a
fort bien observé ce sage monarque.

36. On a dit, on a répété que la Charte ne devait
point être donnée par le Roi au peuple, comme
une concession, mais plutôt présentée par le peuple ou par ses représentans à l'acceptation du Roi,
comme une condition de son élévation à la couronne.

Sans doute, dans le cas où la maison régnante
viendrait à s'éteindre, ce qui n'arrivera point,
grâces à Dieu, qui protège la France, la Nation,
ou plutôt ses représentans, en appelant au trône
une nouvelle famille, pourraient lui faire sous-
crire les conditions de son élévation (1); mais tan-

_____

(1) Louis XV, dans l'édit du mois de juillet 1717, qui regarde les

dis qu'il existe des membres de cette antique et
auguste race des Bourbons, appelés par leur naissance dans l'ordre de la loi salique, on n'a point
à régler les conditions de leur vocation au trône.
On peut seulement, comme le faisaient autrefois
les Etats de Bretagne, passer avec le monarque ré-
gnant *des contrats*, librement consentis, qui lient
irrévocablement ses successeurs, et qui ne sont
ni moins inviolables, ni moins sacrés, lorsque la
proposition en a été faite par le Roi, que lorsqu'elle l'a été par la Nation, ou par ses représentans. La proposition faite du propre mouvement
de l'autorité royale, présente même aux vrais amis
de la liberté un avantage précieux qu'a fort bien
fait remarquer notre sage monarque dans le préambule de la Charte; c'est que les partisans du pouvoir sans bornes et de la monarchie absolue, ne
peuvent plus dire, comme ils le disaient de la constitution acceptée par le Roi, le 14 septembre 1791,
que c'est *une concession arrachée à la faiblesse par
la violence.*

La Charte constitutionnelle est une concession
libre et réfléchie; c'est le fruit de la sagesse et de
la méditation d'un monarque instruit à l'école du
malheur, et qui a recueilli les leçons d'une longue
expérience : *qui mores hominum multorum vidit et*

princes légitimés, reconnaît solennellement que c'est à la Nation de se
choisir un roi, dans le cas où la maison royale viendrait à s'éteindre.
Même reconnaissance dans une déclaration du 26 avril 1723, qui règle
le rang des princes légitimés. Le texte de ces deux lois se trouve dans
les Maximes du droit public français, tom. II, pag. 136 et 137 de
l'édition in-4.°, et tom. II, 1.re part., de l'édition in-12, pag. 397.

urbes. Ses successeurs ne pourraient ni la révoquer ni la modifier, sans devenir tyrans, et sans violer leurs sermens. L'observation en a été solennellement mais surabondamment jurée par tous les princes de la famille royale, à qui nos lois et leur naissance donnent des droits au trône. Les modifications ou les changemens que les leçons de l'expérience et le vœu des peuples pourraient un jour y faire désirer, ne peuvent s'opérer qu'en suivant les formes constitutionnelles (1). Il faut mettre sous les yeux de nos lecteurs le texte de cette Charte, que tout Français devrait apprendre par cœur, pour apprendre en même tems à bénir le monarque qui nous l'a donnée.

CHARTE CONSTITUTIONNELLE.

(4 Juin 1814).

37. Louis, par la grâce de Dieu, Roi de France et de Navarre;

A tous ceux qui ces présentes verront, salut.

La divine Providence, en nous rappelant dans nos Etats après une longue absence, nous a imposé de grandes obligations. La paix était le premier besoin de nos sujets : nous nous en sommes occupé sans relâche, et cette paix si nécessaire à la France comme au reste de l'Europe, est signée. Une Charte constitutionnelle était sollicitée par l'état actuel du Royaume; nous l'avons promise, et nous la publions. Nous avons considéré que,

(1) Loi du 13 juillet 1815.

bien que l'autorité tout entière résidât en France dans la personne du Roi ; nos prédécesseurs n'avaient point hésité à en modifier l'exercice, suivant la différence des tems ; que c'est ainsi que les Communes ont dû leur affranchissement à Louis-le-Gros, la confirmation et l'extention de leurs droits à Saint-Louis et à Philippe-le-Bel ; que l'ordre judiciaire a été établi et développé par les lois de Louis xi, de Henri ii et de Charles ix ; enfin, que Louis xiv a réglé presque toutes les parties de l'administration publique, par différentes ordonnances dont rien encore n'avait surpassé la sagesse.

Nous avons dû, à l'exemple des rois nos prédécesseurs, apprécier les effets des progrès toujours croissans des lumières, les rapports nouveaux que ces progrès ont introduits dans la société, la direction imprimée aux esprits depuis un demi-siècle, et les graves altérations qui en sont résultées ; nous avons reconnu que le vœu de nos sujets pour une Charte constitutionnelle était l'expression d'un besoin réel ; mais en cédant à ce vœu, nous avons pris toutes les précautions pour que cette Charte fût digne de nous et du peuple auquel nous sommes fier de commander. Des hommes sages, pris dans les premiers corps de l'État, se sont réunis à des commissaires de notre conseil, pour travailler à cet important ouvrage.

En même tems que nous reconnaissions qu'une constitution libre et monarchique devait remplir l'attente de l'Europe éclairée, nous avons dû nous souvenir aussi que notre premier devoir envers

nos peuples était de conserver, pour leur propre
intérêt, les droits et les prérogatives de notre couronne. Nous avons espéré qu'instruits par l'expérience, ils seraient convaincus que l'autorité suprême peut seule donner aux institutions qu'elle
établit, la force, la permanence et la majesté dont
elle est elle-même revêtue ; qu'ainsi, lorsque la sagesse des rois s'accorde librement avec le vœu des
peuples, une Charte constitutionnelle peut être de
longue durée ; mais que, quand la violence arra-
che des concessions à la faiblesse du Gouvernement, la liberté publique n'est pas moins en danger que le trône même. Nous avons enfin cherché
les principes de la Charte constitutionnelle dans
le caractère français, et dans les monumens vé-
nérables des siècles passés. Ainsi, nous avons vu
dans le renouvellement de la pairie une institution
vraiment nationale, et qui doit lier tous les sou-
venirs à toutes les espérances, en réunissant les
tems anciens et les tems modernes.

Nous avons remplacé, par la Chambre des députés, ces anciennes assemblées des Champs de
Mars et de Mai, et ces Chambres du Tiers-État,
qui ont si souvent donné, tout à la fois, des preuves de zèle pour les intérêts du peuple, de fidélité
et de respect pour l'autorité des rois. En cherchant
ainsi à renouer la chaîne des tems, que de funestes écarts avaient interrompue, nous avons effacé
de notre souvenir, comme nous voudrions qu'on
pût les effacer de l'histoire, tous les maux qui ont
affligé la patrie durant notre absence. Heureux de
nous retrouver au sein de la grande famille, nous

n'avons su répondre à l'amour dont nous recevons tant de témoignages, qu'en prononçant des paroles de paix et de consolation. Le vœu le plus cher à notre cœur, c'est que tous les Français vivent en frères, et que jamais aucun souvenir amer ne trouble la sécurité qui doit suivre l'action solennelle que nous leur accordons aujourd'hui.

Sûr de nos intentions, fort de notre conscience, nous nous engageons devant l'assemblée qui nous écoute, à être fidèle à cette Charte constitutionnelle, nous réservant d'en jurer le maintien avec une nouvelle solennité, devant les autels de celui qui pèse dans la même balance les rois et les nations.

A ces causes,

Nous avons volontairement, et par le libre exercice de notre autorité royale, accordé et accordons, fait concession et octroi à nos sujets, tant pour nous que pour nos successeurs, et à toujours, de la Charte constitutionnelle qui suit :

Droit public des Français.

Art. 1er. Les Français sont égaux devant la loi, quels que soient d'ailleurs leurs titres, leurs rangs.

2. Ils contribuent indistinctement, dans la proportion de leur fortune, aux charges de l'État.

3. Ils sont tous également admissibles aux emplois civils et militaires.

4. Leur liberté individuelle est également garantie, personne ne pouvant être poursuivi ni arrêté que dans les cas prévus par la loi, et dans la forme qu'elle prescrit.

5. Chacun professe sa religion avec une égale liberté, et obtient pour son culte la même protection.

6. Cependant, la religion catholique, apostolique et romaine est la religion de l'État.

7. Les ministres de la religion catholique, apostolique et romaine, et ceux des autres cultes chrétiens, reçoivent seuls des traitemens du trésor royal.

8. Les Français ont le droit de publier et de faire imprimer leurs opinions, en se conformant aux lois qui doivent réprimer les abus de cette liberté.

9. Toutes les propriétés sont inviolables, sans aucune exception de celles qu'on appelle *nationales*, la loi ne mettant aucune différence entre elles.

10. L'Etat peut exiger le sacrifice d'une propriété, pour cause d'intérêt public légalement constaté; mais avec une indemnité préalable.

11. Toutes recherches des opinions et votes émis jusqu'à la restauration, sont interdites. Le même oubli est commandé aux tribunaux et aux citoyens.

12. La conscription est abolie. Le mode de recrutement de l'armée de terre et de mer est déterminé par une loi.

Formes du Gouvernement du Roi.

13. La personne du Roi est inviolable et sacrée. Ses ministres sont responsables. Au Roi seul appartient la puissance exécutive.

14. Le Roi est le chef suprême de l'État, commande les forces de terre et de mer, déclare la guerre, fait les traités de paix, d'alliance et de commerce, nomme à tous les emplois d'administration publique, et fait les réglemens et ordonnances nécessaires pour l'exécution des lois et la sûreté de l'Etat.

15. La puissance législative s'exerce collectivement par le Roi, la Chambre des pairs et la Chambre des députés des départemens.

16. Le Roi propose la loi.

17. La proposition de la loi est portée, au gré du Roi, à la Chambre des pairs ou à celle des députés, excepté la loi de l'impôt, qui doit être adressée d'abord à la Chambre des députés.

18. Toute loi doit être discutée et votée librement par la majorité de chacune des deux Chambres.

19. Les Chambres ont la faculté de supplier le Roi de proposer une loi sur quelque objet que ce soit, et d'indiquer ce qui leur paraît convenable que la loi contienne.

20. Cette demande pourra être faite par chacune des deux Chambres, mais après avoir été discutée en comité secret; elle ne sera envoyée à l'autre Chambre, par celle qui l'aura proposée, qu'après un délai de dix jours.

21. Si la proposition est adoptée par l'autre Chambre, elle sera mise sous les yeux du Roi; si elle est rejetée, elle ne pourra être représentée dans la même session.

22. Le Roi seul sanctionne et promulgue les lois.

23. La liste civile est fixée pour toute la durée du règne, par la première législature assemblée depuis l'avènement du Roi.

De la Chambre des Pairs.

24. La Chambre des pairs est une portion essentielle de la puissance législative.

25. Elle est convoquée par le Roi en même tems que la Chambre des députés des départemens. La session de l'une commence et finit en même tems que celle de l'autre.

26. Toute assemblée de la Chambre des pairs qui serait tenue hors du tems de la session de la Chambre des députés, ou qui ne serait pas ordonnée par le Roi, est illicite et nulle de plein droit.

27. La nomination des pairs de France appartient au Roi. Leur nombre est illimité : il peut en varier les dignités, les nommer à vie ou les rendre héréditaires, selon sa volonté.

28. Les pairs ont entrée dans la Chambre à vingt-cinq ans, et voix délibérative à trente ans seulement.

29. La Chambre des pairs est présidée par le chancelier de France, et, en son absence, par un pair nommé par le Roi.

30. Les membres de la famille royale et les princes du sang sont pairs par le droit de leur naissance. Ils siègent immédiatement après le président; mais ils n'ont voix délibérative qu'à vingt-cinq ans.

31. Les princes ne peuvent prendre séance à la Chambre que de l'ordre du Roi, exprimé pour chaque session par un message, à peine de nullité de tout ce qui aurait été fait en leur présence.

32. Toutes les délibérations de la Chambre des pairs sont secrètes.

33. La Chambre des pairs connaît des crimes de haute trahison et des attentats à la sûreté de l'Etat, qui seront définis par la loi.

34. Aucun pair ne peut être arrêté que de l'autorité de la Chambre, et jugé par elle en matière criminelle.

De la Chambre des Députés des départemens.

35. La Chambre des députés sera composée des députés élus par les collèges électoraux, dont l'organisation sera déterminée par des lois.

36. Chaque département aura le même nombre de députés qu'il a eu jusqu'à présent.

37. Les députés seront élus pour cinq ans, et de manière que la Chambre soit renouvelée chaque année par cinquième.

38. Aucun député ne peut être admis dans la Chambre s'il n'est âgé de quarante ans, et s'il ne paie une contribution directe de mille francs.

39. Si néanmoins il ne se trouvait pas dans le département cinquante personnes de l'âge indiqué, payant au moins mille francs de contributions directes, leur nombre sera complété par les plus imposés au-dessous de mille francs, et ceux-

ci pourront être élus concurremment avec les premiers.

40. Les électeurs qui concourent à la nomination des députés, ne peuvent avoir droit de suffrage s'ils ne paient une contribution directe de trois cents francs, et s'ils ont moins de trente ans.

41. Les présidens des colléges électoraux seront nommés par le Roi, et de droit membres du collége.

42. La moitié au moins des députés sera choisie parmi les éligibles qui ont leur domicile politique dans le département.

43. Le président de la Chambre des députés est nommé par le Roi, sur une liste de cinq membres présentée par la Chambre.

44. Les séances de la Chambre sont publiques ; mais la demande de cinq membres suffit pour qu'elle se forme en comité secret.

45. La Chambre se partage en bureaux pour discuter les projets qui lui ont été présentés de la part du Roi.

46. Aucun amendement ne peut être fait à une loi, s'il n'a été proposé ou consenti par le Roi, et s'il n'a été renvoyé et discuté dans les bureaux.

47. La Chambre des députés reçoit toutes les propositions d'impôts ; ce n'est qu'après que ces propositions ont été admises, qu'elles peuvent être portées à la Chambre des pairs.

48. Aucun impôt ne peut être établi ni perçu, s'il n'a été consenti par les deux Chambres et sanctionné par le Roi.

49. L'impôt foncier n'est consenti que pour un an. Les impositions indirectes peuvent l'être pour plusieurs années.

5o. Le Roi convoque chaque année les deux Chambres; il les proroge, et peut dissoudre celle des députés des départemens; mais, dans ce cas, il doit en convoquer une nouvelle dans le délai de trois mois.

51. Aucune contrainte par corps ne peut être exercée contre un membre de la Chambre, durant la session, et dans les six semaines qui l'auront précédée ou suivie.

52. Aucun membre de la Chambre ne peut, pendant la durée de la session, être poursuivi ni arrêté en matière criminelle, sauf le cas de flagrant délit, qu'après que la Chambre a permis sa poursuite.

53. Toute pétition à l'une ou à l'autre des Chambres ne peut être faite et présentée que par écrit. La loi interdit d'en apporter en personne à la barre.

Des Ministres.

54. Les ministres peuvent être membres de la Chambre des pairs ou de la Chambre des députés. Ils ont en outre leur entrée dans l'une ou l'autre Chambre, et doivent être entendus quand ils le demandent.

55. La Chambre des députés a le droit d'accuser les ministres, et de les traduire devant la Chambre des pairs, qui seule a celui de les juger.

56. Ils ne peuvent être accusés que pour fait de

trahison ou de concussion. Des lois particulières spécifieront cette nature de délits, et en détermineront la poursuite.

De l'Ordre judiciaire.

57. Toute justice émane du Roi. Elle s'administre en son nom par des juges qu'il nomme et qu'il institue.

58. Les juges nommés par le Roi sont inamovibles.

59. Les cours et tribunaux ordinaires actuellement existans sont maintenus. Il n'y sera rien changé qu'en vertu d'une loi.

60. L'institution actuelle des juges de commerce est conservée.

61. La justice de paix est également conservée. Les juges de paix, quoique nommés par le Roi, ne sont point inamovibles.

62. Nul ne pourra être distrait de ses juges naturels.

63. Il ne pourra, en conséquence, être créé de commissions et tribunaux extraordinaires. Ne sont pas comprises sous cette dénomination les juridictions prévôtales, si leur établissement est jugé nécessaire.

64. Les débats seront publics en matière criminelle, à moins que cette publicité ne soit dangereuse pour l'ordre et les mœurs; et, dans ce cas, le tribunal le déclare par un jugement.

65. L'institution des jurés est conservée. Les changemens qu'une plus longue expérience ferait

juger nécessaires, ne peuvent être effectués que par une loi.

66. La peine de la confiscation des biens est abolie, et ne pourra pas être rétablie.

67. Le Roi a droit de faire grâce, et celui de commuer les peines.

68. Le Code civil et les lois actuellement existantes qui ne sont pas contraires à la présente Charte, restent en vigueur jusqu'à ce qu'il y soit légalement dérogé.

Droits particuliers garantis par l'Etat.

69. Les militaires en activité de service, les officiers et soldats en retraite, les veuves, les officiers et soldats pensionnés, conserveront leurs grades, honneurs et pensions.

70. La dette publique est garantie. Toute espèce d'engagement pris par l'Etat avec ses créanciers, est inviolable.

71. La noblesse ancienne reprend ses titres. La nouvelle conserve les siens. Le Roi fait des nobles à volonté; mais il ne leur accorde que des rangs et des honneurs, sans aucune exemption des charges et des devoirs de la société.

72. La légion d'honneur est maintenue. Le Roi déterminera les réglemens intérieurs et la décoration.

73. Les colonies seront régies par des lois et des réglemens particuliers.

74. Le Roi et ses successeurs jureront, dans la solennité de leur sacre, d'observer fidèlement la présente Charte constitutionnelle.

Articles transitoires.

75. Les députés des départemens de France qui siégeaient au Corps législatif lors du dernier ajournement, continueront de siéger à la Chambre des députés, jusqu'à remplacement.

76. Le premier renouvellement d'un cinquième de la Chambre des députés aura lieu au plus tard en l'année 1816, suivant l'ordre établi entre les séries,

Nous ordonnons que la présente Charte constitutionnelle, mise sous les yeux du Sénat et du Corps législatif, conformément à notre proclamation du 2 mai, sera envoyée incontinent à la Chambre des pairs, et à celle des députés.

Donné à Paris, l'an de grâce 1814, et de notre règne le dix-neuvième.

Signé LOUIS.

Et plus bas : *Le ministre secrétaire-d'état,*

Signé l'abbé de MONTESQUIOU.

Visa : *Le chancelier de France,*

Signé DAMBRAY.

Nous n'entreprendrons point ici de développer toutes les dispositions de la Charte ; la plupart des lois qui doivent en contenir le développement ne sont point encore rendues. Nous arrêterons seulement l'attention de nos lecteurs sur les points qui concernent la division du pouvoir législatif, la manière dont se forme la loi.

38. La Charte n'a confié le pouvoir législatif ni à un seul magistrat, ni à un seul corps; elle l'a divisé en trois *pouvoirs, qui tous concourent à la formation de la loi* (1).

« La puissance législative, porte l'art. 15, s'exerce » collectivement par le Roi, la Chambre des pairs » et la Chambre des *députés des départemens,* » qui sont les *représentans de la Nation,* ainsi que le Roi les appelle dans le discours qu'il prononça avant la présentation de la lecture de la Charte au Corps législatif, le 4 juin 1814.

39. « Le Roi propose la loi (art. 16) », par l'organe des ministres.

Cette importante prérogative de proposer les projets de loi, est ce qu'on appelle l'*initiative.* C'est le premier acte nécessaire à la formation de la loi.

Il fallait accorder au Gouvernement ou l'initiative, ou le droit d'opposition, c'est-à-dire le droit de s'opposer aux décrets du Corps législatif. La Constitution de 1791 avait accordé au Roi le droit d'opposition, qu'on appela le *veto,* et lui avait refusé l'initiative. Mais l'exercice du droit d'oppo-

---

(1) Discours de M. le garde des sceaux à la Chambre des pairs, dans les derniers jours d'octobre 1814.

sition a toujours quelque chose de dur, qui tend à diminuer l'affection du peuple pour le magistrat suprême. Une funeste expérience en a démontré les mauvais effets : il a donc paru préférable de donner l'initiative au Roi seul.

40. Il faut cependant remarquer qu'en 1791, le Corps législatif n'était composé que d'une chambre, sous le nom d'*Assemblée nationale législative*, et c'est principalement, ou au moins en grande partie, de cette imprudente concentration de la puissance en un seul corps, jointe à l'initiative qui lui était exclusivement déférée, que la France a dû le commencement de cette longue série de malheurs, dont les effets et les suites pèsent encore sur nous si douloureusement.

Mais la Charte ayant rétabli sous une forme nouvelle, et de nouvelles attributions, l'antique institution de la pairie, qui forme aujourd'hui une Chambre dont le concours est nécessaire pour la formation de la loi, aucune proposition de la Chambre des députés ne pouvant être présentée au Roi, sans l'approbation de la Chambre des pairs, comme aussi aucune proposition de cette Chambre ne pouvant être présentée, sans l'approbation de celle des députés, il devient sans danger pour la couronne de faire participer à l'initiative les deux Chambres, qui exerceraient l'une contre l'autre le droit d'opposition, en cas que l'une d'elles proposât un projet contraire à la Charte ou à la prérogative royale.

C'est par cette raison sans doute que notre sage monarque, si éclairé sur les prérogatives de sa couronne, mais toujours disposé à satisfaire le vœu de la Nation en tout ce qui ne les blesse point, avait voulu, par son ordonnance du 13 juillet 1815, que l'art. 16 de la Charte, qui lui réserve exclusivement l'initiative, et quelques autres encore qui paraissent mériter des modifications, fussent soumis à la révision du pouvoir législatif dans la session lors prochaine.

41. Mais les orages qui s'élevèrent dans le sein du Corps législatif pendant cette session, lui firent connaître que le tems de revoir la Charte n'était point encore arrivé; que le danger d'innover est placé à côté de l'avantage d'améliorer, et qu'une révision de la Charte pourrait devenir une occasion de la détruire et de l'anéantir, comme quelques esprits, attachés à d'anciens préjugés, en témoignaient le désir. En conséquence, par l'ordonnance devenue célèbre du 5 septembre 1816, le Roi, usant de sa prérogative, prononça la dissolution de la Chambre, déclara qu'aucun article de la Charte constitutionnelle ne sera révisé, convoqua les colléges électoraux pour nommer de nouveaux députés, et ordonna que la session de 1816 s'ouvrirait le 4 novembre suivant.

42. A défaut de l'initiative qu'elle refuse aux Chambres, la Charte leur donne (art. 19), « la » faculté de supplier le Roi de proposer une loi » sur quelque objet que ce soit, et d'indiquer ce » qui leur paraîtra convenable que la loi contienne. » (Art. 19) ».

Ainsi, elles peuvent présenter un projet de loi tout rédigé au Roi, en le suppliant d'en faire la proposition aux Chambres. Chacune d'elles peut faire cette demande; mais après avoir été discutée en comité secret, pour éviter l'agitation que pourrait occasionner dans les esprits la discussion publique de certaines propositions.

Et pour plus de maturité, si la proposition est adoptée par l'une des Chambres, elle ne peut être envoyée à l'autre qu'après un délai de dix jours. (Art. 20).

Après ce délai, la Chambre qui a adopté la proposition de loi en donne connaissance à l'autre Chambre; et si la proposition y est également adoptée, cette Chambre adresse, par la voie de son président et de ses secrétaires, un message au Roi (1), pour le supplier de la proposer.

S'il n'adopte point la proposition, il répond : *Le Roi veut en délibérer* (2).

Cette déclaration des volontés du Roi est notifiée à la Chambre des pairs par le chancelier, et à celle des députés par une lettre des ministres adressée au président (3).

43. Si le Roi adopte les propositions et suppliques qui lui sont faites, il en fait sa proposition aux Chambres, de la même manière qu'il fait proposer les projets de loi émanés de son propre mouvement.

---

(1) *Voy.* l'art. 6 du tit. 3 du réglement sanctionné par le Roi, le 28 juin 1814, contenant les relations des Chambres avec le Roi et entre elles.

(2) *Voy.* l'art. 1.er du tit. 4 du même réglement,

(3) Art. 2, *ibid.*

C'est en cela principalement que consiste la différence qui existe entre l'initiative que l'on accorderait aux Chambres, et la simple demande d'une loi qu'elles supplient le Roi de proposer. Lorsqu'elles ont l'initiative, le Roi n'a plus qu'à rejeter ou adopter le projet de loi qu'elles ont discuté et délibéré, et qu'elles présentent à son acceptation. S'il l'accepte, la loi est parfaite; il ne reste qu'à la promulguer suivant la formule ordinaire.

Au contraire, s'il adopte la demande d'une proposition de loi, quand même le projet en serait tout rédigé, il doit la proposer aux Chambres, pour y être de nouveau discutée, délibérée et adoptée.

44. Passons aux propositions de loi faites du propre mouvement de Sa Majesté. Le projet proposé est rédigé en forme de loi, signé par le Roi, contresigné par un ministre (1), et porté aux Chambres par les ministres, assistés de commissaires envoyés (2) pour soutenir le projet.

45. Le message est porté, au gré du Roi, à la Chambre des pairs ou à celle des députés, excepté la loi de l'impôt, qui doit être adressée d'abord à la Chambre des députés (art. 17 de la Charte), comme représentans du peuple français.

C'est donc cette Chambre qui reçoit toutes les propositions d'impôt. Ce n'est qu'après qu'elles y

(1) Art. 2, tit. 3, du réglement du 13 août 1814.
(2) Art. 1.er, *ibid.*

ont été admises, qu'elles peuvent être portées à la Chambre des pairs. (Art. 47).

46. « Toute loi doit être discutée et votée libre-» ment par la majorité de chacune des deux Cham-» bres (art. 18) » , suivant les formes prescrites par les réglemens faits tant pour la Chambre des pairs que pour celle des députés (1).

47. « Les Chambres ne motivent ni leur accep-» tation ni leur refus; elles disent seulement : *La* » *Chambre a adopté ou n'a pas adopté* (2).

« La loi qui n'est point adoptée ne donne lieu » à aucun message, ni à aucune mention sur le » registre de la Chambre » (5).

48. Mais « la Chambre qui adopte une propo-» sition de loi en fait *dresser la minute*, signée de » son président et de ses secrétaires, pour être » déposée dans ses archives, et en adresse au Roi » une expédition, signée de même, et qui lui est

---

(1) Il faut recourir à ces réglemens , dont nous ne donnons point ici l'analyse , parce qu'ils peuvent changer.

Le réglement pour la Chambre des députés, définitivement adopté dans la séance du 15 juin 1814, a été imprimé chez Hacquart, imprimeur de la Chambre des députés, rue Gît-le-Cœur, n.° 8, en 1817. Il est distribué à tous les membres de la Chambre, à l'ouverture de chaque session, en vertu de l'art. 76.

Ce recueil est suivi du réglement contenant les relations des Chambres avec le Roi et entre elles, sanctionné par le Roi, le 13 août 1814. Ce réglement ne se trouve point dans *le Bulletin des Lois.* Les réglemens intérieurs et extérieurs pour la Chambre des pairs, ont été imprimés avec plusieurs autres pièces, chez Didot l'aîné, en 1814.

(2) Art. 3 du tit. 3 du réglement du 13 août 1814.

(3) Art. 4, *ibid.*

» portée par le président et les secrétaires de la
» Chambre » (1).

La proposition de loi est ensuite adressée par
le Roi à l'autre Chambre, dans la même forme
qu'elle avait été adressée à la première.

49. Quand la seconde Chambre, à qui elle est
adressée, a adopté la proposition faite par le Roi, il
semblerait d'abord que la loi est définitivement formée; qu'elle existe, et qu'elle est parfaite par le consentement formel des trois autorités qui exercent
collectivement la puissance législative, c'est-à-dire
par la proposition du Roi, qui contient nécessairement son consentement; par l'adoption de la
Chambre des pairs, par l'adoption de celle des
députés. Cependant il n'en est pas ainsi : après
l'adoption successive des deux Chambres à qui la
loi a été proposée par le Roi, la Charte lui réserve
en dernier lieu le droit de sanctionner ou de rejeter la loi. (Art. 22.)

50. Il ne faut pas s'en étonner. En discutant la
loi, les Chambres ont la faculté de faire des amendemens ou des additions au projet qui leur a été
adressé tout rédigé. Elles usent le plus souvent de
cette faculté, sans laquelle les lumières que donne
la discussion demeureraient sans fruit, à moins
qu'après la *non adoption* du projet rejeté par les
Chambres comme défectueux, le Roi n'en présen-
tât un nouveau, contenant les amendemens et ad-

---

(1) Art. 5, *ibid.*

ditions jugés utiles ou nécessaires. Or, cette marche éloignerait beaucoup la formation de la loi, quelque urgente, quelque nécessaire qu'elle pût être, puisqu'une proposition de loi non adoptée par les deux Chambres, ne peut plus être *représentée dans la même session,* suivant l'art. 21 de la Charte. Il a donc paru mieux de permettre aux Chambres d'examiner et de discuter la rédaction aussi bien que le fond du projet de loi qui leur est adressé, et d'y insérer, après la discussion, les amendemens et additions jugés nécessaires ou utiles. D'ailleurs, les ministres et les envoyés du Roi prennent ordinairement une part très-active à la discussion.

La Chambre qui adopte une proposition de loi, en fait, comme nous l'avons vu, dresser la minute, signée de son président et de ses secrétaires. Cette minute, contenant une nouvelle rédaction, ou des changemens qu'il n'avait pu prévoir, devait nécessairement être soumise à l'acceptation ou à la sanction du Roi, qui exerce la puissance législative, collectivement avec la Chambre des pairs et avec celle des députés. C'est donc avec sagesse que la Charte a réservé la sanction au Roi.

51. Remarquons ici que cette réserve suppose nécessairement que les Chambres ont la faculté de faire des amendemens et des additions au projet de loi qui leur est adressé.

Si elles n'avaient que l'alternative de le rejeter ou de l'adopter sans aucun changement, il eût été contre toute raison d'exiger un nouveau consentement du Roi, et de lui réserver la sanction. La Constitution de l'an VIII ne réservait point au pouvoir exécutif la sanction des décrets du Corps législatif, parce que ni ce Corps ni le Tribunat ne pouvaient faire aucun changement aux projets de loi.

Ainsi, loin d'être contraire à la Charte, la faculté de faire des amendemens aux propositions de loi adressées aux Chambres, est en tout conforme à son esprit et à son texte. C'est une conséquence directe de ses dispositions. Le Roi *propose* et *sanctionne* la loi. (Art. 16 et 22). Aucun amendement ne peut être fait à une loi, s'il n'a été proposé ou consenti par le Roi. (Art. 46).

52. C'est cette sanction qui est le dernier acte nécessaire à la formation de la loi, et qui la rend parfaite; c'est elle qui en est le complément, et qui lui donne l'existence. C'est par conséquent du jour de la sanction que la loi prend date (1).

Le réglement du 15 août 1814 (2), donne les formules de la sanction et du refus de sanction. « Le Roi refuse sa sanction par cette formule : » *Le Roi s'avisera* (3). »

---

(1) Ordonnance du Roi, du 27 novembre 1816.

(2) Tit. 4, art. 1, 2 et 3.

(3) C'est littéralement la formule par laquelle le Roi d'Angleterre refuse de sanctionner un bill ; car, aujourd'hui encore, c'est en français que le Roi d'Angleterre, dans toute sa majesté, et à la tête de son Parlement, prononce solennellement l'acceptation d'une loi ou son refus de l'accepter :

Le Roi le veut. — Soit fait comme il est désiré. — Le Roi s'avisera.

Le Parlement s'exprime également en français, en prononçant, par

« Cette déclaration des volontés du Roi est no-
» tifiée à la Chambre des pairs par le chancelier,
» et à celle des députés, par une lettre des minis-
» tres adressée au président.

» Le Roi sanctionne la loi qu'il a proposée, en
» faisant inscrire sur la minute que ladite loi, *dis-*
» *cutée, délibérée et adoptée* par les deux Chambres,
» sera publiée et enregistrée, pour être exécutée
» comme loi de l'État. »

53. Quatre choses sont donc aujourd'hui nécessaires à la formation de la loi : 1°. sa proposition
par le Roi; 2°. son adoption par la Chambre des
pairs; 3°. son adoption par la Chambre des députés; 4°. enfin, la sanction qui en est le complément, et qui lui donne l'existence.

SECTION IV.

Des Ordonnances du Roi, et des Instruc-
tions ministérielles.

SOMMAIRE.

54. *Le Roi, à qui seul appartient la puissance exécutive, a le*
   droit de faire des ordonnances et réglemens nécessaires
   pour l'exécution des lois.

---

l'organe de son greffier, la formule de ses remercîmens : « *Les prélats,*
» *seigneurs et communs, en ce présent Parlement assemblés, au nom de*
» *tous vos autres subjets, remercient très-humblement Votre Majesté, et*
» *prient à Dieu vous donner en santé bonne vie et longue* ».
   Signe permanent, il faut l'avouer, s'écrie douloureusement Black-

35. *En quoi ils diffèrent des lois. Le Roi peut les révoquer.*

56. *Les ordonnances ministérielles ne sont par elles-mêmes obligatoires ni pour les citoyens ni pour les tribunaux, à moins qu'elles ne soient revêtues de l'approbation du Roi. Quid si elles ne font qu'interpréter une loi?*

54. OUTRE les lois discutées et adoptées par les deux Chambres, il existe des règles de conduite d'une autre espèce, et qui ont également force de loi; ce sont « les réglemens et *ordonnances* nécessaires pour l'exécution des lois et la sûreté de l'État », que le Roi fait, en qualité de chef suprême de l'État, seul revêtu de la puissance exécutive. (Art. 13 et 14 de la Charte).

Ce droit de faire des réglemens ou ordonnances est inhérent à la puissance exécutive; il est indispensable pour faire exécuter les lois d'une manière uniforme. La Constitution du 3 septembre 1791, qui se montra jusqu'à l'excès jalouse de restreindre la prérogative royale, n'en conserva pas moins au Roi le droit de faire des réglemens pour l'exécution des lois, droit qui lui est aussi réservé par l'art. 14 de la Charte.

55. Les ordonnances diffèrent des lois, en ce qu'elles ne contiennent ordinairement que le mode d'exécution d'une loi antérieure. Elles ont aussi quelquefois pour objet de rappeler une loi négligée ou qui paraît oubliée.

stone, signe permanent de la conquête qu'on désirerait voir tomber dans un total oubli. Book 1, chap. 2, tom. I, pag. 184, édition in-8°, Londres, 1783.

Les ordonnances diffèrent encore des lois, en ce qu'elles peuvent être changées ou révoquées par le Roi, qui ne peut changer ni abroger les lois qu'avec le concours des deux Chambres, et dans les formes constitutionnelles.

56. Quant aux instructions ministérielles, elles n'ont point par elles-mêmes la force obligatoire qui caractérise la loi. Elles obligent les différens préposés de l'administration, auxquels le ministre, dont elles émanent, a le droit de commander; mais à l'égard des autres citoyens, elles ne tiennent lieu que de conseils et non de préceptes, d'exemples et non de dispositions strictement obligatoires (1), à moins qu'elles ne fussent revêtues de l'approbation du Roi; car alors, elles auraient la force des réglemens et ordonnances que Sa Majesté peut faire pour l'exécution des lois, par exemple, l'instruction relative à l'exécution de la loi du 10 mars 1818, sur le recrutement de l'armée.

Si elles ne faisaient que rappeler, développer ou interpréter une loi antérieure, les dispositions seules de la loi seraient obligatoires; les développemens ou l'interprétation que leur donnerait le ministre ne le seraient pas; il serait du devoir des magistrats de ne s'y conformer qu'autant que les développemens ou l'interprétation contenue dans l'instruction se trouveraient conformes à la raison et à la justice; car alors ils devraient être suivis,

_____

(1) Avis du Conseil d'état, du 12 thermidor an XII, approuvé le 25. Il est cité et en partie copié dans *l'Esprit du Code civil*, par M. Locré, tom. II, pag. 32, édition in-8°.

comme on suit l'opinion d'un jurisconsulte qui a développé avec sagacité le sens d'une loi obscure. Mais si l'instruction ajoutait à la loi, surtout en matière pénale, les juges n'y pourraient avoir aucun égard. Ces principes sont d'une extrême importance, sur-tout sous un Gouvernement représentatif. (*Voy.* ci-après ce que nous dirons sur le pouvoir d'interpréter la loi).

SECTION V.

De la Promulgation et de la Publication des lois. De quel jour elles sont exécutoires, de quel jour elles sont obligatoires.

SOMMAIRE.

57. *C'est par le commandement d'observer la loi qu'elle devient* exécutoire*; et c'est par la connaissance que les citoyens ont eue ou pu avoir de l'existence de la loi et du commandement de l'observer, qu'elle devient* obligatoire.

58. *Au Roi seul appartient le droit de commander. C'est en son nom seul que peuvent être exécutés les lois, les arrêts, jugemens, etc.*

59. *Le commandement d'exécuter la loi, et de la rendre publique, est ce qu'on appelle* promulgation.

60. *La* publication *de la loi est la manière ou l'acte de la rendre publique.*

61. *La* sanction *et la* promulgation *autrefois confondues en France.*

62. *La* publication *était la lecture de la loi faite à l'audience. Insuffisance de cette publication; questions qu'elle faisait naître.*

63. *La* **promulgation** *et la* **publication** *étaient deux actes différens. L'un fixait la date de la loi et la rendait exécutoire ; l'autre fixait le jour où elle devenait* obligatoire.

64. *Le décret du* 9 *novembre* 1789, *sanctionné par le Roi, fixa le vrai sens des mots* sanction *et* promulgation.

65. *Au mode de publication anciennement usité, il ajouta l'affiche de la loi.*

66. *La Convention nationale changea ce mode de publication, et confondit la promulgation avec la publication, qu'elle ordonna de faire à son de trompe, etc.*

67. *La confusion cessa par la Constitution de l'an III, qui donna au Conseil des anciens la sanction, et au Directoire exécutif la promulgation et le soin de faire publier la loi.*

68. *La loi du* 12 *vendémiaire an IV supprima la publication à son de trompe, et voulut que la loi obligeât du jour où le Bulletin officiel serait parvenu au chef-lieu du département. Injustice de cette disposition.*

69. *Elle cessa par les dispositions du Code décrété sous l'empire de la Constitution de l'an VIII, dont les dispositions sont nécessaires à l'intelligence de l'art.* 1er. *du Code.*

70. *Elle donnait au pouvoir exécutif l'initiative et non la sanction de la loi.*

71. *Mais il était obligé de la promulguer précisément le dixième jour après l'émission du décret qui formait la loi ; ce que donnait la facilité d'en connaître l'existence avant la promulgation, et le jour précis où serait faite la promulgation.*

72. *Le Code établit donc une présomption légale que les citoyens connaissaient ou devaient connaître la loi un jour après celui de sa promulgation à Paris ; et, pour les départemens, après quelques jours de plus, en raison des distances.*

73. *Justice et fondement de cette présomption. Tableau des distances rédigé pour lever les incertitudes. Son application au département d'Ille et Vilaine.*

74. *La Charte, en maintenant le Code civil, n'a point établi*

*de délai fixe entre le jour de la sanction et celui de la pro-
mulgation. Le Roi promulgue la loi le jour même qu'il la
sanctionne.*

75. *La présomption établie par le Code n'a plus de fondement
aujourd'hui; on s'en aperçut, et l'on éleva des doutes sur
ce qu'entend le Code par la promulgation.*

76. *Pour trancher la difficulté, l'ordonnance du 27 novembre
1816, statua que la promulgation des lois résulterait de
leur insertion au Bulletin, et serait censée connue, conformément au Code, un jour après que le Bulletin a été
reçu de l'imprimerie royale, par le chancelier, qui en
constate l'arrivée sur un registre.*

77. *Injustice de cette présomption, par laquelle on a cru néanmoins donner aux lois plus de publicité.*

78. *Le Gouvernement a déjà reconnu l'injustice de cette présomption, à l'égard des lois dont l'exécution est urgente, et
qui, suivant l'ordonnance citée, étaient obligatoires du
jour de l'arrivée du Bulletin à la préfecture.*

79. *Une autre ordonnance du 18 janvier, rendue sur les représentations faites à Sa Majesté, veut qu'en ce cas la loi
ne soit obligatoire que du jour de l'affiche qui en sera
faite, parce que le registre de réception, tenu par le préfet, ne donne point aux citoyens une connaissance suffisante de la loi.*

80. *Il faut représenter au Roi que le registre de réception tenu
par le ministre est encore moins suffisant que celui des
préfets, pour donner aux citoyens une connaissance suffisante de la loi et de sa promulgation. En attendant,
nous devons obéir aux ordonnances.*

81. *Les lois n'ont point d'effet rétroactif, à l'exception des lois
interprétatives.*

57. Ce n'est point assez d'avoir donné l'existence
à la loi par la sanction; il faut encore en certifier
l'existence, et en commander l'exécution : c'est
par ce commandement que la loi devient exécutoire.

Il faut en donner connaissance à tous ceux qui doivent y obéir, de manière qu'ils n'en puissent ignorer les dispositions, ou que du moins cette ignorance puisse leur être raisonnablement imputée. C'est là ce qui rend la loi *obligatoire.*

Il est tellement essentiel de mettre tous ceux qui doivent y conformer leur conduite, à même de connaître et l'existence de la loi, et le commandement de l'observer, qu'on ne saurait imaginer d'acte de tyrannie plus révoltant, que de punir un homme pour avoir désobéi à une loi dont il n'a ni connu, ni pu connaître l'existence et les dispositions.

58. Le droit de commander, *imperium,* qui contient celui d'employer la force publique pour faire exécuter le commandement, est l'une des principales attributions de la puissance exécutive, qui n'appartient qu'au Roi seul, chef suprême de l'État, et qui, en cette qualité, a seul droit de commander les forces de terre et de mer. C'est dans son nom seul que peuvent être exécutés, non seulement les lois, mais les arrêts, les jugemens rendus par les cours de justice ou par les tribunaux, et même les actes authentiques reçus par des notaires. Ce n'est qu'au nom du Roi, suivant la formule antique et solennelle *de par le Roi,* que les citoyens et la force publique doivent obéir. Comme la loi, les jugemens ne deviennent exécutoires que par l'ordre de les exécuter, donné au nom du Roi par le président du tribunal, exerçant, en ce point, les fonctions de délégué spécial de Sa Majesté.

59. C'est l'ordre de faire exécuter la loi, et de la publier ou de la rendre publique, etc., qui constitue ce qu'on appelle proprement *promulgation*. Le Roi seul *promulgue* la loi, dit la Charte, art. 22, c'est-à-dire que lui seul donne le commandement de l'exécuter et de la faire exécuter.

60. On appelle *publication* la manière, ou l'acte de rendre publics l'existence de la loi et le commandement de l'observer.

61. Avant que les pouvoirs fussent régulièrement divisés en France, les idées sur la promulgation étaient extrêmement confuses : il ne faut pas s'en étonner; la sanction et la promulgation étaient confondues dans un seul et même acte, tellement qu'on ne pouvait les séparer l'une de l'autre, comme on peut le voir par la promulgation de nos anciennes ordonnances (1). C'est du jour de cette promulgation que la loi prenait date; le mois seul, et non le jour du mois, était ordinairement indiqué.

Cette promulgation rendait les lois exécutoires, mais elle ne les rendait pas obligatoires; elles ne l'étaient que du jour de leur publication et de leur enregistrement dans les Cours souveraines. C'est ce qu'on inférait, et ce qu'on avait raison d'inférer des termes de la promulgation : « Si donnons » en mandement à nos amés et féaux les gens te-» nant nos Cours de Parlement... que nos pré-

---

(1) *Foy.* celles d'Orléans, de Moulins, de Blois, etc.

» sentes ils gardent, observent.... fassent garder
» et observer.... et afin qu'elles soient *notoires à*
» *tous nos subjects,* les fassent *lire, publier et enre-*
» *gistrer,* etc., etc. ». Quelquefois la loi portait expressément qu'elle serait observée *à compter du*
jour de la publication qui en sera faite, etc., etc. (1)
L'art. 4 du tit. 1er. de l'ordonnance de 1667 en fit
une règle générale.

62. Cette publication n'était pas autre chose alors
que la lecture de la loi faite à l'audience. La notoriété qui en résultait pour tous les sujets, était donc
une notoriété de droit plutôt qu'une notoriété
de fait; car il est bien évident que cette lecture
ne pouvait rendre la loi notoire à tous les citoyens
du ressort de la Cour où elle se faisait (2). Aussi
c'était une grande question de savoir si l'enregistrement d'une loi dans une Cour souveraine suffisait pour la rendre obligatoire dans tout le ressort de cette Cour.

En certains ressorts, la loi était censée promul-

---

(1) *Voy.* les dispositions finales de l'ordonnance sur les donations
entre vifs, du mois de février 1731; de celle des testamens, du mois
d'août 1735.

(2) Louis xiv sentit combien il était injuste, sur-tout en certains
cas, de rendre la loi obligatoire du jour d'une pareille publication. Il
ordonna que l'ordonnance civile du mois d'avril 1667 ne fût obligatoire
qu'à *commencer au lendemain de Saint-Martin,* douzième de novembre
de la même année; c'était le jour de la rentrée du Parlement après les
vacances; et que l'ordonnance criminelle du mois d'août 1670 serait
obligatoire à commencer du premier jour de janvier 1671. Le législateur présumait qu'après un tel délai, tous les citoyens avaient connu
ou pu connaître l'existence et la promulgation de ces lois.

guée, et elle devenait obligatoire pour tous les habitans du pays, du jour où elle avait été enregistrée par le Parlement de la province..... Dans d'autres ressorts, on ne regardait l'enregistrement dans les Cours que comme le complément de la loi, considérée en elle-même, et non comme sa promulgation; on jugeait que la *formation* de la loi était consommée par l'enregistrement, mais qu'elle n'était promulguée que par l'envoi aux sénéchaussées et bailliages, et qu'elle n'était exécutoire dans chaque territoire, que du jour de la publication faite à l'audience par la sénéchaussée, ou par le bailliage de ce territoire (1).

Mais en suivant cette dernière opinion, il est encore évident que la lecture d'une loi faite à l'audience d'une sénéchaussée ou d'un bailliage, quoique le ressort en fût moins étendu que celui d'un Parlement, n'était pas suffisante pour donner aux citoyens de ce ressort, et cela du jour de la lecture, une connaissance réelle de la loi.

63. Remarquons ici que, dans cet ordre de choses, la promulgation de la loi était très-différente de sa publication ; elles n'avaient ni la même date, ni le même effet. La promulgation fixait la date de la loi, et la rendait exécutoire ; la publication la rendait obligatoire ; c'est du jour de la publication qu'elle devait être observée : or, il

_____

(1) Portalis, *Exposé des motifs* du premier titre du Code civil, le 4 ventôse an **XI**; Rodier, sur l'art. 4 du tit. 1 de l'ordonnance de 1667; Merlin, Répertoire de jurisprudence, v.° *Loi*, § 2, n.° 2.

s'écoulait souvent un tems assez considérable entre l'une et l'autre. Par exemple, l'ordonnance des testamens fut promulguée au mois d'août 1735; elle ne fut publiée et enregistrée à Rennes que le 26 juin 1736, et à Rouen le 10 juillet de la même année. L'Académie française commit donc une erreur quand elle définit *la promulgation*, la publication d'une loi, avec les formalités requises.

64. L'Assemblée constituante, en séparant les pouvoirs, rectifia les idées, et fixa définitivement le véritable sens des mots *sanction* et *promulgation;* elle appela *sanction*, le consentement du Roi aux décrets du Corps législatif : c'était le complément de la loi; c'était et c'est encore aujourd'hui ce qui lui donne l'existence. Un décret du 9 novembre 1789 (1), accepté par le Roi, et refondu dans la Constitution du 3 septembre 1791 (2), donne la formule de cette sanction.

Le même décret appela *promulgation* l'acte par lequel le Roi attestait au corps social l'existence de la loi, en même tems qu'il commandait de l'exécuter, de la faire exécuter, et de la publier; il en donna la formule (3) ainsi conçue. « Louis, » par la grâce de Dieu, etc., l'Assemblée natio- » nale a décrété, et nous voulons et ordonnons ce » qui suit : »

---

(1) Sect. 3, chap. 3, tit. 2, intitulé : *De la sanction-royale.*

(2) Dans la collection de Baudouin, tom. I, pag. 160 et 161.

(3) Cette formule fut aussi insérée dans la Constitution de 1791, chap. 4, sect. 1, tit 2, intitulé : *De la promulgation des lois.*

» Mandons et ordonnons à tous les tribunaux,
» corps administratifs et municipalités, que les pré-
» sentes ils fassent transcrire sur leurs registres-
» lire, publier et *afficher* dans leurs ressorts et dé-
» partemens respectifs, etc. »

65. Le décret ajoute que : « La transcription
» sur les registres, lecture, publications et *affiches*,
» seront faites *sans délai,* aussitôt que les lois se-
» ront parvenues aux tribunaux, corps administra-
» tifs et municipalités, et elles seront mises à exé-
» cution, dans le ressort de chaque tribunal, à
» compter du jour *où ces formalités y auront été rem-*
» *plies.* »

Après de pareilles affiches, les citoyens pouvaient difficilement prétendre cause d'ignorance
de la loi. C'était leur faute, s'ils ne la connaissaient
pas.

Ces affiches avaient l'inconvénient de laisser
de l'incertitude sur l'époque où la loi était devenue obligatoire dans tel ou tel lieu; car le jour des
affiches n'était régulièrement constaté ni connu.
On n'en a jamais rédigé un tableau général pour
chaque département, encore moins pour tout
le royaume. La sanction, la promulgation et la
publication étaient, comme on voit, trois choses
bien différentes. La sanction était le complément
de la loi, elle lui donnait l'existence; la promulgation la rendait exécutoire, elle en attestait l'existence, et commandait de l'exécuter; la publication
la faisait connaître aux citoyens, et la rendait obligatoire.

66. La Convention nationale, qui confondit tous les pouvoirs et dénatura toutes les idées, changea ce mode de publication par un décret du 14 frimaire an II (4 décembre 1793). L'art. 1er. porte : « Les lois concernant l'intérêt public, ou » qui sont d'une exécution générale, seront impri- » mées séparément dans un bulletin numéroté, » qui servira désormais à leur notification aux au- » torités constituées. »

C'est l'origine du *Bulletin des lois.*

L'art. 9 ordonne que « dans chaque lieu, la » *promulgation* de la loi sera faite, dans les vingt- » quatre heures de la réception, par une *publi- » cation* à son de trompe ou de tambour, et la » loi deviendra *obligatoire*, à compter du jour de » la *promulgation.* »

Il est évident que ce décret confond la pro- mulgation avec la publication.

67. Cette confusion cessa par la Constitution du 5 fructidor an III (22 août 1795); elle ne donna point au Directoire exécutif le droit de sanc- tionner la loi. C'était le Conseil des cinq-cents qui la proposait; le Conseil des anciens *adoptait* ou rejetait les propositions dans leur ensemble. (Art. 86, 95 et suiv.) La loi était formée par cette adoption, qui était une véritable sanction. Le Di- rectoire exécutif était chargé de sceller, de pro- mulguer et de *publier* la loi. La promulgation était conçue en ces termes, par l'art. 130 : « Le Direc- » toire ordonne que la loi, ou l'acte du Corps lé-

» gislatif ci-dessus, sera *publié*, exécuté, etc. » Il est évident que la *promulgation*, ou l'ordre de publier la loi, n'est pas la *publication*.

68. La loi du 12 vendémiaire an IV (4 octobre 1795), abrogea le décret du 14 frimaire an II (4 décembre 1793), sur la publication des lois. Elle maintint l'établissement du *Bulletin*, ordonna qu'il contiendrait, outre les lois et actes du Corps législatif, *les proclamations et arrêtés du pouvoir exécutif pour assurer l'exécution des lois.*

L'art. 11 supprima la *publication* des lois par lecture publique, par réimpression, affiche, son de trompe ou de tambour, etc.

L'art. 12 ordonna que, « néanmoins les lois et » actes du Corps législatif *obligeront*, dans l'éten- » due de chaque département, du jour auquel » le Bulletin officiel où ils seront contenus, sera » *distribué* au chef-lieu du département. »

Et que « ce jour sera constaté par un registre » où les administrateurs de chaque département » certifieront l'arrivée de chaque numéro. »

Ce mode de *publication*, si on peut l'appeler ainsi, en prenant ce mot dans le sens le plus étendu pour le moyen de faire connaître la loi aux ci- toyens, est certainement le pire qu'on eût encore imaginé. Les citoyens de Saint-Malo, de Redon, et ceux des campagnes, sur-tout, ignorent et sont même dans l'impossibilité de connaître le jour où le Bulletin officiel est distribué à Rennes. C'était pourtant de ce jour qu'ils étaient obligés de se conformer aux lois qui s'y trouvaient contenues.

S'ils y désobéissaient sans le savoir, ils pouvaient néanmoins être punis pour n'avoir pas observé des préceptes qu'ils ne connaissaient ni ne pouvaient connaître : c'était donc une injustice évidente.

69. Cependant ce mode de publication a continué d'être en usage jusqu'à la promulgation du Code civil, décrété sous l'empire de la Constitution de l'an VIII, dont il faut connaître les principales dispositions concernant la formation et la promulgation de la loi, pour bien entendre le Code.

70. Elle avait divisé le pouvoir législatif en trois branches : le Consulat, le Tribunat et le Corps législatif. C'est aux Conseils qui formaient le Gouvernement, qu'était exclusivement attribuée l'initiative des lois. Il en communiquait le projet au Tribunat, chargé de le discuter et d'en voter l'adoption ou le rejet. Le vœu du Tribunat, quel qu'il fût, était porté au Corps législatif, qui faisait la loi, en statuant par scrutin secret sur les projets de loi débattus devant lui par les orateurs du Tribunat et du Gouvernement. C'est ainsi que le Code a été décrété.

Trois choses étaient donc alors nécessaires à la formation de la loi : sa proposition par le Gouvernement, sa communication au Tribunat, qui la discutait sans y pouvoir rien changer ; enfin, le décret ou l'acceptation du Corps législatif, qui était une véritable sanction, quoiqu'elle n'en eût pas le nom : c'est ce décret qui était la dernière condition essentielle à la formation de la loi ; c'était son complément. Elle prenait date du jour de l'émission du décret (1), après lequel le pouvoir exécutif ne pouvait plus la rejeter.

71. La promulgation, c'est-à-dire l'ordre ou le commandement d'exécuter la loi et de la faire exécuter, appartenait au pouvoir exécutif, auquel il est inhérent.

Mais l'art. 37 de la Constitution de l'an VIII, qu'il ne faut pas perdre de vue pour bien comprendre l'art. 1 du Code, lui imposait l'obligation de promulguer la loi précisément le dixième jour après l'émission du décret qui lui avait donné l'existence (2) : le Gouvernement n'y manquait jamais. Il était donc facile à tous les citoyens de connaître et l'existence de la loi avant sa promulgation, et le jour précis où elle serait promulguée. Le décret dont l'émission donnait l'existence à la loi, était annoncé dans le *Moniteur* et dans les autres feuilles publiques, qui parviennent en moins de dix jours dans les départemens les plus éloignés.

Ainsi, en lisant que le 1er. décembre, par exemple, le Corps législatif avait décrété une loi, tout citoyen était averti d'avance qu'elle serait pro-

---

(1) *Voy.* la délibération prise par le Conseil d'état sur la date des lois, le 5 pluviôse an VIII, imprimée dans le Bulletin des lois.

(2) Ce délai nécessaire de dix jours avait pour but de donner le tems au Tribunat d'attaquer le décret pour cause d'inconstitutionnalité.

mulguée le 10. Le Gouvernement n'y manquait jamais : chacun devait donc se préparer à l'exécuter et à y conformer sa conduite.

72. Les rédacteurs du Code, voyant combien un pareil ordre de choses donne de facilités pour connaître d'avance l'existence de la loi et le jour précis où elle deviendra exécutoire par la promulgation, abandonnèrent les modes de publication si imparfaits, usités jusqu'alors, pour leur substituer une présomption légale de la connaissance de la loi; présomption fondée sur la raison, et qui paraissait ne rien laisser à désirer, pour être assuré que chaque citoyen a connu ou pu connaître la promulgation de la loi, avant le jour où elle devient obligatoire pour lui. Ainsi donc, partant du principe incontestable que les lois sont exécutoires en vertu de la promulgation, et qu'elles doivent être exécutées du moment où la promulgation a pu en être connue, l'art. 1 du Code déclare que la promulgation *sera réputée connue* dans le département où siège le Gouvernement, « un » jour après celui de la promulgation; et dans cha- » cun des autres départemens, après l'expiration » du même délai, augmenté d'autant de jours qu'il » y aura de fois dix myriamètres (environ vingt » lieues anciennes) entre la ville où la promulga- » tion en aura été faite, et le chef-lieu de chaque » département. »

73. Rien de plus raisonnable que cette présomption de la loi. Chaque citoyen avait dix jours pour connaître, par les papiers publics, l'existence de la loi : il était certain qu'elle serait promulguée

le dixième. Le Code lui accorde, à Paris, un jour de grâce, outre ces dix jours ; enfin, il ajoute un jour de plus par dix myriamètres dans les autres départemens. Après ces délais écoulés, toute personne qui prétendrait ignorer la loi, ne peut l'imputer qu'à elle-même. Son ignorance, son insouciance répréhensibles, ne sauraient l'excuser.

Pour ne laisser aucune incertitude sur les distances, le Gouvernement, en vertu d'un arrêté du 25 thermidor an XI, fit rédiger et imprimer un tableau des distances de Paris à tous les chefs-lieux de départemens. Au moyen de ce tableau, fondé sur un ordre invariable, et indépendant de la volonté de l'homme, chacun pouvait facilement savoir le jour précis où la loi deviendrait obligatoire dans le département qu'il habite.

Je sais, par exemple, que la loi sur les douanes fut décrétée le 30 avril 1806 ; qu'elle fut par conséquent promulguée le 10 mai, et obligatoire à Paris le 12, un jour franc après la promulgation. Il y a de Paris à Rennes, suivant le tableau des distances, 34 myriamètres 6 kilomètres, ou 69 lieues. J'ajoute un jour par 10 myriamètres, trois jours pour 30. Quant aux 4 myriamètres de plus, je les néglige, parce qu'un sénatus-consulte (1)

---

(1) Le sénatus-consulte annule une élection faite par le collège électoral du département des Forêts, dont le chef-lieu était Luxembourg, dans une assemblée commencée le 25 thermidor an XII, comme contraire à l'Acte des constitutions du 28 floréal an XII, parce que cet acte était exécutoire dans le département des Forêts, au plus tard le 5 prairial.

Or, la distance de Paris à Luxembourg est de 56 myriamètres 7 kilo-

du 15 brumaire an XIII a décidé implicitement qu'on ne doit point avoir d'égard aux fractions de 10 à 20 myriamètres, ou de 20 à 30, etc.; de manière que le délai pour 34 myriamètres, ou même pour 39, est le même que pour 30.

Ainsi la loi étant promulguée à Paris le 10 mai, obligatoire aussi à Paris le 12, le devient à Rennes et dans tout le département d'Ille et Vilaine, le 15 du même mois.

74. La Charte ordonna que le Code civil, et par conséquent ses dispositions sur le jour où la promulgation des lois est censée connue, resteraient en vigueur *jusqu'à ce qu'il y soit légalement dérogé.* Mais elle n'a point prescrit d'intervalle fixe et nécessaire entre la sanction et la promulgation, comme la Constitution de l'an VIII avait fixé un délai de dix jours entre l'émission du décret du Corps législatif et la promulgation que le pouvoir exécutif était tenu de faire précisément le dixième jour.

Au contraire le Roi, quoique la Charte ne l'y astreigne pas, signe ordinairement la promulgation le même jour que la sanction, comme on le voit par la formule de promulgation qu'il a adoptée (1). La présente loi *discutée, délibérée* et

---

mètres. L'Acte des constitutions du 28 floréal an XII était exécutoire à Paris le 30, et trois jours après, c'est-à-dire le 3 prairial, dans le département des Forêts, dit le sénatus-consulte : donc il n'a compté que trois jours pour 36 myriamètres 7 kilomètres.

(1) La Charte, ni le réglement, n'en ont point donné la formule. Le Gouvernement a conservé l'ancienne, en y faisant les changemens devenus nécessaires.

adoptée par les Chambres, et *sanctionnée par nous, cejourd'hui,* etc.; en sorte que les citoyens n'étant point avertis d'avance du jour de la promulgation, qu'ils ne connaissent qu'en même tems que la sanction, se trouvaient souvent obligés avant de le savoir, et pouvaient être punis au nom d'une loi qu'ils n'avaient pu connaître

75. Le Gouvernement sentit cet inconvénient il vit que la présomption légale de la connaissance de la loi établie, par le Code, n'avait plus de fondement.

Mais comment y remédier?

Pour rendre à cette présomption le fondement raisonnable que lui a fait perdre le nouvel ordre adopté, il eût suffi que le Roi s'astreignît à ne donner la promulgation que le dixième jour après la sanction, et qu'il eût fait connaître sa détermination sur ce point. Une expérience déjà assez longue a prouvé que ce délai de dix jours ne préjudicie point à la célérité nécessaire pour l'exécution de la loi; et d'ailleurs il ne nuit en rien à la prérogative royale. C'est vraisemblablement ce qu'on ne vit pas. On avait perdu de vue le point de législation auquel se rapporte l'art. 1 du Code. On ne comprit donc pas bien sa disposition. Il s'éleva même des doutes sur ce qu'il entend par promulgation. Il suffisait, pour le savoir, de lire l'art. 37 de la Constitution de l'an VIII, qui veut que tout décret du Corps législatif soit, le dixième jour après son émission, *promulgué* par le pouvoir exécutif. Ce point, nécessaire pour l'intelligence du Code était oublié. On dénatura donc le sens qu il donne au mot *promulgation*.

Le plus souvent, on regarda la *promulgation* comme résultant de la *sanction* (1), quoique la sanction et la promulgation soient évidemment deux choses différentes, comme le prouvent la Charte et la formule même de la promulgation : mais la sanction et la promulgation étaient signées le même jour. C'est ce qui les fit confondre.

On exécuta donc les lois, à Paris, un jour après celui où le Roi avait fixé leur date en signant la sanction ; et pour les autres départemens, dans le délai déterminé, d'après cette époque, par l'arrêté du 5 thermidor an XI (13 juillet 1803). C'était exécuter littéralement le Code, parce que la promulgation était signée le même jour que la sanction. Mais par cela même, la promulgation ne pouvait plus être connue d'avance, ni réputée connue aux jours fixés par le Code.

76. On s'en aperçut, et pour éviter cet inconvénient, quelquefois on ne déduisit la promulgation que de l'insertion au Bulletin (2), et de son arrivée au chef-lieu du département. C'était rentrer dans les dispositions de la loi du 12 vendémiaire an IV (4 octobre 1795) ; c'était aller manifestement contre les dispositions du Code. Ce fut cependant à cette opinion qu'on s'arrêta, croyant,

---

(1) Dit l'ordonnance du 27 novembre 1816.
(2) *Voy.* la même ordonnance.

chose étonnante, *établir davantage la publicité des lois*. On crut, en abrogeant le Code, ne faire qu'interpréter le Code, qui n'avait point, disait-on, *expliqué ce qui constitue la promulgation*. L'art. 1 de l'ordonnance du 27 novembre 1816 porte :

Art. 1. « A l'avenir, la promulgation des lois et » de nos ordonnances résultera de leur insertion » au Bulletin officiel. »

Le sens de cet article est sans doute que l'insertion des lois au Bulletin officiel tiendra lieu de la promulgation dont parle le Code.

L'art. 2 porte :

« Elle sera censée connue, conformément à » l'art. 1 du Code civil, un jour après que le Bulle- » tin des lois aura été reçu de l'imprimerie royale, » par notre chancelier ministre de la justice, *le- » quel constatera sur un registre l'époque de la récep- » tion* ».

L'art. 3 ajoute :

« Les lois et ordonnances seront exécutoires dans » chacun des autres départemens du royaume, » après l'expiration du même délai, augmenté » d'autant de jours qu'il y aura de fois 10 myria- » mètres (environ vingt lieues anciennes) entre » la ville où la promulgation en aura été faite et » le chef-lieu de chaque département, suivant le » tableau annexé à l'arrêté du 25 thermidor an XI, » ou 13 juillet 1803. »

77. Ainsi cette ordonnance veut que l'insertion des lois au Bulletin tienne lieu de la promulgation dont parle le Code, et que cette insertion ou

promulgation soit *censée connue* un jour après que le Bulletin a été reçu de l'imprimerie royale, par le ministre de la justice. Il est certain qu'en cela le Gouvernement a eu en vue l'intérêt du peuple. Il a adopté ce nouveau mode, *comme établissant davantage la publicité des lois,* tandis qu'au contraire ce mode laisse le peuple dans une ignorance invincible de l'époque où la loi sera promulguée, et viole le principe fondamental en cette matière, que la loi n'oblige les citoyens que lorsqu'ils ont pu la connaître (1).

Le ministre tient un registre qui constate l'époque où il reçoit de l'imprimerie royale le Bulletin officiel. Mais ce registre n'est point public; il reste enseveli dans les bureaux du ministère, où il n'est pas facile de pénétrer. Personne ne le connaît : personne ne peut donc connaître le jour où la loi deviendra obligatoire dans le lieu qu'il habite; au lieu que, sous l'empire du Code, les lois étaient connues ou pouvaient l'être avant d'être exécutées. La connaissance s'en répandait dans toute la France, durant les dix jours qui s'écoulaient entre leur émission publique, et la promulgation qui faisait courir le délai de grâce pour leur exécution. Jamais les lois ne furent plus notoires avant d'être obligatoires.

Au contraire, non seulement le jour de la ré-

---

(1) L'ordonnance du 27 novembre 1816 contient encore un autre vice; c'est qu'en croyant ne faire qu'interpréter le Code, elle l'abroge réellement et de fait. *Voy.* ci-après, n.° 141, vers la fin.

ception du Bulletin par le ministre ne peut être connu d'avance; il est même très-difficile de le connaître *ex post facto*, et de savoir par conséquent le jour précis où la loi qu'on veut appliquer est devenue obligatoire. Par exemple, la loi sur le budget de 1818 est datée dans le Bulletin du 15 mai 1818, jour où le Roi en a signé la sanction ; mais ce n'est pas de cette époque qu'il faut compter le jour franc après lequel elle est censée connue à Paris ; c'est du jour où le Bulletin imprimé est parvenu au ministère : or ce jour n'est pas connu, il n'est pas même indiqué dans le Bulletin, et quand il le serait, cette indication n'en pourrait donner connaisance avant que la loi soit exécutoire, et les citoyens se trouvent obligés avant de le savoir.

Ceci est important en matière fiscale et en matière criminelle. Supposons qu'une loi prononce une peine ou une amende contre ceux qui contreviennent à ses dispositions. Le Bulletin officiel porte que la loi a été sanctionnée et promulguée le 1er. décembre. Caïus, demeurant dans les environs de Paris, contrevient à la loi le 5 décembre. Il est traduit en justice le 2 janvier suivant. A-t-il encouru la peine? Oui, si le Bulletin où la loi a été insérée est parvenu le 3 décembre au ministère de la justice; non, s'il n'y est parvenu que le 4 ; or, c'est ce qui est ignoré du public et des juges : ils seront donc obligés, pour prononcer, de recourir aux bureaux du ministère.

Mais la nécessité de ce recours n'offre-t-elle pas au prévenu l'excuse la plus invincible? Quoi !

dira-t-il aux juges, pour savoir si j'ai commis une contravention, vous êtes aujourd'hui encore forcés de recourir aux bureaux du ministère, afin de connaître l'époque où le Bulletin y a été reçu! Je ne pouvais donc pas connaître cette époque le 5 décembre, jour où j'ai commis la prétendue contravention. Vous ne pouvez donc me punir pour n'avoir pas obéi à une loi dont je ne connaissais ni ne pouvais connaître l'existence et la promulgation.

Ce raisonnement paraît sans réplique.

La présomption de connaissance de la promulgation de la loi, par l'envoi du Bulletin dans les bureaux du ministère, est donc contraire à la raison et à la justice. Elle est aussi peu fondée que la présomption établie par le Code était juste et raisonnable.

78. Déjà le Gouvernement, sur les représentations qu'on lui a faites, a reconnu l'injustice de l'art. 4 de l'ordonnance du 27 novembre 1816. Cet article porte : « Dans les cas et les lieux où nous » jugerons convenable de hâter l'exécution, les » lois et ordonnances seront exécutoires du jour » qu'elles seront parvenues au préfet, qui en cons- » tatera la réception sur un registre. »

79. Une ordonnance additionnelle, du 18 janvier 1817, a réformé cet article. Le préambule porte : « *Il nous a été représenté* qu'il serait à crain- » dre que l'envoi aux préfets des départemens ne » *donnât pas une connaissance suffisante* de ce qui » serait à exécuter, *s'ils se contentaient* (comme

, fait le ministre) d'en constater la réception sur
, un registre. »

En conséquence, l'art. 1 ordonne que, dans les
cas où le Roi jugera convenable de hâter l'exécution des lois et ordonnances, en les faisant parvenir sur les lieux extraordinairement, les préfets
prendront incontinent un arrêté, par lequel ils
ordonneront que lesdites lois et ordonnances seront imprimées et affichées partout où besoin
sera.

L'art. 2 ajoute que ces lois et ordonnances seront exécutées à compter du jour de la *publication* faite dans la forme prescrite par l'art. 1, c'est-
à-dire du jour de l'*affiche.*

80. Bénissons le ciel de vivre sous un Gouvernement qui, *sur les représentations* qu'on lui fait,
se hâte de réparer les erreurs qui se sont, contre
son intention, glissées dans ses ordonnances, en
croyant *établir davantage la publicité des lois.* Re-
présentons-lui, avec confiance et respect, que
les raisons qui l'ont porté à réformer l'art. 4 de
l'ordonnance du 27 novembre 1816, doivent l'engager à réformer également l'art. 2 ; car si le registre sur lequel le préfet d'Ille et Vilaine constate
la réception du Bulletin où la loi est insérée, n'en
donne pas aux habitans de Rennes et du département une connaissance suffisante, il est certain
que le registre où le ministre de la justice constate la réception du même Bulletin, ne peut également donner une connaissance suffisante de la

loi et de sa promulgation aux nombreux habitans de Paris et de ses environs.

En attendant que nos représentations aient obtenu la réformation des art. 1, 2 et 3 de l'ordonnance du 27 novembre 1816, nous devons y obéir avec respect (1).

81. Si la loi n'est exécutoire que du jour où la promulgation en est réputée connue, il s'ensuit qu'elle ne peut avoir d'effet rétroactif. C'est la disposition du second article du Code.

Si les lois pouvaient avoir un effet rétroactif, il n'y aurait plus ni liberté ni sûreté. La liberté civile consiste dans le droit de faire ce que la loi ne défend pas. On regarde comme permis tout ce qui n'est pas défendu. Il est impossible aux citoyens de prévoir qu'une action innocente aujourd'hui sera défendue demain.

Cependant si une loi obscure avait besoin d'être interprétée par le législateur, la loi interprétative aurait son effet du jour de la loi qu'elle explique, parce qu'alors le législateur ne statue rien de nouveau ; il déclare et fixe le sens de la loi ancienne. Ce n'est pas faire une loi nouvelle que de déclarer le sens de la loi qui existe déjà. Il est donc dans la nature des choses que l'inter-

---

(1) La Cour de cassation nous en a donné l'exemple dans un arrêt du 9 juin 1818, rapporté par Sirey, pag. 290 et suiv.

prétation, qui n'est que la loi clairement expliquée, remonte au tems de la loi même (1).

Mais les jugemens rendus en dernier ressort, et les transactions passées pendant que le sens de la loi était obscur ou douteux, conservent tout leur effet.

SECTION VI.

Des Effets de la loi, et de sa Sanction morale.

SOMMAIRE.

82. *La loi commande, défend, permet et punit.*
83. *Des lois préceptives.*
84. *Des lois prohibitives.*
85. *Des lois permissives.*
86. *Sanction de la loi, dans le sens moral.*
87. *Sanction du droit naturel.*
88. *Sanction des lois civiles.*
89. *Réparation du dommage causé par les actions contraires à la loi. Nullité des actes contraires à ses dispositions.*
90. *Examen de la distinction entre les lois prohibitives et les préceptives.*
91. *Dispositions de l'art. 1030 du Code de procédure.*
92. *Renvoi au septième volume pour la théorie des nullités.*
93. *La loi produit une obligation.*

---

(1) Ainsi, un avis du Conseil d'état, approuvé, doit influer dans les contestations comme s'il faisait partie de la loi qu'il explique. *Voy.* les conclusions du savant Merlin, lors de l'arrêt de la Cour de cassation, dans l'affaire Mac-Mahon, du 30 pluviôse an XIII

Après avoir fait connaître ce que c'est que la loi, comment elle se fait, comment elle est rendue exécutoire, de quel jour elle est obligatoire et doit être exécutée, il faut voir quels en sont les effets, quelles sont les personnes qu'elle oblige, quelles sont les personnes chargées de l'exécuter.

82. La loi commande, défend, permet et punit : *Legis virtus hæc est imperare, vetare, permittere, punire. Loi 7, ff de leg.*

83. La loi commande certaines actions; elle règle la forme de certains actes et les accessoires qui doivent les accompagner. Les lois de cette nature sont appelées préceptives.

84. La loi défend les actions qui troublent le repos de la société ou qui blessent les droits d'autrui : ce sont les contraventions et les délits publics. Elle défend certains actes relatifs à la transmission des propriétés, à la capacité des personnes ou à d'autres objets. Les lois de cette nature sont appelées prohibitives.

85. La loi permet certaines actions sans les commander; par exemple, elle permet de faire un testament, d'instituer des héritiers.

C'est ce qu'on appelle des lois permissives. Elles rentrent dans les deux premières classes, en ce qu'elles renferment implicitement la défense de troubler, dans l'exercice de son droit, celui qui ne fait qu'user de la permission de la loi, et l'ordre de respecter les droits qu'il a conférés en vertu de cette permission.

86. Enfin la loi punit les infracteurs de ses préceptes ou de ses défenses, et récompense ceux qui les observent. C'est ce qu'on appèle la sanction de la loi, et c'est de là qu'elle tire sa force obligatoire.

La sanction de la loi est donc la peine ou la récompense, le bien ou le mal attaché à l'observation ou à la violation de ses préceptes ou de ses défenses.

Dans un autre sens, la sanction de la loi est la disposition qui prononce la peine ou la récompense attachée à telle ou telle action (1). Ces dispositions se trouvent principalement réunies dans le Code pénal, qu'on peut regarder comme la sanction de toutes les lois.

87. La sanction du droit naturel se trouve d'abord dans la religion, qui nous enseigne que

(1) Nous avons vu que, dans un autre sens, la Constitution de 1791 et la Charte nomment *sanction* le consentement du Roi aux décrets du Corps législatif, aux projets de loi adoptés par les deux Chambres. Mais, dans cette sixième section, nous prenons le mot *sanction* dans le sens des moralistes. *Voy.* Fergusson, *Institutes of moral philosophy,* part. 4, chap. 3, sect. 13, et part. 6, chap. 1 et suiv. « The sanction » of any law is the good or ill annexed to the observance, or to the » neglect of it ».

l'homme ne meurt pas tout entier; que l'ame c:
immortelle; qu'il existe une autre vie et un Die
rénumérateur et vengeur.

On la trouve encore dans cette considératio
publique dont ont joui, chez tous les peuples (
dans tous les tems, ces hommes bons et presqu
divins, dans quelque classe de la société qu'il
aient vécu, dont la vie, dévouée au bonheur d
leurs semblables, n'a été qu'une suite d'action
vertueuses et utiles à leurs concitoyens.

Enfin, on la trouve dans le sentiment délicieu
d'une conscience pure (1), dans le bonheur don
jouit intérieurement celui qui n'a rien à se repro
cher, et qui observe tous les préceptes de la loi
dans les remords dont est déchiré le cœur du
scélérat, qui ne peut se fuir lui-même; dans l'infamie et la honte dont il est couvert à ses propre;
yeux, lors même qu'il est parvenu à dérober s;
turpitude aux yeux du public.

88. Les lois humaines ont donné une sanctior
plus forte aux préceptes du droit naturel, ainsi
qu'aux préceptes positifs qu'elles y ont ajoutés.

Elles ont voulu, d'abord, que la force pu
blique fût employée pour contraindre chaque
citoyen à leur obéir. Elles ont porté plus loin
la prévoyance : elles ont prononcé des peines
ou des châtimens contre les infracteurs de la
loi, et ces peines sont proportionnées à l'importance de chaque délit ou de chaque contra-

---

(1) *Nil conscire sibi, nullâ pallescere culpâ.*

(HORAT., *Epist.*, lib. 1, epist. I, vers. 61).

vention, et au trouble plus ou moins grand qu'il porte dans la société. C'est l'objet du Code pénal.

89. La réparation du dommage causé par une action contraire à la loi en est encore une sorte de sanction.

Enfin le législateur ajoute souvent une sanction spéciale aux dispositions de la loi, en prononçant la nullité des actes contraires à ses prohibitions ou à ses préceptes.

90. Les auteurs enseignent même assez communément (1), et leur doctrine est conforme à la loi 5, *C. de legibus*, 1. 14, que les lois prohibitives emportent la peine de nullité, quoique cette peine n'y soit pas formellement exprimée, et ils n'étendent pas cette maxime aux lois préceptives. Cependant, aux yeux de la raison, les préceptes de la loi ne semblent pas moins forts que ses défenses. Souvent même la différence des lois préceptives, et prohibitives ne consiste que dans la contexture des mots. Si l'on ne s'attachait qu'à ce qui semblerait devoir être, il faudrait donc poser en principe que tous les actes où les préceptes de la loi n'ont pas été observés, sont nuls ou doivent être annulés, aussi bien que ceux qui sont contraires à ses prohibitions : autrement, la loi ne serait plus un précepte obligatoire; elle ne serait qu'un conseil; elle serait imparfaite. Telle était

---

(1) Bouhier, sur Bourgogne, observ. 21, n.os 51 et suiv., et les auteurs qu'il cite; Portalis, titre préliminaire du projet du Code, art. 4, § 9.

à Rome, au rapport d'Ulpien (1), la loi Cincia, qui défendait de donner au-delà d'un certain taux, sans annuler la disposition qui excédait le taux fixé.

Mais la législation n'a encore été portée chez aucun peuple à un degré de perfection suffisant pour qu'on puisse y établir en principe que tous les actes où les préceptes de la loi n'ont pas été observés sont nuls. Aux lois rigoureusement nécessaires, tous les législateurs ont ajouté beaucoup de dispositions réglementaires, et l'expérience a fait sentir que l'équité naturelle serait blessée, si l'on prononçait la nullité de tous les actes où ces réglemens n'ont pas été observés. On a donc été contraint de distinguer, dans les lois, celles dont l'inobservation emporte ou n'emporte pas la peine de nullité.

91. La chose en est venue au point que l'article 1030 du Code de procédure civile pose en principe, « qu'aucun exploit ou acte de procédure » ne pourra être déclaré nul, si la nullité n'en est » pas formellement prononcée par la loi. »

Disposition dictée par un motif d'équité. Les actes de procédure ne sont pas l'ouvrage des parties, qui ne peuvent se passer du ministère d'un officier ministériel, que souvent elles ne connaissent pas, qu'elles ne peuvent même pas toujours connaître. Si les fautes qu'il peut commettre dans

___

(1) Fragm., liv. 1, tit. 1, et ibi Schulting; Heinecc., *Jus nat. et gent.*, lib. 2, § 55.

des formes arbitraires et multipliées étaient toujours suivies de nullité, ses commettans se trouveraient les victimes innocentes de son ignorance,
sans autre ressource que l'exercice d'une responsabilité toujours incertaine et souvent inutile.

Il a donc fallu réserver la peine de nullité pour
l'inobservation des formes jugées essentielles, et
au cas où la loi l'a formellement prononcée.

92. Nous avons essayé d'approfondir la théorie des nullités, tom. VII, pag. 616 et suiv., et
nous croyons avoir prouvé qu'on ne doit point
prononcer la nullité des actes où quelque disposition de la loi n'a point été observée, lorsque
cette peine n'a pas été prononcée par le législateur, et que, dans le doute, les juges ne doivent
pas prononcer la nullité, parce que les nullités
sont de droit étroit, et ne doivent pas être suppléées.

Nous y avons également prouvé que la loi 5,
C. de legibus, n'est point observée en France.

93. Nous avons dit que la loi commande et
qu'elle défend. L'effet direct et principal du commandement et de la défense est d'obliger.

Toute obligation suppose donc une loi antérieure; toute loi produit une obligation.

94. Les actions commandées sont des devoirs
pour celui qui est obligé de les faire; elles sont
un droit pour celui à qui la loi donne la faculté
d'exiger qu'elles soient faites (1).

_____

(1) Heinecc., *in Puffend.,* lib. 1, cap. 1, § 1.

L'omission des actions défendues par la loi est également un devoir, et il en naît un droit en faveur de celui qui a intérêt que ces actions ne soient pas faites. Ce droit consiste dans la faculté de les empêcher, ou de demander la réparation du préjudice qu'elles lui ont causé.

Le devoir est donc l'action commandée, ou l'omission de l'action défendue par la loi.

Le droit est la faculté d'exiger que ces actions soient faites, omises ou soufferte.

95. L'obligation est la nécessité morale de faire les actions commandées ou de s'abstenir des actions défendues par la loi, et de souffrir celles qui sont permises.

96. Il ne peut exister aucun droit en faveur d'une personne, sans qu'il existe un devoir imposé à une autre personne. Si j'ai le droit de passer dans votre champ, je ne puis l'avoir qu'en vertu d'une loi, ou, ce qui revient au même, d'une convention sanctionnée par la loi. C'est pour vous un devoir de m'y laisser passer; c'est une obligation de me souffrir.

97. Ainsi loi, obligation, droit et devoir, sont des corrélatifs, qui se supposent réciproquement.

On appelle corrélatifs les termes par lesquels on désigne des choses qui ne peuvent exister l'une sans l'autre. Par exemple, père et enfant, montagne et vallée, etc.

98. L'obligation que produit la loi n'est point une contrainte physique et absolue. La loi oblige par la considération des peines ou des récom-

penses attachées à l'infraction de ses prohibitions, ou à l'observation de ses préceptes. Elle lie les volontés, *ligat, obligat.* Les jurisconsultes romains l'ont définie un lien de droit : *Vinculum juris quo necessitate adstringimur alicujus rei solvendæ.*

Le mot obligation est donc pris ici dans un sens figuré ou métaphorique, pour exprimer la contrainte morale où nous sommes de faire ou de ne pas faire une action, afin d'éviter les peines ou d'obtenir les récompenses qui en seraient la suite.

La volonté de l'homme n'est point contrainte d'une manière absolue par l'obligation morale. Il demeure physiquement libre de faire ou de ne pas faire l'action commandée ou défendue; mais l'effet qui suivra l'action ou l'omission est nécessaire; il est réglé par la nature ou par la loi.

Cette nécessité qui lie des effets bons ou mauvais, des peines ou des récompenses aux actions libres, est une nécessité absolue relativement à l'individu qui ne peut la changer.

Or, comme il est dans la nature de l'homme de rechercher toujours son bonheur ou celui de ses semblables, il s'ensuit qu'il est moralement obligé ou contraint de se déterminer à faire ce qu'il croit propre à l'y conduire, comme à éviter ce qui l'en détourne.

L'espèce de contrainte ou de nécessité qui le détermine n'est donc point absolue, mais conditionnelle; c'est-à-dire que s'il veut atteindre le but qu'il se propose, éviter la peine ou se procurer l'avantage qu'il prévoit, il est obligé de faire ou de ne pas faire telle ou telle action.

On appelle cette nécessité *morale*, parce que, pour ne pas s'y soumettre, il faut avoir des mœurs contraires à la nature de l'homme.

99. L'obligation, que nous avons définie la nécessité morale de faire ou de ne pas faire, est prise dans un sens passif.

Si nous voulons savoir ce que c'est que l'obligation prise dans un sens actif, il faut examiner comment nous sommes obligés. Nous avons dit que c'est par la considération des suites de notre action, des peines ou des récompenses qui y sont attachées. C'est en comparant la peine prononcée contre telle action, avec l'avantage plus faible qu'elle pourrait nous procurer, que nous nous sentons obligés de nous en abstenir.

L'obligation, dans ce sens, ou le motif qui nous fait agir, est donc la comparaison des suites de l'action avec l'avantage que nous en pourrions espérer.

Obligatio activè sumpta, quam activam appellare lubet, est connexio motivi cum actione sive positivâ, sive privativâ. Consistit autem motivum in repræsentatione boni ex actione positivâ, et mali ex negativâ fluentis. (Wolf., *Instit. juris nat. et gent.*, § 35).

J'insiste sur ces notions élémentaires, dont l'analyse et la méditation répandent beaucoup de clarté sur toutes les parties de la jurisprudence.

100. La connaissance des lois, celle des obliga-

tions, des devoirs et des droits qui en dérivent; de la manière d'acquérir ces droits, de les conserver ou de les perdre, enfin de contraindre les autres à remplir leurs devoirs; voilà toute la jurisprudence.

SECTION VII.

Quand on peut renoncer aux dispositions ou aux avantages de la loi.

SOMMAIRE.

101. L'objet le plus ordinaire des lois est de régler les droits respectifs des citoyens; Or, comme chacun est toujours libre de renoncer à ses droits,

il s'ensuit qu'en général les citoyens peuvent renoncer aux dispositions des lois qui ne sont introduites qu'en leur faveur, et qui n'intéressent
qu'eux seuls.

*Est regula juris antiqui, omnes licentiam habere
his quæ pro se introducta sunt renunciare. Loi 29,
C. de pactis.*

102. Mais *on ne peut déroger, par des conventions particulières, aux lois qui intéressent l'ordre
public et les bonnes mœurs.*

C'est la disposition de l'art. 6 du Code civil,
qui est tiré du droit romain. *Loi 6, C. de pactis,
2. 3; loi 45, ff de R. J.; loi 38, ff de pactis, 2. 14.*

103. Cette maxime, qui paraît évidente, n'est
pourtant pas sans exception : par exemple, l'ordre des jurisdictions où la compétence des tribunaux est de droit public.

Cependant les particuliers soumis à la jurisdiction d'un tribunal ordinaire de première instance,
peuvent se soumettre à être jugés par un autre.
C'est ce qu'on appelle proroger la jurisdiction.

104. Mais ils ne pourraient pas porter une affaire directement devant une Cour d'appel, qui ne
peut juger en premier ressort. Ils ne pourraient
pas non plus convenir que l'appel d'un tribunal
de première instance serait porté devant une Cour
d'appel qui lui est étrangère, parce qu'ils ne peuvent donner à cette Cour le pouvoir de réformer
les jugemens d'un tribunal qui n'en dépend point,
et qui n'est pas situé dans son ressort.

105. Si les parties peuvent proroger la jurisdic-

tion d'un tribunal de première instance, c'est que le principe que le demandeur doit plaider dans la jurisdiction du défendeur est introduit en faveur de celui-ci, et que, suivant la maxime que nous avons établie d'abord, il est permis à chacun de renoncer au droit introduit en sa faveur.

106. Cette dernière maxime est aussi sujette à beaucoup de limitations. On peut toujours renoncer à un droit acquis, par exemple, à une succession ouverte. Mais on ne peut pas toujours renoncer à un avantage futur, à l'effet futur de la loi, quoiqu'elle n'ait pour objet que l'intérêt des particuliers, quoiqu'elle ne soit introduite qu'en leur faveur.

107. Par exemple, la faculté de tester n'est introduite qu'en faveur des particuliers; il en est de même de la rescision pour cause de lésion, de la prescription, etc. Cependant on ne peut renoncer à la faculté de tester, ni à la rescision pour lésion, avant que l'action soit ouverte (art. 1674), ni à la prescription, avant qu'elle soit acquise. (Art. 2220.)

108. La maxime qu'on peut déroger ou renoncer aux lois qui ne sont introduites qu'en faveur des particuliers souffre donc exception (1), 1°. toutes les fois que la loi elle-même a défendu de déroger à ses dispositions; 2°. lorsqu'on peut induire de ses dispositions ou de ses motifs,

---

(1) Bouhier, sur Bourgogne, observ. 21, n.os 53, 57, 63 et 68.

qu'elle est absolument prohibitive ; 3°. lorsque les dispositions de la loi ont pour fondement quelque cause publique ou politique, ou l'intérêt d'un tiers.

109. Les jurisconsultes qui ont écrit sur la matière des statuts où l'on examine quelles sont les lois auxquelles on peut ou l'on ne peut pas déroger, avaient cherché une règle de décision dans la distinction entre les lois prohibitives et non prohibitives. Mais l'imperfection de la législation avait rendu cette matière tellement obscure, que les plus grands génies en jurisprudence, depuis Dumoulin jusqu'à Bouhier et Duparc-Poullain, n'ont pu la réduire à des principes simples, uniformes et invariables. Les plus anciens auteurs enseignaient communément qu'on ne peut déroger aux lois ou statuts prohibitifs. Mais ceux qui ont écrit après eux (1), ont observé et prouvé que toutes les lois conçues en forme de prohibition, *nul ne peut, on ne peut,* etc., ou autres semblables, ne sont pas absolument prohibitives, en ce sens qu'on ne puisse y déroger, et qu'on ne peut juger que par le motif de la loi et par son objet, *secundùm subjectam materiam,* si elle est absolument prohibitive.

Duparc-Poullain (2) distingue les statuts prohibitifs et les statuts exclusifs ou négatifs, et dit

_____

(1) *Voy.* Bouhier, observ. 21, n.ᵒˢ 62, 68, 71, 72 ; d'Argentré, *in art.* 218, *gloss.* 3, de l'ancienne Coutume de Bretagne ; Basnage, sur Normandie, tom. II, pag. 217, édition de 1720.

(2) Tom. VIII, pag. 202 et 204.

que les statuts prohibitifs sont ceux auxquels on ne peut déroger par aucune convention. Il avoue ensuite qu'on ne peut donner des règles certaines pour connaître si les lois ou les statuts sont prohibitifs, ou s'ils ne sont qu'exclusifs et négatifs.

110. Ce n'est donc point dans la distinction des lois prohibitives ou non prohibitives, qu'on peut trouver une règle invariable pour connaître celles auxquelles on peut déroger.

111. Cette discussion doit faire sentir combien il est essentiel de ne point s'habituer à se contenter de mots, et de n'en laisser passer aucun sans en pénétrer le sens. Enfin, elle montre l'écueil où ont échoué les esprits les plus forts, les auteurs les plus savans, et combien il est difficile de faire des règles générales en jurisprudence. *Omnis definitio in jure civili periculosa est : parùm est enim, ut non subverti posset. Loi* 202, *ff de R. J.*

Aujourd'hui que nous avons un Code uniforme pour toute la France, il est plus facile de distinguer les lois auxquelles on peut déroger. Le but et les motifs de chaque disposition sont mieux connus, soit qu'elles aient les personnes ou les choses pour objet principal, soit qu'elles aient eu l'intention d'énoncer des préceptes et des prohibitions absolus, ou simplement relatifs à l'intérêt de quelques personnes. Le législateur a même souvent déclaré quand on pouvait ou quand on ne pouvait pas déroger aux dispositions de la loi. Par exemple, les lois relatives aux droits respectifs des époux, n'ont été faites que pour tenir lieu de contrat de mariage aux personnes qui n'en ont point fait. Il est donc de la nature de ces dispositions de pouvoir être changées par des conventions particulières, à l'exception de quelques points auxquels la loi a expressément défendu de déroger.

SECTION VIII.

Quelles personnes la loi oblige.

SOMMAIRE.

112. Un souverain ne peut commander qu'à ses sujets. Sa puissance ne s'étend point sur les étrangers. Cependant, s'ils viennent habiter son

territoire, s'ils y voyagent, ils sont censés se soumettre aux lois et au souverain du pays. Les lois de l'hospitalité, qui dérivent du droit naturel, exigent que tout étranger respecte les lois du pays où il passe, ou dans lequel il réside, et qu'il s'y soumette; d'autant mieux que, dans le cours de son voyage, et pendant le tems plus ou moins long de sa résidence, il est protégé par ces lois.

L'art. 3 du Code civil n'a donc fait qu'énoncer une maxime de raison, consacrée par le droit politique de toutes les nations, lorsqu'il a dit « que » les lois de police et de sûreté obligent tous ceux » qui habitent le territoire. »

113. Ainsi, les étrangers qui délinquent sont justiciables des tribunaux du pays. Ils le sont même en matière civile dans beaucoup de cas, comme nous le verrons par la suite.

114. Les lois ne commandent qu'aux personnes. Néanmoins, si l'on considère leur objet principal, on distingue celles qui ne sont relatives qu'à l'état et à la capacité des personnes, de celles qui règlent la transmission des biens. Les premières sont appelées lois personnelles, les secondes lois réelles.

115. L'art. 3 veut que « les lois concernant l'état » et la capacité des personnes, régissent les Fran-» çais, même résidant en pays étranger.

116. « Et que tous les immeubles situés en » France, même ceux possédés par des étran-» gers, soient régis par la loi française. »

117. Les lois sur la légitimité des enfans, sur

la minorité ou la majorité, sur la puissance paternelle ou maritale, etc., sont des lois personnelles ; elles suivent partout la personne des Français.

118. Ainsi, par exemple, un Français résidant en Angleterre ne pourrait s'y marier avant vingt-cinq ans, sans le consentement de ses père et mère, quoique les lois anglaises l'autorisent à faire un tel mariage à vingt-un ans.

Un Français enfant naturel, légitimé par le mariage subséquent de ses père et mère, conformément à l'art. 331 du Code, sera légitimé même en Angleterre, où la légitimation par mariage subséquent n'est pas admise (1).

119. Un étranger qui posséderait des immeubles en France, n'en pourrait disposer que suivant les lois françaises. Il ne pourrait donner plus que ces lois ne permettent, ni donner la quotité disponible aux personnes qu'elles déclarent incapables de recevoir.

120. Mais quant à la forme des actes par lesquels on dispose, c'est-à-dire aux formalités et à l'authenticité de ces actes, c'est la loi du lieu où l'acte a été passé qu'il faut suivre (2). *Locus regit actum.*

---

(1) Blackstone, book 1, chap. 16, n.° 4.

(2) Bouhier, sur Bourgogne, chap. 28,

SECTION IX.

Du Pouvoir judiciaire, ou par qui et comment la loi peut être appliquée.

SOMMAIRE.

121. *Du pouvoir judiciaire.*

122. *Il doit être séparé de la puissance législative et de la puissance exécutive.*

123. *La Charte constitutionnelle a séparé le pouvoir judiciaire du pouvoir législatif et du pouvoir exécutif.*

124. *Établissement des bureaux de paix et de conciliation.*

125. *Il y a deux degrés de juridiction ;*

126. *Et une Cour de cassation qui ne connaît pas du fond des affaires.*

127. *Ses attributions.*

128. *Elle exerce un droit de censure sur les Cours d'appel et sur les Cours criminelles ; mais non la puissance judiciaire.*

129. *La puissance judiciaire n'est exercée que par les justices de paix, par les tribunaux de première instance et par les Cours d'appel.*

130. *Les juges et présidens sont nommés à vie et inamovibles, à moins qu'ils ne soient condamnés pour forfaiture.*

131. *Le pouvoir de juger n'est point exercé par un seul homme, excepté dans les justices de paix.*

132. *Le Roi ne peut exercer la puissance de juger, ni la faire exercer par son Conseil d'état.*

133. *Ce principe sacré a été reconnu et proclamé par celui qui respectait le moins les droits du peuple.*

134. *Dans l'affaire du sieur du Chatenet.*

121. Après avoir examiné les principaux effets

de la loi, les personnes qui y sont soumises, il reste à examiner par qui et comment la loi peut être appliquée.

Le pouvoir d'appliquer la loi aux faits particuliers, de juger les différens qui naissent entre les citoyens, et de punir les crimes, est ce qu'on appelle le pouvoir judiciaire.

122. « Il n'y a point de liberté (1) si la puissance » de juger n'est pas séparée de la puissance législative et de la puissance exécutive. Si elle était » jointe à la puissance législative, le pouvoir sur » la vie et la liberté des citoyens serait arbitraire, » car le juge serait législateur. Le corps législatif » étant habitué à faire des lois ou des règles, pourrait difficilement se soumettre à ne suivre que » des règles déjà faites, à les interpréter pour en » appliquer les conséquences. »

D'un autre côté, si le pouvoir judiciaire était uni au pouvoir exécutif, le juge pourrait avoir la force d'un oppresseur, et il n'y aurait aucune autorité supérieure qui pût réprimer ses écarts ou ses erreurs.

123. En France, l'exercice du pouvoir judiciaire était, long-tems avant la révolution, séparé du pouvoir législatif et du pouvoir exécutif (2). Cette sépa-

---

(1) Montesquieu, Esprit des lois, liv. 11, chap. 6.

(2) Lorsque Louis XIII voulut être juge dans le procès du duc de la Valette, le président de Bellièvre, appelé dans le cabinet du Roi, dit en sa présence, et en présence de plusieurs magistrats et conseillers d'état, appe-

ration fut établie plus positivement par la Constitution de 1791, et par les lois suivantes. Elle est irrévocablement consacrée par la Charte constitutionnelle, **qui maintient le pouvoir judiciaire indépendant du pouvoir exécutif, quoique agissant toujours sous la surveillance et dans le nom du magistrat suprême.**

L'art. 57 porte que « toute justice émane du » Roi. Elle s'administre en son nom, par des juges » qu'il nomme et qu'il institue ».

Les juges sont donc les délégués légaux du Roi. Leurs pouvoirs sont une émanation du sien. Ils sont néanmoins indépendans, parce qu'une fois nommés par le Roi ; ils sont inamovibles (art. 58), à moins qu'ils ne soient condamnés pour forfaiture.

La Charte constitutionnelle a maintenu les cours et tribunaux ordinaires actuellement existans. Il n'y peut être rien changé qu'en vertu d'une loi. (Art. 59).

124. L'art. 61 maintient aussi spécialement les justices de paix, dont l'origine remonte en France à la loi du 24 août 1790 ; et dont la principale fonction est de concilier les parties s'il est pos-

---

lés comme lui auprès du Roi, « qu'il voyait dans cette affaire une » chose étrange, un Prince opiner au procès d'un de ses sujets, etc. »

Et lorsqu'on jugea le fond, le même président dit dans son avis : « Cela est un jugement sans exemple, voire, contre tous les exemples » du passé jusqu'à hui, qu'un roi de France ait condamné en qualité » de juge, etc. » *Voy.* Montesquieu, Esprit des lois, liv. 6, chap. 5.

sible, et de les inviter, en cas de non conciliation, à se faire juger par des arbitres.

125. La Charte constitutionnelle maintient aussi implicitement le décret du 1er. mai 1790, qui veut qu'il y ait en matière civile deux degrés de juridiction seulement. Il peut cependant n'y en avoir qu'un seul en certains cas, car les juges de paix et les tribunaux civils jugent en dernier ressort jusqu'à une certaine somme : les premiers jusqu'à 50f en matière personnelle; les seconds jusqu'à 1,000f.

Il y a donc des tribunaux de première instance et des Cours d'appel : ce sont les Cours royales.

126. Et comme les Cours d'appel ne sont pas infaillibles, comme elles pourraient, si leurs arrêts n'étaient soumis à aucune révision, à aucune censure, changer les lois et les modifier de diverses manières, introduire ainsi une jurisprudence différente dans chaque ressort, et replonger insensiblement la législation dans le chaos d'où l'a fait sortir le grand bienfait d'un Code uniforme pour toute la France, la Constitution a créé une Cour de cassation qui ne connaît pas du fond des affaires, mais qui casse les jugemens rendus sur des procédures irrégulières, ou qui contiennent quelque contravention expresse à la loi ; elle renvoie ensuite le fond du procès au tribunal qui doit en connaître.

127. Cette Cour prononce encore sur les demandes en réglement de juges, sur les demandes en renvoi d'un tribunal à un autre, pour cause

de soupçon légitime (1) ou de sûreté publique, et sur les prises à partie contre un tribunal entier (art. 65); mais non pas contre une Cour d'appel : la connaissance en était réservée à une Haute-Cour impériale, aujourd'hui supprimée comme contraire à la Charte. (Art. 101, § 7, du sénatus-consulte du 20 floréal an XII.)

128. Enfin, la Cour de cassation exerce un droit de censure et de discipline sur les Cours. Elle peut, pour causes graves, suspendre les juges de leurs fonctions, et les mander près du grand-juge, pour y rendre compte de leur conduite. (Art. 82 du sénatus-consulte du 16 thermidor an X.)

Ainsi, la Cour de cassation n'exerce point la puissance judiciaire proprement dite (2); elle exerce une censure légale et nécessaire sur les

---

(1) Cette disposition a été modifiée par le Code de procédure. Le tit. 19 attribue la connaissance des réglemens-de juges, 1.° aux tribunaux de première instance, s'il s'agit de tribunaux de paix ressortissant au même tribunal ; 2.° aux Cours royales, s'il s'agit de tribunaux de première instance situés dans le même ressort d'appel, ou de tribunaux de paix situés dans des ressorts différens ; 3.° à la Cour de cassation, s'il s'agit de Cours royales ou de tribunaux de première instance situés dans différens ressorts.

Le tit. 20 veut que la demande en renvoi, pour cause de soupçon légitime, résultant de la parenté entre l'une des parties et un ou plusieurs juges, soit portée aux Cours royales ou à la Cour de cassation, selon qu'il s'agit de décliner une Cour ou un tribunal de première instance. *Voy.* aussi l'arrêt de la Cour de cassation, du 29 juillet 1807, Sirey, *Décisions diverses,* an 1807, pag. 120.

(2) Pas même lorsqu'elle poursuit les juges pour forfaiture, puisqu'elle est obligée, en ce cas, de renvoyer le jugement aux juges compétens. *Voy.* la loi sur l'organisation des tribunaux, du 27 ventôse an VIII, art. 80 et suiv.

Cours et sur les tribunaux, auxquels seuls la puissance judiciaire est déléguée.

129. Cette puissance, quoique toujours sous la surveillance du Roi, n'est donc exercée et ne peut être exercée en France que par les justices, tribunaux et Cours *ordinaires*, c'est-à-dire par les juges de paix, les tribunaux de première instance et les Cours royales.

Il y a aussi quelques tribunaux particuliers qu'on appelle tribunaux d'exception ou d'attribution, parce qu'ils ne connaissent que de certaines causes et entre certaines personnes.

130. Pour que l'exercice du pouvoir judiciaire soit indépendant, les juges et les présidens sont nommés à vie. Ils sont inamovibles, à moins qu'ils ne soient condamnés pour forfaiture. (Art. 58 de la Charte). Les juges de paix ne le sont pas. (Art. 61.)

131. A l'exception des justices de paix, qui ne connaissent que des affaires d'une très-légère importance, le pouvoir de juger n'est point exercé par un seul homme; il est partagé entre plusieurs, et les jugemens ni les arrêts ne peuvent être rendus que par le nombre de juges réglé par la loi.

132. L'exercice du pouvoir judiciaire, par les tribunaux établis, est en France un point fondamental et tellement constitutionnel, que le Roi, quoique magistrat suprême, ne peut exercer la puissance de juger, ni la faire exercer par son Conseil d'état. Il n'y peut donc évoquer les affaires des

particuliers, comme le faisaient autrefois les ministres des rois de France, malgré les réclamations des Parlemens, malgré les priviléges de la Bretagne, si précis sur ce point (1), aujourd'hui étendus à tout le royaume, et confirmés par les art. 62 et 63 de la Charte, qui portent : *Nul ne pourra être distrait de ses juges naturels. Il ne pourra en conséquence être créé de commissions ni de tribunaux extraordinaires.*

133. Le principe que le Roi, ou le magistrat suprême de l'Etat, ne peut, en son Conseil, exercer la puissance de juger, a été respecté même par Bonaparte, dans un avis du Conseil d'état approuvé le 31 janvier 1806, inséré dans le Bulletin des lois.

134. Un sieur du Chatenet s'était pourvu à la Cour de cassation, contre un arrêt qui annulait le testament de la demoiselle Tellier, faute par le notaire d'avoir fait mention expresse que l'acte était écrit de sa main. La Cour de cassation rejeta le pourvoi.

Du Chatenet adressa directement à l'empereur une réclamation, qui fut renvoyée au Conseil d'état.

Le Conseil considéra que les Constitutions n'ont établi que deux degrés de jurisdiction; qu'elles ont créé des Cours d'appel pour juger en dernier ressort... Mais que des raisons d'un intérêt géné-

_____

(1) *Voy.* le Recueil des titres concernant les franchises et libertés de Bretagne, au sujet des évocations, réimprimé à Rennes en 1786.

ral ont exigé qu'après les juges supérieurs établis
pour réparer les erreurs d'une première décision,
on ne permît pas de remettre en question ce qui
a été jugé par les Cours; que, s'il en était autrement, on ne voit pas où il faudrait arrêter ces exa-
mens ultérieurs, ni quelle plus forte garantie la
société aurait contre les erreurs des troisièmes et
quatrièmes juges;

Qu'à la vérité, les arrêts des Cours n'ont le caractère de décisions souveraines qu'autant qu'ils
sont revêtus de toutes les formalités requises pour
constituer un jugement; que si les formes ont été
violées, il n'y a pas de jugement à proprement
parler, et que la Constitution a créé la Cour de
cassation pour annuler ces actes irréguliers, ainsi
que les arrêts qui se trouvent en opposition formelle avec une disposition textuelle de la loi; que
telles sont les seules garanties que les Constitutions ont données contre les erreurs des magistrats; qu'après ces moyens constitutionnels épui-
sés, il ne reste plus aucun recours, et qu'on ne
pourrait s'écarter de ces principes conservateurs,
sans tomber dans un arbitraire inconciliable avec
le droit de propriété et avec la liberté civile.

SECTION X.

Du Pouvoir d'interpréter la loi.

SOMMAIRE.

135. Le ministère des juges est d'appliquer les lois avec discernement et fidélité; de juger suivant la loi, et non pas de juger la loi : *Meminisse debet judex ne aliter judicet quàm legibus proditum est. Inst. de off. jud., in princip.*

Mais il est souvent nécessaire d'interpréter la loi, c'est-à-dire d'en fixer le sens lorsqu'il est incertain.

136. Il y a deux sortes d'interprétations, l'une par voie de doctrine, l'autre par voie d'autorité.

L'interprétation par voie de doctrine consiste à saisir le véritable sens d'une loi, dans son application aux cas particuliers; elle appartient proprement à la logique, qui nous apprend à diriger notre esprit dans la recherche de la vérité, et à découvrir, à l'aide des moyens offerts par la raison, le véritable sens des textes obscurs ou ambigus. L'interprétation doctrinale est nécessaire surtout aux juges, aux arbitres, aux jurisconsultes.

L'interprétation par voie d'autorité, consiste à résoudre les doutes et à fixer le sens d'une loi, par forme de disposition générale, obligatoire pour tous les citoyens et pour tous les tribunaux.

137. Il est évident qu'une pareille disposition ne

diffère en rien de la loi, et, par conséquent, que l'interprétation par voie d'autorité doit apparte- nir au pouvoir législatif. C'était une maxime gé- néralement reçue avant la révolution (1) : *Ejus est interpretari legem ; cujus est condere.*

Si le pouvoir d'interpréter la loi par voie d'au- torité, était donné à un corps ou à un individu autre que celui qui est revêtu du pouvoir légis- latif, ce corps ou cet individu trouverait facile- ment les moyens de se rendre le seul législateur.

La Constitution de 1791 n'accorda donc point ce pouvoir au Roi; et l'art. 12 de la loi du 24 août 1790, en défendant aux tribunaux de faire des réglemens, leur ordonna de s'adresser au Corps législatif, toutes les fois qu'ils croiraient néces- saire d'interpréter une loi.

La Constitution de l'an III suivit les mêmes principes, et voulut (art. 266) que lorsqu'il était 2 66. nécessaire d'interpréter une loi, même à l'occa- sion d'un cas particulier, par exemple, lorsqu'a- près un arrêt de cassation, le second jugement sur le fond était conforme au premier, la ques- tion fût soumise au Corps législatif, qui devait rendre une loi interprétative, à laquelle les tri- bunaux étaient obligés de se conformer.

138. La Constitution de l'an VIII n'avait point de disposition sur le pouvoir d'interpréter les lois,

---

(1) *Voy.* Vinnius, *Quæst. jur. select.*, lib. 1, cap. 2.

qui demeurait par conséquent réservé au pouvoir législatif ; mais on crut trouver dans l'article 52, une distinction entre l'interprétation des lois administratives et l'interprétation des lois judiciaires. Cet article autorise le Conseil d'état, sous la direction du Gouvernement, à résoudre les difficultés en matière d'administration, et à rédiger les réglemens d'administration publique ; ce qui semblait lui donner le droit d'interpréter les lois administratives.

Le silence gardé par la Constitution de l'an VIII, sur l'interprétation des lois relatives à l'ordre judiciaire, et sur les difficultés qu'elles peuvent faire naître, laissait le pouvoir de les interpréter dans les attributions du Corps législatif. Lorsque le Gouvernement jugeait, de son propre mouvement, qu'il était nécessaire d'interpréter une loi, par exemple le Code civil, il proposait au Corps législatif un projet de loi pour déterminer le sens de l'article qui paraissait obscur. Nous trouvons, sous la date du 3 septembre 1807, deux lois rendues, l'une pour déterminer le sens et les effets de l'art. 2148 du Code, sur l'inscription des créances hypothécaires exigibles ou non exigibles ; l'autre, pour fixer le sens de la loi du 11 brumaire an VII, et de l'art. 2123 du Code, relativement aux inscriptions hypothécaires à prendre en vertu de jugemens rendus sur des demandes en reconnaissance d'obligations sous seing privé.

139. Mais on prétendit bientôt que le droit d'interpréter la loi sort des attributions du pouvoir

législatif, lorsque l'interprétation devient nécessaire à raison d'un procès préexistant; par exemple lorsque la Cour de cassation, interprétant la loi d'une manière, a cassé deux arrêts, rendus dans la même affaire, par deux Cours différentes, qui ont entendu la loi d'une autre manière.

Si l'arrêt de la seconde Cour à qui l'affaire avait été renvoyée, est encore attaqué par les mêmes moyens que l'arrêt de la première Cour, il devient nécessaire d'interpréter la loi, entendue différemment par la Cour de cassation et par deux autres Cours; il ne serait pas raisonnable de renvoyer l'affaire à une troisième Cour, puis peut-être à une quatrième, etc., si la troisième jugeait comme les deux premières. Le partage d'opinions qui s'est élevé entre la Cour de cassation d'une part, et deux autres Cours de l'autre part, prouve assez qu'il y a obscurité dans la loi : il faut donc recourir à l'interprétation par voie d'autorité.

Le Gouvernement impérial fit adopter, le 16 septembre 1807, une loi qui lui attribua, dans ce cas, le droit d'interpréter la loi.

L'art. 1 porte :

« Il y a lieu à interprétation de la loi, si la Cour
» de cassation annule deux arrêts, ou jugemens
» en dernier ressort, rendus dans la même affaire,
» entre les mêmes parties, et qui ont été attaqués
» par les mêmes moyens.

Art. 2. « Cette interprétation est donnée dans

» la forme des réglemens d'administration publi-
» que.

Art. 3. » Elle peut être demandée par la Cour
» de cassation avant de prononcer le second arrêt.

Art. 4. » Si elle n'est pas demandée, la Cour
» de cassation ne peut rendre le second arrêt que
» les sections réunies, et sous la présidence du
» grand-juge.

Art. 5. « Dans le cas déterminé en l'article pré-
» cédent, si le troisième arrêt est attaqué, l'in-
» terprétation est de droit, et il sera procédé
» comme il est dit à l'art. 2. »

140. Le motif qu'employa l'orateur du Gouvernement, pour faire adopter ces dispositions,
fut que l'interprétation par voie d'autorité, n'appartient ni à la Cour de cassation, ni aux autres
tribunaux ; qu'elle ne peut appartenir qu'à « l'au-
» torité qui a l'initiative de la loi, et qui, char-
» gée de la rédaction et de la proposition, con-
» naît parfaitement l'esprit dans lequel toute la
» loi est conçue. » C'était par ce motif, ajoutait le
même orateur, que la loi du 24 août 1790, et la
Constitution de l'an III, avaient attribué l'interprétation par voie d'autorité, au pouvoir législatif, qui avait alors l'initiative de la loi.

Cette raison, ou plutôt ce prétexte, pouvait
avoir quelque couleur dans un tems où le rôle
des muets, qui composaient alors le Corps législatif, se bornait à écouter les volontés du maître.
Mais aujourd'hui, que la Charte veut que la loi soit

discutée et votée librement par la majorité des deux Chambres (art. 18); aujourd'hui, que la discussion publique nécessite le développement des motifs et de l'esprit dans lequel toute la loi est conçue; aujourd'hui, enfin, que les projets de loi subissent des changemens et des amendemens, souvent très-considérables, il n'est plus possible de dire que l'interprétation de la loi appartienne au pouvoir exécutif, parce que, chargé de la rédaction de la loi, lui seul en connaît le véritable esprit.

141. Aussi, dès la session des Chambres en 1814, on s'aperçut que la loi du 16 septembre 1807 n'était plus en harmonie avec l'esprit de la Charte: dans la séance du 5 août (1), on fit à la Chambre des députés la proposition de supplier le Roi de proposer un projet de loi, pour abroger celle du 16 septembre 1807. Il fut déclaré à l'unanimité que cette proposition serait prise en considération. Sa rédaction, après avoir été discutée dans le comité secret du 21 septembre, conformément aux formes prescrites, fut définitivement arrêtée dans la séance publique du 24 septembre 1814, comme suit :

Le Roi sera supplié de proposer un projet de loi qui contienne les dispositions suivantes :

Art. 1. « Lorsqu'après la cassation d'un pre» mier arrêt ou jugement en dernier ressort, le » second arrêt ou jugement rendu dans la même

___

(1) *Voy.* le Moniteur.

» affaire, entre les mêmes parties, est attaqué par
» les mêmes moyens, que le premier, la Cour de
» cassation prononce sur le point de droit, sections
» réunies, sous la présidence du chancelier ou du
» Garde-des-sceaux de France.

Art. 2. » Lorsque l'arrêt ou jugement des Cours
» et tribunaux aura été cassé deux fois, si un troi-
» sième tribunal juge de la même manière que les
» deux précédens, et qu'il y ait par les mêmes
» moyens un pourvoi en cassation, il y a lieu à
» interprétation de la loi, et il en doit être ré-
» féré au pouvoir législatif par la Cour de cassa-
» tion.

Art. 3. » La déclaration interprétative des lois
» est donnée par le pouvoir législatif, dans la forme
» ordinaire des lois.

Art. 4. » La loi interprétative ne change rien aux
» jugemens qui auraient acquis l'autorité de la
» chose jugée, et aux transactions arrêtées avant
» sa publication.

Art. 5. » Toute loi contraire aux dispositions
» ci-dessus est abrogée. »

La Chambre arrêta que cette résolution serait,
après un délai de dix jours, renvoyée à la Chambre des pairs, où elle fut également adoptée.

Mais Sa Majesté ne jugea pas à propos de présenter cette proposition. Ainsi la loi du 16 septembre 1807 reste en vigueur.

Il ne faut pas oublier que c'est dans le cas seulement d'un partage d'opinions qui s'est élevé sur
le sens d'une loi, entre la Cour de cassation et les

ours royales, que la loi du 16 septembre 1807 éfère l'interprétation par voie d'autorité à la uissance exécutive, qui ne peut, en tout autre as, interpréter la loi de son propre mouvenent (1). Ce serait évidemment usurper le pouoir législatif.

Le droit d'interpréter une loi, pour mettre l'accord des Cours qui l'entendent dans un sens pposé, est beaucoup moins dangereux pour la iberté publique. Cependant il est évident que ce roit, dans la main d'un Gouvernement tel que :elui de Bonaparte, tendait à lui donner le pouoir de changer les lois d'une manière indirecte t détournée. Il eût suffi, pour cela, de gagner la najorité dans une des chambres de la Cour de :assation, et d'obtenir un premier arrêt dans le :ens qu'on voudrait donner à la loi. Si la Cour ou le tribunal, à qui l'affaire eût été renvoyée, conformait son arrêt ou son jugement à la décision le la Cour de cassation, la jurisprudence se se-

---

(1) Le Roi n'a pas ce droit en Angleterre; il n'a, comme en France, que le droit de faire des proclamations pour contraindre d'exécuter les lois, qui, ne pouvant entrer dans le détail des moyens d'exécution, du tems, des circonstances où leurs dispositions doivent être exécutées, s'en rapportent ou sont censées s'en rapporter à la prudence et à la discrétion du magistrat suprême, dont néanmoins les proclamations ou ordonnances ne sont obligatoires qu'autant qu'elles n'apportent aucune innovation à la loi, et qu'elles ne dispensent point d'observer une loi existante. Les proclamations contraires à la loi n'obligent point les sujets, qui ne peuvent point être punis pour avoir négligé de s'y conformer. *Voy.* Blackstone, *Commentaries on the laws of England*, book 1, chap. 7, n.º 3, *in fine;* Custance, *Concise view of the Constitution of England*, 3.ᵉ édition, chap. 12, *pag.* 162 et 163.

rait à peu près trouvée fixée dans le sens désiré ; si, au contraire, cette Cour ou ce tribunal jugeait d'une autre manière, un nouveau pourvoi contre l'arrêt ou le jugement aurait mis la Cour de cassation dans le cas de demander un décret interprétatif, conformément à l'art. 3 de la loi du 16 septembre 1807, et alors le Gouvernement, par une interprétation adroite et détournée, eût changé la loi comme il l'eût jugé à propos. On peut voir *suprà,* n°. 76, un exemple frappant de la manière dont on peut changer, abroger même une loi, en croyant ne faire que l'interpréter. Les ordonnances des 27 novembre 1816 et 8 janvier 1817 ont abrogé l'art. 1 du Code.

142. Observez, au reste, que les réglemens ou ordonnances qui interprètent une loi, pour mettre d'accord des Cours qui ne l'entendent pas de la même manière, ne prononcent point sur l'affaire à l'occasion de laquelle ils ont été rendus. Ce sont des décisions générales, qui doivent être ensuite appliquées à l'affaire par les tribunaux, comme devait l'être la loi interprétée.

Après l'ordonnance d'interprétation rendue, la Cour de cassation admet ou rejette le pourvoi suivant que l'arrêt ou le jugement attaqué se trouve conforme ou contraire à l'interprétation.

Dans le cas de rejet, l'arrêt ou le jugement attaqué acquiert l'autorité de la chose jugée.

Dans le cas d'admission du pourvoi, la Cour de cassation renvoie à une autre Cour ou à un autre tribunal, qui doit juger conformément à l'ordonnance d'interprétation.

143. L'usage si abusif des rescrits du prince, pour décider le point de droit dans les contestations existantes entre particuliers, comme le faisaient les empereurs romains, dans l'ancienne Rome, et les souverains pontifes, dans Rome nouvelle, est contraire aux principes de la Charte, et n'existait pas en France avant la révolution.

144. Sous le Gouvernement impérial, le Conseil d'état donnait fréquemment des avis, approuvés par l'empereur, sur des affaires qui étaient du ressort de la justice ordinaire. Cet usage avait été justement critiqué par un grand magistrat, M. Maleville (1), l'un des rédacteurs du projet de Code civil. Il observe avec raison que ces avis devant influer sur les jugemens, la Nation ne croirait plus à l'indépendance des tribunaux. Ce serait, ajoute-t-il, un grand malheur, puisque dès lors on perdrait l'opinion de la sûreté de son état et de ses propriétés, dont les tribunaux sont les gardiens naturels, *et que cette erreur produirait tous les mauvais effets de la réalité.* Cet abus n'existe plus aujourd'hui. On doit espérer qu'il ne se renouvellera pas.

145. L'art. 5 du Code défend aux juges de prononcer par voie de disposition générale et réglementaire, sur les causes qui leur sont soumises. Ce serait usurper le pouvoir législatif.

---

(1) Analyse raisonnée de la discussion du Code, tom. 1, pag. 264. Il cite Montesquieu, Esprit des lois, liv. 6, chap. 5 et 6, dans quels Gouvernemens le souverain peut être juge.

Que dans la monarchie les monarques ne doivent pas juger.

Ainsi les juges, même dans les Cours souveraines, ne peuvent faire de réglemens comme le faisaient les Parlemens avant la révolution, et comme les préteurs et les proconsuls le faisaient à Rome, sous le nom d'édits.

146. Mais quoique la loi soit muette, le juge, dans les affaires civiles, n'en est pas moins obligé de prononcer ; il devient un ministre d'équité ; il est la loi parlante, *lex loquens*, et l'art. 4 du Code porte « que le juge qui refusera de juger, sous » prétexte du silence, de l'obscurité ou de l'insuf- » fisance de la loi, pourra être poursuivi comme » coupable de déni de justice. »

Ainsi, les juges interprètent la loi d'une manière doctrinale, et impriment à leur interprétation le sceau de l'autorité publique, pour les cas particuliers sur lesquels ils ont prononcé.

147. Dans les matières criminelles, ils ne peuvent, en aucun cas, suppléer à la loi ni l'interpréter. Nul ne peut être puni qu'en vertu d'une loi établie et promulguée antérieurement au délit. (Déclaration des droits, de 1791, art. 8, et Code des délits et des peines, art. 4).

C'est donc dans les affaires civiles seulement que les juges sont obligés de prononcer, lors même que la loi se tait, ou paraît se taire, parce qu'ils sont établis pour rendre la justice aux citoyens, parce que c'est à eux seuls que la Constitution a délégué le pouvoir judiciaire, par l'intermédiaire du Roi, qui les nomme et les institue.

148. Il n'appartient qu'à eux seuls de prononcer

sur ces cas extraordinaires et non prévus par la loi.

Si la décision était renvoyée au législateur, il en résulterait une confusion du pouvoir législatif et du pouvoir judiciaire. Le législateur deviendrait juge; il prononcerait entre deux particuliers; il prononcerait sur un fait passé, ce qui est contraire aux principes que nous avons expliqués.

Si ces cas extraordinaires étaient renvoyés au Roi, ou à son Conseil d'état, il en résulterait l'une des plus dangereuses confusions de pouvoirs, celle du pouvoir exécutif et celle du pouvoir judiciaire.

Ce serait introduire l'usage abusif des rescrits du prince, qui finirait par dicter les décisions de tous les tribunaux, et qui, par ce moyen, pourrait insensiblement changer toutes les lois, les modifier, et réunir, au moins en fait, les trois pouvoirs séparés par la Constitution, et sans la division desquels la liberté ni la propriété n'ont point de garantie suffisante (1).

Ainsi, c'est avec une profonde sagesse que le Code a défendu aux juges de se dispenser de prononcer, sous prétexte du silence, de l'obscurité ou de l'insuffisance de la loi. L'action de la justice ne peut être suspendue.

_____

(1) Avis du Conseil d'état, approuvé le 18 août 1807.

149. Mais quelle règle suivra le juge, dans les cas douteux où la loi semble se taire?

D'abord, l'équité, qui est le retour à la loi naturelle; l'usage, qui est le supplément le plus naturel des lois, comme nous le dirons dans la section suivante; aussi le Code renvoie-t-il souvent aux usages des lieux, comme on peut le voir dans les art. 1159, 1648, 1736, etc.

Quant à l'équité, on a dit dans tous les tems qu'elle était le supplément des lois; et rien n'est plus juste et plus vrai; pourvu que l'équité soit dirigée par la science, sans laquelle le magistrat doit trembler de siéger dans le temple de la justice, et sans laquelle l'esprit ne fera que l'égarer dans la recherche d'un fantôme d'équité purement imaginaire (1).

C'est sur-tout dans les écrits des jurisconsultes romains qu'il trouvera des guides sûrs et des règles de décision infaillibles. Ce livre seul, comme l'observe d'Aguesseau (2), développe sans peine les premiers principes et les dernières conséquences du droit naturel. Malheur au magistrat, dit-il, qui ne craint pas de préférer sa seule raison à celle de tant de grands hommes, et qui, sans autre guide que la hardiesse de son génie, se flatte de découvrir d'un simple regard, et de percer du premier coup-d'œil la vaste étendue du droit !

---

(1) *Voy.* Bouhier, observ. 2, n.os 43 et suiv.
(2) Treizième mercuriale, tom. I, pag. 157.

150. Ceux qui désireront des règles plus étendues pour l'interprétation des lois, les trouveront dans les auteurs qui ont écrit sur le droit naturel, tels que Puffendorf, Thomasius, Heineccius, etc., et dans ceux qui ont écrit sur le titre du digeste *de legibus*. En voici quelques-unes, tirées du titre préliminaire que M. Portalis avait mis en tête du projet de Code, et qui, malgré l'utilité et la justesse reconnues de ses maximes, fut supprimé, parce que, dit-on, tout ce qui est de doctrine appartient à l'enseignement du droit et aux livres des jurisconsultes :

« Quand la loi est claire, il ne faut point en éluder la lettre, sous prétexte d'en pénétrer l'esprit; et dans l'application d'une loi obscure, on doit préférer le sens le plus naturel et celui qui est le moins défectueux dans l'exécution.

» Pour fixer le vrai sens d'une partie de la loi, il faut en combiner et en réunir toutes les dispositions.

» La présomption du juge ne dois pas être mise à la place de la présomption de la loi.

» Il n'est pas permis de distinguer lorsque la loi ne distingue point, et les exceptions qui ne sont point dans la loi ne doivent pas être suppléées.

» L'application de chaque loi doit se faire à l'ordre des choses sur lesquelles elle statue. Les objets qui sont d'un ordre différent, ne peuvent être décidés par les mêmes lois. On ne doit raisonner, d'un cas à un autre, que lorsqu'il y a même motif de décider.

» Lorsque, par la crainte de quelque fraude, la loi déclare nuls certains actes, ses dispositions ne peuvent être éludées, sur le fondement que l'on aurait apporté la preuve que ces actes ne sont point frauduleux (1).

» La distinction des lois odieuses et des lois favorables, faite dans la vue d'étendre ou de restreindre leurs dispositions, est abusive » (2).

SECTION XI.

De l'Abrogation des Lois.

SOMMAIRE.

151. *Différence entre l'abrogation et la dérogation. Exemples de dérogation au Code.*

152. *L'abrogation est expresse ou tacite.*

153. *Abrogation tacite par la cessation entière des motifs de la loi.*

154. *Comment il faut appliquer la maxime* posteriora derogant prioribus.

155. *La dérogation tacite ne s'étend qu'aux dispositions entre lesquelles il y a contrariété formelle.*

---

(1) Art. 1352 du Code. Nous en avons un exemple dans un testament qui ne fait pas mention expresse qu'il a été écrit de la main du notaire On ne peut prouver, par la représentation de la minute, qu'elle est écrite de sa main.

(2) Heinecc in Puffendorf, *lib.* 1, *cap.* 17, § 9. Thomasius s'est attaché à le prouver, *ex professo*. *Voy.* aussi Barbeyrac, sur Puffendorf, Devoirs de l'homme et du citoyen, liv. 1, chap. 17, § 9.

156. *Les autres dispositions de la loi ancienne continuent d'être obligatoires, et sont sous-entendues dans la nouvelle.*

157. *Ce principe est sans application aux lois abrogées expressément et en totalité.*

158. *Force de l'usage pour interpréter, suppléer ou abroger les lois, et ce qu'on entend par l'usage.*

159. *Ce qu'il faut pour établir l'usage, et d'où il tire sa force.*

160. *Est le meilleur interprète des lois.*

161. *Il supplée à leur silence.*

162. *Il peut les abroger.*

163. *Pourvu qu'il soit établi dans la généralité de l'Etat pour lequel la loi a été faite.*

164. *Néanmoins, la violation d'un usage reçu n'est pas un motif pour casser un jugement.*

165. *Les usages abusifs ne peuvent jamais l'emporter sur la loi.*

151. L'ABROGATION d'une loi est l'acte par lequel elle est détruite et anéantie.

On peut abroger la loi ou seulement y déroger. On l'abroge lorsqu'elle est anéantie en totalité; on y déroge lorsqu'une partie seulement est abrogée : *Derogatur legi, cùm pars detrahitur; abrogatur legi, cùm prorsùs tollitur* (1)

Nous avons un exemple de dérogation au Code civil, dans la loi du 3 septembre 1807, qui porte que l'intérêt conventionnel de l'argent, en matière civile, ne pourra excéder cinq pour cent, et en matière de commerce, six pour cent sans retenue; au lieu que, suivant l'art. 1907 du Code,

_____

(1) Loi 102, *ff de V. S. Lex rogatur dùm fertur : abrogatur dùm tollitur : derogatur eidem, dùm quoddam caput ejus aboletur : subrogatur dùm aliquid adjicitur : obrogatur deniquè quoties aliquid in eâ mutatur.* Ulp., *Fragm.* 1, 3; Heinecc., *Antiq.*, lib. 1, tit. 2, § 9.

le taux de l'intérêt conventionnel pouvait excéder celui de la loi, et ne dépendait que de la stipulation.

On déroge aux lois, et on les abroge, par des lois nouvelles ou par l'usage.

152. L'abrogation est expresse ou tacite; elle est expresse quand elle est littéralement prononcée par la loi nouvelle, soit en termes généraux, lorsqu'une disposition finale abroge toutes lois contraires aux dispositions de la nouvelle loi, soit en termes particuliers, lorsqu'elle abroge nommément telles lois précédentes.

Elle est tacite, quand la loi nouvelle renferme des dispositions contraires aux lois antérieures, sans exprimer qu'elle les abroge : c'est la maxime *posteriora derogant prioribus* (1).

153. L'abrogation est encore tacite, lorsque l'ordre des choses pour lequel la loi avait été faite n'existe plus, et que par là cessent les motifs qui l'avaient dictée : *Ratione legis omninò cessante cessat lex* (2).

C'est ainsi que la Cour de cassation a décidé, par arrêt du 18 prairial an X, que la disposition de la loi du 18 février 1791, par laquelle il était défendu au tribunal de district, qui avait statué sur le rescindant d'une requête civile, de pro-

---

(1) Tirée de la loi 4, *ff de constit. princ.*
(2) Merlin, Questions de droit, v.º *Tribunal d'appel*, § 5; Voët, in tit. de legib., n.º 43; Huberus, in tit. Pandect. de legib., n.º 9.

noncer ensuite sur le rescisoire, sans y avoir été
autorisé par les deux parties, n'était plus applicable aux tribunaux d'appel créés par la loi du
27 ventôse an VIII, et que ces tribunaux, aujourd'hui nommés Cours royales, pouvaient juger le rescisoire après le rescindant, parce que
la loi du 8 février 1791 avait été « faite pour un
» ordre judiciaire dans lequel les tribunaux d'ap-
» pel, et ceux qui étaient appelés à connaître des
» requêtes civiles, devaient être déterminés par la
» volonté des parties, et choisis parmi plusieurs
» tribunaux égaux entre eux. »

C'est encore sur ce principe que la même Cour a
décidé, par arrêt du 19 vendémiaire an XII (1),
que, « dans l'ordre judiciaire actuel, il n'est plus
» nécessaire que des parties qui compromettent
» sur leur différent, et qui, par leur compromis,
» se réservent la faculté d'appeler, désignent le
» tribunal qui devra connaître dudit appel, et
» que cette disposition de la loi du 24 août 1790
» n'est plus exécutable depuis la loi de ventôse
» an VIII. »

154. Quant à la maxime *posteriora derogant
prioribus*, il faut en faire l'application avec discernement; car comme les lois ne doivent point être
changées, modifiées ou abrogées sans de grandes
considérations, et pour ainsi dire sans nécessité,
l'abrogation des lois anciennes par les nouvelles ne

_____

(1) *Voy.* Merlin, *ubi suprà.*

doit pas se présumer; il faut qu'il y ait contrariété formelle entre les deux lois, pour que la nouvelle soit censée abroger implicitement l'ancienne.

155. Les lois peuvent n'être contraires que dans quelques points seulement, et ce n'est que dans ces points que la nouvelle loi déroge aux anciennes. Le silence qu'elle garde sur les autres dispositions de l'ancienne loi, n'est ni une abrogation, ni une dérogation, et ne doit pas empêcher d'observer ces dispositions, lorsqu'elles ne sont pas incompatibles avec la nouvelle loi : le silence ne peut être considéré comme une abrogation.

156. C'est même un principe consacré par le droit romain et par la jurisprudence de la Cour de cassation, que les dispositions des lois antérieures non contraires aux lois postérieures, sont censées se trouver dans celles-ci, et y être sous-entendues : *Posteriores leges ad priores pertinent, nisi contrariæ sint* (1).

Ces principes ont été constamment suivis par la Cour de cassation. On peut en voir l'application dans les espèces de plusieurs arrêts, et notamment dans les arrêts rendus les 11 floréal an IX, 10 brumaire an XII, et 24 avril 1809 (2).

---

(1) Loi 28, *ff de legib.* Merlin, Questions de droit, tom. IV, au mot *Douanes*, § 5, pag. 40, 1.re édition.

(2) *Voy.* l'espèce et les motifs des deux premiers, dans les Questions de droit de Merlin, v.o *Douanes*, § 5, tom. IV, pag. 40, 1.re édition; et v.io *Huissiers des juges de paix*, § 2, tóm. V, pag. 185; le troisième est rapporté par Sirey, an 1809, pag. 222.

Dans l'espèce de ce dernier, il s'agissait de savoir si les notaires sont obligés de faire viser leurs répertoires par le receveur de l'enregistrement. La loi du 22 frimaire an VII leur impose cette obligation, et elle exige en outre que ces répertoires soient cotés et paraphés par le juge de paix. (Voy. art. 51 et 53.)

Mais l'art. 30 de la loi du 25 ventôse an XI, *sur l'organisation du notariat,* ordonne que les répertoires des notaires seront visés par le président du tribunal civil de leur résidence; et l'art. 69 porte que la loi du 6 octobre 1791, *et toutes autres,* sont abrogées *en ce qu'elles ont de contraire* à la *présente.*

On prétendit que cette loi avait introduit un nouveau système sur la régularité des répertoires des notaires, c'est-à-dire sur l'obligation de les faire coter, parapher et *viser,* et que par conséquent elle dérogait en ce point à la loi du 22 frimaire an VII. Mais s'il y a contrariété formelle entre la disposition de la loi du 22 frimaire an VII, qui dit que les répertoires seront visés par le juge de paix, et celle de la loi du 25 ventôse an XI, qui confie au président du tribunal la fonction de viser les mêmes répertoires, il est évident qu'il n'y a aucune contrariété à l'égard de faire en outre viser les répertoires par le receveur de l'enregistrement, dont le visa est distinct de celui du juge, et a un autre objet : on ne devait donc pas étendre la dérogation d'une disposition à l'autre, puisqu'elles ne sont pas incompatibles. Il en résulte que les dispositions de la loi du 22 frimaire an VII sont sous-entendues dans celle de la loi du 25 ventôse an XI, et qu'elles continuent d'être obligatoires. C'est ainsi que le décida la Cour de cassation.

157. Ce principe, que la loi ancienne n'est abrogée par la nouvelle que lorsqu'il y a contrariété formelle entre l'une et l'autre, et seulement quant aux dispositions qui sont incompatibles, mais que celles qui ne le sont pas continuent d'être obligatoires, ne s'applique qu'aux lois qui ne sont abrogées que tacitement, et seulement *en ce qu'elles ont de contraire* à la nouvelle loi.

Il est sans application aux lois qui sont abrogées expressément en totalité : par exemple, la loi du 30 ventôse an XII, sur la réunion des lois civiles en un seul corps, sous le titre de Code civil des Français, porte, art. 7, « qu'à compter du jour » où ces lois sont exécutoires, les lois romaines, » les ordonnances, les coutumes générales ou lo- » cales, les statuts, les réglemens cessent d'avoir » force de loi générale ou particulière, dans les » matières qui sont l'objet desdites lois composant » le présent Code. »

L'art. 1041 du Code de procédure abroge aussi, expressément et en totalité, « toutes lois, cou- » tumes, usages et réglemens relatifs à la pro- » cédure »

Ainsi, les dispositions du droit romain, des or- donnances, des coutumes, de l'ordonnance de 1667, sur les points même où elles n'ont rien de contraire au Code, ne sont plus des règles obligatoires. Obligés de juger sans pouvoir s'en dispenser, sous prétexte du silence ou de l'insuffisance de la loi, les juges peuvent seulement chercher dans les lois romaines, dans nos coutumes et dans nos anciennes ordonnances, des lumières pour décider les espèces qui n'ont pas été prévues par les lois actuelles. Car les lois et les coutumes anciennes, lorsqu'elles sont fondées en raison, sont le supplément naturel des lois nouvelles ; et en les prenant pour guides, le juge intègre met sa conscience à l'abri du remords et du danger de s'abandonner à sa propre raison : *Optima lex quæ minimum relinquit arbitrio judicis; optimus judex qui minimum sibi* (1).

158. L'usage ou la coutume a aussi beaucoup de force, soit pour interpréter la loi, soit pour ajouter à ses dispositions, soit pour les corriger ou les abroger.

L'usage et la coutume étaient deux mots synonymes chez les romains. On les trouve réunis dans la loi 2, cod. *Quæ sit longa consuet. Consuetudinis usûsque longævi non vilis autoritas est.*

Avant la révolution, on distinguait en France les coutumes et les usages. On appelait coutumes les règles introduites par les mœurs des peuples, et que l'autorité législative avait fait rédiger par écrit ; et usages celles dont il n'existait point de rédaction ordonnée ou approuvée par le souverain.

___

(1) Bacon, *de Augm. scient., lib.* ɪ, *cap.* 3: *de Just. univ., aphor.* 4, 6.

C'était la manière habituelle d'agir dans les af
faires et de les juger, *quod in regione frequentatur*
tout ce qui se pratique d'ordinaire dans un pays
par rapport aux différentes affaires qui se traiten
parmi les hommes (1).

Les anciennes coutumes rédigées par écrit étan
abrogées, il ne peut plus être question que de
usages non écrits.

159. Pour établir un usage, cinq choses son
nécessaires : il faut qu'il soit uniforme, public
multiplié, observé par la généralité des habitans
réitéré pendant un long espace de tems.

C'est alors seulement que les usages formen
un droit non écrit. *Sine scripto jus venit quod usu*
approbavit. Nam diuturni mores consensu utentium
comprobati legem imitantur (2).

C'est aux juges de décider, par le nombre e
la qualité des actes, si l'usage est établi, si la cou
tume est acquise, si elle est prouvée, s'il s'est écou
lé un tems assez long pour que le public et le légis
lateur en aient eu connaissance : l'établissemen
de l'usage dépend donc des faits et des circonstances (3). Il n'est pas possible de donner sur ce poin
des règles certaines et invariables. On le prouv

---

(1) Bouhier, sur Bourgogne, observ. 13, n° 34.

(2) Inst. *de jure nat.*, § 9.

(3) *Voy.* Dunod, des Prescriptions, part. 1, chap. 13 ; Bouhier, su
Bourgogne, observ. 13, n.ᵒˢ 39 et suiv.

ordinairement par l'autorité des choses jugées, *rerum perpetuò similiter judicatarum, Loi 38, ff de leg.*; par le témoignage des magistrats, des jurisconsultes, des avocats et des praticiens.

L'usage tire sa force du consentement tacite ou présumé du peuple et du législateur. La loi ne pouvant être établie que par la volonté du souverain, ne peut aussi être abrogée que par sa volonté; mais cette volonté peut être expresse, ou tacite et présumée; que ce soit par des paroles ou par une longue suite de faits qu'il manifeste sa volonté, peu importe. Lorsqu'un usage est public, uniforme, général et réitéré pendant un long espace de tems, sans réclamation, sans que les personnes intéressées se soient pourvues pour le faire réformer, sans que le ministère public ni les autres agens du Gouvernement l'aient fait proscrire (1), il devient l'expression tacite de la volonté de tous, et acquiert force de loi (2).

---

(1) C'est pour empêcher les usages contraires à la loi de s'établir, que le procureur général du Roi près la Cour de cassation est investi du droit de requérir l'annulation des arrêts dans l'intérêt de la loi, même après le délai accordé aux parties pour se pourvoir en cassation. Il en existe une foule d'exemples.

(2) *Inveterata consuetudo pro lege non immeritò custoditur : et hoc est jus quod dicitur moribus constitutum. Nam cùm ipsæ leges nullâ aliâ ex causâ nos teneant, quàm quod judicio populi receptæ sunt, meritò et quæ sine ullo scripto populus probavit, tenebunt omnes. Nam quid interest suffragio populus voluntatem suam declaret, an rebus ipsis et factis? Quare rectissimè etiam illud receptum est, ut leges non solùm suffragio legislatoris, sed etiam tacito consensu omnium per desuetudinem abrogentur. Loi 32, § 2, ff de legib.*

160. L'usage ainsi formé peut interpréter la loi, ajouter à ses dispositions ou les abroger.

La loi n'a point de meilleur interprète que l'usage. Ainsi, lorsqu'il s'élève des doutes sur le sens d'une loi, l'usage doit être consulté, et la manière dont la loi a toujours été exécutée en est le plus sûr interprète (1).

161. Lorsque la loi écrite est muette, c'est encore à l'usage qu'il faut recourir pour suppléer à son silence (2); et nous avons vu que le Code civil renvoie souvent aux usages locaux.

162. Enfin l'usage, quand il est général, peut abroger la loi; et nous suivons sur ce point la doctrine de la loi 32, § 1, *ff de leg.* (3), parce qu'elle est fondée sur la raison.

« Toutes les lois sont sujettes à tomber en désué-

(1) Lois 37 et 38, *ff de legib.*, 1. 3. Voët, *ibid.*, 19.

(2) C'est ainsi que, par arrêt du 28 octobre 1808, la Cour d'appel de Paris a confirmé une ordonnance rendue par le président du tribunal civil de Meaux, qui avait jugé que c'est à la veuve commune en biens à choisir le notaire pour faire l'inventaire du mobilier de la succession, parce que tel était de toute ancienneté l'usage du Châtelet et du Parlement de Paris; usage auquel les lois nouvelles n'ont point dérogé. *Voy.* Sirey, *Décisions diverses*, an 1809, pág. 58.

(3) La loi 2, *Cod. quæ sit longa consuetudo*, 8, 53, paraît contraire : « *Consuetudinis usûsque longævi non vilis autoritas est, verùm* » *non usque adeò sui valitura momento ut aut rationem vincat aut legem* ». Les interprètes ont donné différentes conciliations de ces lois. *Voy.* le Répertoire de jurisprudence, au mot *Usage*; Merlin, Questions de droit, v.° *Opposition aux jugemens par défaut*, § 7, tom. VI, pag. 424 et 426 de la 1.re édition. Il pense que la meilleure conciliation est que la loi 2, *Cod. quæ sit longa consuetudo*, parle des usages qui ne sont pas généraux.

» tude, dit l'illustre chancelier d'Aguesseau (1);
» et il est bien certain que quand cela est arrivé,
» on ne peut plus tirer un moyen de cassation
» d'une loi qui a été abrogée tacitement par un
» usage contraire.... Il ne faut pas oublier cette
» règle du droit romain : *Inveterata consuetudo*
» *pro lege non immeritò custoditur.* »

Cette règle est également suivie sous l'empire
de notre nouvelle législation, ainsi que l'a plusieurs fois décidé la Cour de cassation (2).

163. Mais pour qu'une loi générale puisse être
envisagée comme étant tombée en désuétude par
le non usage, il est nécessaire d'établir ce non
usage dans la généralité de l'Etat pour lequel la
loi a été faite : un usage local et particulier n'aurait pas la force d'abroger une loi générale, même
dans le lieu où cet usage serait établi. C'est encore ce qu'a plusieurs fois décidé la Cour de cassation.

164. Mais il faut remarquer que, si la Cour de
cassation a maintenu des arrêts contraires à la Loi,
parce qu'ils étaient conformes à l'usage universel
de la France, elle en a maintenu d'autres qui
étaient contraires à l'usage universel, parce qu'ils
étaient conformes à la loi, et qu'on ne peut pas

---

(1) Tom. IX, pag. 446, lettre du 29 octobre 1736.

(2) *Voy.* le nouveau Répertoire, v.° *Appel*, sect. 1, § 5, pag. 244;
Merlin, Questions de droit, tom. III, pag. 546; tom. VI, pag. 427
et 428; tom. VII, pag. 185; tom. VIII, pag. 238 et 298, 1re. édition.

casser un jugement par la seule raison qu'il viole
un usage reçu (1).

165. Il faut encore remarquer que les usages
abusifs qui blessent les mœurs, la décence, la sûreté publique ou l'ordre public, qui préjudicient
de quelque manière que ce soit à la société, ou
qui, sans être nuisibles, sont déraisonnables ou
absurdes, ne peuvent en aucun tems l'emporter
sur la loi. Le pouvoir de l'usage ne s'étend qu'aux
choses indifférentes à l'ordre public, et contre
lesquelles la raison ne réclame pas.

Les lois contre lesquelles elle réclame tom-
bent plus facilement en désuétude. Le chancelier
d'Aguesseau observait à ce sujet, dans sa lettre
du 4 septembre 1742 (2), qu'il y avait bien des
choses conservées dans la rédaction ou dans la réformation des Coutumes, qui ne doivent plus tirer
à conséquence depuis que la législation s'est per-
fectionnée, et qui sont censées suffisamment abrogées par l'esprit général des lois, et par l'usage
commun du royaume, qui en est le plus sûr interprète.

---

(1) *Voy.* Questions de droit, tom. III, pag. 546.
(2) Tom. VIII, édition en treize volumes in-4°., pag. 152.

LIVRE I.ᵉʳ

Des Personnes en général.

~~~~~~

INTRODUCTION.

~~~~~~

SOMMAIRE.

166. Les jurisconsultes divisent les objets de la jurisprudence en trois grandes classes, les personnes, les choses et les actions.

Omne jus quo utimur, vel ad personas pertinet, vel ad res, vel ad actiones.

Les actions sont l'objet de deux Codes particuliers, les Codes de procédure civile et criminelle. Il faut à tous ces Codes ajouter le Code pénal ou le Code des délits et des peines, qui en est le complément, en ce qu'il renferme la sanction générale de toutes les lois.

Le Code civil ne s'occupe que des personnes et des biens, ou des choses.

Le premier livre traite des personnes.

Le second, des biens et des différentes modifications de la propriété. C'est ce que les jurisconsultes romains appellent les choses, *res*.

Le troisième livre, des différentes manières d'acquérir la propriété ou de la perdre.

167. Les lois sont faites pour les personnes, puisqu'elles sont une règle d'action, et que les personnes seules peuvent agir : *Omne jus personarum causâ constitutum est. Loi 2, ff de stat. hom.*

Mais il y a des droits particulièrement attachés

aux personnes, tels que la liberté individuelle, la qualité de citoyen, la légitimité, le droit de puissance paternelle, etc.

Il en est d'autres que les hommes peuvent acquérir sur les objets extérieurs ou sur les choses, et qui sont inhérens à ces objets, tels que la propriété et ses différentes modifications.

Les droits de la première espèce sont appelés droits des personnes; ceux de la seconde, droits des choses.

Il est naturel de s'occuper d'abord des personnes pour lesquelles les lois ont été faites. Il importerait assez peu de connaître les lois, si on ne connaissait pas les personnes pour qui elles sont établies (1).

168. Avant de chercher quels sont les droits des personnes, il faut voir ce que c'est qu'une personne, et combien d'espèces de personnes on distingue. En jurisprudence, un homme et une personne ne sont point des termes synonymes.

Un homme est tout être humain, soit qu'il soit ou non membre de la société, quel que soit le rang qu'il y tienne, quels que soient son âge, son sexe, etc.

Une personne est un homme considéré suivant le rang qu'il tient dans la société, avec tous les droits que lui donne la place qu'il y remplit, et les devoirs qu'elle lui impose; ainsi, quand on

---

(1) *Parùm est enim jus nosse, si personæ quarum causâ constitutum est ignorentur.* Inst. de jur. nat., § 12.

parle du droit des personnes, on ne considère dans l'homme que son état, que le personnage qu'il joue dans la société, abstraction faite de l'individu.

Le mot personne, dans son sens primitif et naturel, signifie le masque dont se couvraient la tête les acteurs qui jouaient des pièces dramatiques à Rome et dans la Grèce. Ces pièces étaient jouées dans les places publiques, et ensuite dans des amphithéâtres si vastes, qu'il était impossible que la voix d'un homme se fît entendre de tous les spectateurs. On eut recours à l'art ; on imagina d'envelopper la tête de chaque acteur d'un masque dont la figure représentait le rôle qu'il jouait, et qui était fait de manière que l'ouverture par où se faisait l'émission de la voix, en rendait les sons plus clairs, plus résonnans, *vox personabat :* de là le nom de *persona,* donné à l'instrument ou masque qui facilitait le retentissement de la voix.

Le même mot de *persona* fut ensuite appliqué au rôle même dont l'acteur était chargé, parce que la face du masque était adaptée à l'âge et au caractère de celui qui était censé parler, et que quelquefois c'était son portrait même.

C'est dans ce dernier sens de personnage ou de rôle que le mot *persona* est employé en jurisprudence, par opposition au mot homme, *homo.* Quand on dit une personne, on ne considère que l'état de l'homme, que le rôle qu'il joue dans la société, abstraction faite de l'individu : Etat et personne sont donc deux termes corrélatifs.

169. Ce mot *état* a diverses acceptions en jurisprudence. Si l'on remonte à son origine, on trouve qu'il vient du latin *status*, et qu'il dérive du verbe *stare*, *sto*, d'où l'on a fait *statio*, qui signifie le lieu où une personne se tient, *stat*, pour remplir les fonctions dont elle est chargée (1).

Et *status*, qui exprime la condition de la personne, la qualité à raison de laquelle elle a des droits et des devoirs particuliers.

Ce sont ces droits et ces devoirs, attachés aux différens états de la vie civile, qui établissent entre les personnes des distinctions fondées, les unes sur la nature, les autres sur la loi civile, et sur lesquelles on peut établir la division des personnes, afin de mettre plus d'ordre dans l'explication de leurs droits.

170. Mais auparavant, il faut approfondir les différentes acceptions du mot *état*, que d'Aguesseau reproche aux jurisconsultes romains de n'avoir pas défini.

Quoique tous les hommes soient sortis égaux des mains de la nature, elle a néanmoins établi entre eux des différences marquées. C'est d'elle que vient la distinction des sexes, des pubères et des impubères, des pères et des enfans, etc.

Le droit civil, c'est-à-dire le droit particulier de chaque nation, ajoute à ces qualités naturelles

***

(1) *Locus ubi quis obeundi muneris causâ se sistit.* Hotman, *Comm.*, *verb. jur.*, tom. 1, *Oper.*, *pag.* 930.

des distinctions purement civiles et arbitraires,
fondées sur les mœurs de chaque peuple, ou sur
la volonté du législateur.

Telles sont les différences que les lois civiles ont
établies entre le● citoyens et les étrangers, les
magistrats et les sujets; celles qui existaient entre
les libres et les esclaves, les nobles et les plébéiens;
différences dont les unes sont inconnues, et les
autres contraires au droit naturel.

Quoique ces dernières distinctions soient plus
assujetties au pouvoir du droit civil, parce qu'elles
sont entièrement son ouvrage, il étend néanmoins
son autorité sur les qualités naturelles, non pour
les détruire ou pour les affaiblir, mais pour les
confirmer et les rendre plus inviolables, par des
règles et par des maximes certaines.

Cette réunion du droit civil avec le droit naturel, forme entre les hommes une troisième espèce
de différences que l'on peut appeler mixtes, parce
qu'elles participent de l'un et de l'autre droit, et
qu'elles doivent leur principe à la nature et leur
perfection à la loi.

Par exemple, la minorité ou les priviléges qui
lui sont attachés, ont leur fondement dans le droit
naturel; mais le terme de cet âge et la durée de
ces prérogatives, sont déterminés par les lois civiles.

171. On peut donc distinguer trois sortes de
qualités différentes qui forment l'état de tous les
hommes.

Celles qui sont purement naturelles; celles qui

sont purement civiles; celles qui sont mixtes, composées du droit naturel et du droit civil.

172. Mais en quoi consistent précisément ces qualités personnelles, dont l'origine se trouve dans la nature et dans le droit civil, et qui forment l'état de chaque personne en particulier?

173. Si l'on examine les qualités qui font la matière des questions d'état, ont trouvera qu'elles ont un rapport nécessaire et essentiel au droit public, ou au droit privé, ou particulier, et qu'elles sont appelées *qualités d'état, distinctions d'état,* parce qu'elles rendent ceux qui les ont capables ou incapables de participer à l'état public ou à l'état particulier. Pour commencer par le droit public, c'est par exemple une question d'état de savoir si un homme est libre ou esclave, citoyen ou étranger; parce que s'il est libre ou citoyen, il est capable de rendre service à sa patrie dans toutes les charges publiques; si au contraire il est esclave ou étranger, il est exclu par l'une ou l'autre de ces qualités, de toutes les fonctions qui regardent le droit public, et de tous les avantages que la loi n'accorde qu'à ceux qui en ont la participation.

Il en est de même à l'égard du droit particulier. Comme il se réduit uniquement à régler les engagemens et les successions, il faut aussi que les qualités qui déterminent l'état particulier aient un rapport certain avec les engagemens et les successions, et qu'elles rendent les hommes capables ou incapables de certains engagemens en général, et de certaines successions en général, ou même de toutes sortes d'engagemens et de successions.

Ainsi, la qualité de majeur rend un homme capable de toutes sortes d'obligations; celle de mineur, au contraire, le rend incapable d'en contracter plusieurs : ces qualités doivent donc être mises au nombre de celles qui déterminent l'état.

La qualité d'enfant légitime ou d'enfant naturel rend capable ou incapable de recueillir des successions : c'est donc encore une qualité qui constitue l'état.

C'est d'après ces principes que d'Aguesseau (1) donne les définitions suivantes de l'état public et de l'état particulier :

174. L'état public consiste dans une capacité fondée sur la nature ou sur la loi, ou sur toutes les deux, de participer aux charges, aux honneurs et aux autres prérogatives qui sont accordées à ceux que l'on considère comme membres de la république.

175. L'état particulier est une qualité que la convention seule ne peut établir, mais qui est imprimée par le droit naturel ou par le droit civil, ou par tous les deux, et qui rend ceux qui en sont revêtus, capables ou incapables de tous les engagemens d'une certaine espèce, ou même de toutes sortes d'engagemens, ou qui les rend capables ou

(1) Tom. V, pag. 426.

incapables de recueillir certaines successions, ou
même toutes sortes de successions.

176. Les jurisconsultes romains donnent au mot
état diverses acceptions. Lorsqu'ils parlent de *capitis dominatione*, ils n'entendent par le mot état
que les trois qualités, de libre, de citoyen, ou
d'agnat : *Libertas, civitas et familia.*

L'agnation est la parenté qui procède de mâle
en mâle : *Agnati sunt qui per virilis sexûs personas
cognatione juncti sunt. Loi* 7, *ff de legit. tut.*

Ils appellent le changement qui arrive dans l'un
de ces trois états, ou la perte d'une de ces trois
qualités, *capitis diminutio*, parce que toutes les
fois qu'un citoyen perdait la liberté, et par conséquent le droit de cité, ou seulement le droit
de cité, le nombre des citoyens était diminué
d'une tête; son nom était rayé de la liste du cens
ou du tableau des citoyens : *E tabulis censualibus.*

De même, lorsqu'un citoyen perdait les droits
d'agnation en sortant de la famille, soit par l'arrogation, soit, dans l'ancien droit, par l'émancipation, la famille perdait une tête : *Capite minue-
batur.*

Ainsi ces mots, *capitis diminutio*, s'appliquaient
dans le sens propre à la cité ou à la famille qui
perdait un membre. Dans la suite, les jurisconsultes les appliquèrent à la personne même, en
prenant le mot *caput, pro jure capitis*, pour les
droits attachés à la personne ou à la tête; et lorsqu'une personne éprouvait un changement dans

l'un de ces trois états, *de liberté, de cité, d'agnation* ou de famille, ils disaient qu'elle avait éprouvé *capitis diminutionem,* CAPITE MINUTAM ESSE.

177. Ce changement était de trois espèces, MAXIMA, MEDIA, MINIMA *capitis diminutio.*

Maxima, lorsqu'une personne réduite à l'esclavage perdait la liberté et les drois de cité en même tems : *Libertatem et civitatem.*

Media, lorsqu'elle ne perdait que les droits de cité, sans être réduite à l'état d'esclavage.

Minima, lorsqu'elle sortait d'une famille pour devenir chef d'une nouvelle famille ; ce qui arrivait dans l'ancien droit romain par l'émancipation, et lorsqu'elle passait d'une famille dans une autre par l'arrogation, etc.

Dans cette acception du mot état, un sénateur qui était chassé du sénat, un chevalier qui était remis dans l'ordre plébéien, n'éprouvaient point de changement d'état, *capite non minuebantur,* parce qu'ils conservaient la liberté, les droits de cité et ceux de famille.

178. Cette doctrine des jurisconsultes romains est nécessaire pour faciliter l'intelligence des lois du digeste et du Code ; mais elle est peu utile dans notre jurisprudence française : on peut seulement remarquer que celui qui perd la qualité de Français, suivant les dispositions des art. 17 et 21 du Code, éprouve véritablement *mediam capitis diminutionem,* dans le sens des jurisconsultes romains.

179. Quant aux définitions de d'Aguesseau, qui
fait consister l'état dans la capacité civile, c'est-
à-dire dans l'habilité à jouir, dans un pays ou
dans une famille, de tous les droits propres aux
citoyens ou aux membres de la famille, c'est dans
ce sens qu'on l'emploie communément dans les
tribunaux, quand on parle de questions d'état,
et lorsqu'il s'agit de savoir si tel individu, par
exemple, est enfant naturel ou légitime, citoyen
ou étranger, mari ou femme, etc.

180. Mais quand on traite du droit des personnes en général, on étend l'acception du mot
état à toutes les qualités qui introduisent des différences dans les droits de la personne (1). Dans
ce sens, les changemens d'état sont en très-grand
nombre.

1°. Le plus considérable est la mort civile, dont
nous expliquerons la nature et les effets chap. 2,
sect. 2. Il y a même des différences notables entre les individus qui ont encouru la mort civile
par la condamnation, soit à la mort naturelle,
soit aux travaux forcés à perpétuité, soit à la déportation; car le déporté peut jouir de plusieurs
droits civils dans le lieu de sa déportation, au
lieu que celui qui est condamné aux travaux forcés à perpétuité, éprouve ce que les Romains appelaient *maximam capitis diminutionem.* Il perd

(1) *Status, vox sumitur latè, vel strictè: latè, pro quâvis differentiâ
secundum quam jus variat.....; strictè, pro his tribus libertatis, civitatis
et familiæ. Voy.* Huber., *in Pandect., lib* 1, *tit.* 5, § 1.

avec ses biens la liberté et les droits de cité; il est esclave de la peine, *servus pœnæ*. (*Voy.* les art. 17 et 18 du Code pénal.)

2°. La perte de la qualité de Français et des droits civils par l'abdication. C'est l'état de pérégrinité, *media capitis diminutio*. (*Voy.* ci-après, chap. 2, sect. 2.)

3°. La reclusion, la dégradation civique, opèrent des changemens d'état.

4°. La privation en tout ou en partie de l'exercice des droits civiques, civils ou de famille, en conformité de l'art. 42 du Code pénal, opère aussi un changement d'état.

5°. L'interdit, celui qui est soumis à un conseil judiciaire, éprouvent aussi un changement d'état.

6°. La fille qui se marie éprouve un changement d'état; elle retombe sous la puissance d'autrui. Elle est frappée d'incapacité pour faire, sans l'autorisation de son mari, la plupart des actes de la vie civile: *capite minuitur*, dit Dumoulin (1). La dissolution du mariage opère un changement d'état en faveur des femmes, qu'elle dégage de l'autorité maritale.

7°. La faillite opère un changement d'état; elle exclut le failli des fonctions publiques, lorsqu'il ne s'est point libéré. (*Voy.* la loi du 21 vendémiaire an III, rappelée dans le décret du 28 juin 1810.)

_____

(1) Anc. Cout. de Paris, édition de 1576, pag. 365.

8°. La cession des biens opère également un changement d'état. Elle rend celui qui a été admis à faire cession incapable de posséder aucune charge, ni d'exercer aucun des droits politiques attachés à la qualité de citoyen. (*Voy.* tom. VII, pag. 358, n°. 266.)

181. Les personnes, en jurisprudence, sont des êtres moraux ou abstraits (1). Le même individu peut être une personne dans l'ordre public, et n'en pas être une dans l'ordre privé. Par exemple, à Rome, le fils de famille qui était dans la puissance de son père, n'était point une *personne* par rapport au droit privé (2), mais il était une personne dans ses rapports au droit public.

Le même individu peut être, dans l'ordre public, une personne supérieure à une personne dont il est l'inférieur dans l'ordre privé. Tel est encore le fils de famille devenu magistrat. Il commande son père dans tout ce qui concerne les fonctions de la magistrature.

182. Le même individu peut représenter plusieurs personnes. Il peut être magistrat, père, mari, et exercer tous les droits attachés à ces trois différentes personnes dans l'ordre public et dans l'ordre privé.

---

(1) *Homo persona moralis est, quatenùs spectatur tanquàm subjectum certarum obligationum atque jurium certorum.* Wolff, *Inst. jus. nat,*, § 96.

(2) Loi 9, *ff de his qui sui vel al. jur.*, 1. 6; Heinecc., *in Pandect.,* part. 1, n.° 150; *Recit. in inst.*, § 192; Bynkershoëck, *Observ.,* lib. 1, cap. 18; Valer. Maxim., *lib.* 5, *cap.* 8, n.° 2, *et lib.* 2, *cap.* 2, n.° 4; Taylor, pag. 288.

Au contraire, plusieurs individus peuvent ne constituer qu'une seule personne. Tels sont les corps politiques, appelés en droit *universitates, collegia.* Chaque commune, par exemple, forme un corps politique, qui n'est considéré que comme une seule personne. Il en est de même de tous les établissemens publics.

183. Enfin, les personnes sont, en jurisprudence, tellement considérées abstraction faite des individus, qu'il y a des personnes qui ne meurent point et qui continuent d'exister, quoique les individus qui les représentaient soient morts. Par exemple, le Roi, la première personne de l'Etat, ne meurt jamais.

Le magistrat ne meurt jamais (1).

Dans l'ordre privé, la personne du corps politique ne meurt jamais. Elle continue d'exister, quand même il serait réduit à un seul individu, quand même tous les individus qui le composaient d'abord seraient décédés et remplacés par d'autres; c'est toujours la même personne (2), jusqu'à ce que le corps soit détruit par l'autorité qui lui avait donné l'existence.

184. La personne peut être morte, quoique l'individu qui la représentait soit vivant. Par exemple, lorsque le mariage était dissous par le divorce, le mari était mort, l'homme était vivant. Dans l'ordre

_____

(1) *Dignitas non moritur.* Altessera, *de Fict. juris,* pag. 79.

(2) Loi 7, § 2, *ff quod cujusque univers.,* 3. 4. Altessera, *ibid.,* pag. 560. Aylif, pag. 196.

public, toutes les fois qu'une dignité est supprimée, la personne du dignitaire est morte, l'individu est vivant. L'empereur est mort, il est mort
pour toujours ; Napoléon Bonaparte est vivant.

Ainsi, l'homme peut exister après la mort de la
personne, et la personne après la mort de l'homme.

Après ces notions fondamentales sur la nature
des personnes en général, il faut examiner chacune d'elles en particulier.

185. On peut considérer les personnes par rapport au droit public, ou par rapport au droit
privé. Ainsi la première division des personnes est
en personnes publiques et en personnes privées.

Les personnes publiques sont celles qui exercent une fonction publique, soit qu'elles participent ou non à l'exercice de la puissance publique.

Les personnes privées sont celles qui n'exercent
aucunes fonctions publiques, mais qui ont des
droits ou des devoirs particuliers.

SECTION PREMIÈRE.

Des Personnes publiques.

186. Dans l'ordre public ou politique, le Roi
est la première personne de l'Etat, et la dernière
est le simple citoyen qui ne participe à l'ordre
public que par le droit de suffrage qu'il exerce
dans les assemblées électorales, par le droit d'être
appelé comme membre du jury.

Ou si l'on veut, le simple citoyen est le premier degré de la hiérarchie politique, le Roi en est le dernier. C'en est le faîte, c'est le représentant héréditaire de la Nation. On peut ranger toutes les personnes publiques sous les classes suivantes :

1°. Le Roi;

2°. La famille royale;

3°. La Chambre des pairs;

4°. La Chambre des députés;

5°. La Cour de cassation;

6°. Les Cours royales, les tribunaux de première instance et les juges de paix;

7°. Les colléges électoraux;

8°. Les préfets, sous-préfets, conseils de préfecture, maires, etc.; les conseils généraux de département et de commune.

9°. L'armée de terre et de mer, l'état militaire, les tribunaux militaires, la Légion d'honneur;

10°. Les citoyens;

11°. Le clergé;

12°. Les corps enseignans, et les personnes chargées de l'instruction publique.

Nous ne faisons qu'indiquer ici le cadre et les principales divisions suivant lesquelles on peut traiter des droits et des devoirs des personnes publiques; ce traité doit être l'objet d'un ouvrage particulier, qu'on ne peut entreprendre avant que toutes les lois organiques de la Charte aient paru.

SECTION II.

Des Personnes privées.

SOMMAIRE.

ministère public a seul ce droit. Sagesse de cette disposition.
200. *Transition au tit.* 1.

187. La première différence établie par la nature entre les personnes, est celle des sexes : *Inter*
masculos et fœminas.

La condition des femmes est, en beaucoup de
points, moins avantageuse que celle des hommes (1).

La prérogative que la loi civile de presque toutes les nations donne au sexe masculin, a-t-elle
quelque fondement dans la nature ?

Il faut d'abord examiner et décider cette question entre le mari et la femme. Or, par le droit
naturel, ce que le mariage permet d'empire appartient au mari plutôt qu'à la femme; l'égalité
n'y peut être absolue; le mariage est une société
entre deux personnes : il est donc nécessaire que
l'un des deux ait la voix décisive, quand l'unanimité ne se rencontre pas. Or, cette volonté pré-
pondérante appartient au mari, que la nature a
créé plus robuste et plus courageux. Il est le chef
de la famille; il doit travailler pour elle, la défendre et la protéger : la femme doit donc obéir
à celui que la nature et la loi lui donnent pour
protecteur.

De là les prérogatives que la loi civile donne à
un sexe sur l'autre, au masculin sur le féminin.

_____

(1) *In multis juris nostri articulis deterior est conditio fœminarum quàm*
masculorum. Loi 9, *ff de stat. hom., et ibi Huberum.*

Elles prennent leur source, non seulement dans la différence physique, mais encore dans un instinct moral, qui veut que le mari soit certain qu'il est le père des enfans de sa femme. De là vient la réserve imposée aux femmes, resserrées aux soins purement domestiques, tandis que le mari veille aux affaires du dehors, culture, négoce, défense des biens communs, etc.

De là, il s'ensuit que la femme ne peut contracter ni ester en jugement sans l'autorisation de son mari ; qu'elle ne peut être tutrice que de ses propres enfans, etc.

Si l'on considère cette prérogative du sexe masculin sur le féminin dans l'ordre public, on trouve les femmes exclues en France de la couronne, de toutes les magistratures, de tous les offices publics (1), de tous les droits politiques, et même des fonctions civiles, telles que les fonctions d'avoués, de tuteurs, de témoins dans les actes civils (37), dans les testamens (980) et dans les actes entre vifs reçus par des notaires. Il est contraire à la décence qu'elles quittent leurs ménages pour se produire au dehors et se mêler aux assemblées des hommes.

Dans l'ordre privé, les femmes mariées sont exclues du gouvernement des affaires extérieures de la famille, parce qu'elles ne peuvent les suivre en jugement, ni contracter sans l'autorité de leurs maris.

---

(1) *Fœminæ ab omnibus civilibus officiis remotæ sunt. Loi 2, ff de R. J.*

Elles peuvent être choisies pour mandataires; mais le mandant n'a d'action contre les femmes qui ont accepté le mandat sans l'autorité de leurs maris, que d'après les règles établies au titre du contrat de mariage et des droits respectifs des époux.

Les femmes non mariées peuvent, lorsqu'il s'agit de leurs intérêts privés, disposer et contracter comme les hommes.

La contrainte par corps ne peut être prononcée contre les femmes, en matière civile, que dans le cas de stellionat.

Elle n'a lieu contre celles qui sont mariées, que lorsqu'elles sont séparées de biens, ou lorsqu'elles ont des biens dont elles se sont réservé la libre administration, et à raison des engagemens qui concernent ces biens.

Les femmes qui, étant en communauté, se seraient obligées conjointement ou solidairement avec leurs maris, ne peuvent être réputées stellionataires, à raison de ces contrats.

188. La seconde différence établie entre les personnes, est celle de l'âge.

Les prérogatives accordées à l'âge, prennent aussi leur source dans le droit naturel.

Rien ne maintient plus les mœurs qu'une extrême subordination des jeunes gens aux vieillards (1). L'oubli des égards et de la déférence

_____

(1) Esprit des lois, liv. 5, chap. 7.

qu'on doit à la vieillesse, a toujours été considéré comme l'un des caractères les plus marqués de la dépravation.

D'un autre côté, la loi civile, qui ne peut suivre dans chaque individu le développement de ses facultés, a fixé un âge avant lequel les personnes sont incapables de contracter ou de remplir certaines fonctions. L'âge fixé par la loi établit en leur faveur une présomption légale de capacité.

L'âge est donc une des qualités qui constituent, sous certains rapports, l'état civil des personnes.

La Constitution de l'an VIII avait déterminé l'âge et les conditions auxquels on peut devenir citoyen. La Charte n'en parle pas. Ce point important sera peut-être réglé par les lois organiques que notre bon monarque prépare dans sa sagesse.

A nombre égal des suffrages dans les assemblées électorales, le plus âgé a la préférence (1).

Il faut avoir quarante ans accomplis au jour de l'élection pour être membre du Corps législatif (2).

Il faut être âgé de vingt-cinq ans accomplis pour être juge ou suppléant d'un tribunal de première instance, ou procureur du roi.

De vingt-sept ans pour être président.

De vingt-deux ans pour être substitut du procureur du roi.

---

(1) Décret du 17 janvier 1806.
(2) Art. 38 de la Charte constitutionnelle.

De vingt-sept ans pour être juge ou greffier dans une Cour royale.

De trente ans pour être président ou procureur général.

De vingt-cinq ans, pour être substitut du procureur général (1).

Les présidens, maîtres ou greffiers de la Cour des comptes doivent être âgés de trente ans; les référendaires de vingt-cinq (2).

Les juges de paix doivent avoir vingt-cinq ans (3).

Les juges des tribunaux de commerce doivent être âgés de trente ans, et les présidens de trente-cinq ans accomplis (4).

Les juges-auditeurs dans les Cours royales, peuvent être chargés des enquêtes, des interrogatoires et autres actes d'instruction qui appartiennent au ministère des juges, et suppléer les procureurs généraux, pourvu qu'ils aient atteint l'âge de vingt-deux ans accomplis.

Ils peuvent suppléer les juges lorsqu'ils ont at-

_____

(1) Art. 64 et 65 de la loi du 20 avril 1810.

(2) Art. 13, 15 et 45 du décret du 28 septembre 1807.

(3) Art. 5, tit. 3 de la loi du 24 août 1790, et art. 2 de la loi du 27 ventôse an VIII. Cette dernière loi porte : « Il n'est rien innové » aux lois concernant les juges de paix ». Or, si la loi du 24 août 1790 exigeait qu'ils eussent trente ans, les lois des 25 août, 16 septembre et 19 octobre 1792, n'exigent plus que vingt-cinq ans.

(4) Art. 9, tit. 12, de la loi du 24 août 1790, et art. 2 de la loi du 27 ventôse an VIII.

teint l'âge de trente ans, suivant le décret du 16 mars 1808, art. 4; mais il suffit de vingt-sept ans, suivant la loi du 20 avril 1810, art. 65.

Il faut être âgé de vingt-cinq ans accomplis pour être admis aux fonctions de notaire (1).

Et pour être témoin dans les actes de l'état civil (36), ou témoin instrumentaire dans les actes entre vifs ou testamentaires, il faut être majeur, c'est-à-dire âgé de vingt-un ans (2).

Pour remplir les fonctions de juré, il faut avoir trente ans accomplis (3).

On ne peut s'enrôler irrévocablement dans les armées avant dix-huit ans accomplis (4), sans le consentement de ses parens.

Il faut être majeur pour pouvoir aliéner ou hypothéquer ses immeubles.

Le mineur âgé de seize ans, peut néanmoins disposer par testament de la moitié des biens dont la loi permet au majeur de disposer (904).

L'homme, avant dix-huit ans révolus, et la femme avant quinze ans révolus, ne peuvent contracter mariage (144).

A la majorité, fixée à vingt-un ans, toute personne est capable de tous les actes de la vie civile, sauf les actes respectueux exigés pour le mariage.

(1) Loi du 25 ventôse an **XI**, art. 25.
(2) Art. 9 de la même loi; art. 980 du Code.
(3) Art. 381 du Code d'instruction criminelle.
(4) Art. 6 de la loi du 19 fructidor an **VI**; art. 374 du Code.

À l'âge de soixante-cinq ans, on peut s'excuser d'accepter une tutelle, et s'en faire décharger à soixante-dix (433).

À soixante-dix ans, on n'est plus soumis à la contrainte par corps, si ce n'est pour cause de stellionat (2066).

189. La troisième différence entre les personnes, est celle qui résulte des rapports établis entre maris et femmes, pères, mères et enfans. C'est l'état de famille d'où dérive la parenté. Les droits et les devoirs que ces rapports font naître, seront expliqués dans les titres du Code qui en traitent.

190. Il en sera de même de la quatrième différence entre les pubères et les impubères, les majeurs et les mineurs.

191. La cinquième différence établie par le droit civil, entre les citoyens et les étrangers, sera expliquée avec l'art. 11 du Code.

192. La sixième différence établie par le droit civil de quelques nations, mais contraire à la nature, est celle des hommes libres et des esclaves. Cette différence, proscrite en France depuis longtems, a été conservée pour les colonies françaises dans les Deux-Indes.

193. La septième différence, également contraire à la nature, puisque tous les hommes naissent égaux, est celle des nobles et des non nobles ou plébéiens; différence qui, à vrai dire, ne consiste plus aujourd'hui que dans un vain nom.

194. En ne considérant que ce qu'elle était au-

trefois, il paraît évident qu'il n'y a plus actuellement en France de noblesse réelle que la pairie ;
ce grand corps politique dont les membres, individuellement investis de plusieurs priviléges nullement onéreux pour le peuple, forment par leur
réunion, sous le nom de Chambre des pairs, une
portion essentielle de la puissance législative.

Mais le Roi, qui nomme les pairs, peut les prendre et les a pris en effet sans distinction, parmi les
nobles et les plébéiens. Tous les Français sont égaux
devant la loi, quels que soient leurs titres et leurs
rangs. Ils sont également admissibles à tous les emplois et à toutes les dignités.

195. Les fiefs et le régime féodal avaient introduit en France une noblesse dont les membres
avaient, jusque dans les derniers tems, conservé
des priviléges très-onéreux pour les peuples, des
prérogatives injustes, très-humiliantes pour le
reste de la Nation. Le peuple français était alors
divisé en trois *ordres*, le clergé, la noblesse et le
tiers-état ; le dernier des trois, quoiqu'il com-
posât lui seul la presque totalité de la Nation.
Quand les Etats-Généraux étaient assemblés, on
votait par ordre et non par têtes. Tous les membres de la noblesse avaient le droit d'assister individuellement aux Etats de Bretagne, qu'on as-
semblait tous les deux ans.

Sous un pareil régime, les intérêts du peuple
ou des plébéiens, devaient être et étaient en effet
toujours mal défendus.

La révolution a totalement changé cet ordre

de choses. La noblesse féodale reçut d'abord un grand échec, par les lois du 4 août 1789, qui abolirent tous les priviléges, le régime féodal, les jurisdictions seigneuriales ou patrimoniales, etc. Qu'était-ce, en effet, qu'une noblesse sans priviléges, après le rétablissement de l'égalité des droits entre tous les citoyens?

L'abolition des trois ordres, prononcée par le décret du 5 novembre 1789, sanctionné par le Roi, détruisit l'ancienne noblesse dans son essence, qui consistait principalement à former un corps politique, l'un des trois ordres de l'Etat : « *Il n'y a plus en France aucune distinction d'ordre.* » Ce sont les termes de cette loi, qui fut, ainsi que l'abolition des priviléges, répétée dans la Constitution de 1791.

Dès lors, on regarda la noblesse comme abolie. La loi du 15 mai 1790, tit. 2, art. 2, en parle comme d'une institution surannée. Cet article porte qu'à l'avenir toutes les successions se partageront également, sans égard à l'ANCIENNE *qualité noble des biens et des personnes;* car il y avait alors des terres *nobles*, c'étaient les fiefs, comme il y avait des personnes nobles, c'étaient *anciennement* (1) ceux qui les possédaient.

Louis XVI lui-même sembla regarder la no-

***

(1) « Nobles étaient jadis non seulement les extraits de noble race....., » mais aussi ceux qui tenaient fiefs et faisaient profession des armes », dit Loisel, *Règles du droit français*, liv. 1, tit. 1, n.º 9. D'autres peu-

blesse comme abolie, ou comme n'existant plus
que de nom, après les décrets d'août et de novembre 1789, qu'il avait sanctionnés. Le 4 juin
1790, il fit écrire par le ministre de l'intérieur,
M. de Saint-Priest, le billet suivant à M. Chérin,
généalogiste de la Cour : « Le Roi me charge,
» Monsieur, de vous prévenir que Sa Majesté ne
» veut plus que vous receviez les titres généalogi-
» ques qu'il était d'usage de vous remettre pour
» avoir l'honneur de lui être présentés. Vous vou-
» drez bien vous conformer à cet ordre de Sa
» Majesté. »

Enfin le décret du 19 juin 1790, sanctionné le
23, abolit jusqu'au nom de la noblesse : « La no-
» blesse héréditaire est pour toujours abolie ; en
» conséquence, les titres de duc, de comte, de
» marquis, vidame, baron, chevalier, messire,
» écuyer, noble, et autres titres semblables, ne
» seront pris par qui que ce soit, ni donnés à
» personne..... Aucun Français ne pourra pren-

---

sent que les fiefs n'anoblissaient point ; qu'ils *affranchissaient* seulement
les roturiers qui les possédaient.

Mais leur opinion paraît si peu fondée, qu'on fut obligé de faire une
loi pour empêcher à l'avenir l'anoblissement par la possession des fiefs.
C'est l'art. 258 de l'ordonnance de Blois, du mois de mai 1679 : « Les
» roturiers et non nobles, achetant fiefs nobles, *ne seront* pour ce ano-
» blis, ne mis au rang et degré de nobles, de quelque revenu et valeur
» que soient les fiefs par eux acquis ».

Remarquez que cette loi ne statue que pour l'avenir, *ne seront*,
parce qu'en effet les lois n'ont jamais eu d'effet rétroactif : donc ceux
qui possédaient des fiefs avant l'ordonnance de Blois demeurèrent nobles.

» dre que le vrai nom de sa famille.... ni avoir
» d'armoirie, etc. (1). »

Ainsi, jusqu'au nom de la noblesse ancienne
fut aboli pendant la révolution.

196. Après avoir érigé le Gouvernement français en monarchie impériale, Bonaparte ne son-
gea point à rétablir l'ancienne noblesse; il cher-
cha seulement à s'attacher les anciennes familles,
dont les membres briguaient l'honneur de le servir dans son palais.

Mais sous prétexte « d'honorer d'éclatans ser-
» vices par d'éclatantes récompenses, et aussi pour
» empêcher, disait-il, le retour de tout titre féo-
» dal, incompatible avec nos institutions (2) »,
et enfin pour concourir à l'éclat du trône, il se
fit autoriser, par l'art. 5 du sénatus-consulte du
14 août 1806, à ériger et conférer des titres héréditaires transmissibles au fils aîné du titulaire,
et à ses descendans en ligne directe de mâle en
mâle, par ordre de primogéniture, avec les biens
qui formeraient la dotation du titre, et qui demeureraient ainsi substitués à perpétuité en faveur de l'aîné, parce que néanmoins, ces titres

---

(1) Un décret du 27 septembre 1791, sanctionné par le Roi le 16
octobre suivant, défendit à tout citoyen français de prendre dans ses
quittances, obligations, promesses, et généralement dans tous actes
quelconques, quelques-unes des qualités supprimées par la Constitution, sous peine d'être condamné par corps à une amende égale à six
fois la valeur de sa contribution foncière, et d'être déclaré incapable
d'occuper aucun emploi civil ou militaire.

(2) *Voy.* le discours qu'il prononça à l'ouverture de la session du
Corps législatif, le 16 août 1807.

ne conféreraient à ceux en faveur de qui ils seraient érigés, aucun privilége relativement aux
autres citoyens et à leurs propriétés (1).

Ce sont les dotations de ces titres qu'on a appelées des majorats. Tout ce qui les concerne fut
réglé par un décret du 1er. mars 1808.

Telle est l'origine des titres de prince, duc,
comte et baron, conférés par Bonaparte, et qui
ne sont héréditaires qu'après l'érection en majorat
des biens qui leur servent de dotation. Plusieurs
membres de l'ancienne noblesse abdiquèrent les
titres qu'ils portaient autrefois, pour solliciter et
recevoir des mains de l'empereur celui de comte
ou de baron. Il est bien évident que tous ces titres
honorifiques contenaient le germe d'une noblesse
nouvelle, quoiqu'elle n'en portât pas encore le
nom.

197. Tel était l'état des choses à l'époque de la
restauration. Louis XVIII, dont la sagesse forme
le caractère, pensa qu'on ne pouvait sans injustice ravir les titres et les honneurs acquis par tant
de services à ces militaires illustres qui ont porté
si haut la gloire de nos armes et du nom français.
C'était un acte de justice; mais la même justice
voulait que l'on rendît aux anciennes familles qui
avaient mérité des distinctions sous l'ancienne

---

(1) Art. 6 du sénatus-consulte du 14 août 1806; art. 74 du décret sur
les majorats, du 1.er mars 1808.

monarchie, les titres dont leurs membres avaien
été dépouillés sans motifs.

La Charte a donc statué, art. 71, que *la no-*
blesse ancienne reprend ses titres, et que la nouvell
conserve les siens.

Elle ajoute que « le Roi fait des nobles à vo-
» lonté; mais il ne leur accorde que des rangs e
» des honneurs, sans aucune exemption des char-
» ges et des devoirs de la société. »

Cette disposition était d'autant plus nécessair
à l'égard de l'ancienne noblesse, que la loi du 1(
octobre 1791 défendait aux membres des familles
anciennement nobles, sous des peines sévères, d(
prendre aucunes des qualifications supprimées.

198. Mais remarquez qu'en permettant à l'ancienne noblesse de *reprendre ses titres*, la Charte
lui défend d'en prendre de nouveaux. Les nobles
ne peuvent donc *reprendre* que les titres ou qualifications qu'ils avaient réellement le droit de prendre avant la suppression de la noblesse. S'ils en
veulent d'autres, ils doivent les obtenir de Sa
Majesté, en s'adressant à la commission du sceau,
créée par ordonnance du 15 juillet 1814, pour
procurer à tous les Français « les moyens de jouir
» des avantages qui leur sont assurés par l'art. 71
» de la Charte constitutionnelle (1). »

---

(1) *Foy.* le préambule de l'ordonnance du 15 juillet 1814, imprimé
à sa date dans le *Bulletin des lois.*

Les personnes même attachées de plus près au service de Sa Majesté, ne peuvent changer à volonté les titres qu'elles avaient avant la suppression de la noblesse, ni en prendre qu'elles n'avaient pas. Nous avons vu M. Ferrand, ministre d'état, issu d'une ancienne famille noble, recevoir le titre de comte qu'il n'avait pas, par ordonnance du 27 septembre 1814.

199. Il est néanmoins vrai que nous voyons beaucoup de nobles, même de simples anoblis, prendre des titres qu'ils n'ont jamais eu droit de porter, et qu'ils ne portaient point avant la révolution. Ce n'est pas aux particuliers de s'en plaindre; car on peut remarquer que si la Charte permet aux anciens nobles de *reprendre* leur titres, elle n'ordonne pas aux autres citoyens de les leur donner : cette disposition est pleine de sagesse. S'il était enjoint aux citoyens de donner à la noblesse les titres qu'elle prend ou qu'elle reprend, ils auraient tous le droit de contester ces titres, jusqu'à la preuve contraire. Il en résulterait des procès sans nombre, qui troubleraient la paix de la société.

Mais en n'enjoignant point aux citoyens de donner à la noblesse les titres qu'elle prend, soit qu'elle en ait le droit ou non, la loi leur interdit par cela même la faculté de s'en plaindre. Le ministère public a seul le droit de requérir sur ce point l'observation de la Charte. C'est à lui de réprimer les usurpations de faux titres, en faisant faire défense à ceux qui les usurpent de les prendre à l'avenir. Le ministère public devrait se ren-

dre d'autant plus sévère sur ce point, que ceux
qui usurpent des titres qui ne leur appartiennent
point, tels que les titres de marquis, comte, vi-
comte et baron, fraudent les droits du sceau, en
ne payant pas les droits de 6,000, 4,000 ou 3,000
fixés par l'ordonnance du 8 octobre 1814.

Les usurpateurs de titres s'exposeraient sur-tout
à être poursuivis, s'ils prenaient en justice des
titres qu'ils n'ont pas le droit de porter.

200. Avant d'examiner quels sont les droits et
les devoirs particuliers des différentes personnes,
il convient d'examiner les droits des personnes en
général, c'est-à-dire les droits communs à tous
les Français, à toutes les personnes, quelle que
soit la place qu'elles occupent dans la société,
quel que soit leur état; ce qui nous conduit à
l'explication du premier titre du Code civil, qui
traite de la jouissance et de la privation des droits
civils.

TITRE PREMIER.

De la Jouissance et de la Privation des droits civils.

INTRODUCTION.

Des Droits de l'homme en général, et de l'état civil.

SOMMAIRE.

atteintes qu'on y porte, plus dangereuses que les atteintes portées au droit de sûreté.

213. *Ancien abus des lettres de cachet. Réclamation des Parlemens et du vertueux Lamoignon.*

214. *Loi de 1791, pour assurer la liberté personnelle. Peines prononcées par les lois subséquentes contre les atteintes qu'on y porte.*

215. *L'art. 46 de la Constitution de l'an VIII permettait de détenir les personnes présumées complices d'une conspiration. La commission sénatoriale de la liberté individuelle était un vain remède contre l'abus de ces détentions.*

216. *Autre moyen d'éluder les lois protectrices de la liberté, en ne permettant pas de poursuivre les agens du Gouvernement qui les avaient violées.*

217. *Décret du 3 mars 1810, par lequel, sans consulter le Corps législatif, Bonaparte autorise son conseil privé à détenir les citoyens suspects dans ses prisons, sans les traduire en justice.*

218. *La Charte constitutionnelle rétablit la liberté individuelle après la chute de Bonaparte.*

219. *Au retour de l'île d'Elbe, il affecta de renoncer au despotisme, et proposa le principe établi par la Charte, que personne ne peut être arrêté ni détenu qu'en suivant les formes prescrites par la loi.*

220. *Au moment de la chute définitive de Bonaparte, la commission provisoire fit suspendre la liberté individuelle, par la loi du 28 juin 1815.*

221. *Les suites désastreuses du retour de l'île d'Elbe firent suspendre la liberté individuelle, par la loi du 29 octobre 1815.*

222. *Mauvais effet qu'elle produisit, par la faute des agens chargés de son exécution.*

223. *Elle fut abrogée par la loi du 12 février 1817, qui permit jusqu'au 1er. janvier 1818, d'arrêter et détenir les pré-*

venus de conspiration, en vertu d'un mandat signé du président du conseil des ministres, etc.

224. Il n'y eut point d'abus dans l'exécution de cette loi, dont le Gouvernement ne demanda pas le renouvellement. Nous vivons sous l'empire de la Charte.

225. L'art. 75 de la Constitution de l'an VIII est abrogé. L'autorisation du Conseil d'état n'est pas nécessaire pour poursuivre un fonctionnaire coupable d'excès envers un citoyen.

226. Liberté de la pensée. Avant la révolution, on ne pouvait imprimer sans subir une censure préalable, et sans privilége du Roi.

227. La liberté de publier ses pensées fut rendue aux Français par la Constitution de 1791. Ses dispositions sur la liberté de la presse.

228. De la commission sénatoriale de la liberté de la presse.

229. Bonaparte parut un moment respecter la liberté de la presse.

230. Bientôt il l'enchaîna de nouveau, rétablit la censure préalable, créa un directeur de l'imprimerie.

231. Pour les payer, on lui persuada de mettre dans le domaine public la propriété de tous les ouvrages des auteurs morts, et d'établir un droit sur leur réimpression.

232. M. de Pommereul étendit ce droit aux ouvrages dont les auteurs étaient vivans, quoique exceptés par le décret.

233. La liberté des journaux avait été enchaînée par la loi du 19 fructidor an V;

234. Rapportée par la loi du 14 thermidor an VII; mais, par arrêté du 27 nivôse an VIII, les consuls l'enchaînèrent de nouveau. Abus d'autorité par Lucien Bonaparte.

235. La Charte rétablit la liberté de la presse.

236. Elle fut modifiée temporairement par la loi du 21 octobre 1814, qui soumit à la censure les ouvrages au-dessous de vingt-une feuilles d'impression, et les journaux.

237. Cette loi, prorogée à l'égard des journaux jusqu'à la fin

En traitant des droits civils en général, c'est-à-dire des droits dont jouissent les hommes dans l'état civil, nous aurons à considérer ce que c'est que l'état civil, quels sont les droits civils et combien il y en a d'espèces, quelles sont les personnes

qui en jouissent, comment on peut les acquérir
ou les perdre.

201. Qu'est-ce que l'état civil?

L'homme est né pour la société; c'est une vérité démontrée par l'observation et par les faits.
En aucun tems, en aucun lieu, on n'a vu l'homme
vivre isolé et solitaire. L'histoire le présente partout
réuni en peuplades plus ou moins nombreuses.
Mais ces premières ébauches des sociétés, formées
par cet instinct naturel qui porte l'homme à se
rapprocher de son semblable, étaient d'abord fort
imparfaites. Aucune convention n'avait réglé les
conditions de l'association, ni les droits respectifs des associés. Ces conditions et ces droits n'a-
vaient d'autres règles que celles de la loi naturelle,
toujours contestées, toujours insuffisantes, lorsqu'il n'existe pas de supérieur commun qui puisse
les appliquer et contraindre à les suivre. Dans cet
état d'indépendance, chaque individu était chargé
du soin de sa propre défense. De là des combats
ou des guerres privées d'individu à individu, de
famille à famille.

Pour contraindre les hommes à être justes et à
observer entre eux la loi naturelle, il fallait réunir
toutes les forces particulières sous une direction
commune, et créer ainsi une autorité ou une puissance publique, capable de réprimer et de punir
les injustices particulières; il fallait donner une
nouvelle sanction aux lois naturelles, en développer les conséquences, les fixer par des lois positives, y ajouter ce qu'exigent le bien de la so-

ciété et les droits respectifs des membres qui la composent ; régler sur-tout par qui et comment la puissance publique doit être exercée et dirigée.

C'est cette réunion des forces particulières sous une direction commune, cet établissement d'une puissance publique pour faire exécuter les lois, qui constituent et qui caractérisent *l'état civil*, dont la première loi est que nul associé ne se fera justice par lui-même, mais qu'il la demandera aux dépositaires de la puissance publique, ou des forces réunies pour la sûreté de tous, dans les cas où il lui sera possible d'y recourir.

De là cette maxime que tous les citoyens sont sous la sauve-garde de la loi.

202. Les hommes ainsi réunis forment un peuple, une nation, une cité, un état ; dénominations qui ne sont pas parfaitement synonymes ; mais les nuances délicates qui en varient la signification, sont comme nulles par rapport à l'objet qui nous occupe (1).

---

(1) La *cité* forme un corps moral ou politique, composé d'autant de personnes privées qu'il existe d'individus réunis en société.

La personne publique qui se forme ainsi par l'union de toutes les autres, s'appelle *cité*, *république* ou *corps politique*.

Le corps politique est appelé par ses membres *état*, quand il est passif ; *souverain*, quand il est actif ; *puissance*, en le comparant à ses semblables.

Quant aux associés, ils prennent collectivement le nom de *peuple* ou de *nation*, et s'appellent en particulier *citoyens*, comme participant aux droits politiques, et *sujets*, comme soumis aux lois de l'État.

Ce qu'il importe d'observer ici, c'est que l'état civil, le droit civil, tirent leur nom de la *cité*, qui ne signifie pas une ville, mais une portion du genre humain gouvernée par les mêmes chefs. C'est ce que les Romains appelaient *civitas* et les Grecs *polis;* d'où vient le mot *politeia, civitatis seu reipublicæ status et administratio.*

Ainsi, dans l'origine et dans son sens propre et primitif, le droit civil et le droit politique ont une même signification. C'est l'ensemble, la collection des lois qui concernent la cité ou les citoyens.

Dans la suite on a distingué, et l'on a appelé *droit politique* ou *droit public,* celui qui concerne l'établissement ou la constitution de la cité, son gouvernement intérieur et ses relations avec les autres cités ou états.

Et *droit civil* celui qui règle les droits et les devoirs des citoyens entre eux, considérés comme personnes privées, et abstraction faite des rapports de ceux qui gouvernent avec ceux qui sont gouvernés.

On appelait autrefois, dans un sens particulier, le droit romain *droit civil,* par opposition au droit coutumier.

203. Comment les hommes, réunis d'abord par instinct en sociétés imparfaites, où il n'existait pas de puissance publique régulièrement organisée, sont-ils parvenus à l'état civil et au degré de civilisation où nous les voyons aujourd'hui? Comment ce grand changement s'est-il opéré?

Je l'ignore. On a fait, pour résoudre ce problème, beaucoup de conjectures plus ou moins ingénieuses, mais toutes plus ou moins éloignées de la vérité.

Le fait est que ce changement existe ; que les hommes sont parvenus à l'état civil par une suite nécessaire de cette perfectibilité (1) qui caractérise leur espèce, et qui les porte insensiblement à perfectionner toutes les sciences, tous les arts, toutes les institutions. On peut, à l'aide de l'histoire, suivre les progrès de la civilisation, marquer les pas qu'elle a faits, sans pouvoir remonter à son origine, ni voir comment elle a commencé : heureusement il nous importe peu de le savoir.

Des écrivains célèbres ont recherché quelles doivent avoir été les conditions, les clauses de ce qu'ils appellent le contrat social, c'est-à-dire le contrat primitif par lequel les hommes se sont unis en confédération. C'est de ce contrat qu'ils font dériver tous les devoirs de l'homme en société.

La vérité est qu'il n'a jamais existé entre les hommes de contrat antérieur à la réunion des sociétés. Les coutumes, les chartes, les constitutions, qui contiennent ou qui règlent les conditions de cette réunion, et qui fixent les droits et les devoirs des magistrats et des sujets, sont toutes postérieures à l'établissement des sociétés civiles.

---

(1) *Voy.* l'Essai sur la société civile, de Fergusson.

Le contrat social primitif est donc une pure fiction (1) dans la théorie, semblable aux fictions inventées par les jurisconsultes dans le droit civil, pour faire dériver d'une convention des obligations qui viennent réellement d'une autre source.

Tels sont les quasi-contrats ; telles sont encore les obligations du tuteur envers son pupille, que les jurisconsultes romains attribuent à un contrat, quoiqu'elles viennent manifestement de la loi.

On a dit que si, dans le fait, la réunion des forces particulières sous une direction commune, ou l'institution de l'état civil, n'a pas commencé par un contrat, elle doit s'y résoudre en dernière analyse, et que c'est toujours un contrat interprétatif qui en forme le lien.

Mais de pareilles fictions sont inutiles pour expliquer le droit naturel, qui ne reconnaît que des droits et des obligations fondés sur la raison, et qui ne reçoivent aucune force d'une convention purement fictive, puisque les conventions réelles elles-mêmes tirent leur force obligatoire de la loi. Il suffisait donc d'appliquer les lois naturelles aux sociétés et aux devoirs des différens membres des sociétés, sans recourir à une fiction inutile.

204. En France, nous sommes assez heureux pour n'être point obligés de recourir à la fiction d'un contrat primitif imaginaire, ni même à l'in-

---

(1) Fergusson, Morale philosophique, part. 5, chap. 10, sect. 3.

terprétation, toujours controversée, des lois naturelles. Nos droits politiques sont réglés par un
pacte social, rédigé par écrit : c'est la Charte
constitutionnelle, donnée par Louis XVIII, en
1814, dont l'observation a été solennellement pro-
promise et jurée par tous les membres de la famille
royale.

Nos droits sont réglés par des lois fixes, adoptées par les deux Chambres du Corps législatif,
sur les différentes matières d'ordre public ou particulier.

Telles sont les sources où nous puiserons pour
expliquer quels sont les droits civils des Français.

205. Les droits dont jouit l'homme en société
sont de deux espèces; les uns lui sont donnés par
la nature : il en jouissait avant d'entrer dans l'état
civil. Ces droits, lorsque le bien de la société
l'exige, et autant seulement qu'il l'exige, peuvent
être modifiés par les lois civiles, qui en garantis-
sent à chaque associé une jouissance plus assurée,
au moyen de la nouvelle sanction qu'elles leur
donnent ; mais ils ne peuvent être abolis par aucune institution légitime. Le but de toute association est nécessairement le bien-être des associés,
et la conservation des droits naturels et imprescriptibles de l'homme.

Les autres droits de l'homme en société, viennent des lois civiles ou du droit particulier à chaque nation. Ils varient suivant les constitutions et
les lois de chaque peuple.

206. On pourrait donc, en traitant des droits de

l'homme en société, les diviser à raison de leur origine en droits naturels et en droits civils.

Mais comme tous les droits que l'homme tient de la nature ont reçu du droit civil des modifications et une nouvelle forme, il est plus convenable de les diviser à raison de leur objet, et de suivre la division indiquée par le Code, en droits civils et en droits politiques.

Les droits politiques consistent dans la faculté de participer plus ou moins immédiatement, soit à l'exercice, soit à l'établissement de la puissance et des fonctions publiques.

Ces droits politiques sont fixés par les lois; ceux du simple citoyen sont aujourd'hui bornés au droit de suffrage, qu'il exerce dans les assemblées électorales, et dans la capacité d'être admis ou élu sans distinction de naissance, à toutes les places ou à toutes les fonctions publiques.

Les droits politiques des différentes personnes publiques, depuis le simple citoyen jusqu'au Roi, qui est la première personne et le magistrat suprême de l'État, doivent être le sujet d'un ouvrage particulier.

Les droits civils sont ceux qui n'ont pas de rapport à l'exercice ou à l'établissement de la puissance ou des fonctions publiques.

207. Ils sont absolus ou relatifs.

Les droits absolus sont ceux qui appartiennent à chaque homme en particulier, considéré comme individu, indépendamment des relations qu'il peut avoir avec les autres hommes, ou avec les autres membres de la société. La liberté, par exemple, est un droit absolu.

Les droits relatifs sont ceux qui dérivent des relations que les hommes ou les membres d'une même société ont entre eux. Le droit de puissance paternelle, le droit de succéder, etc., sont des droits relatifs.

Ces droits sont en très-grand nombre, et leur explication forme la partie la plus étendue de la jurisprudence.

208. **Par les droits absolus de l'homme, j'en**tends ici ceux qui sont tels dans le sens primitif et le plus étroit, ceux qu'il tient de la nature, ceux dont il jouissait dans son état d'indépendance naturelle, et dont il doit continuer de jouir dans l'état civil, sans qu'on puisse les lui ravir; car, le but de toute association civile doit être de maintenir tous les associés dans les droits absolus qu'ils tiennent des lois immuables de la nature.

Les lois humaines sont donc, à cet égard, purement déclaratoires. Elles peuvent expliquer, développer les droits absolus de l'homme, mais non pas les créer ni les détruire. Elles ne doivent que maintenir et protéger ces droits, qui en eux-mêmes sont simples et en petit nombre, mais qui, prenant un caractère relatif dans l'état civil, deviennent aussi plus compliqués par les modifications qu'ils y subissent. Voyons donc jusqu'où doit s'étendre le pouvoir des lois à l'égard des roits absolus de l'homme, et comment les lois rançaises ont pourvu à leur conservation.

On comprend ordinairement sous le nom géréral de liberté naturelle, tous les droits absolus e l'homme considéré comme un être intelligent t libre. Cette liberté consiste dans la faculté de aire tout ce qu'il juge à propos, sans aucunes res-rictions autres que celles qui résultent du droit aturel. Cette liberté illimitée qu'il acquiert en aissant, est inhérente à la nature de l'homme : 'est un don du créateur.

Mais en entrant dans l'état civil, l'homme bandonne et perd une partie de sa liberté natu-relle, en échange des avantages qu'il reçoit de la ociété; et en considération de ces avantages, il st obligé d'obéir aux lois que le plus grand nom-bre des associés juge à propos d'établir. Cette es-pèce de contrainte à laquelle il se soumet, lui de-vient infiniment plus utile que la liberté farouche et sauvage dont il perd une partie. Tout homme qui réfléchit, ne peut désirer de conserver la li-berté illimitée de faire tout ce qu'il lui plaît; au-trement, il en résulterait que tous les autres mem-bres de la société auraient aussi la même faculté, et alors, ni la vie, ni la jouissance des droits d'au-cun d'eux, ne seraient en sûreté.

La liberté civile ou politique, dont jouit l'homme dans l'état civil, n'est donc pas autre chose que la liberté naturelle, restreinte ou limitée par la loi humaine, autant qu'il est nécessaire ou utile pour l'avantage de la société.

Ainsi, toute loi qui nous empêche de nuire à nos concitoyens, accroît et assure la liberté civile, quoiqu'elle diminue la liberté naturelle.

Au contraire, toute loi qui enchaîne inutilement notre volonté ou nos actions sur des choses absolument indifférentes (1), est contraire à la liberté, à moins que l'observation de cette loi, qui nous contrarie sur des points indifférens en apparence, ne tourne, en effet, à l'avantage de la société ; car alors, en gênant notre liberté particulière sur des points peu importans, elle maintiendrait la liberté générale en un point beaucoup plus important, en contribuant à maintenir la splendeur de l'État, et à conserver la société, qui seule peut assurer notre indépendance.

Ainsi les lois, quand elles sont prudemment établies, loin de détruire la liberté civile, en deviennent le plus ferme soutien.

Les droits absolus dont jouissent les hommes dans l'état civil, ne sont donc que le résidu de la liberté naturelle dont les lois ne peuvent exiger le sacrifice, même pour le bien public, parce que le but de toute association ne doit être que la conservation de ces droits naturels et imprescriptibles dont la société doit garantir la jouissance à tous les associés.

---

(1) La loi n'a le droit de défendre que les actions nuisibles à la société. Art. 5 de la déclaration des droits, de 1791.

Après ces vues générales sur les droits absolus que l'homme tient de la nature, examinons chacun de ces droits en particulier.

209. Ils peuvent se réduire à trois points principaux : *sûreté, liberté, propriété.*

210. Le droit de sûreté personnelle de l'homme, est l'objet principal des lois. Il consiste dans la jouissance de sa vie, de son corps, de ses membres et de son honneur, ou de sa réputation.

La vie est un bien que l'homme tient de la nature ; la société s'occupe de lui en garantir la jouissance et la conservation, avant même qu'il ait vu le jour, et dès l'instant qu'il existe dans le ventre de sa mère. La loi ne punit pas seulement l'homicide ou le meurtre d'un homme né ; elle punit de la reclusion, et, en certains cas, de la peine des travaux forcés, quiconque est convaincu d'avoir, par alimens, breuvages, médicamens, violences, ou par tout autre moyen, procuré l'avortement d'une femme, soit qu'elle y ait ou non consenti.

La mère, quelques droits qu'elle semble avoir sur le fœtus, qui n'est encore qu'une partie d'elle-même, est punie de la même peine si elle ose attenter à la vie de son enfant avant qu'il soit né (1).

Un enfant dans le ventre de sa mère est ré-

_____

(1) Code pénal, art. 317.

puté né, lorsque l'intérêt de sa vie et de sa conservation le demande (1).

Si une femme criminelle est enceinte, elle ne doit pas être mise en jugement. Si elle y avait été mise et condamnée, l'exécution du jugement serait suspendue et renvoyée après ses couches.

La loi punit de mort tout homicide commis avec préméditation.

Les homicides commis sans préméditation sont punis de peines plus ou moins grièves, suivant les circonstances du fait.

Ainsi, la loi se charge de venger toutes les atteintes faites à la vie des hommes, et elle punit jusqu'aux tentatives d'homicide, lorsqu'elles ont été suivies d'un commencement d'exécution.

Elle porte plus loin la prévoyance : lorsqu'un homme se trouve en danger de sa vie par le fait d'un autre, sans pouvoir appeler à son secours les forces de la société, il reprend tous les droits que lui donne la loi naturelle, qui lui prescrit la défense de soi-même; et la loi civile l'autorise même à tuer l'agresseur, s'il ne peut autrement s'en défendre.

Mais il doit attendre sa vengeance des lois, lorsqu'il peut en implorer le secours.

Ce n'est pas seulement pour sa propre défense, mais encore pour celle d'autrui, qu'il est permis de repousser la violence par la force, et même

(1) D'Aguesseau, tom. V, pag. 445.

de tuer l'agresseur, sans être coupable aux yeux de la loi. En cas d'homicide légitime, il n'existe point de crime, et l'homicide est commis légitimement, lorsqu'il est indispensablement commandé par la nécessité actuelle de la défense de soi-même ou d'autrui (1).

Outre les dispositions pénales qui ont pour objet de réprimer les attentats contre la vie des citoyens, la loi emploie d'autres moyens pour en garantir la conservation à ceux qui sont hors d'état d'y pourvoir eux-mêmes.

La société a établi des hôpitaux pour les malades, pour les enfans, les vieillards et les indigens hors d'état de gagner leur vie par le travail. On s'est souvent occupé et l'on s'occupe encore de pourvoir à la subsistance de tous les pauvres, afin de supprimer la mendicité; en attendant, elle est tolérée à l'égard des individus qui sont hors d'état de travailler.

C'est encore pour maintenir la sûreté personnelle, que sont établis des gardes qui veillent à notre conservation, même à notre insu; qui, pendant la nuit, parcourent les rues des grandes villes, qui recherchent les malfaiteurs dans les campagnes, sur les chemins publics, dans leurs retraites les plus secrètes; institution admirable, dont on peut abuser, mais qui n'en est pas moins nécessaire, et sans laquelle personne ne pourrait voyager avec sûreté.

---

(1) Code pénal, art. 328 et 329.

Enfin, c'est pour assurer la vie des hommes, que le Gouvernement, dans les tems de disette, s'occupe de procurer des subsistances au peuple.

La loi ne veille pas seulement à la conservation de la vie de l'homme, elle veille également à la conservation des membres que la nature lui a donnés, et sans lesquels il serait hors d'état de pourvoir à sa subsistance et de jouir des agrémens de la vie.

Toute mutilation commise dans la personne ou dans les membres d'un homme, et même les violences ou les blessures qui tendent à le priver de l'usage de ses membres, sont punies de peines afflictives et infamantes, graduées sur la grièveté des faits, si elles sont commises avec préméditation (1). Si elles sont commises sans préméditation, elles sont punies de peines plus ou moins grièves; et les dangers où se trouverait un homme de recevoir des blessures ou d'éprouver des violences sur son corps ou sur ses membres, quand même sa vie ne serait pas précisément en péril, suffiraient pour le faire rentrer dans tous les droits de la défense naturelle, et pour l'autoriser même à tuer son agresseur, s'il ne peut autrement s'en défendre ; parce qu'alors l'homicide est légitime et commandé par la nécessité actuelle de la défense de soi-même.

Mais il faut bien remarquer qu'il n'est permis d'en venir à cette fatale extrémité, que dans le

_____

(1) Code pénal, art. 309 et suiv.

cas d'une nécessité absolue, et quand on ne peut autrement se soustraire au péril : *Si aliter periculum effugere non potest. Inst. de leg. Aquil.,* § 2, et *ibi Vinnius* (1).

La loi civile garantit aussi à chacun des membres de la société, la jouissance intacte de son honneur et de sa réputation.

La confiance est le lien qui unit les hommes : elle naît de l'estime réciproque. L'amour de l'estime publique fit naître, dans le sein de la société, l'honneur, ce sentiment vif et délicat qui prend sa source dans la nature, puisque l'homme désire naturellement l'estime des hommes avec lesquels il est en relation. L'honneur est devenu un bien plus précieux que la vie; c'est pour l'homme civilisé la plus chère de toutes les possessions. Les atteintes portées à l'honneur sont plus funestes que celles qui ont la fortune ou la vie pour objet. Les hommes honnêtes aimeraient mieux mourir que de vivre déshonorés.

La loi venge les atteintes portées à l'honneur du citoyen. Elle accorde, pour les réprimer, des actions de différentes espèces, dont le détail sort de notre sujet : il suffit ici de les indiquer.

211. Après la sûreté personnelle, le plus im-

---

(1) *Qui cùm aliter se tueri non possunt damni culpam dederint, innoxii sunt. Vim enim vi defendere omnes leges, omnia jura permittunt.......... et hoc si tuendi duntaxat, non ulciscendi eausâ factum sit. Loi* 45, § 4, *ff ad leg. Aquil.; lois* 4 *et* 5, *ibid. Jam hoc evenit ut quod quisque ob tutelam corporis sui fecerit, jure fecisse videtur. Loi* 3, *ff de just. et jur.,*

portant des droits de l'homme, dans l'état civil, celui à la conservation duquel la loi veille et doit veiller avec le plus de soin, c'est la liberté individuelle.

La liberté, telle qu'en jouissent les citoyens français, consiste en trois points principaux:

Liberté de la personne et des actions;

Liberté de la pensée;

Liberté de conscience et du culte.

212. La liberté de la personne et des actions, consiste dans la faculté de faire tout ce qui ne nuit pas à autrui, tout ce qui n'est pas défendu par les lois, sans pouvoir en être empêché, sans pouvoir être détenu arbitrairement, arrêté ni emprisonné que dans les cas déterminés par la loi, et selon les formes qu'elle a prescrites (1).

Une conséquence nécessaire de la liberté, est que tout Français peut demeurer en France aussi long-tems qu'il le voudra, en quelque lieu qu'il lui plaira, sans pouvoir être arbitrairement forcé d'en sortir, ni relégué dans un lieu particulier en forme d'exil, si ce n'est en vertu d'une loi ou d'un jugement.

Il est de la plus grande importance pour le public, que la liberté personnelle soit religieusement respectée. Si le premier magistrat, si le chef de la Nation avait la faculté de faire emprisonner tous ceux que ses ministres ou leurs subalternes

(1) Art. 4 de la Charte; art. 4 et 5 de la Déclaration des droits, en tête de la Constitution de 1791.

jugeraient à propos, tous les autres droits des citoyens seraient bientôt anéantis; leur vie même ne serait plus en sûreté : c'est pour cela qu'on a prétendu, peut-être avec raison, que les attentats contre la vie et la propriété du citoyen, formés par la volonté arbitraire du premier magistrat ou de ses ministres, étaient pour la société d'une conséquence moins dangereuse que les attentats contre la liberté personnelle. Priver un homme de la vie par violence, sans accusation préalable, et sans forme de procès, confisquer ses biens et s'en emparer contre les dispositions de la loi qui les protège, seraient des actes de tyrannie si manifestes et si évidens, qu'ils jetteraient l'alarme dans tous les esprits et les prépareraient à la résistance.

Mais arrêter secrètement une personne, la conduire, la confiner dans une prison obscure et impénétrable, l'y laisser ignorée de sa famille et de ses amis, souvent même oubliée de ceux qui avaient ordonné sa détention, c'est un acte qui, étant plus caché, fait aussi moins de sensation, et devient par cela même plus dangereux pour la liberté publique (1).

213. Les emprisonnemens arbitraires sont une violation manifeste du droit naturel; et les plus anciens monumens de la législation française at-

(1) En 1810, le censeur du Gouvernement impérial, chargé d'examiner cet ouvrage, retrancha du manuscrit ces deux alinéa, et bien d'autres que je ne crains pas de rétablir sous le Gouvernement juste et éclairé de Louis XVIII.

testent (1) qu'ils étaient défendus par l'ancienne constitution de la monarchie.

Mais il faut convenir que, sur ce point, comme sur beaucoup d'autres, les Français n'avaient pas su conserver leurs droits anciens et naturels. Les emprisonnemens arbitraires étaient devenus, sous les derniers règnes, et spécialement sous celui de Louis xv, d'une fréquence tellement scandaleuse et tellement révoltante, qu'on a prétendu que sous le ministère du cardinal Fleury, et à l'occasion de la fameuse bulle *Unigenitus*, il avait été donné cinquante-quatre mille lettres de cachet. C'est ainsi qu'on nommait les ordres donnés au nom du Roi, par un de ses ministres pour arrêter un citoyen.

Munis de cet ordre, des agens du Gouvernement enlevaient un citoyen de sa maison, souvent au milieu de la nuit, pour le conduire dans un château, ou autre maison de force, quelquefois à l'autre bout du royaume. Là, il n'était ordinairement permis ni de le voir, ni de lui écrire; il n'était pas rare que l'on ignorât ce qu'il était devenu, jusqu'à ce qu'il plût au ministre despote qui l'avait fait arrêter de le rendre à la liberté.

Vainement les Parlemens et les autres Cours souveraines élevaient une voix courageuse contre

---

(1) *Voy.* les **Maximes** du droit public français, tom. 1, pag. 161 et suiv., édition in-4°.

cet intolérable abus; la cour ne répondait qu'en lançant de nouvelles lettres de cachet, ou par cette maxime, qu'il ne faut pas soumettre à l'inspection des tribunaux le secret de l'administration et l'exécution des ordres du Roi : d'où l'on concluait qu'il n'existe aucun recours contre les ordres donnés par ses ministres.

Ecoutons comment le vertueux Lamoignon de Malesherbes répondait à ces principes tyranniques, dans les remontrances qu'il fit au roi Louis xv, le 14 août 1770, au nom de la Cour des Aides, dont il était alors président. Il est impossible de peindre avec plus d'énergie à quel point en était venu l'abus des lettres de cachet :

«Si ceux qui surprennent des ordres de V. M.
» pouvaient échapper à l'action légitime des op-
» primés, par de semblables subterfuges, sous
» quelle loi vivrions-nous, aujourd'hui que ces
» ordres sont si prodigieusement multipliés, et
» s'accordent pour tant de causes différentes,
» pour tant de considérations personnelles?

» On les réservait autrefois pour les affaires
» d'état; on les a donnés ensuite dans quelques
» circonstances qui ont paru intéressantes; comme
» celles où le souverain est touché des larmes
» d'une famille qui craint le déshonneur.

» Aujourd'hui, on les croit nécessaires toutes
» les fois qu'un homme du peuple a manqué au
» respect dû à une personne considérable, comme

» si les gens puissans n'avaient pas déjà assez
» d'avantages.

» C'est aussi la punition ordinaire des discours
» indiscrets, dont on n'a jamais de preuves que
» la délation; preuve toujours incertaine, puis-
» qu'un délateur est toujours un témoin suspect.

» Sans discuter tous les différens motifs, il est
» notoire qu'on fait intervenir des ordres supé-
» rieurs dans toutes les affaires qui intéressent les
» particuliers un peu connus, sans qu'elles aient
» aucun rapport ni à V. M. personnellement, ni
» à l'ordre public; et cet usage est si générale-
» ment établi, que tout homme qui jouit de quel-
» que considération croirait au-dessous de lui de
» demander la réparation d'une injure à la jus-
» tice ordinaire.

» Les ordres signés de V. M. sont souvent rem-
» plis de noms obscurs, qu'elle n'a jamais pu con-
» naître; ces ordres sont à la disposition de vos
» ministres et nécessairement de leurs commis,
» vu le grand nombre qui s'en expédie.

» On les confie aux administrateurs de la ca-
» pitale et des provinces, qui ne peuvent les dis-
» tribuer que sur le rapport de leurs subdélégués
» ou autres subalternes.

» On les remet sans doute en bien d'autres
» mains, puisque nous venons de voir qu'on les
» prodigue sur la demande d'un simple fermier-
» général; nous pouvons même dire sur celle des
» employés de la ferme; car il n'y a que des com-

» mis subalternes qui puissent connaître un pré-
» venu de fraude et l'indiquer.

» Il en résulte, Sire, qu'aucun citoyen, dans
» votre royaume, n'est assuré de ne pas voir sa
» liberté sacrifiée à une vengeance; car personne
» n'est assez grand pour être à l'abri de la haine
» d'un ministre, ni assez petit pour n'être pas
» digne de celle d'un commis des fermes. »

D'après ce tableau vrai et énergique, on peut
juger combien la liberté personnelle des citoyens
était peu respectée en France.

214. Ce n'est qu'à la révolution que les Français doivent l'inestimable bienfait de voir leur liberté personnelle consacrée et garantie par des
lois fixes.

L'Assemblée constituante proclama, comme
l'un des droits naturels et imprescriptibles de
l'homme, que nul ne peut être accusé, arrêté
ni détenu, que dans les cas déterminés par la
loi, et selon les formes qu'elle a prescrites.

Elle ajouta que ceux qui sollicitent, expédient,
exécutent ou font exécuter des ordres arbitraires,
doivent être punis. Elle mit au nombre des droits
civils garantis à tous les Français, la liberté d'aller, de rester, de partir, sans pouvoir être arrêtés
que selon les formes déterminées par la loi.

L'art. 581 du Code des délits et des peines,
du 3 brumaire an IV, porte que « tout homme,
» quelle que soit sa place ou son emploi, autre
» que ceux à qui la loi donne le droit d'arresta-
» tion, qui donne, signe, exécute ou fait exécuter

» l'ordre d'arrêter un individu, ou qui l'arrête
» effectivement, si ce n'est pour le remettre sur-
» le-champ à la police, dans les cas déterminés
» par la loi, est poursuivi criminellement et puni
» comme coupable de détention arbitraire. »

Il faut voir l'art. 582 et les suivans, où sont développées les précautions prises contre les détentions arbitraires.

Ces principes, qui avaient passé de la Constitution de l'an III dans le Code des délits et des peines, ont été consacrés par la Constitution de l'an VIII. L'art. 72 porte que les ministres sont responsables, 1°. de tout acte du Gouvernement signé par eux et déclaré inconstitutionnel par le Sénat; 2°. de l'inexécution des lois et des réglemens d'administration publique; 3°. *des ordres particuliers qu'ils ont donnés, si ces ordres sont contraires à la Constitution, aux lois et aux réglemens.*

L'art. 76 veut que la maison de toute personne habitant le territoire français, soit un asile inviolable (1).

Pendant la nuit, nul n'a le droit d'y entrer que dans le cas d'incendie, d'inondation ou de réclamation faite de l'intérieur de la maison. Pendant le jour, on peut y entrer pour un objet spécial déterminé, ou en vertu d'une loi, ou d'un ordre émané d'une autorité publique.

(1) *Voy.* le décret impérial du 4 août 1806, relatif au tems de nuit pendant lequel la gendarmerie ne peut entrer dans les maisons des citoyens.

Les articles suivans déterminent les conditions requises pour qu'une arrestation soit légale, et ordonnent que la personne détenue soit toujours représentée à ses parens et amis par le geolier.

L'art. 81 répète les défenses prononcées par les lois précédentes contre les arrestations illégales, et porte que « tous ceux qui, n'ayant point reçu
» de la loi le pouvoir de faire arrêter, donneront,
» signeront, exécuteront l'arrestation d'une per-
» sonne quelconque; tous ceux qui, même dans
» le cas de l'arrestation autorisée par la loi, rece-
» vront ou retiendront la personne arrêtée dans
» un lieu de détention, non publiquement et lé-
» galement désigné comme tel, et tous les gardiens
» ou geoliers qui contreviendront aux dispositions
» des trois articles précédens, seront coupables
» du crime de détention arbitraire ».

Enfin, le Code pénal du 12 février 1810, article 114 et suiv., établit des peines très-sévères contre les atteintes portées à la liberté individuelle.

Telles sont les précautions prises par la Constitution de l'an VIII, pour assurer la liberté des personnes.

215. Beaucoup moins favorable à la liberté individuelle que cette Charte précieuse que nous devons à notre monarque légitime, la Constitution de l'an VIII, art. 46 (1), autorisait le Gou-

---

(1) Cet article est tacitement, mais évidemment abrogé par la loi du 12 février 1817, dont nous parlerons bientôt.

vernement à décerner des mandats d'amener et
des mandats d'arrêt contre les personnes présumées auteurs ou complices de quelque conspiration contre l'État; mais si, dans un délai de
dix jours après leur arrestation, elles n'étaient pas
mises en liberté ou en justice réglée, il y avait de
la part du ministre signataire du mandat, crime
de détention arbitraire.

L'art. 60 du sénatus-consulte organique du 28
floréal an XII, qui établit le Gouvernement impérial, ordonnait au Sénat de choisir dans son
sein une commission de sept membres, pour
prendre connaissance, sur la communication qui
lui en était donnée par les ministres, des arrestations effectuées conformément à l'art. 46 de la
Constitution, lorsque les personnes arrêtées n'a-
vaient pas été traduites devant les tribunaux dans
les dix jours de leur arrestation.

Cette commission était appelée *commission sénatoriale de la liberté individuelle.*

Toutes les personnes arrêtées, et non mises en
jugement après les dix jours de leur arrestation,
pouvaient recourir directement par elles, leurs
parens ou leurs représentans, et par voie de pétition, à la commission sénatoriale de la liberté
individuelle. (Art. 61). Il faut voir, dans les articles suivans, la manière dont devait procéder
cette commission, qui jamais n'éleva de réclamations contre les nombreuses détentions ordonnées
par les ministres et autres agens de Bonaparte.

Enfin, toutes les dispositions protectrices de la

liberté furent encore renouvelées dans le Code d'instruction criminelle du mois de décembre 1808, art. 615 et suivans, et consacrées par le Code pénal du 22 février 1810, qui détermine les peines dont doivent être punis, suivant les différens cas, les attentats à la liberté. (Voyez art. 114 et suivans.)

216. Mais les lois protectrices de la liberté sont toujours illusoires quand le Gouvernement, quand les ministres et leurs agens subalternes, peuvent les éluder et les violer impunément. C'est ce que firent constamment le chef et les principaux agens du Gouvernement impérial. Les lois les plus libérales en apparence, ne servirent qu'à voiler jusqu'à un certain point leur despotisme et leur tyrannie. Ils ne manquaient jamais d'y insérer quelques dispositions qui leur ménageaient les moyens de les éluder (1). La Constitution même de l'an VIII favorisait ouvertement ces moyens; elle porte, article 75, « que les *agens du Gouvernement* ne peuvent être poursuivis pour des faits relatifs à leurs fonctions, qu'en vertu d'une décision du Conseil d'état » (2).

Or, sous le nom d'*agens* du Gouvernement, on comprenait depuis les premiers fonctionnaires pu-

---

(1) Par exemple, la formation de la liste des jurés, attribuée aux préfets par l'art. 387 du Code d'instruction criminelle. On s'est beaucoup plaint de cette disposition ; le Gouvernement songeait à la réformer, disait-on il y a quelques années. Faut-il renoncer à cet espoir ?

(2) Le vertueux Mounier m'a souvent dit que cet article était un brevet d'impunité envers des fonctionnaires scélérats, mais en crédit.

blics jusqu'au plus vil agent de la police, jusqu'au
dernier commis des droits réunis; et le Conseil
d'état donnait si rarement l'autorisation nécessaire (1), on étendait si loin ce qu'on appelait les
faits relatifs aux fonctions des agens du Gouvernement, que la demande d'autorisation nécessaire
pour les poursuivre, ne faisait ordinairement qu'at-
tirer de nouveaux désagrémens à ceux qui avaient
le courage et les moyens de la former.

Les troubles de la Vendée et des départemens
de l'ouest, l'art des conspirations factices dont on
a si cruellement abusé, fournirent de nouveaux
prétextes aux attentats contre la liberté individuelle, scandaleusement violée par l'empereur et
ses ministres, sans que personne osât se plaindre,
pas même la dérisoire *commission de la liberté individuelle* L'empereur faisait élever partout de
nouvelles bastilles (2), pour inspirer plus de ter-
reur.

217. Enfin, déposant le masque, et dédaignant
de consulter ni le Sénat ni le Corps législatif, qui
cependant avaient, dans tous les tems et en toutes
choses, servilement obéi à ses moindres volontés,
de sa pleine puissance et autorité impériale, Bonaparte autorisa son conseil privé, par son fameux décret du 3 mars 1810, *concernant les pri-*

---

(1) A moins qu'il ne s'agît de servir les vues de l'empereur; par
exemple, de punir un maire trop indulgent envers les conscrits. (*Voy.*
le décret du 9 frimaire an XIII).

(2) Par exemple à Pontivy, qui avait pris le nom de Napoléonville.

sons d'état, à détenir les citoyens dans ces prisons, sans mandat préalable, sans forme de procès. Jamais les rois de France n'avaient eu l'impudeur d'autoriser les lettres de cachet par des ordonnances.

218. Après l'heureuse restauration de la monarchie légitime, Louis XVIII rétablit les Français dans le droit naturel de liberté individuelle dont jamais il n'avaient joui sous Bonaparte. Les emprisonnemens arbitraires furent proscrits par cette Charte immortelle qui fait bénir le règne de notre sage monarque, et qui rendra sa mémoire chère à nos arrière-neveux. L'art. 4 veut que personne ne puisse être poursuivi ni arrêté que dans les cas prévus par la loi, et dans la forme qu'elle prescrit.

219. À son fatal retour de l'île d'Elbe, et dans l'espoir de reconquérir quelque popularité, Bonaparte fit rédiger, le 22 avril 1815, le fameux acte additionnel (1) aux constitutions de l'empire. Cet acte, qu'il se proposait de soumettre à l'acceptation du peuple français, condamnait par le fait et ses emprisonnemens arbitraires, et son tyrannique décret du 3 mars 1810. L'art. 61, où l'on avait copié presque mot pour mot l'art. 4 de la Charte, mit au nombre des droits du citoyen, que : « Nul ne peut être poursuivi, arrêté, détenu ni exilé, que dans les cas prévus » par la loi, et suivant les formes prescrites (2). »

---

(1) Il est imprimé dans *le Bulletin des lois*, pag. 151.
(2) Il ajouta, art. 64, que « tout citoyen a le droit d'imprimer ; de

220. Sa chûte définitive suivit de près. Une commission provisoire saisit les rênes du Gouvernement, mais elle eut aussi le malheur de faire suspendre la liberté individuelle pendant deux mois, par la loi du 28 juin 1815, qu'elle n'eut pas le tems d'exécuter. Le jour même où cette loi fut rendue à Paris, le Roi était à Cambray, d'où il adressa à tous les Français une proclamation pour leur annoncer ses intentions libérales et paternelles.

221. Heureusement rétabli sur son trône pour le bonheur des Français, ils devaient vivre désormais sous l'égide protectrice de la Charte.

Mais, effrayés par les trahisons qu'avait fait éclater le malheureux retour de l'île d'Elbe, les ministres pensèrent qu'il était impossible de maintenir la tranquillité publique sans suspendre temporairement la liberté individuelle. Ils proposèrent et firent adopter par les Chambres la loi du 29 octobre 1815, relative à des mesures de sûreté générale. Elle permettait de détenir, sans le traduire en justice, tout individu arrêté comme prévenu de crimes et délits contre la personne du Roi, la famille royale ou la sûreté de l'État. Tout fonctionnaire à qui les lois confèrent le droit de décerner des mandats pouvait faire arrêter les citoyens.

» publier ses pensées, en les signant, sans aucune censure préalable,
» sauf la responsabilité légale, après la publication, par jugemens par
» jurés, quand même il n'y aurait lieu qu'à l'application d'une peine
» correctionnelle ».

222. Cette loi produisit les effets les plus déplorables, par la manière dont l'exécutèrent les agens subalternes du Gouvernement. L'infâme délation fut encouragée; le plus vil délateur était écouté, toutes les prisons devinrent des bastilles, et l'on vit des procureurs du Roi, fiers de leur pouvoir comme des pachas d'Asie, avoir constamment dans leur antichambre deux gendarmes de planton pour exécuter leurs arrestations arbitraires, sans compter les commissaires de police et les espions qui s'introduisaient partout.

D'un autre côté, les préfets s'arrogèrent le droit d'exiler arbitrairement les citoyens qui leur étaient suspects, et d'envoyer des vieillards d'une extrémité du royaume à l'autre. Il faut noter ces excès, non pour réveiller les haines, qu'il faut éteindre pour toujours, mais pour prévenir le retour de lois pareilles.

Celle du 29 octobre 1815 devait cesser de plein droit d'avoir son effet, si elle n'était pas renouvelée dans la session des Chambres, lors prochaine.

223. Avertis des désordres qu'elle avait occasionnés, les ministres reconnurent que quelques procureurs du Roi en avaient abusé. Cependant, après avoir proposé et fait adopter la loi sur les élections du 5 février 1817, comme un gage de leur attachement aux principes du Gouvernement représentatif, loi si favorablement accueillie par les vrais amis de la liberté, et si décriée par ses ennemis, les ministres, voyant que l'agitation

des esprits s'était prolongée, et que la fureur des partis n'était point appaisée, proposèrent et firent adopter la loi d'exception du 12 février 1817, *sur la liberté individuelle.*

Cette loi permettait encore d'arrêter et de détenir, mais seulement en vertu d'un ordre signé du président du conseil des ministres, tout individu prévenu de complots ou de machinations contre la personne du Roi, la sûreté de l'Etat, où les personnes de la famille royale.

224. L'exécution de cette loi, qui abrogeait celle du 29 octobre 1815, ne donna lieu à aucun abus. Son effet devait cesser de plein droit au 1er. janvier 1818 ; le renouvellement n'en a pas été demandé. C'est la dernière loi d'exception qui porte des restrictions à la liberté individuelle. Nous n'avons plus à craindre qu'on en propose, ni qu'on en fasse à l'avenir adopter de semblables. Nous vivrons désormais et nous vivrons toujours sous l'empire tutélaire de la Charte. Notre territoire est enfin libre : la liberté publique est assurée par la retraite des étrangers : « A la liberté publique se joint la liberté privée que la France n'a jamais goutée si entière, » comme Sa Majesté l'a observé avec beaucoup de vérité dans le discours qu'elle vient de prononcer à l'ouverture de la session ; le 10 décembre 1818.

225. Avant de terminer ce qui concerne la liberté individuelle, il nous reste à examiner une question du plus haut intérêt. Nous avons vu que l'art. 75 de la Constitution du 22 frimaire ou 3

nivôse an VIII, défendait de poursuivre les agens du Gouvernement, pour faits relatifs à leurs fonctions, sans la permission ou l'autorisation du Conseil d'état. Il est certain que, sous l'empire de cette disposition tyrannique, la liberté individuelle, la sûreté même des citoyens, n'étaient point suffisamment garanties, puisqu'elle enchaînait la faculté de poursuivre devant les tribunaux, qui en sont les gardiens naturels, les personnes dont les attentats contre ces droits sacrés sont le plus à redouter.

Cependant plusieurs tribunaux, plusieurs Cours semblent croire, dans la pratique, que l'autorisation du Conseil d'état est encore nécessaire pour traduire en justice les fonctionnaires prévaricateurs qui abusent de leur autorité par des attentats criminels à la sûreté ou à la liberté des citoyens. Le Conseil d'état lui-même favorise cette opinion, en accordant l'autorisation, quand elle est demandée; ce qui suppose la faculté de la refuser.

Nonobstant des autorités si respectables, nous osons penser, et notre devoir nous force de le dire, que cette opinion ne nous semble pas fondée. Pour la défendre, on oppose l'art. 68 de la Charte, qui porte « que les lois *actuellement existantes*, qui ne sont pas *contraires* à la présente Charte, restent en vigueur jusqu'à ce qu'il y soit légalement dérogé. »

Mais ce ne sont que les lois *actuellement existantes*, que les lois qui n'y sont pas *contraires*, que maintient l'art. 68 de la Charte. Or, aujourd'hui, peut-on soutenir avec bonne foi que la Constitution de l'an VIII soit une loi *actuellement existante;* qu'elle ne soit pas contraire à la Charte?

C'est la Charte, toute la Charte, rien que la Charte, qui est aujourd'hui notre seule *constitution;* les tribunaux, les Cours, les citoyens, n'en doivent pas reconnaître d'autre; la loi du 9 novembre 1815, art. 5, le leur défend sous peine de punition correctionnelle. Du moment où la Charte fut proclamée, la Constitution de l'an VIII fut, avec ses accessoires, légalement et irrévocablement abrogée, parce qu'elle est contraire à la Charte, parce qu'elle ne peut subsister avec la Charte. On ne peut donc plus l'invoquer aujourd'hui, pour donner aux prévaricateurs puissans ou protégés un *brevet d'impunité,* comme le disait énergiquement le vertueux Mounier, préfet d'Ille et Vilaine, et ensuite conseiller d'état.

Au soutien de l'opinion que nous combattons, on invoque encore la loi du 14 décembre 1789, relative à la constitution des municipalités. L'article 61 nous paraît le seul dans lequel on puisse trouver quelque sorte de rapport à la question qui nous occupe. Il porte : « Tout citoyen actif » pourra signer et présenter, contre les officiers » municipaux, la *dénonciation* des délits d'admi- » nistration dont il prétendra qu'ils se seraient » rendus coupables; mais avant de porter cette » *dénonciation* devant les tribunaux, il sera tenu » de la soumettre à l'administration ou au direc- » toire du département, qui, après avoir pris l'avis

» de l'administration de district ou de son direc-
» toire, renverra la dénonciation, s'il y a lieu,
» devant les juges qui en devront connaître. »

Remarquez que cet article ne s'applique qu'aux *délits d'administration,* délits que *tout* citoyen est autorisé à *dénoncer,* et non pas à poursuivre. Il n'y a que ceux qui sont lésés par ces délits et le ministère public qui soient autorisés à les poursuivre. Mais à qui le simple citoyen s'adressera-t-il pour dénoncer civiquement un délit d'administration? Qui pourra recevoir sa dénonciation? Les tribunaux? Non; car ils ne pourraient décider s'il y a ou non un *délit d'administration,* sans s'immiscer dans les opérations de l'administration, et sans s'en faire rendre compte, ce qui leur est sévèrement défendu. C'est donc à l'administration supérieure, c'est-à-dire à l'administration départementale, et aujourd'hui aux préfets qui la remplacent, que doit être faite la dénonciation d'un délit d'administration commis par des officiers municipaux; et si l'administration supérieure, qui seule peut en juger, trouve qu'il y a réellement un délit d'administration, elle renvoie les prévenus devant les tribunaux. Voilà ce qu'ordonne la loi du 14 décembre 1789.

Mais conclure de là qu'on ne peut, sans l'autorisation du Conseil d'état, poursuivre un fonctionnaire coupable, qui a attenté à la liberté individuelle ou à la sûreté d'un citoyen, qui a commis des violences sur sa personne, qui l'a maltraité, blessé, estropié, assassiné, c'est déraisonner si évidemment et si complètement, qu'on ne pourrait, sans manquer au respect qui lui est dû, prêter un pareil raisonnement au Conseil d'état.

On invoque enfin, pour soutenir la nécessité de l'autorisation du Conseil d'état, la loi du 24 août 1790, concernant l'organisation judiciaire, qui porte, art. 13, tit. 2 : « Les fonctions judi- » ciaires sont distinctes et demeurent toujours sé- » parées des fonctions administratives. Les juges » ne pourront, à peine de forfaiture, troubler, » de quelque manière que ce soit, les opérations » des corps administratifs, ni citer devant eux les » administrations *pour raison de leurs fonctions.* »

Cet article établit le principe dont nous avons déjà parlé, de la séparation du pouvoir judiciaire et du pouvoir administratif, et de leur indépendance mutuelle l'un de l'autre, dont la conséquence nécessaire est que les juges ne peuvent troubler les opérations de l'administration, ni citer les administrateurs devant eux *pour raison de leurs fonctions.*

Mais loin qu'on en puisse conclure qu'il faut une autorisation du Conseil d'état, pour poursuivre les délits commis par un administrateur contre la personne d'un citoyen, on peut et on doit, du texte de cette loi, tirer une conclusion toute contraire; car la défense de le citer *à raison* de ses fonctions, renferme implicitement la permission de le citer pour tout autre motif, à raison des délits qu'il commet, à raison de ses obligations personnelles, etc. La défense de le citer *à raison de ses fonctions*, est une exception à la règle générale, qui la confirme dans les cas non exceptés.

Il nous paraît donc certain qu'il n'existe aucune loi qui exige l'autorisation du Conseil d'état, pour poursuivre les délits commis par un fonctionnaire public contre la personne d'un citoyen.

Cependant dans une affaire récemment jugée par la Cour royale de Rennes, on crut devoir obtenir la permission du Conseil d'état, avant de poursuivre le maire de Bleruais, *prévenu d'arrestation arbitraire et de violences commises sur la personne* d'un habitant de sa commune. L'arrêt rendu par la Chambre correctionnelle, le 12 de ce présent mois de décembre 1818, condamne le maire à 500 fr. d'amende, et à 500 fr. de dommages et intérêts.

Nous avons souvent entendu désirer une loi qui abroge l'art. 75 de la Constitution de l'an VIII, et qui rende à tous les citoyens là libre faculté de poursuivre en justice réglée les atteintes portées à leur liberté ou à leur sûreté, même par les agens du Gouvernement. Nous croyons avoir prouvé qu'il n'est besoin ni de loi ni d'ordonnance, si les tribunaux, si les Cours, pénétrés de leur devoir, ont le courage de repousser, comme n'étant fondée sur aucune loi, l'exception de tout agent du Gouvernement qui voudrait opposer encore à son adversaire le défaut d'autorisation du Conseil d'état, et se faire, sous l'empire de la

Charte, une égide de la Constitution de l'an VIII. Qu'un magistrat subalterne et amovible, dont la langue est enchaînée et les discours dictés par la crainte de déplaire à l'autorité, se croie obligé de conclure à l'autorisation préalable du Conseil d'état, avant de poursuivre et de faire punir un fonctionnaire coupable d'excès envers un citoyen, on le conçoit : mais le juge intègre et courageux ne doit voir que la loi, n'écouter que la justice. L'arrêt qui repousserait l'exception de l'agent coupable et les conclusions du ministère public, loin d'avoir la censure à redouter, serait infailliblement maintenu par la Cour de cassation, attendu qu'au lieu de violer aucune loi existante, il serait conforme aux principes de la Charte, qui veut que tous les Français soient égaux devant la loi, quels que soient d'ailleurs leurs titres et leurs rangs.

Pour démontrer de plus en plus combien est contraire aux principes constitutionnels et aux dispositions de la Charte, la nécessité de l'autorisation du Conseil d'état, pour faire poursuivre un agent du Gouvernement prévenu d'avoir attenté à la sûreté ou à la liberté d'un citoyen, il suffit d'en examiner les suites et les conséquences. Le droit d'accorder l'autorisation de poursuivre, supposerait que le Conseil d'état a le droit de la refuser, et par conséquent de suspendre, d'anéantir l'action de la loi, et même de se rendre juge en premier et dernier ressort entre le plaignant et le prévenu.

Or, en donnant au Roi le droit de faire grâce,

la Charte ne lui a point donné le droit de sous-traire le criminel au jugement qu'il doit subir, ni d'évoquer l'affaire à son conseil; encore moins d'en-lever aux juges compétens la connaissance d'un délit, et d'empêcher la personne lésée d'en pour-suivre devant eux la réparation. C'est pourtant ce qui arriverait, si le Gouvernement pouvait em-pêcher, par un refus d'autorisation, de poursuivre ses agens coupables d'attentats à la sûreté ou à la liberté individuelle. En voici un exemple :

Le sieur Philippe Rey avait un compte à dis-cuter avec le sieur Larrieux; celui-ci s'étant plaint verbalement d'une extorsion de la part du sieur Rey, le sieur de Lolle, adjoint du maire de la commune de Saon, département de la Drôme, le fit arrêter, et conduire par deux gardes-cham-pêtres dans la tour dite de l'Horloge, à huit heu-res du matin, le 29 octobre 1815. Le sieur Rey y était resté jusqu'au 31, vers midi. Ces faits étaient constatés par une information juridique, ordon-née par le juge d'instruction du tribunal de Die.

Mais la continuation des poursuites fut défen-due, par une ordonnance royale du 18 avril 1816, qui porte : « Il n'y a lieu à autoriser la continua-» tion des poursuites contre le sieur de Lolle, » adjoint du maire de la commune de Saon, pré-» venu de détention arbitraire exercée sur la per-» sonne du sieur Philippe Rey, etc. » (1)

---

(1) Cette ordonnance est rapportée par Sirey, an 1818, suppl., pag. 70.

Les motifs du refus d'autorisation exprimés dans l'ordonnance, sont : qu'une lettre du ministre de l'intérieur annonçait qu'il avait été donné au sieur de Lolle, par le préfet, *une forte réprimande;*

Qu'il était constant, d'après la déposition de trois témoins, que peu d'heures après sa détention, il avait été libre au sieur Rey de sortir de la tour, dont les portes *paraissent,* après cette époque, être demeurées ouvertes par ordre du sieur de Lolle, et que le sieur Rey s'obstina à y rester jusqu'au lendemain ;

Que, d'après ces faits, le sieur de Lolle s'est empressé de reconnaître et de réparer son erreur, et que la *réprimande* qui a été donnée audit adjoint par le préfet, *a été une punition suffisante.*

Ainsi, le Gouvernement jugea en fait, 1°. sur une simple lettre ministérielle, que le sieur de Lolle avait reçu une *forte réprimande;*

2°. Aussi en fait, qu'il était *constant* que, peu d'heures après sa *détention ordonnée,* le sieur Rey avait été libre de sortir de la tour, parce qu'il *paraît* que les portes en étaient, après cette époque, demeurées ouvertes *par ordre* du sieur de Lolle (ordre qui n'avait point été notifié au sieur Rey);

3°. En droit, que la réprimande prétendue donnée à de Lolle, était une *punition suffisante.*

Le Conseil, érigé en commission extraordinaire, jugea donc qu'il n'y avait pas lieu à l'application de la peine prononcée par le Code pénal contre les arrestations et détentions arbitraires, crimes dont la connaissance ne peut appartenir qu'aux tribunaux ; il enleva à ces tribunaux la connaissance du crime dont se plaignait le sieur Rey ; il jugea qu'une simple réprimande était une punition suffisante pour un délit que la loi punit d'une peine infamante ; enfin, en interdisant la poursuite devant les tribunaux, il enleva au sieur Rey le droit de demander les dommages et intérêts qui lui étaient dus. Il ne condamna pas même le sieur de Lolle aux dépens. Nous ne porterons pas plus loin nos réflexions sur une décision si contraire aux principes les plus sacrés de la Charte constitutionnelle.

226. Le second point de la liberté française consiste dans la liberté de la pensée.

La libre communication des pensées et des opinions est un des droits les plus précieux de l'homme : tout citoyen peut parler, écrire, imprimer librement ce qu'il pense, sauf à répondre de cette liberté dans les cas déterminés par la loi. C'est un droit qu'il tient de la nature.

Avant la révolution, les Français avaient perdu le droit précieux de communiquer librement leurs pensées et leurs opinions par la voie de l'impression. Rien ne pouvait être imprimé en France, sans la permission ou l'autorisation d'un censeur royal, à qui l'auteur devait remettre son manuscrit pour l'examiner, et qui pouvait arbitrairement refuser la permission d'imprimer, ou ne l'accorder que sous la condition des corrections et retranchemens qu'il indiquait. Il était défendu

d'imprimer aucun livre sans privilége du Roi, à
peine de perdition de biens et de punition corpo-
relle (ordonnance de Moulins, art. 78), à peine
de confiscation de corps et de biens, suivant un
édit de janvier 1626, par lequel la peine d'être
pendu et étranglé fut prononcée contre les imprimeurs et libraires (1). La liberté de la presse était
considérée comme infiniment dangereuse pour
l'Etat, et sur-tout pour la religion.

227. Enfin, cette précieuse liberté fut rendue
aux vœux des Français par la première Assemblée constituante, qui déclara que la libre communication des pensées et des opinions était au
nombre des droits naturels et imprescriptibles de
l'homme, proclamés en tête de la Constitution
acceptée par le Roi, le 14 septembre 1791. (*Voy.*
art. 11).

Cette Constitution garantit à tous les Français,
comme disposition fondamentale, la liberté de
parler, d'écrire, d'imprimer et publier ses pensées, sans que les écrits puissent être soumis à
aucune censure ni inspection avant leur publication. (*Voy.* le tit. 1.)

Ces principes furent développés dans l'art. 17
du tit. 4, qui porte : « Nul homme ne peut être
» recherché ni poursuivi pour raison des écrits
» qu'il aura fait imprimer ou publier sur quel-

---

(1) *Voy.* le recueil imprimé à Paris, en 1752, sous le titre de Code
pénal.

» que matière que ce soit, si ce n'est qu'il ait pro-
» voqué à dessein la désobéissance à la loi, l'avi-
» lissement des pouvoirs constitués, la résistance
» à leurs actes, ou quelques-unes des actions dé-
» clarées crimes ou délits par la loi.

» *La censure sur les actes des pouvoirs constitués*
» *est permise; mais les calomnies volontaires* contre
» la probité des fonctionnaires publics et la droi-
» ture de leurs intentions dans l'exercice de leurs
» fonctions, pourront être poursuivies par ceux
» qui en sont l'objet.

» Les calomnies et injures contre quelques per-
» sonnes que ce soit, relatives aux actions de leur
» vie privée, seront punies sur leur poursuite. »

L'art. 353 de la Constitution du 5 fructidor
an III (22 août 1795), proclamée le 1er. vendémiaire an IV (23 septembre 1795), consacra de
nouveau ces principes sur la liberté de parler,
d'écrire et d'imprimer.

228. Sous la Constitution de l'an VIII, l'art. 64
du sénatus-consulte du 28 floréal an XII, ordonna
qu'une commission de sept membres nommés par
le Sénat et choisis dans son sein, serait chargée
de veiller à la liberté de la presse. Cette commission était appelée *commission sénatoriale de la liberté de la presse;* elle fut tout aussi muette, tout
aussi inutile que la *commission sénatoriale de la liberté individuelle.* Ces commissions n'existaient que
dans les almanachs.

229. Cependant Bonaparte parut un moment
respecter et protéger, contre ses ministres, la li-

berté de la presse. On lisait dans le Journàl de l'Empire, du jeudi 9 janvier 1806, qu'à la suite d'une comédie nouvelle que M. Colin d'Harleville (poète dramatique très-estimable), avait comprise dans la collection de ses œuvres, on avait imprimé ces mots : « Vu et permis l'impression et la » mise en vente, d'après la décision de S. Exc. » le sénateur-ministre de la police générale de » l'empire, en date du 9 de ce mois de prairial » an XIII, par ordre de S. Exc. le chef de la di- » vision de la liberté de la presse, *signé* Lagarde. »

Bonaparte, qui venait alors de remporter à Austerlitz, dans la Moravie, une éclatante victoire sur les forces réunies des Russes et des Autrichiens, fut instruit de ce fait. Il fit insérer dans le *Moniteur* du mercredi 22 janvier 1806, pag. 90, le morceau suivant, qui mérite d'être remarqué :

« Sa Majesté a été surprise d'apprendre qu'un » auteur aussi estimable que M. Colin d'Harle- » ville, avait eu besoin d'approbation pour impri- » mer un ouvrage qui porte son nom. *Il n'existe* » *point de censure en France.* Tout citoyen français » peut publier tel livre qu'il jugera convenable, » sauf à en répondre. Aucun ouvrage ne doit être » supprimé, aucun auteur ne peut être poursuivi » que par les tribunaux, ou d'après un décret » de Sa Majesté, dans le cas où l'écrit attenterait » aux premiers droits de la souveraineté et de l'in- » térêt public.

» Nous retomberions dans une étrange situation, » si un simple commis s'arrogeait le droit d'empê-

» cher l'impression d'un livre, ou de forcer un
» auteur à en retrancher ou à y ajouter quelque
» chose. *La liberté de la pensée est la première con-*
» *quête du siècle;* l'empereur veut qu'elle soit con-
» servée; il faut seulement que l'usage de cette li-
» berté ne préjudicie ni aux mœurs ni aux droits
« de l'autorité suprême, etc. »

230. Tel était alors le langage du vainqueur
d'Austerlitz; il ne tarda pas à en changer. Parvenu au faîte de la puissance, il se crut assez fort
pour fouler aux pieds tous les principes, toutes
les lois, et même la Constitution qui l'avait élevé
à l'empire.

Dédaignant de consulter le Corps législatif et le
Sénat, qu'il méprisait, il rendit, de sa seule autorité, le fameux décret du 5 février 1810, par
lequel il enchaîna, plus durement que jamais, la
liberté de la presse, en rétablissant la censure,
en nommant un directeur général de l'imprimerie
et de la librairie, pour veiller à l'exécution de ses
réglemens tyranniques.

Les Français retombèrent donc alors *dans l'é-
trange situation* où, suivant les expressions de Bonaparte, *un simple commis,* sous le nom de censeur
impérial, *s'arrogeait le droit d'empêcher l'impression d'un livre, et de forcer l'auteur à en retrancher
ou à y ajouter quelque chose.* Cependant, on vit alors
des hommes que nous voyons aujourd'hui, prétendus zélateurs de la liberté, déclamer contre
le despotisme, solliciter ces titres de censeurs im-

périaux, et en exercer les fonctions avec la dernière sévérité (1).

231. Mais où prendre, sans diminuer le trésor
public, les fonds nécessaires aux dépenses de la
direction de l'imprimerie? On ne pouvait établir
un droit sur l'impression des livres, qu'en vertu
d'une loi : or, comment proposer au Corps législatif, à la face de toute la France, l'établissement
d'un nouvel impôt pour payer les tyrans de la liberté de la presse?

Rien n'embarrasse les fauteurs de la tyrannie et
du despotisme.

Ils imaginèrent de supposer que la propriété
de tous les ouvrages écrits en langues mortes,
étrangères ou française, *entre dans le domaine public,* à l'exception des ouvrages dont les auteurs
étaient vivans ou morts depuis 1793. Or, il est
tout simple de ne permettre l'impression d'un ouvrage qui nous appartient, que sous la condition
d'un droit quelconque.

Cependant, on respecta assez le public pour
entourer d'abord d'obscurités cette découverte
précieuse pour le fisc. Le décret impérial du 29
avril 1811 établit un droit léger en apparence (2),

---

(1) Cette assertion n'est point hasardée. Je l'ai éprouvée cette sévérité.

(2) Il était facile d'augmenter le droit léger d'abord pour empêcher
les plaintes, mais moins léger qu'il ne parait au premier coup-d'œil :
un volume de quarante feuilles, tiré à trois mille exemplaires, payait
120,000 c., ou 120 fr.

d'un centime par feuille d'impression sur tous les ouvrages connus en imprimerie sous le nom de *labeurs*. Mais, qu'est-ce que des ouvrages de *labeurs*? Peu de personnes le savent. M. le baron de Pommereul, directeur général de l'imprimerie, prit soin de l'apprendre à tous les imprimeurs par une instruction imprimée, accompagnée d'une circulaire du 20 mai 1811 : « On entend par *la-* » *beurs* tout ouvrage imprimé destiné à être ven-» du. » Cette belle définition est suivie de l'énumération des ouvrages qui entrent *dans le domaine public*, et cette énumération comprend tous les livres connus, saints ou profanes; rien n'était excepté, que les ouvrages des auteurs vivans, etc.

232. Mais, M. le baron de Pommereul n'en étendit pas moins le droit du fisc à ces ouvrages (1), par un acte de concussion évidente, à laquelle la crainte des prisons d'état ne permettait guère de résister.

233. Tel était l'état de la liberté de la presse sous Bonaparte. La servitude des journaux et des feuilles périodiques remonte plus loin.

C'est après la fameuse journée du 18 fructidor, qu'on porta la première atteinte à la liberté des journaux. La loi du 19 fructidor an V (5 septembre 1797), sous le prétexte d'une conspiration

---

(1) J'en ai la preuve écrite dans une quittance de 165 fr. 55 c., signée de M. le baron, le 30 juin 1812, pour les premiers volumes de cet ouvrage.

tendant à rétablir la royauté, supprima une foule de journaux, et ordonna, art. 85, que « les jour-
» naux, les autres feuilles périodiques et les pres-
» ses qui les impriment, sont mis *pendant un an*
» sous l'inspection de la police, qui pourra les
» prohiber, etc. »

Cet article fut prorogé par la loi du 9 fructidor an VI, jusqu'à la publication de la loi pénale qui sera portée sur les délits de la presse, sans néanmoins que la durée de cette attribution puisse excéder le terme d'une année.

234. La loi du 14 thermidor an VII rendit la liberté aux journaux, et rapporta l'art. 35 de la loi du 19 fructidor an V. On ne trouve pas de loi qui ait remis cet article en vigueur; mais le 27 nivôse an VIII, les consuls prirent un arrêté qui enjoignait au ministre de la police de ne laisser, pendant la durée de la guerre, imprimer, publier ni distribuer d'autres journaux que ceux qu'ils désignaient (1) : depuis ce tems, la liberté n'a jamais été rendue aux journaux.

---

(1) Ce n'était pas seulement sur de prétendues raisons d'état que les consuls s'arrogeaient le droit de supprimer les journaux. Lucien Bonaparte, ministre de l'intérieur, trouva que le journal *l'Ami des lois* n'avait pas parlé de *l'Institut* avec *la décence convenable*. Il s'était permis de *verser le ridicule et le sarcasme sur une réunion d'hommes qui honorent la république de leurs lumières, et qui étendent chaque jour le cercle des connaissances humaines.*

Comme *ami des arts, et défenseur à ce titre de tout ce qui les intéresse,* il demanda la suppression de *l'Ami des lois;* elle fut prononcée par arrêté du 9 prairial an VIII. Il était digne, il était du devoir de l'Institut de réclamer contre un acte arbitraire et injuste : il n'en fit rien.

Après la chûte de Bonaparte, le Gouvernement provisoire prit un arrêté qui nommait M. Michaud censeur des journaux, sous l'autorité du commissaire chargé du porte-feuille de la police.

235. Tel était l'état des choses relativement à la liberté de la presse au moment de l'heureuse restauration qui rendit Louis·XVIII aux vœux des Français, 'en 1814. L'un de ses premiers soins fut de proclamer et de faire adopter cette Charte, qui lui a mérité le titre de restaurateur de la liberté en France. L'art. 8 porte que « les Français ont » le droit de publier et de faire imprimer leurs » opinions, en se conformant aux lois qui doivent » réprimer les abus de cette liberté ».

236. Mais les esprits étaient alors tellement agités, qu'on pensa qu'il était nécessaire, pour la tranquillité publique, de modifier temporairement la liberté de la presse. La loi du 21 octobre 1814 ordonna donc que « tout écrit de plus de vingt » feuilles d'impression pourra être publié libre- » ment, et sans examen ou censure préalable ».

L'art. 9 ajoute que « les journaux et écrits pé- » riodiques ne pourront paraître qu'avec l'auto- » risation du Roi ».

Ces dispositions devaient cesser d'avoir leur effet à la fin de la session de 1816, à moins qu'elles ne fussent renouvelées par une loi, si les circonstances le faisaient juger nécessaire.

Par son ordonnance du 20 juillet 1815, le Roi devança ce terme, quant à la première disposition, en renonçant au droit de faire exercer la censure sur les ouvrages, quelles qu'en fussent la nature et l'étendue. Il ne conserva des priviléges que lui accordait la loi du 21 octobre 1814, que celui qui se rapporte à la publication des journaux et écrits périodiques.

237. Ce droit de censure sur les journaux et écrits périodiques, excita de vives réclamations dans les deux Chambres, et après une discussion fort animée, il fut, par la loi du 28 février 1817, prorogé jusqu'au 1er. janvier 1818.

Il l'a été de nouveau par la loi du 30 décembre 1817, jusqu'à la fin de la session de 1818; elle vient de s'ouvrir le 10 décembre. Aujourd'hui que la France est tranquille, et que son territoire est libre du joug odieux de l'étranger, tout annonce que la censure des journaux ne sera pas prolongée plus long-tems, et que nous allons enfin jouir de la liberté indéfinie de la presse. Une bonne loi sur la répression de ses abus, nous permettra d'en goûter tous les avantages sans en éprouver les inconvéniens.

238. La liberté de la presse, et sur-tout celle des journaux ou feuilles périodiques, est avec raison regardée en Angleterre comme le boulevard de la liberté. Elle place tous les hommes publics, dit le dernier auteur qui ait écrit sur la Constitution anglaise (1), depuis le ministre d'état jus-

―――――――――――――

(1) *Concise view of the Constitution of England*, by *Georges Custance*, *chap. 23, of the liberty of press.*

Ce n'est en vertu d'aucune loi que les Anglais jouissent de la liberté

qu'au simple magistrat d'une corporation, depuis
le juge le plus élevé en dignité jusqu'au dernier,
dans la nécessité de choisir entre la douce satis-
faction que procure la conscience d'avoir rempli
ses devoirs, en conformant toujours ses actions à
la loi, et l'infamie dont ceux qui ont commis des
actes arbitraires et des abus d'autorité, sont, par
la révélation de leurs fautes, couverts dans l'opinion publique, qui prépare toujours une chûte
inévitable, soit plus tôt, soit plus tard.

239. Il faut le répéter : « La censure sur les
» actes des pouvoirs constitués est permise ; mais
» les calomnies contre la probité des fonctionnai-
» res publics et la droiture de leurs intentions
» dans l'exercice de leurs fonctions, peuvent être
» poursuivies par ceux qui en sont l'objet (1). »

Tels sont les vrais principes de la matière : c'est
ainsi qu'il arrive assez souvent aux jurisconsultes
de censurer avec respect, quoiqu'avec force, les
arrêts qui s'écartent de la loi ou des principes,
et loin de blâmer une pareille liberté, les magistrats y ont toujours applaudi.

Quant aux actes arbitraires et aux abus d'autorité, il est utile de les publier, d'abord pour

---

de la presse ; mais uniquement parce qu'il n'existe plus en Angleterre
de lois prohibitives. Les anciennes prohibitions sont *expirées*, dit
Blackstone, liv. 4, chap. 2, note finale.

(1) Constitution de 1791, chap. 5, du pouvoir judiciaire, art. 27.
Cet article est encore en vigueur, puisque, loin d'être contraire à la
Charte, il est dans une parfaite harmonie avec l'esprit de ses disposi-
tions.

Gouvernement, afin qu'il puisse les connaître et les punir; pour les fonctionnaires publics, afin d'avertir ceux qui seraient tentés d'abuser de leur pouvoir, que toutes leurs actions seront connues, et qu'il est une justice qui les atteindra tôt ou tard ; enfin, pour les citoyens, parce que cette publicité est une nouvelle sauve-garde pour leur liberté.

240. Le troisième point de la liberté française, est la liberté de conscience et la liberté du culte. C'est encore à la révolution que nous en sommes redevables.

Prétendre régler la croyance d'un homme et commander même à ses opinions et à sa conscience, lui prescrire sous des peines grièves, et même en certain cas, sous peine de mort, la religion qu'il doit suivre, le culte qu'il doit pratiquer, c'est un genre de tyrannie très-ancien en France, et qui avait été le motif ou le prétexte de plusieurs guerres civiles et de persécutions horribles. Ces guerres avaient enfin cessé; la religion n'était plus pour rien dans les troubles qui agitèrent la minorité de Louis xiv. Sous le règne glorieux de ce prince, grand à tant d'autres égards, on n'avait point à craindre que la religion devînt le prétexte de séditions ou d'insurrections qui n'auraient pas eu d'objet, si les non catholiques n'avaient pas été gênés dans leur conscience et dans leur culte, et qui désormais ne pouvaient plus avoir aucune importance, aucune suite dangereuse, puisqu'il n'y avait plus de chefs assez puissans pour les soutenir. La puissance du mo-

narque était montée à un degré de splendeur qui
devait dissiper, à cet égard, toute crainte raisonnable.

Mais on lui persuada qu'il manquait à sa gloire
de contraindre tous les Français d'adopter la religion qu'il professait, et d'exterminer l'hérésie.

241. Par le fameux édit du 22 octobre 1685 (1),
dont les suites furent si désastreuses pour la
France, il révoqua l'édit rendu à Nantes, en 1598,
par le bon Henri IV, en faveur des protestans,
et concernant la liberté des consciences; il défendit l'exercice de toute autre religion que la
catholique et romaine; fit fermer les temples de
la religion réformée; ordonna aux ministres de
cette religion qui ne voudraient pas se convertir,
de quitter la France dans quinze jours, sous
peine des galères; défendit à tous les seigneurs
d'exercer dans leurs maisons la religion réformée,
sous peine de confiscation de corps et de biens;
fit défenses à tous les réformés, à leurs femmes
et à leurs enfans de sortir de France, sous peine
des galères pour les hommes, et de confiscation
de corps et de biens pour les femmes; enfin, il
ordonna l'exécution des lois rendues contre les
relaps, ainsi appelés du mot latin *relapsus, quasi
relapsi in errorem.* On appelait relaps ceux qui,
ayant abjuré la religion protestante, par crainte
ou par politique, étaient retombés dans leurs er-

(1) *Voy.* le Recueil de Néron, tom. II, pag. 298.

reurs. La peine était le bannissement à perpétuité, avec confiscation des biens.

242. Cette loi tyrannique fut suivie de lois plus tyranniques (1); les biens des églises protestantes, appelées des consistoires, ceux des ministres, ceux des émigrés protestans, furent confisqués, comme l'ont été pendant la révolution ceux des émigrés royalistes.

Mais les biens des émigrés protestans, et non ceux des ministres, furent bientôt rendus à leurs parens; les biens des prêtres déportés pendant la révolution, ont été rendus à leurs héritiers, ainsi que ceux des émigrés qui n'étaient ni vendus, ni affectés à un service public.

Enfin, on en vint à feindre et à supposer qu'il n'existait plus de protestans en France ; on les appela les nouveaux convertis ; on leur défendit de disposer de leurs biens, soit par testament, donation ou autre aliénation quelconque.

On défendit même à leurs débiteurs (2) de leur rembourser les rentes qu'ils pouvaient leur devoir, sous peine de nullité du remboursement ; on leur défendit d'avoir des armes à feu dans leurs maisons.

On alla jusqu'à encourager l'odieuse délation, et à donner aux dénonciateurs la moitié des biens des protestans fugitifs ou émigrés.

Si un malheureux, pressé dans son lit de mort

---

(1) *Voy.* Néron, *ubi supra*, pag. 927.

(2) Néron, *ubi supra*, pag. 991.

,par le cri d'une conscience peu éclairée, refusait les sacremens que lui offrait un prêtre catholique, il était, en cas qu'il recouvrât la santé, condamné à faire amende honorable, et aux galères perpétuelles (1), avec confiscation de biens; et s'il mourait, on faisait le procès à son cadavre, et on confisquait ses biens.

Il faut voir dans l'histoire comment ces odieuses lois furent exécutées, et comment leur rigueur fut augmentée par des exécutions militaires.

243. Les ministres qui dirigèrent la jeunesse de Louis xv suivirent l'exemple de Louis xiv. Toutes les rigueurs des lois précédentes furent, à quelques légères modifications près, répétées dans la déclaration du 14 mai 1724. On y ajouta, pour tous les Français, l'incapacité de posséder aucune charge de judicature, et généralement aucun office ou fonction publique, sans avoir une attestation du curé ou du vicaire de leur paroisse, de leurs bonnes vies et mœurs, et de l'exercice actuel de la religion catholique, apostolique et romaine.

Les médecins, chirurgiens, apothicaires et sages femmes, les imprimeurs et les libraires, ne pouvaient être admis à exercer leur art et leur profession en France, sans un pareil certificat du curé ou du vicaire.

Cette incapacité a duré jusqu'à la révolution.

_____

(1) Edit du 29 avril 1686, Néron, pag. 1001. Cette peine fut changée en bannissement perpétuel, par la déclaration de 1724.

Ainsi, il fallait alors un certificat de catholicité, pour remplir une fonction publique, comme pendant les tems d'anarchie il fallait un certificat de civisme. La tyrannie change d'objet, sa marche est toujours la même.

244. La rigueur des lois rendues contre les non catholiques, les avait en grande partie fait tomber en désuétude, en ce qui concerne la partie pénale. Mais leurs mariages, qu'une conscience abusée ne leur permettait pas de contracter devant des prêtres catholiques, n'étaient aux yeux de la loi que des concubinages; leurs enfans, que des enfans naturels flétris du nom de bâtard, incapables de leur succéder. On voyait des collatéraux avides, disputer à ces malheureux l'héritage de leurs père et mère, et prétendre les chasser de la maison qui avait été leur berceau. Les Parlemens firent cesser le scandale de ces contestations iniques, en déclarant les collatéraux non recevables à disputer aux enfans la succession de leurs père et mère. Le conseil du Roi connivait à cette jurisprudence équitable; tant est grand, contre les mauvaises lois, le pouvoir de l'opinion publique.

Elle commandait depuis long-tems une réforme dans la législation relative aux non catholiques. Des hommes d'état, des magistrats furent chargés de s'en occuper. A leur tête était le vertueux Lamoignon de Malesherbes, homme grand et juste, qui n'a cessé qu'à sa mort de combattre l'injustice dans les tribunaux et dans les conseils.

Mais l'intolérance religieuse était, en quelque

sorte, liée aux institutions civiles et politiques. Le clergé catholique était le premier ordre de l'État; il jouissait d'un crédit immense, il exerçait un grand pouvoir. Le Gouvernement n'avait point assez de vigueur pour vaincre l'opposition que ce grand corps montrait à l'établissement de la liberté du culte; il se borna à rendre aux non catholiques la liberté de conscience et les droits de l'état civil, que la nature réclamait en leur faveur.

245. Un édit du mois de novembre 1787, permit à ceux qui professaient une autre religion que la religion catholique et romaine, de contracter des mariages légitimes devant le magistrat civil, et donna à ces mariages les mêmes effets qu'à ceux des catholiques, contractés en présence de leurs curés; en conséquence, les non catholiques furent autorisés à jouir en France de tous les biens qui leur appartenaient à titre de propriété ou à titre successif, et d'y exercer leurs commerce, arts, métiers et professions, à l'exception des charges de judicature et des municipalités, dont ils demeurèrent exclus, ainsi que de toutes places qui donnent le droit d'enseignement public.

Cette loi n'établit pas la liberté du culte; elle voulut (art. 1), que la religion catholique et romaine continuât à jouir seule du culte public; disposition qui permettait au moins implicitement le culte privé des autres religions. Il fut défendu aux ministres ou pasteurs non catholiques, de porter en public un habit différent de celui des laïques. Ainsi, l'existence de ces ministres fu reconnue, et la peine de mort portée contre eux par les anciennes lois implicitement abrogée.

246. Enfin, la liberté de conscience et celle du culte furent entièrement établies par la première Assemblée constituante, qui proclama comme un droit imprescriptible de l'homme (1), qu'il ne peut être inquiété pour ses opinions religieuses pourvu que leur manifestation ne trouble pa l'ordre public. Cette même Assemblée mit au nom bre des dispositions fondamentales garanties tous les Français, le droit civil et naturel d'exer cer le culte religieux auquel il est attaché.

247. Mais dans le même tems, elle changea im prudemment la constitution civile du clergé, e voulut s'assurer, par un serment, de la fidélit des ecclésiastiques, dont elle changeait la situa tion et l'état. La plupart refusèrent de prêter l serment, dont la formule répugnait à leur cons cience.

Les prêtres français se trouvèrent ainsi divisé en deux classes, celle des assermentés et celle de non assermentés. Les fidèles se divisèrent d'opi nion comme les ministres. L'opposition qui exis tait entre les divers intérêts politiques, rend plus vive celle qui existait entre les divers inté rêts religieux. Les esprits s'aigrirent, les discus sions théologiques prirent un caractère qui ins pira des alarmes.

(1) Art. 10 de la Déclaration des droits de l'homme.

De là, des persécutions, des déportations, des proscriptions, des troubles civils, des dissentions religieuses qui devinrent le fléau des familles et l'aliment des factions (1).

Une politique insensée tenta d'étouffer ces troubles sous les débris des autels et sous les ruines de la religion même. Jamais les consciences ni le culte ne furent moins libres. Le désordre était à son comble, lorsqu'une heureuse révolution plaça la France sous un meilleur génie.

248. Bonaparte n'étant encore que premier consul, vit le mal et sentit la nécessité de rétablir la religion et le culte.

Le Gouvernement s'entendit avec le Saint-Siége, et cette négociation produisit le concordat ou la convention passée entre Sa Sainteté Pie VII et le Gouvernement français, le 26 messidor an IX (15 juillet 1800).

Le souverain Pontife ratifia ce concordat, par une bulle donnée à Rome le 18 des calendes de septembre 1801, et cette bulle fut publiée à Paris par Son Éminence le cardinal Caprara, légat du Saint-Siége, le 9 avril 1802.

Le concordat fut érigé en loi de l'État, par un décret du Corps législatif du 18 germinal an X, (8 avril 1802), promulgué le 28 du même mois (18 avril 1802).

_____

(1) *Voy.* la proclamation des consuls, du 27 germinal an X.

On y reconnaît que la religion catholique, apostolique et romaine, est la religion de la grande majorité des Français, et l'art. 1 porte qu'elle sera librement exercée en France; que son culte sera public, en se conformant aux réglemens de police que le Gouvernement jugera nécessaires pour la tranquillité publique.

Cette loi ajouta au concordat des articles organiques, par lesquels, outre ce qui concerne le culte catholique, on régla les cultes protestans.

249. C'est avec raison que l'on considère, en France, la liberté de conscience et la liberté du culte, comme un point essentiel et fondamental.

La religion consiste en deux points principaux :

1°. Dans les idées que nous avons de la divinité et dans les jugemens que notre esprit s'en forme;

2°. Dans le culte que nous croyons devoir lui rendre.

Les idées que nous avons de la divinité, dépendent de notre intelligence, à laquelle aucune puissance humaine ne peut commander.

Il n'est pas plus raisonnable de commander à l'homme de croire ce qu'il ne croit pas, ce qui ne lui paraît pas évident, que de commander à l'œil de voir ce qu'il n'aperçoit pas. Il ne faut donc pas chercher à contraindre l'homme dans sa croyance; il faut l'éclairer, le convaincre, le persuader. Les menaces, la force, les violences, les supplices, sont également inutiles et injustes Inutiles, parce qu'ils ne sauraient produire une persuasion réelle et sincère ; injustes, parce qu'ils sont directement contraires au droit naturel de l'homme.

Quant au culte, il est intérieur ou extérieur.

Le culte intérieur consiste dans les sentimens de respect, de crainte, d'amour et de reconnaissance que nous avons pour la divinité.

Ces sentimens ne sont pas plus susceptibles de contrainte que notre croyance : comme elle, ils dérivent de notre intelligence, qu'on peut éclairer, mais non pas contraindre.

Le culte extérieur consiste dans les actions extérieures que nous croyons propres à nous rendre la divinité favorable, et à lui témoigner les sentimens de vénération dont nous sommes pénétrés. La loi peut défendre la publicité d'un culte qui troublerait l'ordre public, mais elle ne peut commander à l'homme un culte contraire (1) aux idées qu'il s'est formées de Dieu et de ses attributs ; elle peut seulement, elle doit commander à tous les citoyens de respecter les religions et les cultes autorisés dans l'État, et de ne pas trou-

---

(1) La Cour de cassation a pensé qu'on ne pouvait contraindre un protestant à tapisser l'extérieur de sa maison pour aucune fête. En conséquence elle a cassé, le........ novembre 1818, un jugement du tribunal correctionnel d'Apt, qui avait condamné un protestant pour ne s'être pas conformé à un arrêté du maire de Courmaria, qui enjoignait aux habitans de tapisser devant leurs maisons pour la procession de la Fête-Dieu. Il faut voir les motifs de cet arrêt.

Tom. I. 15

bler les particuliers dans la manière d'honorer Dieu (1).

250. Quelque fière que l'Angleterre soit de sa liberté, celle du culte n'y est point légalement établie. Il existe, au contraire, contre les non conformistes, et notamment contre les catholiques romains, des lois tellement sévères, que, suivant l'expression de Montesquieu, sans être précisément sanguinaires, elles font tout le mal qui peut se faire de sang-froid.

Blackstone, d'ailleurs, admirateur outré des institutions de son pays, n'a pu, sur ce point, justifier les lois anglaises, qu'en disant qu'elles sont rarement exécutées dans toute leur rigueur; mais il avoue que si on les suivait à la lettre, il serait très-difficile de les excuser (2).

251. La propriété, est le troisième des droits absolus de l'homme.

Considérée comme un droit naturel et absolu,

---

(1) On lit dans la Vie de Fénélon, par Ramsay, que Jacques III, appelé le Prétendant, fils de Jacques II, roi d'Angleterre, voyageant sous le nom du chevalier de Saint-Georges, était allé à Cambray pour y voir Fénélon, et que ce sage prélat lui recommandait sur toutes choses de ne jamais forcer ses sujets à changer de religion. « Nulle » puissance humaine, disait-il, ne peut forcer les retranchemens impénétrables de la liberté du cœur. La force ne peut jamais persuader » les hommes; elle ne fait que des hypocrites. Quand les rois se mêlent » de la religion, au lieu de la protéger, ils la mettent en servitude. » *Accordez donc à tous la liberté civile,* non en approuvant tout comme » indifférent, mais en souffrant avec patience tout ce que Dieu souffre, » et en tâchant de ramener les hommes par une douce persuasion ».

(2) Liv. 4, chap. 4, tom. IV, pag. 57, édition in-8°, Londres, 1783.

c'est la faculté de jouir paisiblement des biens que l'on possède, sans pouvoir être contraint de les céder contre son consentement.

Considérée comme un droit civil, c'est la faculté d'acquérir et de posséder des biens, de les aliéner, d'en disposer à titre onéreux ou gratuit, entre vifs ou par testament, néanmoins suivant la loi.

La propriété, qui prend son origine dans le droit naturel, a reçu sa perfection du droit civil, qui l'a rendue permanente. Nous en expliquerons l'origine et les progrès dans le second livre.

Le droit de propriété comprend la faculté de recueillir les successions, les legs, les donations entre vifs, etc.; de transmettre ses biens par les mêmes moyens, d'acquérir par prescription, etc...

Ainsi ce droit, absolu dans son origine, prend dans la société un caractère relatif. Il y subit des modifications presque infinies, qui le rendent tellement compliqué, que la plupart des contestations qui naissent entre les hommes, ont la propriété pour objet.

CHAPITRE PREMIER.

De la Jouissance des droits civils, et de la Manière de les acquérir.

SOMMAIRE.

252. **Après** avoir expliqué les droits absolus que

l'homme tient de la nature, nous passons aux droits relatifs dont il jouit dans l'état civil.

253. Ces droits sont de deux espèces : les droits civils, ainsi spécialement appelés par opposition aux droits politiques. Les droits civils sont assez multipliés ; il serait même assez difficile d'en faire une énumération complète. Nous indiquerons seulement les principaux ; tels sont le droit de puissance paternelle ou maritale, tous les droits de famille ; ceux d'être nommé tuteur ou curateur, de voter dans le conseil de famille, etc. ; le droit de succéder, de disposer de ses biens, et d'en recevoir par donation entre vifs ou par testament, etc.

254. Les droits politiques sont le droit de suffrage que le citoyen exerce dans les assemblées électorales, celui d'être élu et admissible à tous les emplois, à toutes les dignités, celui de concourir en qualité de témoin aux actes authentiques reçus par un notaire. (Art. 9 de la loi sur le notariat, du 25 ventôse an XI).

255. Tout citoyen est Français, et jouit du libre exercice des droits civils.

Mais tout Français n'est pas citoyen ; il est seulement habile à le devenir.

La qualité de Français s'acquiert par la naissance seule : il n'en est pas ainsi de la qualité de citoyen ; elle ne s'acquiert et ne se conserve que conformément aux lois, qui exigent d'autres conditions que celle de la naissance.

Suivant l'art. 2 de la Constitution de l'an VIII,

« Tout homme né et résidant en France, qui,
» âgé de vingt-un ans accomplis, s'était fait ins-
» crire sur le registre civique de son arrondisse-
» ment communal, et qui avait demeuré depuis
» pendant un an sur le territoire de la républi-
» que, était citoyen français. »

Ainsi, les Français n'acquéraient la qualité de
citoyen que par l'inscription de leur nom sur le
registre civique après l'âge de vingt-un ans. Celui
qui négligeait de se faire inscrire n'était pas citoyen; il ne jouissait pas des droits politiques,
quoiqu'il jouît des droits civils.

Si la qualité de Français et celle de citoyen ne
s'acquièrent pas de la même manière, il y a aussi
des différences remarquables dans la manière
dont on perd l'une ou l'autre de ces qualités.

On perd la qualité de citoyen quand on perd
la qualité de Français; mais on peut perdre celle
de citoyen sans perdre celle de Français : par
exemple, toute condamnation à des peines afflictives ou infamantes, fait perdre la qualité de citoyen; et cependant la condamnation à des peines
infamantes ne fait jamais perdre la qualité de
Français.

Et quant aux peines afflictives, elles ne font
perdre la qualité de Français qu'autant qu'elles
emportent la mort civile.

256. Il est donc vrai que l'exercice des droits
civils est indépendant de la qualité de citoyen,
comme le dit l'art. 7 du Code.

Enfin, ces droits sont tellement indépendans

les uns des autres, que le domicile civil et le domicile politique, c'est-à-dire celui où s'exercent les droits civils, et celui où s'exercent les droits politiques, peuvent être différens (1), et sont indépendans l'un de l'autre.

257. Cette distinction entre les Français qui ont acquis la qualité de citoyen, et ceux qui ne l'ont pas acquise, était importante, sur-tout à l'égard des témoins qui assistent un notaire dans la réception des actes authentiques. L'art. 9 de la loi du 25 ventôse an XI exige que ces témoins soient *citoyens français,* et l'art. 68 veut que cette disposition soit exécutée sous peine de nullité (2); mais l'art. 980 du Code fait une exception à l'égard des témoins appelés pour assister à un testament : il suffit qu'ils jouissent des droits civils ; il n'est pas nécessaire qu'ils jouissent des droits politiques.

258. Ce que nous venons de dire était sans difficulté sous l'empire de la Constitution de l'an VIII; mais on ne peut plus l'invoquer aujourd'hui ; il n'existe plus de registre civique, et la Charte, qui

____

(1) *Voy.* l'art. 102 du Code civil, c̶ ▓▓▓ et du 17 janvier ▓▓▓.

(2) *Voy.* Jaubert, Exposé des motifs ▓▓▓, 551, édition de Didot ; Grenier, des donations, tom. II ▓▓▓. Les citoyens qui assistent un notaire dans la rédaction des actes, exercent comme lui une portion de la puissance publique, puisqu'ils concourent à rendre un acte authentique et à lui conférer l'exécution parée. Or, toutes les fonctions qui ont du rapport avec l'exercice de la puissance publique, sont des droits politiques qui ne peuvent appartenir qu'aux citoyens.

forme notre seule Constitution, garde le silence sur la manière dont s'acquiert la qualité de citoyen. Nous devons attendre qu'une loi ait réglé ce point important. En attendant, nous devons remarquer ici que la loi sur les élections n'accorde le droit de suffrage dans les assemblées électorales, qu'à ceux qui paient 300ᶠ de contributions directes. Retournons aux droits civils.

259. Tout Français doit jouir des droits civils (art. 8), et la qualité de Français s'acquiert par la naissance ou par la naturalisation. Les enfans légitimes suivent en tout la condition de leur père (1).

Il en est de même des enfans naturels légalement reconnus, en ce qui concerne la qualité de Français; ainsi l'enfant né d'un Français, en pays étranger, même hors mariage, est Français. (Art. 10).

260. Les enfans naturels qui ne sont pas légalement reconnus par leur père, suivent la condition de leur mère; ainsi (2), l'enfant né en pays étranger d'une mère française et d'un père inconnu, est Français.

261. Tout individu né en France d'un père étranger, p... ...venir Français, et *réclamer* cette qualit... ...néc qui suivra l'époque de

---

(1) Loi 19, *ff de stat. hom.*, 1. 5, *cùm legitimæ nuptiæ factæ sint, patrem liberi sequuntur.*

(2) *Vulgò quæsitus matrem sequitur, ibid. Lex naturæ hæc est, ut qui nascitur sine legitimo matrimonio, matrem sequatur, nisi lex specialis aliud inducit. Loi 23, ibid.*

sa majorité, en déclarant à la municipalité du lieu où il réside, que son intention est de fixer son domicile en France, pourvu que, dans le cas où il résiderait en pays étranger à l'époque de sa majorité, il fasse sa soumission de fixer son domicile en France, et qu'il l'y établisse réellement dans l'année, à compter de l'acte de soumission.

S'il laisse passer l'année qui suit sa majorité sans faire sa déclaration ou sa soumission de fixer son domicile en France, il est déchu de cette faculté, que la loi faisait dépendre d'une condition qu'il n'a pas remplie; et s'il veut, après cette époque, être admis à la qualité de Français, il doit remplir les formalités prescrites aux étrangers qui veulent se faire naturaliser.

Pendant la minorité, sa qualité est en suspens; s'il décède mineur ou dans l'année qui suit l'époque de sa majorité, mais avant d'avoir réclamé la qualité de Français, il n'en aura jamais joui, parce qu'il ne pouvait l'acquérir qu'en accomplissant la condition imposée par la loi.

Mais si, devenu majeur, il accomplit cette condition, l'effet en remonte au jour de sa naissance, suivant la nature de toutes les conditions suspensives.

Cette observation est importante à cause des successions qui peuvent lui échoir, ou des legs qui pourraient lui être faits avant l'accomplissement de la condition. Ceci est une conséquence de l'art. 20.

Cet article dispose que tous les individus qui recouvreront la qualité de Français dans les cas prévus par les art. 10, 18 et 19, ne pourront s'en prévaloir qu'après avoir rempli les conditions, etc., et seulement pour l'exercice des droits ouverts depuis cette époque; mais il n'applique point cette disposition aux individus qui se trouvent dans le cas de l'art. 9. Dans le cas des art. 10, 18 et 19, les individus *recouvrent* la qualité de Français qu'ils ont perdue; dans le cas de l'art. 9, ils *réclament* la conservation de cette qualité, que leur naissance leur a donnée (1).

262. L'enfant né en France d'une mère étrangère, mais d'un père inconnu, doit jouir des mêmes prérogatives que l'enfant né en France d'un père étranger.

263. L'enfant né en pays étranger, d'un Français d'origine qui a perdu la qualité de Français, peut *toujours* recouvrer cette qualité, pourvu qu'après être parvenu à sa majorité, il fasse sa déclaration ou sa soumission de fixer son domicile en France. (Art. 10).

Mais en recouvrant cette qualité, il ne peut s'en prévaloir que pour l'avenir et pour l'exercice des droits échus depuis sa soumission ou déclaration (art. 20), qu'il ne peut faire avant sa majorité, parce qu'avant cette époque il n'a point de volonté légale qui lui soit propre (2).

---

(1) M. de Maleville, sur l'art. 9, dit que la loi ne s'explique pas sur l'état de ces enfans pendant leur minorité. Mais en comparant l'art. 20 avec l'art. 9, et en pesant leurs expressions, la question nous paraît résolue.

(2) Bon; mais la nullité des actes qu'il a faits avant sa majorité, ne peut lui être opposée par un tiers. (Art. 1125).

Nous avons dit que la qualité de Français s'acquiert par la naissance ou par la naturalisation.

264. La naturalisation s'opère, suivant l'art. 3 de la Constitution de l'an VIII (1), lorsqu'un étranger, après avoir atteint l'âge de vingt-un ans accomplis, et avoir déclaré l'intention de se fixer en France, y a résidé dix années consécutives, délai que le Gouvernement peut abréger et réduire à une année, en faveur de ceux qui ont rendu des services à l'État, ou qui apportent en France des talens, des inventions ou une industrie utile, ou qui y forment de grands établissemens.

L'étranger acquiert, même avant sa naturalisation opérée, la jouissance de tous les droits civils, pendant qu'il conserve son domicile en France, pourvu que le Gouvernement l'ait admis à s'y établir. (Art. 13).

La naturalisation s'opère de suite et de plein droit, par le mariage d'une étrangère avec un Français, parce que la femme suit la condition de son mari. (Art. 12).

Enfin, la naturalisation s'opère par la réunion légale d'un pays à la France. Les naturels du pays réuni deviennent Français à l'instant de la réunion, et jouissent de tous les droits civils et politiques attachés à cette qualité.

_____

(1) Sur les formalités relatives à la naturalisation, voy. le décret du 17 mars 1809.

265. L'étranger qui n'est ni naturalisé ni autorisé à demeurer en France, n'y jouit que des mêmes droits civils qui sont ou qui seront accordés aux Français par les traités de la nation à laquelle il appartient. (Art. 11) (1).

Mais, il ne suffirait pas que ces droits fussent accordés aux Français par les lois particulières du pays de l'étranger (2).

Comme toutes les nations civilisées ont réciproquement admis les individus des autres nations à un commerce plus ou moins étendu, tout étranger jouit du droit civil de traduire les Français devant les tribunaux de France, pour les obligations contractées par ces derniers, même en pays étranger. (Art. 15).

Mais à l'exception des matières de commerce, l'étranger demandeur doit donner caution pour le paiement des frais et des dommages et intérêts résultant du procès. (Art. 16). Le jugement qui ordonne la caution, fixe la somme jusqu'à concurrence de laquelle elle sera fournie. Le demandeur qui consigne cette somme ou qui justifie que ses immeubles situés en France sont suffisans

---

(1) Cet article est tiré du Code prussien, traduit et publié par ordre du ministre de la justice, et imprimé en l'an IX, imprimerie de la république. *Voy.* tom. I. 1.re part., pag. 401, n.o 40. Il faut joindre à l'art. 11 les art. 726 et 912, et les art. 170 et 2123.

(2) *Voy.* l'arrêt de la Cour de cassation, du 22 janvier 1806, et les conclusions de M. Merlin, sur lesquelles il fut rendu. Sirey, an 1806, pag. 457 et suiv. *Voy.* aussi le décret du 19 février 1806.

pour en répondre, est dispensé de fournir caution (1). (Code de procédure, art. 167).

En retour l'étranger, même non résidant en France, peut être cité devant les tribunaux français pour l'exécution des obligations par lui contractées envers un Français, soit en France, soit en pays étranger. (Art. 14).

Mais un étranger qui aurait contracté en France avec un autre étranger, ne pourrait contraindre son adversaire à plaider devant les tribunaux français, à moins qu'il ne s'agit de matières commerciales ou maritimes (2).

La citation donnée à un étranger qui n'a pas de domicile en France, doit être donnée au domicile du procureur du roi près le tribunal où la demande sera portée (3).

Elle doit l'être dans le lieu où l'étranger a ou a eu son domicile (4) ou sa résidence en France ;

---

(1) M. Delvincourt, dans ses Institutes, tom. 1, pag. 19, not. 2, pense que la justification de cette propriété ne serait pas suffisante, et qu'il faudrait, de plus, qu'il fût passé un acte ou rendu un jugement en vertu duquel le défendeur pût prendre une inscription hypothécaire : la loi ne dit point cela, et, en général, il ne faut point ajouter à sa rigueur. La caution n'est point obligée à donner une hypothèque.

(2) *Voy.* l'arrêt rendu par la Cour de cassation, le 22 janvier 1806, sur les conclusions de M. Merlin. Sirey, an 1806, pag. 263.

(3) *Voy.* l'art. 59, § 9, du Code de procédure, et l'arrêt rendu par la Cour de cassation, le 5 août 1807. Sirey, an 1807, Décisions diverses, pag. 124.

(4) Arrêt de la Cour de cassation, du 8 thermidor an XI. Sirey, an XI, pag. 368.

dans le lieu où le contrat a été passé, ou dans celui où il possède des biens.

Mais la disposition de l'art. 14 n'est pas applicable aux Suisses, parce qu'il y a été dérogé par le traité conclu entre les deux nations en l'an XII (1).

CHAPITRE II.

De la Privation des droits civils, ou de la Manière dont ils se perdent.

La jouissance des droits civils est attachée à la qualité de Français. Cette qualité se perd par l'abdication ou par la mort civile.

Ces deux moyens de perdre la qualité de Français, font la matière des deux sections de ce chapitre.

SECTION PREMIÈRE.

De la Privation des droits civils par la perte de la qualité de Français.

SOMMAIRE.

266. *Liberté d'abdiquer sa patrie.*
267. *L'abdication est expresse, ou tacite et présumée.*
268. *En quels cas elle est présumée.*

---

(1) *Voy.* Maleville sur cet article.

269. *Ceux qui, par l'abdication présumée, ont perdu la qualité de Français, peuvent la recouvrer.*

270. *Mais pour l'avenir seulement.*

271. *Des Français qui, sans autorisation du Gouvernement, prendraient du service militaire chez l'étranger.*

266. C'est le hasard de la naissance qui donne à l'homme une patrie, en le plaçant dans telle société civile plutôt que dans telle autre. Or, comme personne ne peut être contraint de demeurer en société, tout homme est libre d'abdiquer sa patrie (1), pour en choisir une autre, hors les cas où son abdication dégénérerait en désertion.

267. L'abdication de la patrie est expresse, ou tacite et présumée.

L'abdication expresse est infiniment rare : on n'en connaît, dans les tems modernes, que le seul exemple donné par Jean-Jacques Rousseau;

---

(1) *Voy.* Grotius, Droit de la guerre et de la paix, liv. 2, chap. 5, § 24, et *ibi* Barbeyrac et Heineccius; Puffendorf, Droit de la nature et des gens, liv. 8, chap. 11; Devoirs de l'homme et du citoyen, liv. 2, chap. 18, § 15, et *ibi* Barbeyrac; Wolff, part. 7. pag. 187 et suiv.; Cicéron, cité par Grotius, *ubi suprà*; Merlin, nouveau Répertoire, v.° *Souveraineté.* C'est cette faculté d'abdiquer la patrie qui rend plus sacrée l'obligation d'obéir aux lois, comme l'observe fort bien Socrate dans Platon, *in Critone.* Il fait parler les lois : « Nous t'avons permis, » au cas que notre administration politique ne te convînt pas, de te » retirer et de t'établir où tu le jugerais plus avantageux. Les portes » d'Athènes sont ouvertes à quiconque ne s'y plaît pas; mais y rester » avec une parfaite connaissance, c'est consentir tacitement à se sou-» mettre à tout ce que nous pourrons ordonner ».

Traduction de Mendels-Sohn, dans la Vie de-Socrate, pag. 77, Paris, 1772.

et cet exemple, peu louable, n'aura point sans doute d'imitateurs.

268. L'abdication tacite se présume, suivant l'art. 17 du Code,

1°. Par la naturalisation acquise en pays étranger; car personne ne peut avoir deux patries (1).

2°. Par l'acceptation, non autorisée par le Gouvernement français, de fonctions publiques conférées par un Gouvernement étranger.

Par cette acceptation imprudente, on contracte, envers un Gouvernement étranger, des engagemens qui sont, ou qui peuvent devenir incompatibles avec la subordination et la fidélité qu'on doit à celui de son pays (2).

3°. Par tout établissement fait en pays étranger, sans esprit de retour; parce qu'alors on a rompu tous les liens qui attachaient à la patrie.

Mais les établissemens de commerce ne peuvent jamais être considérés comme ayant été faits sans esprit de retour. (Art. 17).

4°. L'abdication est encore présumée, quand une Française épouse un étranger. Elle a dû savoir qu'une femme suit la condition de son mari. (Art. 19).

---

(1) *Voy.* les Antiquités d'Heineccius, liv. 1, tit. 16, § 10.

(2) La disposition de l'art. 17, qui faisait perdre la qualité de Français par l'affiliation à toute corporation étrangère qui exigerait des distinctions de naissance, a été retranchée du Code par la loi du 3 septembre 1807.

Si elle devient veuve, elle recouvrera de suite la qualité de Française, pourvu qu'elle réside en France, ou qu'elle y rentre avec l'autorisation du Gouvernement.

269. Ces abdications présumées ne font point perdre irrévocablement la qualité de Français ; ceux qui l'ont perdue peuvent *toujours* la recouvrer, en rentrant en France avec l'autorisation du Roi, et en déclarant qu'ils veulent s'y fixer.

270. Mais comme leur réintégration ne doit pas être un signal de trouble et de discorde dans les familles (1), ils n'acquièrent la jouissance que des droits ouverts à leur profit depuis leur réintégration ; tous les droits ouverts auparavant sont irrévocablement perdus pour eux.

271. Il est une sorte d'abdication plus répréhensible ; c'est celle des Français qui, sans l'autorisation du Gouvernement, prendraient du service militaire chez l'étranger, ou qui s'affilieraient à une corporation militaire étrangère, et qui, par cette imprudence, ou plutôt par cette faute, s'exposeraient à porter les armes contre leur patrie. La loi les en punit, en les réduisant à une qualité pire que celle d'étranger. Non seulement ils perdent la qualité de Français, et ils ne peuvent la

_____

(1) C'est dans le même esprit que l'art. 16 du sénatus-consulte du 6 floréal an X, relatif à l'amnistie accordée pour fait d'émigration, porte que « les individus amnistiés ne pourront, en aucun cas et sous » aucun prétexte, attaquer les partages de présuccession ou autres » actes et arrangemens faits entre la République et les particuliers, » avant la présente amnistie ».

recouvrer qu'en rentrant en France, avec la permission du Gouvernement; mais, de plus, il faut
qu'ils remplissent les conditions imposées à l'é-
tranger *pour devenir citoyen;* c'est-à-dire qu'ils ne
redeviennent Français et qu'ils ne jouissent des
droits civils, qu'après avoir résidé en France pendant dix années consécutives, depuis leur rentrée
et leur déclaration de vouloir s'y fixer, comme
l'étranger ne devient citoyen qu'après le même
délai. (Art. 21).

Au lieu que l'étranger résidant en France jouit
de tous les droits civils, aussitôt qu'il a été admis
par le Gouvernement à établir son domicile en
France, et pendant qu'il continue d'y résider.
(Art. 13)

Il en est de même des individus qui n'ont perdu
la qualité de Français que par les autres espèces
d'abdications présumées; ils la recouvrent aussitôt qu'ils ont rempli les conditions qui leur sont
imposées. Les Français qui ont pris, sans autorisation, du service militaire chez l'étranger, sont
de plus exposés aux peines prononcées par la loi
criminelle, contre les Français qui ont porté ou
porteront les armes contre leur patrie.

SECTION II.

De la Perte des droits civils par la suite des condamnations judiciaires et de la mort civile.

Il y a des condamnations qui entraînent la perte de tous les droits civils; d'autres qui ne font qu'en suspendre l'exercice ; d'autres qui ne font perdre que les droits politiques et quelques - uns des droits civils ; car il est possible que la loi attache à certaines condamnations l'effet de priver le condamné de quelques droits civils sans le priver des autres, ou des droits politiques seulement, sans le priver des droits civils.

Nous examinerons dans cette section,

1°. Ce qu'on appelle *mort civile,* et quelles condamnations emportent la mort civile;

2°. Quand elle commence;

3°. Quels en sont les effets;

4°. Comment elle peut cesser, et quels effets produit la cessation;

5°. Quels sont les effets des condamnations qui n'emportent pas la mort civile.

———

§ Iᵉʳ.

Ce qu'on appelle mort civile, et quelles condamnations emportent la mort civile.

272. La perte de tous les droits civils, par suite

de condamnations judiciaires, est ce qu'on appelle *mort civile*, parce que l'individu frappé de ces condamnations se trouve retranché du sein de la société, par la privation de toute participation aux droits civils. (Art. 22). Si l'homme est encore vivant, la personne de l'associé est morte.

La mort civile était encourue, dans l'ancienne jurisprudence, par la condamnation, soit à la mort naturelle, soit à des peines perpétuelles, telles que les galères ou les travaux publics à perpétuité, et le bannissement de la France, aussi à perpétuité.

Suivant le Code, la condamnation à la mort naturelle emporte la mort civile. (Art. 23).

Les autres peines afflictives perpétuelles n'emportent la mort civile qu'autant que la loi y aurait attaché cet effet. L'art. 18 du Code pénal ordonne que les condamnations aux travaux forcés à perpétuité et à la déportation, emporteront la mort civile.

« Néanmoins, le Gouvernement pourra accor-
» der au déporté, dans le lieu de sa déportation,
» l'exercice des droits civils ou de quelques-uns
» de ces droits. »

La mort civile n'est point une peine, mais seulement la suite ou l'effet de la peine (1) à laquelle l'individu est condamné, et jamais on n'a condamné personne à la mort civile seulement. On

---

(1) Richer, de la Mort civile, pag. 47, 88, 151. *Junge* art. 22 et 24 du Code civil; art. 18 du Code pénal.

ne prononce point, on n'a même jamais prononcé la peine de mort civile ; elle est encourue de plein droit par la condamnation à une peine à laquelle la loi a attaché cet effet. La mort civile est l'état où se trouve le condamné après l'exécution de son jugement, soit réelle, soit par effigie.

§ II.

Quand commence la mort civile.

SOMMAIRE.

273. LES condamnations ne suffisent pas pour opérer la mort civile ; il faut de plus qu'elles soient exécutées, et la mort civile ne commence, à l'égard des condamnations contradictoires, qu'à compter *du jour* de leur exécution, soit réelle, soit par effigie, suivant l'art. 26.

Le législateur a voulu qu'avant de produire leur effet, la société eût connaissance des jugemens qui retranchent quelque citoyen de son sein. Si le condamné connaît son état par la prononciation de son jugement, la société ne peut en avoir connaissance que par l'exécution, qui est publique, et qui se fait à la face de la société.

En général, les jugemens n'ont d'effet qu'après leur signification. La mort civile retranche un homme du nombre des membres de la société: il y a donc deux parties à qui ce retranchement doit être notifié, le condamné lui-même et la société. La prononciation du jugement faite au condamné est, à son égard, une notification suffisante qu'il est retranché de la vie civile; mais elle ne suffit pas pour faire connaître son incapacité à la société. Tant qu'elle sera dans l'ignorance à cet égard, elle continuera de le regarder comme un de ses membres, avec qui elle peut valablement contracter. Or, cette notification n'a lieu que par l'exécution qui est publique (1).

D'ailleurs, puisque la mort civile n'est autre chose que la suite d'une peine, il est nécessaire que cette peine existe pour que la mort civile puisse exister aussi : la mort civile ne peut donc commencer que par l'exécution (2), puisque l'effet ne peut exister sans la cause qui le produit.

274. Il en résulte qu'un homme qui viendrait à décéder après la prononciation, mais avant l'exécution du jugement, décéderait dans l'intégrité de ses droits, *integri statûs* (3); quand même il

(1) Richer, de la Mort civile, pag. 149.
(2) Ce qui est conforme à l'ancienne jurisprudence fixée par l'arrêt de Duvernois, rapporté par Denisart, v.° *Mort civile*, n.° 26.
(3) Richer, *ibid.*, pag. 153.

décéderait en allant au lieu de son supplice, il aurait recueilli toutes les successions ouvertes depuis son jugement *jusqu'au jour de l'exécution.*

Nous disons *jusqu'au jour,* car l'art. 26 porte que la mort civile est encourue à compter *du jour de l'exécution.* Il ne dit pas *du moment,* ce qui s'accorde avec l'art. 2260, qui veut que la prescription se compte par jours et non par heures. Ainsi, la mort civile commence au premier moment du jour de l'exécution et avant qu'elle soit accomplie.

275. Le jour de l'exécution réelle est assuré par le procès-verbal que le greffier est obligé de dresser et de transcrire dans les vingt-quatre heures au pied de la minute de l'arrêt. La transcription fait preuve comme le procès-verbal même. (Article 378 du Code d'instruction criminelle).

L'exécution par effigie, qui se faisait autrefois sur l'effigie ou sur l'image du condamné (1), au lieu de l'être sur sa personne, se fait aujourd'hui au moyen d'un extrait du jugement de condamnation, affiché par l'exécuteur des jugemens criminels, à un poteau planté au milieu d'une place publique. (Art. 472). Il est rapporté procès-verbal de cette affiche.

Le jour de l'exécution des condamnations à la peine des travaux forcés à perpétuité, n'est pas

---

(1) *Voy.* la nouvelle Collection de Jurisprudence de Camus et Bayard, au mot *Effigie.*

moins assuré, puisque, suivant l'art. 22 du Code
pénal, le condamné, avant de subir sa peine, doit
être attaché au carcan sur la place publique, et
y demeurer exposé aux regards du peuple pendant une heure, et il est dressé procès - verbal
de cette exécution. (Art. 378 du Code d'instruction criminelle).

Quant à la déportation, il paraît difficile de
fixer le jour précis où la condamnation est exécutée.

276. Les condamnations par contumace n'emportent la mort civile qu'après les cinq ans qui
suivent l'exécution du jugement par effigie, et
pendant lesquels le condamné peut se présenter.
(Art. 27) (1).

Pendant ces cinq années, le contumax conserve
ses droits civils, mais il est privé de leur exercice
(art. 28), *à partir du jour de l'exécution de l'arrêt* (2). Ses biens, considérés et régis comme biens
d'absent, sont mis en séquestre sous la garde du
directeur des domaines et droits d'enregistrement
de son domicile, et le compte du séquestre est
rendu à qui il appartient, après que la condamnation est devenue irrévocable par l'expiration
du délai donné pour purger la contumace. (Article 471).

L'administration des domaines doit, après l'exécution, faire toutes les démarches et actes néces-

---

(1) *Voy.* Maleville sur cet article.
(2) Code criminel, art. 471 et 472.

saires pour mettre sous le séquestre les biens et droits du contumax, et elle doit les gérer et administrer au profit de l'État, jusqu'à l'envoi en possession en faveur des héritiers (1).

277. Mais durant le séquestre, il peut être accordé des secours à la femme, aux enfans, au père ou à la mère du condamné, s'ils sont dans le besoin. Ces secours sont réglés par l'autorité administrative (art. 475, Code d'instruction criminelle), c'est-à-dire par le préfet ou par le conseil de préfecture, et les droits des créanciers légitimes peuvent être exercés après avoir été reconnus par les tribunaux (2).

278. Si le condamné par contumace se présente volontairement dans les cinq années, à compter du jour de l'exécution, ou s'il est saisi et constitué prisonnier dans le même délai, le jugement est anéanti de plein droit et dans tous les points, dans la condamnation principale, comme dans les condamnations accessoires, telles que les dépens (3). Le condamné n'est plus et n'a jamais été qu'un simple accusé; il est remis en possession de ses biens. Les actes qu'il avait faits pendant la contumace qui le constituait dans un état d'interdiction légale, reprennent toute leur force, à l'exception de ceux qui seraient jugés frauduleux (4). Il est jugé de nouveau; et si, par ce nou-

---

(1) Avis du Conseil d'état, approuvé le 20 septembre 1809.
(2) *Ibid.*
(3) Locré, Esprit du Code civil, pag. 449, tom. 1, édition in-8°.
(4) Locré, *ibid.*, pag. 457.

veau jugement, il est condamné à la même peine, ou à une peine différente, emportant également la mort civile, elle n'aura lieu qu'à compter du jour de l'exécution du second jugement. (Art. 29 du Code civil).

Si le condamné meurt dans le délai de grâce des cinq années, sans s'être représenté, sans avoir été saisi ou arrêté, il est réputé mort dans l'intégrité de ses droits; son testament est valide, ainsi que les autres actes faits depuis sa condamnation, toujours les cas de fraude exceptés. Le jugement de contumace est anéanti complètement et de plein droit, comme dans les cas où il se serait représenté, sans préjudice néanmoins de l'action de la partie civile, pour la réparation civile du délit, et cette action ne peut être intentée contre les héritiers du condamné que par la voie civile.

Mais la partie civile peut se servir des preuves que lui offrent les procès-verbaux de la police judiciaire (1).

§ III.

Quels sont les effets de la mort civile.

SOMMAIRE.

279. *L'énumération des effets de la mort civile contenue dans l'art. 25, est énonciative et non limitative.*

---

(1) Locré, tom. 1, édition in 8e., pag. 450.

280. *Effet général de la mort civile.*

281. *Effets particuliers, perte des propriétés, comme dans le cas de mort naturelle.*

282. *Incapacité de succéder et de transmettre sa succession, de faire ou de recevoir des donations entre vifs ou testamentaires.*

283. *Incapacité d'être tuteur, témoin, de procéder en justice, autrement que par curateur.*

284. *Incapacité de contracter un mariage qui produise les effets civils, hors le cas de la bonne foi de l'autre époux.*

285. *Les mariages contractés avant la mort civile sont dissous quant aux effets civils, non quant au lien. Les mariages contractés depuis sont nuls quant aux effets civils, non quant au lien.*

286. *Ouverture des droits respectifs de l'autre époux et des héritiers du condamné.*

287. *Extinction des usufruits et non des rentes viagères.*

288. *Aliénations faites par l'accusé avant la mort civile encourue.*

289. Quid *des testamens.*

279. Nous avons vu que la mort civile est le retranchement absolu de la société, et qu'elle prive le condamné de toute participation aux droits civils. L'art. 25 fait une énumération des droits dont la mort civile emporte la privation; mais cette énumération n'est pas limitative, comme on pourrait le croire en la rapprochant de l'art. 22, qui porte : « Les condamnations à des peines dont l'effet est de priver le condamné de toute participation aux droits civils *ci-après exprimés,* emportent la mort civile. »

Il résulte de la discussion faite au Conseil

d'état (1), que l'intention ne fut point de faire une énumération limitative des droits dont la mort civile prive le condamné, parce qu'il est difficile d'en faire une exacte et complète sans en omettre aucun. On crut néanmoins devoir énumérer ces principaux droits, pour prévenir les doutes qui s'élevaient sur les effets les plus ordinaires de la mort civile, tels que le mariage, l'ouverture des gains de survie. Les principes n'étaient point assez certains pour se dispenser de les fixer; mais on reconnaissait qu'une énumération limitative aurait le grand inconvénient de faire tourner l'omission à l'avantage du condamné. Disons donc que l'énumération de l'art. 25 n'est qu'énonciative, et que le condamné est privé de tous les droits civils, même de ceux qui ne se trouveraient pas compris dans cette énumération.

280. L'effet général de la mort civile est que les individus qui en sont frappés ne sont plus au rang des personnes de la société, *personam non habent* (2). Ils conservent la qualité d'homme, que la loi ne peut leur ôter. Elle est forcée de les reconnaître pour physiquement vivans. Elle leur retire les droits civils qui sont son ouvrage, mais elle ne peut leur ôter les droits que la loi naturelle attache à la qualité d'homme.

Ainsi ils jouissent du droit de sûreté, si ce n'est en ce qui concerne l'exécution de leur condam-

---

(1) *Voy.* Locré, tom. I, pag. 581.
(2) Locré, tom. I, pag. 384 et 385, édition in-8°.

nation. Les attentats commis contre leurs personnes sont punis, comme ils le seraient eux-mêmes s'ils commettaient de nouveaux crimes.

Ils jouissent du droit de liberté, aussi en tout ce qui ne concerne pas l'exécution de leur condamnation. Ils peuvent même en jouir d'une manière presque absolue et indéfinie, lorsqu'ils ont prescrit contre leur peine. (Art. 32).

Quant au droit de propriété, ils en sont irrévocablement dépouillés pour le passé, à l'exception des alimens, auxquels ils conservent un droit en qualité d'hommes (1).

Mais ils ne sont pas dépouillés de la faculté d'acquérir à titre onéreux, de posséder, de commercer (2).

281. Après ces notions générales, il faut examiner les effets particuliers de la mort civile.

L'art. 25 en énonce neuf :

1°. Le condamné perd irrévocablement la propriété de tous les biens qu'il possédait. Sa succession est ouverte au profit de ses héritiers, auxquels ses biens sont dévolus par la loi, de la même manière que s'il était mort naturellement *et sans*

---

(1) Regnaud de Saint-Jean-d'Angély et Tronchet, Procès-Verbal, pag. 56 et 57; Locré, tom. I, pag. 385; art. 33 du Code, et même art. 25. *Versic.* « Il ne peut procéder en justice que sous le nom d'un curateur spécial ».

(2) Carondas, dans ses Observations, au mot *Banni*, rapporte un arrêt du 5 juillet 1588, qui juge qu'un homme banni à perpétuité hors de France, pourrait trafiquer par correspondant. *Vey.* Richer, pag. 205 et 206.

testament. Celui qu'il aurait pu faire avant la mort civile devient nul (1), parce qu'il faut avoir la capacité de tester à l'époque de l'acte et à celle de la mort, pour qu'un testament soit valide.

282. 2°. Il ne peut plus ni recueillir aucune succession, ni transmettre à ce titre les biens qu'il a acquis par la suite; ainsi ses enfans mêmes ne lui succèdent pas. La mort civile détruit toute parenté civile : il ne reste que la parenté naturelle, qui n'est pas seule une cause de succéder.

3°. Il ne peut disposer de ses biens en tout ou en partie, soit par donation entre vifs (2), soit par testament, ni recevoir à ce titre, si ce n'est pour cause d'alimens. (Art. 25).

Le motif de cette exception vient de ce que la loi ne pouvant méconnaître l'existence naturelle du condamné, ne peut lui défendre de recevoir des alimens (3).

---

(1) Art. 25, v.° *Sans testament;* Maleville, tom. I, pag. 63, tom. II, pag. 365; Richer, pag. 476, et les lois qu'il cite.

(2) Il y a pourtant une distinction à faire. Les donations d'effets mobiliers qui se consomment par la tradition, et qu'on appelle donations manuelles, sont demeurées dans les termes du droit naturel. L'individu mort civilement peut faire et recevoir de pareilles donations, mais non des donations d'immeubles et autres, qui doivent être rédigées par écrit. Celles-là ont reçu leurs formes du droit civil, qui fixe les conditions sous lesquelles elles sont valables. Quoiqu'elles aient leur principe dans la loi naturelle, elles sont devenues des matières de droit civil. Locré, tom. I, pag. 388.

(3) Autrement, dit-on au Conseil d'état, la loi ne se bornerait plus à le frapper de mort civile; elle lui infligerait implicitement la peine de mort, en le privant des moyens de conserver la vie. Locré, tom. I, pag. 389.

Mais si l'accusé est condamné à mort, et s'est soustrait à la peine, ce raisonnement ne lui est plus applicable. Ne faudrait-il pas faire une

283. 4°. Il ne peut être nommé tuteur, curateur, ni concourir aux opérations relatives à la
tutelle. Les liens de parenté civile qui l'attachaient à une famille sont rompus.

5°. Il ne peut être témoin dans un acte solennel ou authentique, parce qu'il a perdu les droits
politiques et civils, avec les qualités de citoyen
et de Français.

Il ne peut être admis à porter témoignage en
justice. Son crime et sa condamnation ont rendu
sa sincérité suspecte. La morale publique repousse
le témoignage d'un homme ainsi flétri (1).

Le Conseil d'état s'était réservé d'examiner,
lors de la discussion du Code criminel, s'il ne
convient pas d'admettre une exception pour le cas

---

distinction entre l'individu condamné à mort contradictoirement, mais
qui s'est évadé, et celui qui est condamné par contumace, qui n'est
condamné qu'aux travaux publics ou à la déportation ?

Le premier est véritablement mort civilement dans l'acception la
plus étendue qu'on puisse donner à ce mot. Le citoyen et l'homme
sont morts aux yeux de la loi et du magistrat, qui, loin de leur devoir
aucune protection, ne peuvent s'occuper de leur existence que pour les
en faire priver.

Il n'en est pas ainsi de celui qui n'est condamné qu'aux travaux publics : il perd tous les droits de cité, les droits civils et politiques, et
par conséquent les droits de famille ; il perd de plus la liberté ; il devient esclave de la peine ; mais enfin, en ne le privant pas de la vie, la
loi veut qu'il la conserve, et permet qu'il use des moyens d'une légitime industrie pour la conserver. La condition de celui qui est condamné à la déportation est encore plus avantageuse ; il est libre dans le
lieu de sa déportation ; il peut y jouir de quelques droits civils : il serait
donc raisonnable d'établir des distinctions entre les individus morts civilement. *Voy.* Richer, pag. 206, 207 et 250.

(1) Richer, pag. 251.

où l'individu devient témoin nécessaire dans les affaires criminelles (1). Mais on ne trouve sur ce point aucune disposition dans le Code d'instruction criminelle.

6°. Les capacités naturelles qui restent au condamné, telles que la faculté d'acquérir et de posséder, de recevoir des alimens et de commercer, lui donnent des droits qu'il doit pouvoir défendre en justice.

Mais on n'a pas trouvé convenable qu'il procédât sous son nom ou sous celui d'un mandataire qui le représentât : il ne peut donc procéder en justice, ni en défendant ni en demandant, que sous le nom et par le ministère d'un curateur spécial (2) qui lui est nommé par le tribunal où l'action est portée.

En cela, comme en beaucoup d'autres choses, sa condition est pire que celle d'un étranger.

284. 7°. « Il est incapable de contracter un mariage qui produise *aucun effet civil.* »

Remarquons qu'en refusant tous les effets civils aux mariages contractés depuis la mort civile, on reconnaissait au Conseil d'état que ces mariages

_____

(1) *Voy.* Locré, tom. I, pag. 591.

(2) Comment et par qui ? *Voy.* un arrêt de Rouen, du 12 mai 1808. Sirey, an 1808, 2.e part., pag. 218. Il s'agissait du curateur à nommer à un condamné à six ans de fers : l'arrêt jugea qu'il devait être nommé par les parens ; ce qui est conforme à l'art. 29 du Code pénal. Mais le curateur d'un individu frappé de mort civile doit être nommé par le tribunal. Art. 25 du Code. Cet individu n'a plus.de parens.

étaient avoués par la loi naturelle et par la religion (1).

Néanmoins, quoique les enfans qui en sont issus ne soient pas flétris dans l'opinion publique, leur sort, aux yeux de la loi, est le même que celui des enfans nés hors mariage : ils ont sur les biens de celui de leur père ou mère qui n'est pas mort civilement, les mêmes droits que le Code accorde aux enfans nés hors mariage. Quant aux biens acquis par l'autre époux depuis sa mort civile, comme après le décès, ils appartiennent à l'Etat; les enfans n'y peuvent rien prétendre qu'au moyen de la bienfaisance du Roi, si ce ne sont peut-être, en cas de nécessité, les alimens, que la loi naturelle ne permet pas de leur refuser

La veuve ne peut également rien prétendre à ces biens, ni aux crédits et billets consentis à son mari mort civilement; mais il semble qu'on ne pourrait la dépouiller d'aucune partie des meubles qui se trouvent dans la maison qu'elle habite, car son mari étant retranché du sein de la société, la loi ne peut reconnaître qu'elle pour maîtresse de la maison.

Remarquez que si l'un des époux était dans la bonne foi, et s'était marié sans connaître la mort civile de l'autre époux, le mariage produirait tous les effets civils, à l'égard des enfans et de l'époux qui est dans la bonne foi. (Art. 201).

---

(1) *Voy.* Locré, tom. I, pag. 593, édition in-8°.

M. Merlin soutient une opinion contraire dans le Nouveau Répertoire , au mot *Empêchement ,* pag. 509, et au mot *Légitimité,* pag. 207. Une autorité aussi imposante effraie d'abord ; mais le principe que j'ai suivi fut professé au Conseil d'état, séance du 5 vendémiaire an X, tome V, pag. 269. Tronchet dit, « qu'un homme mort ci-» vilement ne pouvant communiquer les droits » de famille, ni par conséquent donner à ses en-» fans le droit de succéder à des collatéraux, il » est inconséquent de supposer que son mariage » aura des effets vis-à-vis des tiers.

» Le citoyen Regnaud dit que ce serait contre-» dire le principe adopté sur la mort civile , la-» quelle retranche tellement un homme de la so-» ciété, que la loi ne reconnaît pas ses enfans.

» Le citoyen Réal observe que l'état des enfans » pourrait cependant *être assuré par la bonne foi* » *de l'autre époux.*

» Le citoyen Tronchet dit *que les effets de cette* » *bonne foi sont une exception à la règle générale;* » *qu'au surplus, ils sont bornés à celui des deux* » *époux qui a été trompé et à ses enfans.* »

Ainsi MM. Tronchet et Réal pensaient que la bonne foi d'un des époux donnait les effets civils au mariage contracté par un individu mort civilement, et cette opinion ne trouva pas de contradicteurs. C'est dans cet esprit que fut rédigé le titre du mariage.

Dans l'ancienne jurisprudence, le mariage contracté depuis la mort civile n'était pas nul, mais il était privé des effets civils, et la déclaration de 1659 rendait *incapables de toutes successions* « les » enfans procréés par ceux qui se marient après » avoir été condamnés à mort....., si, avant leur » décès, ils n'ont été remis au premier état, etc. »

C'est cette *incapacité* générale de toutes successions qui faisait la difficulté, et qui portait quelques auteurs à penser que la bonne foi d'un des époux ne suffisait pas pour rendre aux enfans le droit de succéder, et lever l'incapacité que la loi leur avait imprimée. (*Voy.* Richer, liv. 3, chap. 3, pag. 225) (1).

Les principes sur les effets du mariage putatif n'étaient alors fixés par aucune loi ; aujourd'hui, l'art. 201 dit en général, « que le mariage déclaré » nul produit néanmoins les effets civils, lorsqu'il » a été contracté de bonne foi. »

Cette disposition générale n'excepte point le mariage contracté depuis la mort civile.

Mais si ces enfans sont légitimes, ils ne succéderont pas aux biens que leur père a acquis depuis la mort civile. L'art. 33 du Code donne ces biens à l'État, par droit de déshérence ; il autorise seulement à les donner aux enfans.

---

(1) Pothier, *du Mariage*, pag. 435, pense que la bonne foi de l'époux trompé donne au mariage les effets civils. *Voy.* aussi Duparc-Poullain, sur l'art. 610 de la Coutume de Bretagne, Conférence, note *d*, et ses Principes de droit, tom. 1, pag. 132 et 206.

Ainsi, ces enfans succéderont à leur aïeul, mais non à leur père.

285. 8°. Le mariage qu'avait précédemment contracté le condamné est dissous, quant *à tous ses effets civils.* (Art. 25 seulement).

Dans le droit romain et dans l'ancienne législation française, le mariage n'était point dissous quant au lien, par la mort civile. L'est-il sous l'empire du Code?

Les mariages contractés par les émigrés en pays étrangers, pendant la mort civile, sont-ils nuls?

Nous nous sommes livré à l'examen approfondi de ces questions, dans une consultation imprimée, délibérée avec MM. Malherbe, Corbière, Lesbaupin, Carré et Vatar.

Nous croyons y avoir prouvé jusqu'à la démonstration que, suivant les anciennes lois françaises, le mariage n'était point dissous quant au lien par la mort civile; que les mariages contractés depuis la mort civile étaient valables, aussi quant au lien, quoique privés des effets civils, mais que ces effets leur étaient rendus, lorsque les individus morts civilement étaient rétablis dans leur premier état.

Nous avons prouvé ensuite que les lois intermédiaires respectèrent ce principe; que le Code civil s'est en ce point conformé à l'ancienne législation; et que l'opinion de ceux qui voulaient introduire la nullité *quant au lien,* des mariages contractés pendant la mort civile, et la dissolution, aussi *quant au lien*, des mariages contractés auparavant, ne fut point admise dans les conférences tenues au Conseil d'état, pour la discussion du Code.

Enfin nous avons répondu au préjugé qu'élève sur ce point l'arrêt échappé à la Cour de cassation, du 16 mai 1808.

Pour éviter les répétitions et les longueurs, nous renvoyons, pour le développement, à la consultation citée (1).

286. 9°. Un dernier effet, qui est une suite des précédens, est que l'époux et les héritiers du condamné peuvent exercer respectivement les droits et les actions auxquels sa mort naturelle donnerait ouverture.

Dans l'ancienne jurisprudence, la mort civile ne donnait pas ouverture aux gains de survie : ils ne sont dus qu'en vertu d'une convention; et la loi ne pouvant rien changer aux conventions, il semblait que ces droits ne pouvaient s'ouvrir que par la mort naturelle, qui est la condition sous laquelle ils ont été stipulés; car les époux ne prévoyaient pas la mort civile de l'un d'entre eux lorsqu'ils ont contracté.

Mais la loi explique ou supplée en bien des cas à l'intention des contractans. Elle fait ici ce

___

(1) Consultation de plusieurs anciens avocats de Rennes, sur la validité des mariages contractés par les émigrés français, etc. Chez Warée oncle, libraire de la Cour royale, cour de la Sainte-Chapelle, n.° 13, et au Palais de Justice, à Paris, in-8.° de 64 pages, 1 fr. 25 c.

qu'eût fait la convention, si les parties avaient pu prévoir la mort civile de l'une d'elles.

287. C'est par la même raison que l'usufruit s'éteint par la mort civile de l'usufruitier, aussi bien que par sa mort naturelle. (Art. 617).

Il en est de même, en général, de tous les droits auxquels sa mort naturelle peut donner ouverture, soit en vertu de la loi, soit en vertu de la convention. Il faut excepter la rente viagère, qui ne s'éteint pas par la mort civile du propriétaire (1), et dont le paiement doit être continué pendant sa vie naturelle, soit à lui, si elle a la nature de rente alimentaire, soit, dans le cas contraire, à ses héritiers (2), mais sans être dispensés de prouver l'existence du condamné par un certificat de vie.

Tels sont les effets de la mort civile.

288. On avait proposé de décider, par une disposition générale, que tous les actes d'aliénation faits par l'accusé sont réputés frauduleux, dans le cas où il est condamné à une peine qui entraîne la mort civile (3).

Mais cette proposition fut rejetée, parce qu'elle

---

(1) Art. 1982.

(2) Maleville, pag. 51, dit que la rente court au profit des héritiers du condamné. Je crois la distinction que je fais dans l'esprit du Code. *Voy.* aussi Richer, pag. 474. Le projet de l'art. 1982 portait que le paiement serait fait à ses héritiers. Cela fut retranché. *Voy.* Maleville sur cet article. Nous verrons, au titre de l'Usufruit, pourquoi il s'éteint par la mort civile de l'usufruitier, à la différence de la rente viagère.

(3) *Voy.* Locré, tom. I, pag. 448, et Maleville, pag. 62.

aurait imprimé à l'accusé une incapacité qui l'eût privé du moyen d'arranger ses affaires, et qui aurait souvent paralysé des transactions légitimes et indispensables. Il eût été étonnant qu'on laissât à l'accusé la puissance paternelle, les droits de mariage, tous les actes civils, à l'exception de celui que réclame le plus fortement l'intérêt de sa famille.

Ainsi les actes faits par l'accusé, et même par le condamné, avant l'exécution de son jugement, ou par le contumax, dans les cinq années que la loi lui accorde pour se représenter, sont valides (1). Ils sont seulement susceptibles d'être annulés quand les circonstances les accusent de fraude, et qu'ils blessent les droits des tiers.

289. Quant aux testamens, nous avons vu ci-dessus qu'ils deviennent nuls par la mort civile du testateur. Mais ils sont valides, s'il meurt avant la mort civile encourue, parce qu'il meurt dans l'intégrité de ses droits, quand même il se serait volontairement donné la mort, parce que nos lois ne prononcent pas de peine contre le suicide (2). D'ailleurs celui du condamné, quoique bien déplorable aux yeux de la morale et de la religion, n'a rien de dangereux pour la société, qu'il débarrasse d'un membre qui méritait d'en être retranché. Il ne profite qu'aux héritiers, et

___

(1) Locré, tom. I, pag. 413. Portalis, cité par Locré, pag. 409.

(2) Locré, pag. 412 et 414.

non au condamné lui-même; il a pour cause la conservation de l'honneur ou l'intérêt des enfans

---

§ IV.

Comment la mort civile peut cesser, et quels sont les effets de la cessation.

SOMMAIRE.

290. *La mort civile cesse de deux manières, mais pour l'avenir seulement.*
291. *Par la grâce du prince.*
292. *Par un jugement d'absolution.*
293. *Effets de la cessation de la mort civile, relativement aux biens et aux enfans.*
294. *La mort civile ne cesse ni par la réhabilitation, ni par la prescription de la peine.*

290. LORSQUE la mort civile a été encourue, les effets qu'elle a produits sont irrévocables.

L'individu mort civilement ne peut être rétabli dans ses droits civils que pour l'avenir seulement, et non pour le passé.

Ce rétablissement peut avoir lieu de deux manières, par la grâce du prince ou par un jugement d'absolution.

291. Par la grâce du prince (1), lorsque le Roi, usant de la prérogative que lui accorde l'art. 67

---

(1) *Voy.* Richer, pag. 517.

de la Charte constitutionnelle, juge à propos de faire grâce au condamné.

Si la grâce est accordée avant l'exécution du jugement, il n'y a point de mort civile; le condamné n'a pas perdu un seul instant les droits civils.

Si elle est accordée après l'exécution du jugement, la mort civile a été encourue; le condamné qui obtient grâce ne recouvre les droits civils que pour l'avenir, et à compter du jour de la grâce accordée. Ce jugement conserve pour le passé tous les effets que la mort civile a produits. (Argum. de l'art. 3o).

292. La mort civile cesse par un jugement d'absolution, lorsque celui qui était condamné par contumace se présente à la justice, ou est arrêté après les cinq ans, à compter du jour de l'exécution du jugement.

293. S'il est absous par le nouveau jugement, ou condamné à une peine qui n'emporte pas la mort civile, il rentre dans la plénitude de ses droits civils pour l'avenir, et à compter du jour où il aura reparu en justice (1); mais le premier jugement conservera, pour le passé, les effets que la mort civile avait produits dans l'intervalle écoulé depuis l'époque de l'expiration des cinq

---

(1) Art. 3o; Richer, pag. 5a6; Duparc-Poullain, Principes du droit, tom. 1, pag. 194; Hévin, sur l'art. 610 de la Coutume de Bretagne; tom. 1J de la grande Coutume de Duparc, pag. 318.

ans, jusqu'au jour de sa comparution en justice. (Art. 30).

Ses biens ne lui sont pas rendus; la mort civile l'en a dépouillé sans retour.

Ses enfans, s'ils sont nés avant l'expiration des cinq ans, sont de plein droit légitimes, en vertu de la règle *pater is est quem nuptiæ demonstrant*, consacrée par l'art. 312 (1).

Il en est de même des enfans nés dans les trois cents jours depuis l'expiration des cinq années. Quant à ceux qui naissent après les trois cents jours, ils sont aussi légitimes, puisque, ainsi que nous l'avons dit n°. 232, le lien du mariage n'est pas dissous par la mort civile.

Mais ils ne pourront succéder aux biens qu'avait leur père au moment où sa mort civile a été encourue, puisqu'ils n'étaient ni nés, ni conçus à cette époque : ils ne pourront succéder qu'aux biens que leur père aurait acquis depuis la mort civile (2).

294. La mort civile ne peut cesser par la réhabilitation, qui, suivant l'art. 619 du Code d'instruction criminelle, n'est établie qu'en faveur de ceux qui ont subi leur peine : ce qu'on ne peut pas dire dans le cas de la mort civile, qui n'est la suite que des peines perpétuelles et non des peines temporaires. (Art. 24 du Code civil).

---

(1) Locré, tom. I, pag. 447.

(2) *Voy.* Duparc-Poullain, Principes du droit, tom. I, pag. 206.

Quant à la prescription établie par l'art. 635 du même Code, qui veut que les peines portées par les arrêts ou jugemens « rendus en matière » criminelle, se prescrivent par vingt années ré-» volues, à compter de la date des arrêts ou juge-» mens », non seulement elle ne fait pas cesser les effets de la mort civile pour le passé, mais elle ne réintègre pas le condamné dans ses droits civils pour l'avenir. (Art. 32 du Code civil). (1)

Il demeure irrévocablement retranché de la société ; il ne peut même en aucun cas, s'il a été condamné par défaut ou par contumace, être admis à se présenter pour purger le défaut ou la contumace , afin de recouvrer l'honneur et son état par un jugement d'absolution. Quelque dur qu'il paraisse de repousser un homme qui veut se justifier, on ne peut plus autoriser à se mettre en jugement celui qui ne peut plus être condamné (2).

Il demeure libre, puisqu'il a prescrit sa peine ; mais il ne peut résider dans le département où demeureraient, soit celui contre la personne ou contre la propriété duquel le crime a été commis, soit ses héritiers directs. (Art. 635 du Code d'instruction criminelle).

Le Gouvernement peut même assigner au condamné qui a prescrit sa peine , le lieu de son domicile. (*Ibid.*)

---

(1) *Voy.* Locré , pag. 451 ; Richer, pag. 534.
(2) *Voy.* Locré, pag. 454 ; la loi du 3 brumaire an IV, art. 460.

§ V.

Quels sont les effets des condamnations qui n'empor-
tent pas la mort civile.

SOMMAIRE.

295. Les condamnations à des peines afflictives
ou infamantes, qui n'emportent pas la mort civile, font néanmoins perdre au condamné tous
les droits politiques attachés à la qualité de citoyen ; elles lui font également perdre plusieurs
droits civils, suivant la nature de la peine, et
elles suspendent, pendant sa durée, l'exercice de
tous les autres droits. « Quiconque aura été con-
» damné à la peine des travaux forcés à tems,
» du bannissement, de la reclusion ou du carcan,
» ne pourra jamais être juré, ni expert, ni être
» employé comme témoin dans les actes, ni dé-
» poser en justice, autrement que pour y donner
» de simples renseignemens.

» Il sera incapable de tutelle et de curatelle, si
» ce n'est de ses enfans, et sur l'avis seulement
» de la famille.

» Il sera déchu du droit de port d'armes et

» du droit de servir dans les armées du royaume.
» (Art. 28 du Code pénal). »

» Quiconque aura été condamné à la peine
» des travaux forcés à tems, ou de la reclusion,
» sera, de plus, pendant la durée de sa peine,
» en état d'interdiction légale ; il lui sera nommé
» un curateur pour gérer et administrer ses biens,
» dans les formes prescrites pour la nomination
» des curateurs aux interdits. (Art. 29).

» Ses biens lui seront remis après qu'il aura
» subi sa peine, et le curateur lui rendra compte
» de son administration. (Art. 30).

» Pendant la durée de la peine, il ne pourra
» lui être remis aucun secours, aucune portion
» de ses revenus. (Art. 31). »

Le Code pénal de 1791, 1re. partie, tit. 4, art. 5,
ajoutait que, pendant la durée de sa peine, on
peut, en vertu d'un jugement rendu sur l'avis
des parens et du curateur, prélever les sommes
nécessaires pour élever et doter ses enfans, ou
pour fournir des alimens à sa femme, à ses enfans, à ses père ou mère, s'ils sont dans le besoin.

Cette disposition, qui ne se trouve pas dans le
nouveau Code pénal, ne doit pas pour cela être
considérée comme abrogée, car elle est fondée sur
le droit commun : c'est ainsi que, par l'art. 475
du Code d'instruction criminelle, il peut être accordé des secours à la femme, aux enfans, au
père ou à la mère de l'accusé contumax, dont
les biens sont séquestrés.

296. Tout condamné à une peine afflictive ou infamante, peut, après avoir subi sa peine, être réhabilité dans les formes prescrites par le Code de procédure criminelle. (Art. 619).

Cette réhabilitation fait cesser pour l'avenir, dans la personne du condamné, toutes les incapacités qui résultaient de la condamnation. (Art. 633 *ibid.*)

297. Les peines correctionnelles ont même quelquefois l'effet de dépouiller celui qui les a subies de quelques-uns de ses droits.

» Les tribunaux jugeant correctionnellement,
» peuvent, dans certains cas, interdire, en tout
» ou en partie, l'exercice des droits civiques, civils
» et de famille, suivans :

1°. De vote et d'élection;

2°. D'éligibilité;

3°. D'être appelé ou nommé aux fonctions de juré, ou autres fonctions publiques, ou aux emplois de l'administration, ou d'exercer ces fonctions ou emplois;

4°. De port d'armes;

5°. De vote et de suffrage dans les délibérations de famille;

6°. D'être tuteur, curateur, si ce n'est de ses enfans, et sur l'avis seulement de la famille;

7°. D'être expert ou employé comme témoin dans les actes;

8°. De témoignage en justice autrement que pour y faire de simples déclarations. (Art. 42 du Code pénal).

Mais les tribunaux ne peuvent prononcer ces interdictions, que lorsqu'elles sont autorisées ou ordonnées par une disposition particulière de la loi. (Art. 43 *ibid.*).

TITRE II.

Des Actes de l'état civil.

SOMMAIRE.

298. *Liaison de ce titre avec les précédens.*
299. *Comment on peut prouver son état.*
300. *Ce titre ne parle que des actes de naissance, de mariage et de décès.*
301. *Dispositions des anciennes lois sur ce point, changées par le droit nouveau.*
302. *Division du titre.*

298. Après avoir vu quels sont les droits civils, comment ils s'acquièrent, comment ils se perdent, il faut voir comment on peut prouver l'état civil.

Telle est la liaison de ce titre avec le précédent.

299. On ne peut prouver son état que de quatre manières :

Par la possession,

Par témoins,

Par des papiers domestiques,

Par des actes publics.

La préférence due à ce dernier genre de preuves, lui a fait donner la prééminence sur tous les autres, qui ne sont admis que lorsque celui-ci vient à manquer.

On peut distinguer quatre espèces d'actes qui intéressent l'état civil :

Ceux de naissance,

D'adoption,

De mariage,

De décès.

Mais au moment où la rédaction de ce titre fut arrêtée, la matière de l'adoption était encore en discussion. Il parut prématuré de déterminer la forme des actes qui y sont relatifs, avant de savoir si cette institution serait admise, et à quels actes elle pourrait donner lieu (1).

300. On se borne donc, dans ce titre, à régler la forme des actes relatifs aux trois grandes époques de la vie, qu'il est toujours nécessaire de constater, la naissance, le mariage et la mort. Il importe également à la société (2), au public, aux individus et aux familles, que ces trois événemens soient constatés de manière que l'époque n'en puisse être révo-

---

(1) Thibaudeau, Exposé des motifs, tom. II, pag. 92, édition de Didot.

(2) Les individus composent les familles, et les familles composent l'État, qui est la grande famille, ou la réunion de toutes les familles. Chaque individu n'appartient donc pas uniquement à sa famille ; il appartient aussi à l'État. « *Non tantùm parenti cujus esse dicitur, verùm* » *etiam reipublicæ nascitur* ». Loi 1, § 15, de vent. in possess. mitt.

Illud considerare oportet, nullum nostrùm sibi soli natum esse, sed ortùs nostri partem sibi patriam vindicare, partem parentes, partem amicos. Plato, Epist. IX.

quée en doute. La loi n'a point voulu abandonn er le soin de les constater et d'en conserver les preuves aux individus ou aux familles intéressées. Elle en a chargé des officiers publics, qu'elle nomm e officiers de l'état civil, parce que c'est dans le s registres qu'ils tiennent qu'est contenue la preuv e de l'état civil de tous les Français.

Ce serait vainement que les individus, ou l es familles, voudraient constater ces trois grand s événemens par des actes privés, ou même par des actes publics. Ces actes seraient insuffisans pou r établir l'état civil, dont la preuve, sauf les cas d'exception, ne peut régulièrement se tirer qu e des registres où la loi veut qu'elle soit consignée par les officiers qui en sont chargés.

3o1. Nos anciennes lois avaient confié aux curés des paroisses la tenue des registres de l'état civil. Il était assez naturel que les mêmes hommes dont on allait demander les bénédictions et les prières, aux époques de la naissance, du mariage et du décès, fussent chargés d'en constater les dates et d'en rédiger les procès-verbaux. On convient généralement que les registres de l'état civil étaient bien et fidèlement tenus par des hommes dont le ministère exigeait de l'instruction et une probité scrupuleuse.

Mais l'Assemblée constituante décida qu'il serait établi pour tous les Français, sans distinc tion, un mode de constater les naissances, les mariages et les décès. La liberté des cultes étant devenue constitutionnelle, il fallait rendre la va-

lidité des actes de l'état civil indépendante des
dogmes religieux. Dès lors, les registres ne pouvaient plus demeurer dans les mains des curés.
La loi du 20 septembre 1792, qui est encore suivie, en confia la garde aux municipalités, et voulut qu'ils fussent tenus et rédigés par des officiers
publics purement civils, nommés par les conseils
généraux des communes, et qui, en cas d'absence
ou d'empêchement légitime, sont remplacés par
le maire, par un officier municipal, ou par un
autre membre du conseil général.

Cet ordre de choses, après avoir été modifié par
les lois des 19 décembre 1792, 28 nivôse, 14 et
21 fructidor an II, 3 ventôse an III, et 19 vendémiaire an IV, l'a été par la loi du 28 pluviôse
an VIII, art. 13, qui charge les maires et adjoints
de tenir les registres.

Les curés n'ont pas toujours été heureusement
remplacés par les officiers civils (1). On a remarqué dans plusieurs communes des inexactitudes, des omissions, des infidélités même, parce
que, dans les unes, ce n'était plus l'homme le plus
capable, dans d'autres, le plus moral, qui était
chargé des registres. C'est sans doute par cette raison que le Code civil n'a point décidé si les fonctions d'officier de l'état civil resteront dans les
mains où les lois antérieures les ont déposées; il
s'est borné à prononcer que ces actes seront reçus

_____

(1) Siméon, Exposé des motifs, tom. II, pag. 109.

par des officiers civils, sans désigner ces officiers. C'est un objet réglementaire qui n'appartient point au Code civil, dans lequel il ne doit entrer que des dispositions fixes et invariables. Nous verrons, ci-après, à quelle responsabilité ces officiers sont assujettis.

302. Les formalités relatives aux actes de l'état civil sont de deux espèces : les unes sont générales, les autres particulières.

De plus, il peut être nécessaire de suppléer ces actes, lorsqu'il n'en existe point, ou qu'ils ont été perdus, ou bien de rectifier les erreurs qu'on y aurait commises : ce titre est donc divisé en six chapitres.

Le premier, sous le nom de dispositions générales, contient les règles et les principes communs à tous les actes de l'état civil.

Les deuxième, troisième et quatrième, contiennent les règles particulières aux actes de naissance, de mariage et de décès.

Le cinquième règle ce qui concerne les actes de l'état civil des militaires hors du territoire de la République.

Enfin, le sixième règle la manière de rectifier les erreurs commises dans les actes de l'état civil. Nous y ajouterons la manière d'y suppléer.

CHAPITRE PREMIER.

Dispositions générales.

SOMMAIRE

303. La principale formalité commune à tous les actes de l'état civil, est qu'ils soient inscrits sur des registres. (Art. 40). L'officier public qui se permettrait d'en inscrire sur une feuille volante, pourrait être poursuivi comme nous le dirons ci-après, n°. 312.

304. Les autres formalités relatives à la tenue des registres, sont, 1°. qu'ils soient tenus dou-

bles par l'officier public de chaque commune. On peut, suivant le plus ou le moins d'étendue de la population, n'avoir qu'un seul registre pour tous les actes civils, ou trois séparés, l'un pour les naissances, l'autre pour les mariages, le troisième pour les décès; mais, dans tous les cas, chaque registre doit être tenu double.

2°. Les registres doivent être cotés par première et dernière, et paraphés sur chaque feuille par le président du tribunal de première instance, ou par le juge qui le remplace. (Art. 41).

3°. Ils doivent être clos et arrêtés par l'officier de l'état civil à la fin de chaque année ; et dans le mois suivant, l'un des doubles doit être déposé aux archives de la commune, l'autre au greffe du tribunal de première instance. (Art. 43).

Avec ce dernier double, sont déposées les procurations et les autres pièces qui doivent demeurer annexées aux actes de l'état civil, après avoir été paraphées par la personne qui les a produites, et par l'officier de l'état civil.

Le procureur du roi près le tribunal de première instance, est tenu de vérifier l'état des registres lors du dépôt qui en est fait au greffe, de dresser procès-verbal sommaire de la vérification ; et s'il aperçoit des contraventions ou délits commis par les officiers de l'état civil, de requérir contre eux la condamnation aux amendes. (Article 53).

S'il pensait qu'il y eût lieu d'appliquer une

peine afflictive, il devrait renvoyer devant le juge d'instruction, et dénoncer au procureur général.

305. Les registres ainsi tenus sont ouverts au public, et toute personne peut s'en faire délivrer des extraits par les fonctionnaires publics dépositaires de ces registres, c'est-à-dire par le maire ou par un adjoint délégué du maire, et non par aucun des employés des maires, sous le nom de secrétaires ou autres, parce qu'ils n'ont point de caractère public (1).

Les greffiers des tribunaux de première instance, peuvent aussi délivrer des extraits des registres dont les doubles sont déposés dans leurs greffes.

306. Ces extraits, délivrés conformes aux registres et légalisés par le président du tribunal de première instance ou par le juge qui le remplace, font foi jusqu'à inscription de faux (art. 45), et les tribunaux ne peuvent admettre la preuve testimoniale, outre et contre ce qui y est contenu (2).

307. La légalisation est un certificat délivré par le juge au pied de l'extrait, et constatant que celui qui a reçu ou délivré l'acte est réellement revêtu de la fonction qui lui donne le droit de les délivrer; mais ces actes font foi sans légalisation, dans l'étendue de l'arrondissement où ils ont été reçus. La légalisation n'est nécessaire que dans le cas où le tribunal ne connaît pas la signa-

---

(1) *Voy.* l'avis du Conseil d'état, approuvé le 2 juillet 1807.
(2) Locré, tom. II, pag. 56.

ture de l'officier public par lequel l'acte a été
reçu.

Les actes des notaires, et ceux de l'état civil,
doivent être légalisés par le président du tribunal
de première instance ou celui qui le remplace.
Le préfet légalise les actes administratifs délivrés
par les sous-préfets, et même ceux délivrés par
les maires, quand ils doivent être employés hors
du département; sinon, le certificat du sous-préfet suffit pour les actes délivrés par les maires.

Telles sont les formalités relatives à la manière
dont les registres doivent être tenus et conservés.
Il faut voir maintenant la manière dont les actes
doivent être inscrits et rédigés, ce qu'ils doivent
contenir, quelles personnes doivent y être présentes.

308. 1°. Ils doivent être inscrits sur les registres, de suite et sans aucun blanc; les ratures et
les renvois doivent être approuvés et signés de la
même manière que le corps de l'acte; on n'y doit
rien écrire par abréviation, ni mettre aucune date
en chiffre. (Art. 42.)

2°. Les actes de l'état civil doivent énoncer l'année, le jour et l'heure où ils sont reçus, les prénoms, nom, âge, profession et domicile de tous
ceux qui y sont dénommés.

Ces indications peuvent être précieuses en cas
d'inscription de faux, pour prouver, par exemple, que l'une des personnes indiquées n'a pu
être présente à l'acte.

3°. Les officiers de l'état civil ne peuvent rien
insérer dans les actes qu'ils reçoivent, soit par

notes, soit par énonciation quelconque, que ce qui est et doit être déclaré par les comparans. (Art. 35.)

Autrement, ils s'exposeraient à être poursuivis par ceux qui auraient à se plaindre de ces énonciations ou de ces notes.

Voici donc les règles qu'ils doivent suivre :

1°. Ne rien ajouter aux déclarations des comparans.

2°. N'insérer ces déclarations dans les actes que lorsqu'elles sont du nombre de celles que la loi autorise.

Outre les énonciations contenues dans l'article 34, et qui sont communes à tous les actes, les déclarations particulières aux actes de chaque nature seront expliquées dans les chapitres suivans.

3°. L'officier de l'état civil ne doit faire aucune interpellation, ni recherche, ni inquisition sur les faits qui ne doivent pas être consignés, ni sur la vérité des déclarations faites par les parties ; son ministère se borne à recevoir les déclarations, lorsqu'elles sont conformes à la loi ; il n'a le droit ni de les commenter, ni de les contredire, ni de les juger : si elles sont fausses, on poursuivra les faussaires.

Mais il peut s'assurer que les déclarans et les témoins ne se présentent pas sous une fausse qualité, et il peut s'arrêter s'ils lui sont inconnus et s'il soupçonne de la fraude (1) : autrement ce

_____

(1) *Voy.* Locré, tom. II, pag. 87, édition in-8°.

serait abandonner aux premiers venus le droit d'attribuer un enfant à un citoyen.

4°. Dans les cas où les parties intéressées ne sont pas obligées de comparaître en personne, elles peuvent se faire représenter par un fondé de procuration spéciale et authentique (art. 36), laquelle doit demeurer annexée à l'acte, après avoir été paraphée par l'officier de l'état civil et par la personne qui l'aura produite. (Art. 44).

309. 5°. Les témoins ne peuvent être que du sexe masculin, âgés de vingt-un ans au moins, et ils sont choisis par les personnes intéressées, parmi leurs parens ou autres.

Leur nombre varie suivant la nature des actes. Il en faut deux pour les actes de naissance et de décès, quatre pour les actes de mariage. (Art. 75).

Mais si les témoins doivent être du sexe masculin, il n'en est pas ainsi des déclarans : une femme peut déclarer la naissance d'un enfant, le fait d'un enfant trouvé, ou le décès d'une personne (1). L'officier civil doit donner lecture de l'acte aux parties comparantes, ou à leurs fondés de procuration, et aux témoins; il doit être fait mention de cette lecture. (Art. 38).

6°. Les actes sont signés par l'officier de l'état civil. (Art. 39).

Ils doivent également l'être par les comparans

_____

(1) Art. 56, 58 et 78; Locré, tom. II, pag. 20.

et par les témoins, ou l'on doit faire mention de la cause qui les empêche de signer. (Art. 39).

On avait proposé de donner des modèles d'actes aux officiers civils, et de les obliger de s'y conformer, mais cette proposition fut rejetée.

Néanmoins, le 15 fructidor an XII, le ministre de l'intérieur adressa aux préfets, pour être transmises aux officiers de l'état civil, des formules d'actes pour leur servir de guides; mais ces formules ne sont point strictement obligatoires, suivant la nature de toutes les instructions ministérielles (1).

310. 7°. Il peut arriver que des Français naissent, se marient ou meurent en pays étranger, ou qu'un étranger soit obligé de prouver en France son état civil. Le Code prononce en ces cas « que » tout acte de l'état civil des Français et des étran- » gers fera foi, s'il a été rédigé dans les formes » usitées dans le pays où il a été fait. » (Art. 47).

Car, suivant la règle *locus regit actum,* tout acte public est regardé comme authentique, quand il est revêtu des formes prescrites par les lois du pays où il a été passé.

Le Code ajoute (art. 48), que tout acte de l'état civil des Français en pays étranger, sera valable s'il a été reçu, conformément aux lois françaises, par les agens diplomatiques ou par les consuls de France.

---

(1) *Voy.* Locré, tom. II, pag. 30 et suiv.

Ainsi les Français, en pays étranger, ont deux manières de constater leur état civil.

511. Quelque importantes que soient les formalités prescrites pour les actes de l'état civil, la loi n'a point voulu prononcer la peine de nullité contre leur inobservation : il eût été injuste de faire dépendre l'état des citoyens de la négligence ou de la malveillance des officiers de l'état civil. C'est donc par les circonstances (1) qu'il faut juger de la nullité des actes dans lesquels on a négligé quelques-unes des formalités prescrites.

Nous verrons cependant au tit. 5, qu'on a établi quelques règles sur la nullité des actes de mariage, parce que, outre les formalités qui précèdent ou accompagnent le contrat de mariage, il est soumis à des conditions. Mais les nullités qu'on établirait pour les actes de naissance et de décès, ne détruiraient pas la certitude de la date, qui en est une des parties les plus essentielles. S'il y avait dans la date même une erreur, par exemple si on avait exprimé une année pour l'autre, la méprise devenant évidente par la contexture du registre entier, il y aurait lieu de rectifier et non d'annuler l'acte (2).

Ainsi, à moins que les actes ne soient jugés faux, ils ne laissent pas, malgré leurs imperfections, de former un titre légal.

_____

(1) Foy. Locré, tom. II, pag. 29; Maleville, pag. 73 et 92.
(2) Tronchet, Procès-Verbal du 6 fructidor an IX, tom. I, pag. 145; Locré, pag. 29.

312. On a pourvu à ce que les formes prescrites fussent respectées, en établissant une responsabilité contre les personnes chargées de la tenue, de la garde ou de la surveillance des registres, c'est-à-dire contre les officiers de l'état civil, contre les greffiers des tribunaux, et même contre les procureurs du roi, dans les cas, par exemple, où ils contreviendraient aux dispositions de l'art. 49.

Cette responsabilité a pour objet, 1°. les simples contraventions et omissions provenant de l'erreur ou de la négligence. Ces fautes sont punies d'une amende qui ne peut excéder 100^f (art. 50), sans préjudice des dommages et intérêts des parties, s'il y a lieu. Elles sont poursuivies civilement devant les tribunaux de première instance (1), soit par le procureur du roi, chargé, comme nous l'avons vu, de vérifier l'état des registres et de requérir la condamnation aux amendes, soit par les parties intéressées pour leurs dommages et intérêts. Le jugement est sujet à l'appel, quoique l'amende ne soit que de 100^f ou au-dessous. (Article 54).

2°. Les altérations, les faux ou autres délits commis dans les actes de l'état civil, les inscriptions de ces actes faites sur une feuille volante et autrement, et sur les registres à ce destinés.

Le Code pénal (art. 192), prononce la peine

---

(1) Voy. l'avis du Conseil d'état, du 30 nivôse an XII, approuvé le 4 pluviôse suivant, dans Locré, tom. II, pag. 75 et 77, édition in-8°.

d'un emprisonnement d'un mois au moins, et de trois mois au plus, et d'une amende de 16 à 200ᶠ, contre l'officier de l'état civil qui aurait inscrit un acte sur une simple feuille volante.

Dans tous ces cas, le dépositaire des registres est soumis aux dommages et intérêts des parties intéressées, quand même il ne serait auteur ni complice du fait, quand même l'auteur en serait inconnu (1), sauf son recours, s'il y a lieu, contre les auteurs, s'il peut les découvrir.

Si le dépositaire des registres est auteur ou complice du délit, il est en outre poursuivi criminellement, et soumis aux peines prononcées par le Code pénal.

C'est pour découvrir les contraventions, altérations et autres délits relatifs aux actes de l'état civil, que l'art. 53 charge le procureur du roi de vérifier les registres lors du dépôt qui en est fait au greffe, et de dénoncer ces contraventions et ces délits.

CHAPITRE II.

Des Actes de naissance.

SOMMAIRE.

---

(1) Locré, pag. 74.

3i3. Dans les cas ordinaires, la première formalité à remplir, lors de la naissance d'un enfant, est d'en faire la déclaration à l'officier de l'état civil du lieu. L'enfant lui est présenté (1) pour être inscrit sur les registres. (Art. 55). Ainsi, l'officier de l'état civil est convaincu par ses yeux de l'existence de l'enfant, ce qui peut prévenir beaucoup d'abus; celui, par exemple, de faire inscrire dans une année la naissance d'un enfant né depuis un ou deux ans.

Si l'enfant était décédé avant d'être présenté à l'officier public, celui-ci devrait se borner à énoncer que l'enfant a été présenté sans vie. (*Voy.* ci-après, n°. 334).

Cette déclaration doit être faite dans les trois jours de l'accouchement, ou, à son défaut, par les docteurs en médecine ou en chirurgie, officiers de santé, sages-femmes ou autres personnes

---

(1) Le Code ne dit point dans quel lieu, parce que, dans le cas d'un péril évident, l'officier de l'état civil peut se transporter au lieu où l'enfant est né.

qui ont assisté à l'accouchèment; et, si la mère est accouchée hors de son domicile, par la personne chez qui elle est accouchée. (Art. 56).

314. La loi du 20 septembre 1792 faisait de cette déclaration un devoir, et punissait les contrevenans de la peine de l'emprisonnement; mais cette peine avait été supprimée par le Code, dans la crainte d'éloigner de la mère, au moment où elle en a le plus grand besoin, les secours de l'amitié, de l'art et de la charité (1). Le défaut de déclaration n'était plus puni que dans le cas où il dégénérait en suppression d'état. Il en était arrivé que, faute d'une peine qui punît leur coupable négligence, quelques personnes s'étaient abstenues de déclarer la naissance de leurs enfans, dans l'espérance de les soustraire à la conscription (2). Le Code pénal du 12 février y a pourvu en ordonnant, art. 346, « que toute personne » qui, ayant assisté à un accouchement, n'aura » pas fait la déclaration à elle prescrite par l'art. 56 » du Code civil, et dans le délai de trois jours » fixé par l'art. 55 du même Code, sera punie » d'un emprisonnement de six jours à six mois, » et d'une amende de 16 à 300f. »

315. L'acte de naissance doit être rédigé de suite, en présence de deux témoins. Il doit énoncer, 1°. le jour, l'heure et le lieu de la naissance; 2°. le sexe de l'enfant et les prénoms qui lui sont

_____

(1) *Voy.* Locré, pag. 85.

(2) *Voy.* l'Exposé des motifs du liv. 3, tit. 2, chap. 1, du Code pénal.

donnés; 3°. les prénoms, noms, professions et domiciles de ses père et mère, et ceux des témoins. (Art. 57).

316. Mais de l'obligation de nommer le père, il ne faut pas conclure qu'il doit être nommé s'il ne se déclare pas, ou s'il n'est pas connu par son mariage avec la mère. Le père, lorsqu'elle n'est point mariée, ne doit être nommé qu'en cas qu'il soit présent ou représenté par un fondé de procuration spéciale et authentique; autrement, l'officier de l'état civil ne pourrait recevoir, ni conséquemment insérer dans l'acte la déclaration de paternité faite par les comparans, fût-elle faite même par la mère, parce qu'aux termes de l'article 340, la recherche de la paternité est interdite. La rectification du registre pourrait être demandée par celui qu'on aurait, sans son aveu, indiqué pour père de l'enfant naturel; et l'officier de l'état civil, ainsi que la mère, si elle avait signé l'acte, pourrait être condamné à des dommages et intérêts suivant les circonstances, ou tout au moins aux dépens de la procédure et du jugement de rectification (1).

317. La mère, qui ne peut être incertaine, doit toujours être nommée; mais la personne chez laquelle elle est accouchée n'est point obligée de déclarer que cette mère est mariée ou ne l'est pas, à moins que celle-ci ne consente à

---

(1) *Voy.* un arrêt rendu le 3 juin 1808, par la Cour d'appel de Besançon, rapporté dans le Recueil de Sirey, an 1809, pag. 210.

l'avouer. On a pensé qu'il serait dangereux d'obliger la mère à révéler son secret : elle ne quitte ordinairement son domicile que pour cacher son accouchement, et l'officier de l'état civil n'aurait pas le droit de rechercher si le nom déclaré est véritablement le nom de la mère. /·

518. Lorsqu'un enfant vient à être reconnu postérieurement à sa naissance, l'acte de reconnaissance doit être inscrit à sa date sur les registres, et il doit en être fait mention en marge de l'acte de naissance, s'il en existe un. (Art. 2).

519. Il faut observer, à l'égard des prénoms, que la loi du 12 germinal an XI défend d'en donner aux enfans d'autres que les noms en usage dans les différens calendriers, ou ceux des personnages connus de l'histoire ancienne. Elle permet à ceux qui portent actuellement d'autres prénoms, de les changer, en vertu d'un jugement du tribunal d'arrondissement, qui prescrit la rectification de l'acte de l'état civil.

Quant à ceux qui voudraient changer de noms, ils doivent, suivant la même loi, s'adresser au Gouvernement.

Il est très-important de ne donner qu'un seul prénom aux enfans. Lorsqu'ils en ont plusieurs, il en résulte presque toujours pour eux beaucoup d'embarras, parce qu'il est fréquent d'en omettre un, ou de les intervertir dans les différens actes de la vie civile, et que l'omission ou l'interversion des prénoms semble détruire l'identité des per-

sonnes qui se présentent avec des prénoms différens, ou avec des prénoms qui ne sont pas rangés
dans le même ordre.

Après les dispositions relatives aux actes de naissance dans les cas ordinaires, le Code trace les
règles à suivre dans les cas extraordinaires.

320. Le premier est celui de l'exposition d'un
enfant. Toute personne qui trouve un enfant nouveau né doit le remettre à l'officier de l'état civil,
avec les vêtemens et les effets trouvés sur lui, et
déclarer toutes les circonstances du tems et du
lieu où il a été trouvé.

L'officier dresse du tout un procès-verbal dé-
taillé, qu'il inscrit sur les registres, et qui énonce
en outre l'âge apparent de l'enfant, son sexe, les
noms qui lui sont donnés, et l'autorité civile à
laquelle il est remis. (Art. 58).

Le malheureux enfant que des parens dénatu-
rés abandonnent à la commisération publique
n'a point de famille, mais il est Français : les lois
veillent à sa conservation, et font inscrire sa naissance sur les registres communs à tous les citoyens. Elles veulent sur-tout que ses vêtemens et
les autres effets trouvés sur sa personne soient
conservés avec soin, parce qu'ils peuvent faciliter
les recherches que ses parens, pressés par le remords ou par un retour de tendresse, pourraient
faire un jour, ou même les faire retrouver par
quelque heureux hasard.

321. Le second cas extraordinaire est celui des

naissances sur mer. Les formalités particulières à ce cas sont expliquées dans les art. 59, 60 et 61, qu'il suffit de lire.

CHAPITRE III.

Des Actes de mariage.

322. Il paraît convenable de réunir au titre V, qui traite du Mariage, les formalités relatives à cet acte important. Il est fâcheux que, pour connaître les règles à observer dans un acte, on soit obligé de recourir à deux titres différens : c'est une imperfection remarquée par M. Maleville, l'un des rédacteurs du projet de Code.

CHAPITRE IV.

Des Actes de décès et des inhumations.

SOMMAIRE.

323. *L'officier civil doit s'assurer du décès, avant d'autoriser l'inhumation.*
324. *Défense d'inhumer dans les édifices publics et dans l'enceinte des villes et bourgs.*
325. *On peut choisir le lieu de son inhumation.*
326. *Autrement, elle se fait dans les cimetières publics.*
327. *L'acte de décès est dressé en présence de deux témoins.*
328. *Ce qu'il doit contenir.*
329. *Du décès dans les hôpitaux militaires et civils.*
330. *Des cas où il y a indice de mort violente.*

323. Pour empêcher les suppositions de décès, il est défendu de faire aucune inhumation sans une autorisation sur papier libre et sans frais, de l'officier de l'état civil, qui ne peut la délivrer qu'après s'être transporté auprès de la personne décédée (1), afin de s'assurer du décès; et, pour prévenir le danger des inhumations précipitées, il ne doit la délivrer que vingt-quatre heures après le décès, hors les cas prévus par les réglemens de police, lorsque le délai de vingt-quatre heures pourrait compromettre la salubrité. (Art. 77).

324. Aucune inhumation ne peut avoir lieu dans les églises, temples, synagogues, hôpitaux, chapelles publiques, et généralement dans aucun des édifices fermés où les citoyens se réunissent pour la célébration de leurs cultes, ni dans l'enceinte des villes (2) et bourgs. (Décret du 23 prairial an XII, art. 4).

----

(1) Rien n'est plus mal exécuté, du moins à Paris, que tous ces ordres donnés aux officiers civils de se transporter pour vérifier les décès. Il faut convenir qu'ils y sont presque inexécutables, dit Maleville, tom. I, pag. 104.

(2) Cette sage disposition remonte fort loin : *In urbe ne sepelito, neve urito*, dit la loi des Douze Tables. *Voy.* le Commentaire de Bouchaud.

325. Mais toute personne peut choisir le lieu destiné à son inhumation, et être enterrée sur sa propriété, pourvu que cette propriété soit hors et à la distance prescrite de l'enceinte des villes et bourgs. Cette distance est de 35 à 40 mètres au moins de l'enceinte des villes ou bourgs.

326. Hors ce cas particulier, les inhumations se font dans les cimetières publics; et dans les communes où l'on professe plusieurs cultes, chaque culte doit avoir un lieu d'inhumation particulier.

Les lieux de sépulture publics ou particuliers, sont soumis à l'autorité, police et surveillance des administrations municipales. (Art. 16 *ibid.*)

327. En délivrant la permission d'inhumer, l'officier de l'état civil dresse l'acte de décès sur la déclaration de deux témoins mâles, âgés de vingt-un ans. (Art. 37). Ces témoins sont, s'il est possible, les deux plus proches parens ou voisins du défunt. S'il est mort hors de son domicile, la personne chez qui il est décédé doit être un des témoins, si elle réunit d'ailleurs les qualités requises (Art. 78).

328. « L'acte de décès contient les prénoms,
» nom, âge, profession et domicile de la personne
» décédée; les prénoms et noms de l'autre époux,
» si la personne décédée était mariée ou veuve;
» les prénoms, noms, âges, professions et domi-
» ciles des déclarans; et s'ils sont parens, le degré
» de leur parenté.

» Le même acte contiendra de plus, autant
» qu'on pourra le savoir, les prénoms, nom, pro-

» fession et domicile des père et mère du décédé,
» et le lieu de sa naissance. (Art. 79). »

Telles sont les formalités requises dans les cas
ordinaires.

Les cas extraordinaires sont au nombre de six.

329. 1°. Décès dans les hôpitaux militaires et
civils ou autres maisons publiques, autres néanmoins que les prisons ou maisons de détention,
dont il sera parlé ci-après. Les supérieurs, les di-
recteurs, administrateurs et maîtres de ces maisons, sont tenus d'en donner avis dans les vingt-
quatre heures, à l'officier de l'état civil, qui doit
s'y transporter pour s'assurer du décès, et qui
en dresse l'acte dans la forme ordinaire, sur les
déclarations qui lui sont faites, et sur les renseignemens qu'il s'est procurés.

Il envoie à l'officier civil du dernier domicile
de la personne décédée, copie de l'acte de décès
pour être inscrit sur les registres.

Il est en outre tenu, dans les hôpitaux et autres
maisons, des registres destinés à inscrire les déclarations et renseignemens relatifs aux décès.
(Art. 80).

330. 2°. Lorsqu'il y a des indices de mort violente ou d'autres circonstances qui donnent lieu
de le soupçonner, l'autorisation d'inhumer ne
doit être donnée, et l'inhumation faite, qu'après
qu'un officier de police, assisté d'un docteur en
médecine ou en chirurgie, aura dressé procès-
verbal de l'état du cadavre et des circonstances y
relatives, ainsi que des renseignemens qu'il aura
pu recueillir sur les prénoms, nom, âge, pro-

fession, lieu de naissance et domicile de la personne décédée. (Art. 81).

L'officier de police transmet de suite à l'officier
de l'état civil du lieu où le cadavre a été trouvé,
tous les renseignemens énoncés dans son procès-
verbal, qui sont nécessaires pour rédiger l'acte
de décès dans la forme prescrite par l'art. 79,
pour les cas ordinaires, et sans faire mention du
genre de mort (art. 85), dans la crainte qu'il n'en
résulte quelque désagrément pour la famille du
décédé.

L'officier de l'état civil doit renvoyer une expédition de l'acte de décès à celui du domicile de
la personne décédée, s'il est connu, et cette expédition doit être inscrite sur les registres. (Art. 82)

331. 3°. En cas d'exécution à mort, en vertu
d'un jugement, le greffier est tenu d'envoyer, dans
les vingt-quatre heures de l'exécution, à l'officier
civil du lieu où elle a été faite, les renseignemens
nécessaires pour rédiger l'acte de décès dans les
formes ordinaires, et sans faire mention du genre
de mort. (Art. 83) (1).

532. 4°. En cas de décès dans les prisons, maisons de reclusion ou de détention, il en doit être
donné avis sur-le-champ par les concierges à
l'officier de l'état civil, qui doit se conformer aux

_____

(1) Disposition tirée de la loi du 21 janvier 1790, qui porte qu'il ne
sera plus fait, sur les registres civils, mention du genre de mort; même
disposition dans l'art. 8, tit, 3, de celle du 20 septembre 1792.

dispositions prescrites pour les décès dans les hôpitaux. (Art. 84).

333. 5°. En cas de décès pendant un voyage
de mer, il en doit être dressé acte dans les vingt-
quatre heures, en présence de deux témoins pris
parmi les officiers du bâtiment, ou, à leur défaut, parmi les hommes de l'équipage. Cet acte
est rédigé, savoir : sur les bâtimens de l'État,
par l'officier d'administration de la marine ; et
sur les bâtimens appartenant à un négociant ou
armateur, par le capitaine, maître ou patron du
navire. L'acte de décès est inscrit à la suite du
rôle de l'équipage. (Art. 86).

Au premier port où le bâtiment aborde, soit
de relâche, soit pour toute autre cause que celle
de son désarmement, les officiers de l'administration de la marine, capitaine, maître ou patron qui ont rédigé des actes de décès, sont tenus
d'en déposer deux expéditions, conformément à
l'art. 60.

À l'arrivée du bâtiment dans le port du désarmement, le rôle d'équipage est déposé au bureau
du préposé à l'inscription maritime ; il doit envoyer une expédition de l'acte de décès, de lui
signée, à l'officier de l'état civil du domicile de
la personne décédée. Cette expédition est inscrite
de suite sur les registres.

334. 6°. Le cas d'un enfant mort avant que sa
naissance soit enregistrée, n'avait pas été prévu
par le Code ; il est réglé par le décret du 4 juillet
1806, qui porte que, lorsque le cadavre d'un
enfant dont la naissance n'a pas été enregistrée,

sera présenté à l'officier de l'état civil, cet officier n'exprimera pas qu'un tel enfant est décédé, mais seulement qu'il lui a été présenté sans vie. Il recevra de plus la déclaration des témoins, touchant les noms, prénoms, qualités et demeure des père et mère de l'enfant, et la désignation des jour et heure auxquels l'enfant est sorti du sein de la mère. Cet acte doit être inséré à sa date sur les registres des décès, sans qu'il en résulte aucun préjugé sur la question de savoir si l'enfant a eu vie ou non.

335. Ce chapitre ne contient aucune disposition relative à ceux qui sont consumés dans un incendie, et aux noyés dont on n'a pu retrouver les corps, et qui ne peuvent ainsi recevoir la sépulture. « Il est évident, dit Maleville, pag. 107, » que leur décès ne peut être constaté que par une » enquête. C'est une exception à l'art. 46. » Nous en parlerons dans le chap. 6, n°. 360.

CHAPITRE V.

Des Actes de l'état civil concernant les militaires hors du territoire du royaume.

SOMMAIRE.

338. *Comment et par qui sont tenus les registres de l'état civil,*
pour les militaires hors du territoire du royaume.

336. Ce chapitre fut ajouté sur la proposition
de Bonaparte, qui observa que l'art. 47, suivant
lequel les actes faits dans l'étranger sont valables
lorsqu'ils sont dans les formes usitées dans le pays,
ne pouvait s'appliquer au militaire, qui n'est jamais chez l'étranger, lorsqu'il est sous le drapeau, parce que *là où est le drapeau, là est aussi*
la France (1). L'armée pour lui était la France.

337. Les militaires en activité de service dans
l'intérieur du royaume, sont soumis aux règles
générales prescrites pour tous les citoyens, relativement aux actes de l'état civil (2); mais lorsqu'ils sont en expédition hors du territoire, la
loi, pour assurer leur état et constater leur décès,
prescrit un mode particulier qui doit être suivi,
sans qu'il soit permis de constater leur décès par
de simples certificats (3).

« Les actes de l'état civil, faits hors du terri-
» toire de la République, concernant les militaires
» ou autres personnes employées à la suite des ar-
» mées, seront rédigés dans les formes prescrites
» par les dispositions précédentes, sauf les excep-
» tions contenues dans les articles suivans. (Ar-
« ticle 88).

338. » Le quartier-maître, dans chaque corps,

––––––––––––––––––

(1) *Voy.* le Procès-Verbal, séance du 14 fructidor an IX.
(2) *Voy.* l'avis du Conseil d'état, approuvé le 4 complémentaire
an XIII.
(3) *Voy.* l'avis du Conseil d'état, approuvé le 17 germinal an XIII.

» d'un ou de plusieurs bataillons' ou escadrons,
» et le capitaine-commandant, dans les autres
» corps, rempliront les fonctions d'officiers de
» l'état civil : ces mêmes fonctions seront rem-
» plies, pour les officiers sans troupes et pour les
» employés de l'armée, par l'inspecteur aux re-
» vues attaché à l'armée ou au corps d'armée. (Ar-
» ticle 89).

» Il sera tenu, dans chaque corps de troupes,
» un registre pour les actes de l'état civil relatifs
» aux individus de ce corps, et un autre à l'état-
» major de l'armée ou au corps d'armée, pour
» les actes civils relatifs aux officiers sans troupes
» et aux employés. Ces registres seront conservés
» de la même manière que les autres registres
» des corps et états-majors, et déposés aux archi-
» ves de la guerre, à la rentrée des corps ou ar-
» mées sur le territoire de la République. (Art. 90).

» Les registres seront cotés et paraphés dans
» chaque corps par l'officier qui le commande ;
» et à l'état-major, par le chef de l'état-major gé-
» néral. (Art. 91).

» Les déclarations de naissance à l'armée, se-
» ront faites dans les dix jours qui suivront l'ac-
» couchement. (Art. 92).

» L'officier chargé de la tenue du registre de
» l'état civil devra, dans les dix jours qui sui-
» vront l'inscription d'un acte de naissance audit
» registre, en adresser un extrait à l'officier de
» l'état civil du dernier domicile du père de l'en-
» fant, ou de la mère, si le père est inconnu. (Ar-
» ticle 93).

» Les publications de mariage des militaires et
» employés à la suite des armées, seront faites
» au lieu de leur dernier domicile ; elles seront
» mises en outre, vingt-cinq jours avant la célé-
» bration du mariage, à l'ordre du jour du corps,
» pour les individus qui tiennent à un corps ; et
» à celui de l'armée ou du corps d'armée, pour
» les officiers sans troupes, et pour les employés
» qui en font partie. (Art. 94).

» Immédiatement après l'inscription sur le re-
» gistre de l'acte de célébration du mariage, l'offi-
» cier chargé de la tenue du registre enverra une
» expédition à l'officier de l'état civil du dernier
» domicile des époux. (Art. 95).

» Les actes de décès seront dressés dans chaque
» corps par le quartier-maître ; et, pour les offi-
» ciers sans troupes et les employés, par l'inspec-
» teur aux revues de l'armée, sur l'attestation de
» trois témoins ; et l'extrait de ces registres sera
» envoyé, dans les dix jours, à l'officier de l'état
» civil du dernier domicile du décédé. (Art. 96).

» En cas de décès dans les hôpitaux militaires
» ambulans ou sédentaires, l'acte en sera rédigé
» par le directeur desdits hôpitaux, et envoyé au
» quartier-maître du corps, ou à l'inspecteur aux
» revues de l'armée ou du corps d'armée dont le
» décédé faisait partie. Ces officiers en feront par-
» venir une expédition à l'officier de l'état civil du
» dernier domicile du décédé. (Art. 97).

» L'officier de l'état civil du domicile des par-
» ties auquel il aura été envoyé de l'armée ex-

« pédition d'un acte de l'état civil, sera tenu de
» l'inscrire de suite sur les registres. (Art. 98). »

———

CHAPITRE VI.

*De la Rectification des actes de l'état civil, et de la
Manière de suppléer à ces actes.*

SOMMAIRE.

359. *Division de ce chapitre.*

339. S'IL a été commis des erreurs, des altérations ou des faux dans les registres de l'état civil, il
est souvent nécessaire de les rectifier; s'il n'existe
point de registres, ou s'ils ont été perdus, il est
nécessaire d'y suppléer.

———

SECTION PREMIÈRE.

De la Rectification des actes de l'état civil.

SOMMAIRE.

540. *Elle ne peut être faite qu'en vertu d'un jagement et sur la
demande des parties intéressées.*
541. *Devant quel tribunal la demande est portée, et comment il
y est statué.*
542. *Ce que doit faire l'officier de l'état civil, si la rectification
est ordonnée.*
543. *Interversion des prénoms, omission d'une lettre, etc., dans
les noms de l'un des futurs, ou de ses ascendans décédés,*

*ne rend pas nécessaire la rectification des registres, lors-
qu'il s'agit de mariage.*

344. *Le jugement de rectification peut être attaqué par appel,
et ne peut être opposé à ceux qui n'y ont pas été appelés.*

340. LES parties intéressées peuvent seules demander la rectification des registres (art. 99 et 49),
et elle ne peut être faite qu'en vertu d'un jugement. Les principes sur lesquels repose l'état des
hommes, s'opposent à toute rectification des registres, qui n'est pas le résultat d'un jugement
provoqué par les parties intéressées à demander
ou à contredire la rectification (1).

341. Le demandeur en rectification présente
requête au président du tribunal, au greffe duquel le double du registre a été ou doit être déposé.

Il y est statué sur rapport et sur les conclusions
du ministère public. Les juges peuvent, s'ils le
croient convenable, ordonner, avant de faire droit,
que les parties qui pourraient avoir intérêt à contester la rectification, seront appelées, et que le
conseil de famille sera préalablement convoqué.

S'il y a lieu d'appeler les parties intéressées, la
demande sera formée par exploit, sans préliminaire de conciliation, et elle le sera par acte d'a-
voué, si les parties sont en instance.

342. Si la rectification est ordonnée, on ne doit
néanmoins faire aucun changement sur l'acte qui

(1) Avis du Conseil d'état, du 12 nivôse an X, approuvé le 13.

doit être rectifié; mais une expédition du jugement est remise à l'officier de l'état civil, qui doit
l'inscrire sur ses registres courans aussitôt qu'il
l'aura reçue, et en faire mention en marge de
l'acte réformé; et si cet acte est inscrit sur un registre dont le double soit déposé au greffe, la même
mention doit être faite sur ce registre, en marge
de l'acte, par le greffier du tribunal, à l'effet de
quoi l'officier de l'état civil en donnera avis dans
les trois jours au procureur du roi dudit tribunal, qui veillera à ce que la mention soit faite
d'une manière uniforme sur les deux registres.
(Art. 49).

L'acte ainsi réformé ne doit plus, à l'avenir,
être délivré qu'avec les rectifications ordonnées,
à peine de tous dommages et intérêts contre l'officier qui l'aurait délivré.

La mention de rectification ne doit pas se borner à indiquer la date du jugement; elle doit ré-
férer de plus en quoi consiste la rectification ordonnée, afin qu'il ne soit plus besoin de retirer
le jugement.

343. Dans la rigueur du droit, la rectification
des actes de l'état civil est nécessaire dans tous
les cas où il s'est glissé des erreurs ou des omissions qui peuvent faire douter de l'identité des
personnes; mais comme elle ne peut être faite
qu'en vertu d'un jugement qui entraîne des frais,
elle deviendrait onéreuse pour la classe des citoyens pauvres, qui n'en ont besoin que *pour se
marier.* Par cette considération, le Conseil d'état,
dans un avis approuvé le 3o mars 1808, a décidé

que la rectification n'est pas nécessaire dans le cas où le nom d'un des futurs ne serait pas, dans son acte de naissance, orthographié comme celui de son père, et dans celui où l'on aurait omis ou interverti quelqu'un des prénoms de ses parens: le témoignage des ascendans assistant au mariage et attestant l'identité, suffit pour procéder à la célébration du mariage. Ils peuvent aussi, s'ils sont absens, attester l'identité dans l'acte de leur consentement, donné en forme légale.

S'il n'y a point d'ascendans, l'identité est valablement attestée, pour les mineurs, par le conseil de famille, ou par le tuteur *ad hoc;* et, pour les majeurs, par les quatre témoins de l'acte de mariage.

Enfin, dans le cas d'omission ou d'interversion d'un prénom, dans l'acte de décès des père et mère ou aïeux des futurs, la déclaration avec serment, des personnes dont le consentement est nécessaire pour les mineurs, et celle des parties et des témoins, pour les majeurs, sont suffisantes pour procéder à la célébration du mariage, sans qu'il soit nécessaire de toucher aux registres de l'état civil.

Ces formalités ne sont même exigibles que lors de l'acte de célébration, et non pour les publications, qui doivent toujours être faites conformément aux notes remises par les parties aux officiers de l'état civil.

344. Tout jugement rendu sur une demande en rectification peut être attaqué par la voie de l'appel. (Art. 99). S'il n'y a point d'autre partie que le de-

mandeur en rectification, et que sa demande ait été rejetée, il peut, dans les trois mois de sa date, se pourvoir à la Cour d'appel, par requête présentée au président, qui indiquera le jour où il sera statué. (Art. 858, Code de procédure).

Dans tous les cas, le jugement de rectification ne peut jamais être opposé aux parties intéressées qui ne l'auraient point requis, ou qui n'y auraient pas été appelées. (Art. 100). Il en résulte qu'elles ne sont point obligées d'en relever appel, ni même d'y former opposition ; le jugement est, à leur égard, comme non avenu.

SECTION II.

De la manière de suppléer aux Actes de l'état civil.

SOMMAIRE.

Tom. I.   20

345. Il est nécessaire de suppléer aux registres de l'état civil, lorsqu'il n'en existe point, soit parce qu'il n'en a pas été tenu, soit parce qu'ils sont perdus ou déchirés en tout ou en partie. On y supplée alors par la preuve testimoniale, par des papiers domestiques, par des feuilles volantes, ou par la possession d'état. Mais ces différens genres de preuves ne sont admis, pour suppléer aux registres, que dans certains cas et sous certaines conditions.

346. Suivant l'art. 46 du Code, « lorsqu'il n'aura » pas existé de registres, ou qu'ils seront perdus, » la preuve en sera reçue tant par titres que par » des témoins; et, dans ce cas, les mariages, nais- » sances et décès *pourront* être prouvés, tant par

» les registres et papiers des père et mère décédés,
» que par témoins (1) ».

Cet article est presque littéralement copié de
l'ordonnance de 1667, tit. 20, art. 14, qui contient cette disposition finale : « Sauf à la partie
« *à prouver le contraire.* » Disposition reproduite
dans le projet de Code (tit. 2, art. 19), mais qui
se trouve retranchée dans l'art. 46 du Code, sans
doute parce que *la preuve contraire est de droit* (2),
lorsqu'il y a une partie en cause, et que d'ailleurs,
lorsqu'il n'y en a pas, ces jugemens ne peuvent
être opposés aux parties intéressées qui n'y auront
pas été appelées (5). (Art. 100 et 101).

Il faut observer la gradation des dispositions
de l'art. 46, si l'on prétend que les registres de
l'état civil sont perdus, ou qu'il n'en a jamais
existé ; il faut d'abord prouver cette perte ou ce
défaut de registres, *tant par titres que par témoins.*
La preuve peut être faite par les déclarations de
l'officier civil et du greffier du tribunal, ou par
un procès-verbal de recherches, qui constate
qu'on ne trouve ni dans les archives de la commune, ni au greffe du tribunal, les registres d'un
tel tems (4). Mais les tribunaux doivent examiner

---

(1) Le Tribunat proposait de mettre *par toutes écritures publiques et
privées.* Mais cette trop grande latitude fut rejetée. *Voy.* Locré, tom. II,
pag. 63, édition in-8°.

(2) Art. 258, Code de procédure.

(3) *Voy.* l'avis du Conseil d'état, du 8 brumaire an XI, approuvé
le 12.

(4) *Voy.* Rodier, Questions sur l'ordonnance de 1667, pag. 384 et
suiv., édition de 1769.

les preuves avec beaucoup d'exactitude, car il arrive quelquefois qu'on croit des registres perdus, et qu'on les retrouve même après la preuve faite.

La preuve de la non existence ou de la perte des registres étant faite, on peut alors admettre la preuve des mariages, naissances et décès, soit par les registres et papiers des père et mère décédés, soit par témoins. La loi n'exige pas la cumulation de ces deux preuves : l'expression du texte n'emporte point la nécessité de les rassembler, « *tant par les registres et papiers* des père et » mère décédés, *que par témoins.* » Ce qui n'emporte qu'une espèce d'alternative.

La loi ne dit pas que les registres et papiers domestiques suffiront ou ne suffiront pas; elle ne dit pas qu'ils seront nécessaires; elle ne dit pas non plus que la preuve testimoniale suffit seule, ni qu'elle ne suffit point : elle dit que les naissances pourront être prouvées tant par l'une que par l'autre preuve; expression mitoyenne qui semble choisie exprès pour laisser une sorte d'indécision, afin d'abandonner aux juges la faculté de se contenter d'une seule de ces preuves, ou d'en exiger la cumulation (1).

347. Remarquez encore que, dans le cas de non existence ou de perte des registres, l'art. 46

---

(1) Rodier, *ubi suprà*, pag. 387; Gilbert des Voisins, dans l'affaire de la demoiselle Choiseul. *Voy.* le nouveau Dénisart, v.° *État*, pag. 36 et 37.

n'exige point, pour admettre la preuve testimoniale, qu'il y ait des commencemens de preuve;
mais il n'en faut pas conclure que toutes les fois
qu'il ne se trouve pas des registres, le juge soit
forcé d'admettre la preuve par témoins, sans discernement et sans connaissance de cause. Ce serait
s'écarter du sens de la loi, qui ne dit pas en termes impératifs que les mariages, naissances et décès seront prouvés; mais qu'ils pourront être prouvés tant par les papiers domestiques que par témoins. C'est donc à la prudence des juges d'admettre cette preuve ou de la refuser, suivant les circonstances (1). Nous verrons même ci-après, au
titre de la paternité et de la filiation, en conci-
liant l'art. 46 avec l'art. 323, qu'il y a une règle
particulière relativement aux naissances, et que
la preuve testimoniale de la filiation n'est point
admise, lorsque celui qui la demande n'a en sa
faveur ni aucune espèce de possession, ni commencement de preuve.

548. Si les actes de l'état civil, au lieu d'être
inscrits sur les registres, comme l'exige le Code,
ne l'étaient que sur des feuilles volantes, l'art. 52
soumet les officiers de l'état civil aux dommages
et intérêts des parties; mais il n'annule point ces
feuilles volantes. C'est donc à la prudence des tribunaux d'apprécier la preuve qui peut en résulter, lorsqu'elles sont représentées.

Si elles étaient rédigées dans les formes pres-

---

(1) Rodier, *ubi suprá*, pag. 387.

crites, signées de l'officier civil, des parties et des
témoins, ou s'il était fait mention du motif qui
eût empêché les parties ou les témoins de signer,
comme le prescrit l'art. 39, elles devraient former
une preuve complète, si elles étaient soutenues
par une possession d'état publique; si, dans le
cas d'un mariage, il avait été précédé par des
bannies, par un contrat, s'il n'avait pas été tenu
de registre en règle, si ces feuilles se trouvaient
dans les archives de la municipalité, en un mot,
les circonstances peuvent seules décider du degré
d'authenticité qu'on doit leur accorder.

Si elles ne formaient pas une preuve complète,
elles pourraient former du moins un commencement de preuve par écrit (1); ce qui est néanmoins toujours subordonné aux circonstances.

349. S'il existait des registres dont quelques
feuillets fussent manquans, corrompus ou arrachés par quelque cause que ce soit, il en serait
comme du cas où le registre entier manque, car
chaque partie n'a d'intérêt qu'au feuillet où l'acte
de son état civil était inscrit; et puisque le Code
permet la preuve testimoniale quand le registre
est perdu, pourquoi la défendrait-on quand il
n'en manque qu'une partie (2)? La preuve testimoniale devrait donc être admise en ce cas comme
dans celui de l'art. 46, quand même les feuillets
manquans auraient été arrachés par le dol d'un

---

(1) Rodier, pag. 385.
(2) Rodier, pag. 385; Maleville, sur l'art. 46, pag. 77.

malveillant, à moins qu'il n'y eût lieu de soupçonner que le réclamant est auteur ou complice
du dol commis dans le dessein de lui procurer une
preuve que la loi refusait; ce qu'on ne peut juger
que par les circonstances. Ainsi, la question est
abandonnée à la prudence du magistrat.

350. Mais quand il existe des registres en bonne
forme, qui ne sont ni corrompus ni déchirés, et
qu'on a seulement omis d'y inscrire un acte de
naissance, de mariage ou de décès, l'art. 46 n'a
point prévu ce cas, et l'on s'en plaignait d'abord
au Conseil d'état comme d'une lacune (1); mais
on reconnut bientôt qu'il serait dangereux de
fixer les règles pour les cas d'omission. Cette question a toujours été regardée comme l'une des plus
délicates de la jurisprudence. Si les omissions ont
pour cause l'impossibilité où se sont trouvées les
parties ou les personnes qui les intéressent, de
faire consigner les actes sur les registres de l'état
civil, elles peuvent toujours être réparées. Cette
circonstance impérieuse les excuse (2); mais il
faut que cette impossibilité soit réelle et prouvée,
comme, par exemple, dans le cas d'un étranger,
dans celui d'un Français né, marié ou décédé
chez l'étranger. Dans ces cas, les actes n'ayant
pu être inscrits sur les registres de l'état civil en
France, on y supplée par les actes reçus en pays

---

(1) Maleville, pag. 75; Locré, tom. II, pag. 66.
(2) Locré, pag. 68.

étranger, qui font foi, pourvu qu'on y ait observé les formes usitées dans ce pays.

351. Si les omissions n'ont pas été causées par l'impossibilité d'inscrire les actes sur les registres, elles sont néanmoins réparables en certains cas; en d'autres, elles sont irréparables. C'est un point qui dépend de la nature des actes, et sur lequel il y a quelques règles particulières à chacun d'eux.

Ainsi, la possession constante de l'état d'enfant légitime suffit pour dispenser de représenter l'acte de naissance, comme nous le verrons tit. 7, chapitre 2, en expliquant l'art. 220. Au contraire, la possession d'état, suivant l'art. 195, ne peut dispenser les prétendus époux qui l'invoquent respectivement, de représenter l'acte de célébration du mariage devant l'officier de l'état civil.

Néanmoins, suivant l'art. 197, s'il existe des enfans issus de deux individus qui ont vécu publiquement comme mari et femme, et qui soient tous deux décédés, la légitimité des enfans ne peut être contestée, sous le prétexte du défaut de représentation de l'acte de célébration du mariage, lorsque cette légitimité est prouvée par une possession d'état qui n'est point contredite par l'acte de naissance.

352. Ainsi encore, suivant l'art. 323, si la naissance d'un enfant n'a pas été inscrite sur les registres, ou s'il a été inscrit soit sous de faux noms, soit comme né de père et mère inconnus, la preuve testimoniale est admise lorsqu'il y a commencement de preuve par écrit, ou lorsque les

présomptions ou indices résultant de faits dès lors constans, sont assez graves pour déterminer l'admission.

353. Au contraire, les commencemens de preuves par écrit ne suffisent pas pour autoriser les époux à prouver par témoins la célébration de leur mariage. C'est ce qui résulte de l'art. 194, qui refuse le titre d'époux à celui qui ne représente pas un acte de célébration inscrit sur les registres, sauf les cas prévus par l'art. 46.

Or, cet article ne permet de prouver les mariages par témoins et papiers domestiques, que dans les deux cas de perte ou de non existence des registres ; d'où il suit que, hors ces deux cas, la preuve testimoniale ne doit pas être admise (1), même lorsqu'il y a commencement de preuve par écrit, à la différence des naissances, qui peuvent, en ce cas, être prouvées par témoins, suivant l'art. 325.

354. La raison de différence est sensible : on ne peut jamais imputer à l'enfant l'omission de l'acte de sa naissance sur les registres. Au contraire, les

---

(1) Le projet de Code s'en expliquait positivement. L'art. 42 portait que, nonobstant la possession d'état, encore que les époux représentassent un contrat de mariage, nonobstant toute reconnaissance de déclaration, émanée d'eux ou de l'un d'eux, la preuve testimoniale de la célébration du mariage ne pourrait être admise, si ce n'est dans le cas de non existence des registres, prévu par l'art. 46.

Ces principes furent admis ; mais on ne crut pas nécessaire d'énoncer les conséquences qui en dérivent. Ainsi, ce projet peut servir de commentaire à l'art. 194. *Voy.* Locré, tom. III, pag. 416.

époux doivent faire inscrire l'acte de célébration
de leur mariage ; ils doivent le signer : ils ne sont
pas excusables d'avoir omis de le faire inscrire, à
moins qu'il n'y eût eu une impossibilité qui ne
peut exister, si ce n'est dans des cas dont on n'a
point d'exemples, et alors il faudrait faire constater cette impossibilité.

355. Les actes de naissance peuvent encore être
suppléés par des actes de notoriété, mais seulement lorsqu'il ne s'agit que de lever l'obstacle
qu'oppose à la célébration d'un mariage le défaut
de représentation de l'acte de naissance de l'un
des futurs. Quelle que soit la cause qui le mette
dans l'impossibilité de se le procurer, soit parce
qu'il n'existe point de registres, ou qu'ils sont mu-
tilés, soit parce qu'on a omis de l'y inscrire, car
l'art. 70 ne distingue point entre les différentes
causes qui empêchent l'un des futurs de représenter son acte de naissance ; dans tous ces cas,
on peut y suppléer par un acte de notoriété délivré par le juge de paix du lieu de la naissance
ou du domicile de celui des époux qui a besoin
d'en justifier.

356. Cet acte doit contenir, 1°. la déclaration
faite par sept témoins de l'un ou de l'autre sexe,
parens ou non parens, des prénoms, noms, profession et domicile de ses père et mère, s'ils sont
connus.

2°. Les causes qui empêchent de rapporter l'acte
de naissance.

3°. La signature du juge de paix et celles des témoins, ou la mention que ces derniers ne peuvent ou ne savent signer.

357. Cet acte est présenté au tribunal du lieu où doit se célébrer le mariage. Le tribunal, après avoir entendu le procureur du roi, donne ou refuse son homologation, selon qu'il trouve suffisantes ou insuffisantes les déclarations des témoins, et les causes qui empêchent de rapporter l'acte de naissance (1).

358. Cette exception singulière aux règles ordinaires, établie uniquement pour favoriser les mariages, ne peut être étendue à d'autres cas. Un pareil acte de notoriété ne pourrait servir à prouver la filiation de celui qui l'a obtenu, ni lui procurer les droits de famille, tels que celui de succéder.

Le but de ces actes de notoriété est de prouver l'âge du requérant, afin de faire voir qu'il est habile à contracter mariage, et nullement de prouver sa filiation, qui ne peut être prouvée qu'en suivant les règles ordinaires. Il ne peut donc s'en servir dans une question d'état, pas même comme d'un commencement de preuve par écrit, car ce n'est dans la réalité qu'une déclaration de témoins.

Ces actes, néanmoins, devraient faire preuve contre ceux qui les auraient signés, et contre leurs héritiers.

35g. Quant à la manière de suppléer les actes de décès, on s'écarte aussi des règles ordinaires,

---

quand il s'agit de lever l'obstacle qu'oppose à un
mariage le défaut de consentement des ascendans, parce qu'ils sont morts sans qu'on puisse
se procurer l'acte de leur décès, dont on ignore
le lieu et l'époque.

Sur cela, il faut voir l'avis du Conseil d'état,
approuvé le 4 thermidor an XIII, et dont nous
rapporterons la substance au titre du mariage,
en parlant de la nécessité du consentement des
aïeux au mariage de leurs petits-enfans.

Quelque favorables que soient les mariages,
l'un des époux qui voudrait se remarier, ne pourrait suppléer à l'acte de décès de l'autre époux
par un acte de notoriété, quand même il prétendrait que celui-ci est mort à la guerre, dont
les événemens rendent la preuve des décès souvent très-difficile, quelquefois impossible : il y
aurait, comme l'a pensé le Conseil d'état, dans
un avis du 12 germinal an XIII, approuvé le 17,
un extrême danger à admettre comme preuves
de décès, de simples actes de notoriété fournis
après coup, et résultant le plus souvent de quelques témoignages achetés ou arrachés à la faiblesse; ainsi cette voie est impraticable. A la vérité, plusieurs femmes de militaires peuvent se
trouver à ce sujet dans une position fâcheuse;
mais cette considération n'a point paru assez
puissante pour les dispenser de rapporter une
preuve légale, sans laquelle on exposerait la société à de déplorables erreurs, et à des inconvéniens beaucoup plus graves que les maux particuliers auxquels on voudrait remédier.

360. Cependant, s'il y avait eu impossibilité notoire et prouvée d'inscrire l'acte d'un décès sur les registres, comme dans le cas des personnes consumées dans un incendie, ou noyées publiquement, sans qu'on ait pu retrouver leurs corps, et qui ne peuvent ainsi recevoir la sépulture, dans ce cas, leur décès peut se constater par une enquête : c'est une exception à l'art. 46 (1).

La question est néanmoins soumise à la prudence des magistrats, qui doivent examiner les circonstances de fort près; car on a des exemples de personnes que l'on avait crues noyées, et qui se sont retrouvées dans la suite.

361. Enfin, les actes de l'état civil peuvent être suppléés, lorsque la preuve d'une naissance, d'un mariage ou d'un décès, se trouve acquise par le résultat d'une procédure criminelle, comme dans le cas des art. 198 et 199, ou dans le cas du crime de suppression d'état. (Art. 527). L'inscription du jugement sur les registres tient lieu d'acte de l'état civil.

Nous y reviendrons au titre du Mariage.

_____

(1) Maleville.

TITRE III.

Du Domicile.

SOMMAIRE.

362. C'EST dans le lieu de son domicile que
l'homme exerce ses droits civils et politiques, et
c'est là que doivent le faire citer tous ceux qu'

ont des droits à exercer contre lui. Après avoir établi comment on acquiert la jouissance des droits qui constituent l'état civil, après avoir indiqué quelles sont les preuves de l'état civil, il était donc convenable de donner les règles qui fixent le domicile.

363. On distingue, dans notre jurisprudence française, deux espèces de domiciles, le domicile politique et le domicile civil.

Le domicile politique est le lieu où chaque citoyen exerce ses droits politiques. Il est indépendant du domicile civil, et l'on peut avoir et conserver son domicile politique dans un autre lieu que le domicile civil (1).

364. Le Code civil ne s'occupe que du domicile civil, qui est le lieu où une personne, jouissant de ses droits, a son principal établissement, où elle a établi sa demeure, le centre de ses affaires, le siége de sa fortune, le lieu d'où cette personne ne s'éloigne qu'avec le désir et l'espoir d'y revenir, dès que la cause de son absence aura cessé (2).

---

(1) Sur la manière dont s'acquérait ou se perdait le domicile politique, *voy.* la Constitution de l'an VIII, art. 2 et 6, et le décret du 17 janvier 1806. Mais on ne peut plus les invoquer aujourd'hui, et la Charte garde sur ce point un silence absolu. *Voy. suprà*, n.º 258. Il faut donc attendre les lois qui interviendront sur ce point, sur la manière de devenir citoyen, etc.

(2) Loi 7, *Cod. de incolis, lib.* 10, *tit.* 39. *Cives origo, incolas verò domicilium facit; et in eo loco singulos habere domicilium non ambigitur, ubi quis larem, rerumque ac fortunarum suarum summam constituit,*

365. Les questions de domicile s'étendaient autrefois à presque toutes les matières de droit civil. Elles étaient aussi multipliées qu'importantes, lorsque le territoire français était partagé entre une infinité de coutumes locales, dont les dispositions étaient différentes sur une multitude d'objets, tels que l'époque de la majorité, la communauté conjugale, la faculté, plus ou moins étendue, de disposer, les droits de primogéniture, de masculinité, de représentation en succession, etc. Il importait beaucoup alors de déterminer le véritable domicile des mineurs, des époux, des donateurs, des testateurs ou des individus morts sans avoir fait de testament.

366. Aujourd'hui, que la législation est uniforme dans toute la France, les effets du domicile se bornent, 1°. à déterminer quel est le juge naturel de la personne. Ainsi, c'est devant le juge de paix du domicile d'une personne que ses parens doivent être assemblés pour lui nommer un tuteur ou un curateur, et dans tous les cas où il est nécesaire de consulter le conseil de famille.

C'est aussi le domicile de la personne qui règle le lieu où elle doit être assignée, et, le plus souvent, le tribunal où ses affaires doivent être portées.

---

undè non sit discessurus, si nihil avocet; undè cùm profectus est, peregrinari videtur : quòd si rediit, peregrinari jam destitit.

Voy. d'Argentré, *in art.* 449, *Consuet. Britan.*; le nouveau Répertoire et le nouveau Dénisart, au mot *Domicile*; Domat, Rodier, sur l'art. 5, tit. 2, de l'ordonnance de 1667; Duparc-Poullain, Principes de droit, tom. II, pag. 2; le titre du Digeste *ad munic. et de incolis*, 50. 1; celui du Code *de incolis*, 10. 59.

Le second effet du domicile concerne les successions. C'est le domicile du défunt, et non pas l'endroit où il est mort, qui détermine le lieu où s'ouvre la succession, et par conséquent le tribunal où doivent être portées toutes les questions qui y sont relatives, telles que les partages, le paiement des dettes, etc.

Enfin, un troisième effet du domicile est de déterminer le lieu où la personne doit se marier; mais le domicile nécessaire pour contracter mariage est assujetti à des règles particulières, qui seront expliquées au titre du Mariage.

367. L'homme ne peut avoir qu'un seul domicile réel (1); car il ne peut en même tems placer en deux endroits le siège principal de sa fortune et de ses affaires. L'unité du domicile réel est positivement établie par l'art. 102, qui porte que le domicile de tout Français est au lieu où il a son principal établissement. C'est par cette raison qu'on retrancha comme inutile la disposition ajoutée dans le projet de Code, que la loi ne reconnaît au citoyen qu'un seul domicile.

Les autres lieux qu'un citoyen peut habiter tour à tour outre celui de son domicile réel, ne sont donc que de simples résidences, et l'on ne doit plus s'arrêter aujourd'hui aux principes de l'ancienne jurisprudence, qui reconnaissait en

_____

(1) *Voy.* le discours du tribun Malherbe, dans l'Exposé des motifs; Locré, tom. II, pag. 211, édition in-8°.

certains cas deux domiciles, et qui distinguait un domicile de droit et un domicile de fait (1).

368. Mais on peut avoir autant de domiciles élus ou conventionnels, qu'on a souscrit d'actes différens; car il arrive souvent que des citoyens qui contractent, élisent un domicile pour l'exécution du contrat, en stipulant que les assignations nécessaires pour cette exécution seront données en un lieu déterminé. Cette stipulation conserve sa force après la mort des contractans, et lie leurs héritiers et ayant-causes (2).

369. Mais elle ne constitue qu'un domicile imparfait; et l'art. 111 du Code civil, dont la disposition est répétée dans l'art. 59 du Code de procédure, veut que, dans ce cas, le demandeur ait l'option de former les significations, demandes et poursuites relatives à l'exécution de ces actes, soit devant le tribunal du domicile élu, soit devant celui du domicile réel du défendeur.

370. Le domicile réel est de deux espèces, le domicile originaire et le domicile de choix.

371. C'est la naissance qui donne à l'homme son premier domicile. En tout pays, les enfans n'ont pas d'autre domicile que celui de leur père; ils n'en peuvent avoir d'autres, jusqu'à leur émancipation; et, lorsque le père est décédé, son der-

---

(1) Duparc-Poullain, Principes du droit, tom. II, pag. 8.

(2) *Voy.* un arrêt du 50 juin 1744, Journal du Parlement de Bretagne, tom. III, chap. 124; Principes du droit, tom. II, pag. 15.

nier domicile continue d'être celui de ses enfans qui n'en ont pas choisi un autre, ou qui ne sont pas sous la puissance d'un tuteur : le vieillard même, après avoir vécu loin de la maison paternelle, y conserve encore son domicile, s'il n'a pas manifesté la volonté d'en prendre un autre.

372. Mais aussitôt que l'homme est sorti, par l'émancipation ou par la majorité, de la puissance de ses père et mère, il devient libre de changer son domicile et de choisir celui qui lui convient. Pour dissiper les doutes que ce changement peut faire naître, l'art. 103 établit en principe général qu'il ne peut s'opérer que par le fait d'une habitation réelle dans un autre lieu, joint à l'intention d'y fixer son principal établissement; car le fait doit toujours concourir avec l'intention. La résidence la plus longue ne prouve rien, si elle n'est pas accompagnée de la volonté, tandis que, si l'intention est constante, elle opère le changement avec la résidence la plus courte, ne fût-elle que d'un jour; car du moment que le fait concourt avec l'intention, il forme ou change le domicile sans aucun délai. Il ne suffit donc pas de manifester la volonté de changer de domicile, comme il ne suffit pas de changer de résidence. L'intention qui n'est point accompagnée du fait peut n'indiquer qu'un projet resté sans exécution; le fait qui n'est point accompagné d'intention déterminée ou manifestée, peut n'indiquer qu'un essai, qu'un déplacement passager, ou l'établissement d'une habitation secondaire : il faut, pour consommer un changement de domi-

cile, la réunion du fait et de l'intention, tandis que, pour conserver le domicile acquis, il suffit de l'intention.

Le fait ne peut guère être douteux; mais l'intention l'est souvent. Toute la difficulté tient donc à l'embarras de reconnaître avec certitude quand l'intention se trouve réunie au fait, et l'embarras peut être grand, lorsque l'individu réside alternativement en deux endroits différens.

373. L'intention est expresse ou présumée; et la présomption de l'intention est légale ou simple.

374. La preuve de l'intention expresse résulte d'une déclaration faite, tant à la municipalité du lieu qu'on quitte, qu'à celle du lieu où on a transféré son domicile.

Il faut bien remarquer cette double déclaration, exigée par l'art. 104. A défaut de l'une d'elles, la volonté de changer de domicile pourrait n'en être pas moins constante relativement à l'individu qui n'a fait qu'une déclaration; mais cette volonté peut rester douteuse à l'égard des tiers, ou leur être inconnue; et c'est par cette raison que les exploits notifiés en un lieu qui n'est pas le vrai domicile, peuvent être déclarés valides, suivant les circonstances.

375. La loi présume l'intention de changer de domicile, 1°. lorsqu'un citoyen accepte des fonctions conférées à vie (art. 107). Son acceptation emporte de plein droit la translation de son domicile aussitôt qu'il est rendu au lieu où il doit exercer ses fonctions. La loi lui suppose l'intention

de remplir ses devoirs dans toute leur étendue : elle n'admettrait pas la preuve du contraire.

2°. La femme, en se mariant, est présumée avoir l'intention d'habiter avec son mari (art. 108); son devoir l'y oblige ; elle est en sa puissance, elle ne peut avoir d'autre domicile que celui de son époux, quelque longue résidence qu'elle ait faite ailleurs.

3°. Le mineur non émancipé a son domicile chez ses père et mère, ou chez son tuteur (art. 108) ; le majeur interdit a également le sien chez son tuteur.

4°. Enfin, les majeurs qui servent ou travaillent habituellement chez autrui, sont présumés établir leur domicile chez la personne qu'ils servent (art. 109), ou chez laquelle ils travaillent, lorsqu'ils demeurent avec elle dans la même maison ; condition nécessaire pour restreindre le principe dans de justes bornes, et prévenir toute incertitude dans l'application.

376. Au défaut des présomptions légales qui fixent le domicile de l'individu, au défaut des déclarations expresses indiquées dans l'art. 104, on est forcé de recourir à de simples présomptions ; et la preuve de l'intention dépend nécessairement des circonstances (art. 105), que les tribunaux seuls peuvent apprécier. Le Code n'a donc pas voulu spécifier les indices propres à manifester l'intention, et il s'est borné à décider, conformément à l'ancienne jurisprudence, que le citoyen appelé à des fonctions révocables ou

temporaires conserve le domicile qu'il avait auparavant, s'il n'a pas manifesté d'intention contraire. (Art. 106).

377. Quant aux circonstances qui peuvent faire
présumer l'intention, on peut indiquer les suivantes :

1°. Si l'individu réside dans la commune où il
est né, car on est présumé retenir son domicile
d'origine.

2°. S'il exerce ses droits politiques dans le lieu
où il a son habitation; car, en séparant le domicile civil du domicile politique , on n'entendit pas
décider que le domicile politique ne servirait pas
à faire reconnaître le domicile civil. Il fut, au
contraire, observé au Conseil d'état, que l'exercice des droits politiques était un des caractères
de l'établissement principal (1).

3°. Si l'individu acquitte dans le même lieu ses
contributions personnelles.

378. Si la maison d'habitation était située sur
les limites des arrondissemens de deux tribunaux
différens, ce serait la principale porte d'entrée
qui déterminerait le lieu du domicile (2).

---

(1) Locré, tom. II, pag. 228.

(2) D'Argentré, sur l'art. 265 de l'ancienne Coutume de Bretagne;
Duparc-Poullain, Principes du droit, tom. II, pag. 202; Gohard,
Traité des bénéfices, tom. I, pag. 782.

TITRE IV.

Des Absens.

SOMMAIRE.

379. On est absent quand on est hors de son domicile, et l'absence prolongée interrompt et suspend l'exercice des droits civils.

Telle est la liaison de ce titre avec les précédens.

Dans tous les instans de sa vie, et même avant qu'il soit né, la loi veille sur l'homme pour le protéger, lorsqu'il se trouve dans l'impuissance de défendre sa personne ou ses biens. Si cette impuissance vient de l'âge ou du défaut de raison, la loi lui fait nommer un tuteur ou un curateur.

Si elle vient de son absence, la loi y pourvoit de la manière expliquée en ce titre.

380. L'ancienne législation française, ni le droit romain, ne contiennent pas de dispositions sur ce sujet important. Les questions qu'il faisait naître restaient abandonnées à la prudence des juges; l'exemple des choses jugées, qu'on appelle la ju-

risprudence des arrêts, était le seul guide qu'on eût sur la matière des absens ; et les maximes éparses qu'on en avait tirées ne présentaient que des règles incomplètes, incohérentes, quelquefois contradictoires, et qui manquaient souvent de rectitude. Le Code a rempli cette lacune de la législation, par des dispositions d'un droit absolument nouveau, et sur lequel les ouvrages antérieurs ne peuvent donner que des lumières incertaines et souvent trompeuses.

381. Le mot absent a deux acceptions bien différentes.

Dans le langage ordinaire, on confond sous cette dénomination, ou plutôt on ne les distingue pas,

1°. Celui qui ne se trouve pas au lieu où sa présence est nécessaire ou désirée, mais dont on connaît la résidence, ou dont on a des nouvelles, et dont, par conséquent, l'existence n'est pas incertaine.

2°. Celui dont on ignore la résidence actuelle, ou dont on n'a pas de nouvelles, et dont, par cette raison, l'existence peut paraître douteuse.

La langue française ne présente point d'expressions propres et techniques pour différencier ces deux idées, néanmoins très-différentes, et auxquelles il faut bien faire attention ; car cette imperfection du langage répand beaucoup d'obscurité sur la matière.

382. La loi ne regarde point comme absent l'individu dont on a des nouvelles, quoiqu'il soit actuellement éloigné de son domicile ou du lieu

où sa présence est désirée. L'art. 840 le qualifie *de non présent*, par opposition aux absens proprement dits.

Les dispositions de ce titre ne se rapportent qu'à ces derniers, c'est-à-dire aux absens dont on n'a pas de nouvelles, et qui, par cette raison, laissent des doutes sur leur existence.

383. L'intérêt de l'absent, celui de sa famille, celui des tiers avec lesquels il a des relations, enfin l'intérêt public même, qui ne veut pas que les propriétés soient abandonnées ou trop long-tems incertaines, exigent en certains cas qu'on prenne des mesures relativement aux biens et aux droits de l'absent : ces mesures changent à des époques fixes. La loi les a graduées sur les différens degrés d'incertitude de la vie ou de la mort de l'absent. Cette incertitude augmente en raison du tems qui s'est écoulé depuis sa disparition, ou depuis ses dernières nouvelles : le Code a donc divisé l'absence en trois périodes.

La première commence au moment de la disparition ou des dernières nouvelles de l'absent. Elle dure cinq ans au moins, s'il n'a point laissé de procuration, et onze ans s'il en a laissé une, quand même elle viendrait à cesser avant l'expiration des onze années : elle finit par le jugement qui déclare l'absence. Pendant cette première période, il ne peut y avoir que présomption d'absence.

La seconde période commence par la déclaration d'absence, époque à laquelle les héritiers présomptifs peuvent être provisoirement envoyés en possession des biens de l'absent, à la charge de donner caution.

Cette période dure trente années, à l'expiration desquelles commence la troisième période, qui peut même commencer avant les trente années, s'il s'est écoulé cent ans révolus depuis la naissance de l'absent. Dans cette troisième période, les héritiers peuvent obtenir l'envoi en possession définitive sans caution.

384. Ce titre est divisé en quatre chapitres. Le premier règle les effets de l'absence présumée, ou les mesures à prendre pendant la première période.

Le second chapitre détermine la manière de constater l'absence. Le troisième chapitre, divisé en trois sections, règle les effets de l'absence et les mesures à prendre pendant les seconde et troisième périodes. Le quatrième chapitre prescrit les mesures relatives à la surveillance des enfans de l'absent.

CHAPITRE PREMIER.

De la Présomption d'absence.

SOMMAIRE.

385. Le Code divise les absens en deux classes (1), en absens présumés dont parle ce chapitre, et en absens déclarés dont nous parlerons bientôt. Cette distinction, inconnue dans l'ancien droit, a été introduite dans le nouveau, comme un moyen de donner les règles les plus précises et les plus avantageuses aux intérêts de l'absent, sur la protection que la loi lui accorde.

Lorsqu'un homme s'est éloigné de sa résidence ordinaire, on doit naturellement croire que son éloignement n'est que momentané. On connaît communément le lieu où il est allé et le motif de son éloignement; ou si on les ignore, c'est qu'il a eu des raisons de ne pas les faire connaître. S'il ne donne pas d'abord de ses nouvelles, ce n'est pas un motif pour concevoir des inquiétudes raisonnables sur son existence; il n'y a pas encore de présomption d'absence.

_____

(1) *Voy.* Locré, tom. II, édition in-8°., pag. 307 et 309.

Mais s'il continue à ne pas donner de ses nouvelles, si son éloignement et son silence se pro-
longent, si le tems fixé pour son retour est écoulé
sans que l'on sache la cause de son retardement,
s'il est arrivé quelque événement malheureux dans
lequel on puisse craindre qu'il ait été enveloppé,
alors on ne peut s'empêcher de concevoir des inquiétudes raisonnables sur son existence, et de
regarder son retour comme incertain : c'est alors
seulement qu'il y a présomption d'absence dans
le sens de la loi.

Car il faut remarquer que le premier article de
ce chapitre, qui autorise à pourvoir à l'administration des biens de l'absent présumé, ne peut s'appliquer aux personnes seulement éloignées de leur
domicile (1).

La présomption d'absence existe donc, lorsqu'une personne a disparu du lieu de sa résidence
accoutumée, et qu'on n'a point de ses nouvelles,
mais que néanmoins la disparition n'a point encore duré cinq ans.

386. Cette présomption d'absence n'est point
suffisante pour autoriser la justice à pourvoir à
l'administration de ses biens, ni à se mêler de ses
affaires.

Sous le spécieux prétexte d'une protection pré-
cipitée, on pourrait préjudicier à ses intérêts au
lieu de les servir; une telle précipitation nuirait

---

(1) Locré, tom. II, édition in-8°., pag. 291, 297.

à la liberté. Personne n'oserait s'éloigner du lieu qu'il habite, s'il avait à craindre que, sous prétexte de veiller à ses intérêts, on pût pénétrer dans le secret de ses affaires, ou s'immiscer dans l'administration de ses biens.

L'abandon même où elles se trouvent, n'est point encore un motif suffisant pour se mêler, sans son aveu, des affaires de l'absent présumé : s'il a laissé une procuration, son mandataire est le seul qui doive agir pour lui, sous peine de répondre de sa négligence; s'il n'en a point laissé, ou s'il n'a laissé qu'un mandat particulier, c'est peut-être à dessein de ne pas confier à un tiers les secrets de sa fortune; c'est parce qu'il a préféré courir les risques du préjudice que pourrait lui causer, jusqu'à son retour, l'abandon de ses affaires. On ne doit donc pas lui nommer un mandataire, puisqu'il n'a pas voulu s'en donner un lui-même. En un mot, l'absent présumé, qui n'a pas pourvu à ses intérêts, est, aux yeux de la loi, dans le même cas que l'individu présent qui les néglige.

Voyons donc quand et dans quelles circonstances on doit pourvoir aux intérêts de l'absent présumé.

387. Remarquons d'abord que, pour venir à son secours, la loi ne se règle pas, comme à l'égard de l'absent déclaré, sur le tems plus ou moins long qu'a duré sa disparition. On reconnut au Conseil d'état qu'il eût été difficile de fixer un délai précis, et on posa en principe que c'était

par la nécessité et par les circonstances qu'il fallait en juger (1).

Ce principe a été consacré par le Code, qui veut qu'on ne se détermine que par la loi impérieuse de la nécessité.

L'art. 112 porte : « S'il y a *nécessité* de pour-» voir à l'administration *de tout ou partie* des biens » laissés par une personne présumée absente, et » qui n'a *point de procureur fondé*, il y *sera statué* » par le *tribunal* de première instance, sur la de-» mande *des parties intéressées.* »

Pour bien entendre les dispositions de cet article, il faut examiner quand il y a nécessité de pourvoir aux affaires de l'absent présumé, quel tribunal doit y pourvoir, comment et à la diligence de quelles personnes.

388. Le Code veut d'abord qu'il y ait nécessité réelle ; c'est une condition sans laquelle le tribunal ne doit rien statuer : il faut donc qu'il existe des preuves positives de faits particuliers qui ne permettent pas de douter qu'on ne peut abandonner les affaires de l'absent au cours des événemens, sans causer un préjudice notable, soit à lui-même, soit à des tiers.

La loi ne pouvait prévoir ni spécifier ces circonstances ; elles sont trop nombreuses et trop variées : elle pouvait encore moins les apprécier. Le législateur ne pouvait, sur ce point important, que s'en rapporter à la sagesse des tribunaux. C'est à eux qu'il appartient de juger quand il y a absence présumée et nécessité de pourvoir, en tout ou en partie, à l'administration des biens de l'absent ; mais leurs jugemens sont sujets à l'appel, suivant les règles ordinaires.

389. Il est impossible d'indiquer tous les cas où il y a nécessité d'agir, soit pour l'intérêt de l'absent présumé, soit pour l'intérêt des tiers : on peut seulement en citer des exemples.

Si les terres restent abandonnées sans culture, la bonne police exige qu'il y soit pourvu pour le bien de la société, qui a intérêt d'assurer ses propres subsistances (1). L'intérêt du public se trouve, en ce cas, uni à l'intérêt de l'absent.

Si sa maison, ses meubles et ses provisions dépérissaient (2), il y aurait nécessité d'y pourvoir.

S'il était nécessaire de prévenir l'insolvabilité d'un débiteur, d'empêcher une prescription de s'accomplir, il y aurait encore nécessité d'agir. Il est enfin une foule de cas où l'intérêt de l'absent présumé exige qu'il soit fait des actes conservatoires ou des poursuites, qu'il soit pris des précautions pour conserver ses biens.

Dans le cas d'un dépôt dont il y a preuve par

---

(1) Tronchet ; voy. Locré, tom. II, édition in-8°, pag. 282.

(2) *Ibid.*, pag. 299.

écrit, le déposant ayant droit de se faire rendre les effets déposés avant le retour incertain de l'absent, il y a nécessité de faire ouvrir la maison pour les y chercher (1).

Lorsque l'absent a des intérêts communs avec un tiers, par exemple, dans le cas d'une société dont l'acte refuse à l'un des associés d'agir seul pour la société, il y a nécessité que l'associé présent ait recours à la justice pour s'y faire autoriser.

Enfin, dans le cas d'une succession ouverte avant son absence, il y a nécessité pour l'intérêt de ses cohéritiers, et pour le sien, de faire représenter l'absent, comme nous le dirons bientôt.

390. Lorsqu'il est nécessaire de pourvoir à l'administration de tout ou partie des biens d'un absent présumé, le Code dit qu'il y sera statué par le tribunal de première instance; mais il n'indique pas quel est ce tribunal, si c'est celui du domicile ou celui de la situation des biens. La question fut agitée au Conseil d'état, où il fut décidé, dans la séance du 4 frimaire an X, que la présomption d'absence doit être jugée par le tribunal du domicile,

(1) Locré, pag. 324. Dans l'Exposé des motifs, édition de Didot, tom. II, pag. 170, M. Bigot de Préameneu met au nombre des affaires urgentes qui emportent nécessité d'agir pour l'absent, l'exécution des *congés de loyer*, leur *paiement*, celui des *autres dettes exigibles*. Il est difficile de se rendre à cette opinion; autrement, il faudrait dire qu'il y a nécessité dans tous les cas. Le créancier peut obtenir un jugement par défaut, et le faire exécuter comme dans le cas d'un débiteur présent.

et que, d'après ce jugement, chaque tribunal doit pourvoir à l'administration des biens situés dans son ressort. La rédaction de l'art. 112 fut même changée et réformée dans le sens de cette décision ; mais ces changemens n'avaient pas été insérés dans le projet imprimé, sur lequel le Conseil discutait ; ils y avaient été ajoutés à la main par le rapporteur. Mais la discussion du Code ayant été suspendue en l'an X, ne fut reprise qu'en l'an XI, dix mois après la suspension. Le titre des absens fut discuté sur le projet imprimé ; et comme on n'y avait point inséré les changemens et amendemens arrêtés, dans la rédaction de l'article 112, le laps de dix mois les fit oublier, et ils furent omis dans la rédaction définitive, quoique le Conseil n'eût pas changé d'avis. Ces faits sont attestés par M. Locré, secrétaire général du Conseil d'état (1).

Il n'y a donc pas de loi sur cette question de compétence ; mais la décision du Conseil d'état est ici d'un poids d'autant plus grand qu'elle est conforme à la raison. Avant de pourvoir à l'administration des biens, il faut juger le fait de la présomption d'absence ; or, il ne peut être bien jugé que dans le lieu où l'individu est connu c'est-à-dire au lieu de son domicile. Ce n'est pas au lieu de la situation des biens, souvent fort éloignés du domicile, et où peut-être il n'a jamais

---

(1) Tom. II, pag. 3o1 et suiv., édition in-8°.

paru, qu'on peut juger si l'individu doit être réputé absent.

D'un autre côté, le tribunal du domicile ne peut bien connaître s'il est nécessaire de pourvoir à l'administration des biens situés sous un ressort éloigné, ni quelle mesure il est raisonnable de prendre à leur égard.

Ajoutez à cela que, dans l'esprit du Code, il ne doit pas être pris de mesures générales pour l'administration des biens de l'absent présumé, comme dans le cas de l'absent déclaré. Ainsi, quoique le tribunal du domicile ait décidé qu'il y a présomption d'absence, et qu'il est nécessaire de pourvoir aux biens situés dans son ressort, il est possible que la même nécessité n'existe pas à l'égard des biens situés sous un autre ressort.

391. Mais quelle mesure les tribunaux peuvent-ils ordonner? Sur ce point le Code leur a laissé une latitude indéfinie. Il n'a point voulu régler le mode de pourvoir aux intérêts de l'absent, suivant la diversité des circonstances. Il s'est contenté de tracer aux juges une règle générale pour les guider et pour leur rappeler sans cesse son esprit. Quelle que soit la mesure qu'ils adoptent, il faut qu'il y ait *nécessité* de l'ordonner; car cette expression de l'art. 112 s'applique autant à la manière de secourir l'absent présumé, qu'aux circonstances où il doit l'être. S'il y *a nécessité* de pourvoir, dit cet article, il ajoute *en tout* ou *en partie*, à l'administration des biens de l'absent présumé, *il y sera statué*, etc.

On ne doit donc pourvoir à l'administration

que de la partie des biens à l'égard desquels il y a nécessité et non à l'égard des autres. Ainsi, les tribunaux ne doivent point ordonner des mesures générales sans nécessité, ni même des mesures particulières. Ils doivent mesurer les secours sur les circonstances, les proportionner aux besoins, et ne les étendre jamais au-delà; en un mot, se borner aux actes strictement et rigoureusement nécessaires.

Du reste, le Code n'ordonne aucune mesure, comme il n'en exclut aucune, pas même les recherches dans les papiers de l'absent, toujours en cas de nécessité, si elles étaient indispensables pour l'intérêt d'un tiers, qui ne doit pas souffrir de l'éloignement de l'absent. Mais dans ce cas, il convient que le magistrat, dont la bonne foi et la discrétion ne peuvent être suspectes à la personne éloignée, se transporte et fasse lui-même la visite, pour extraire les papiers nécessaires, de manière à empêcher les tiers de pénétrer dans les secrets de l'absent.

Le Code n'exclut pas même la nomination d'un curateur, bien entendu qu'il n'ait que des pouvoirs limités. Ainsi, on ne devrait pas lui permettre de faire l'inventaire des papiers de l'absent; il suffit qu'un commissaire lui remette ceux qui sont nécessaires à sa mission particulière.

392. Le seul cas dans lequel la loi détermine les mesures à prendre pour l'absent présumé, est celui des successions, inventaires, partages, etc., dans lesquels il est intéressé. Avant les lois nouvelles, on nommait dans ce cas un curateur à

l'absent; mais l'expérience ayant prouvé que cette mesure entraînait beaucoup d'abus, soit par la négligence, soit par la mauvaise foi des cura-teurs, l'Assemblée constituante, par une loi du 11 février 1791, ordonna « que s'il y avait lieu de » faire des inventaires, comptes, partages et liqui-» dations dans lesquels se trouveraient intéressés » des absens qui ne seraient défendus par aucun » fondé de procuration, la partie la plus diligente » s'adressera au tribunal compétent, qui com-» mettra un notaire pour procéder à la confection » de ces actes.»

Une autre loi du 6 octobre 1791, art. 17, or-donna que les notaires qui représentent les ab-sens, dans les inventaires, partages, etc., « ne » pourront en même tems instrumenter dans les » opérations qui les concernent.»

Cette mesure sage a été maintenue par l'art. 113 du Code, qui porte : « Le tribunal, à la requête » de la partie la plus diligente, commettra un no-» taire pour représenter les présumés absens, dans » les inventaires, comptes, partages et liquida-» tions dans lesquels ils seront intéressés.»

Il faut remarquer que cette mesure de nom-mer un notaire, n'est pas limitée aux absens pré-sumés ; elle s'applique à tous les cohéritiers qui ne sont pas présens, quoiqu'il n'y ait pas contre eux de présomption d'absence : leur inaction ne peut nuire aux héritiers présens (1).

_____

(1) Locré, tom. II, pag. 293 et 294, édition in-8º.; l'art. 928 du Code de procédure.

Mais il ne faut pas confondre le notaire nommé
pour représenter les absens et les non présens au
partage d'une succession, avec le notaire que le
Code de procédure permet, dans les cas d'ur-
gence (728), de faire nommer pour eux, sans
même les appeler, lorsqu'ils demeurent hors la
distance de 5 myriamètres (931, n°. 3, et 942).
Les fonctions de ce notaire se bornent à assister à
la levée du scellé et à l'inventaire; au lieu que,
pour faire représenter un absent ou un non présent dans un partage, il faut qu'il y ait une demande de partage, et par conséquent une assi-
gnation donnée à personne ou domicile. Elle est
nécessaire pour s'assurer qu'ils n'ont pas laissé de
procuration : c'est lorsqu'ils laissent défaut qu'on
demande qu'il soit nommé un notaire pour les représenter. Il faut alors en nommer un pour chacun des absens ou non présens qui peuvent avoir
des intérêts opposés, au lieu qu'il n'en faut nommer qu'un seul pour les représenter tous à la levée du scellé et à l'inventaire (Code de procédure, 942), qui ne sont que des actes préparatoires pour déterminer les habiles à succéder, à
accepter ou à répudier la succession, à former ou
à abandonner la demande de partage.

393. On peut demander s'il doit être nommé
un notaire pour représenter les absens présumés,
dans les successions ouvertes depuis la présomption d'absence, lorsque leurs cohéritiers ou ceux
qui auraient succédé en leur place, ne reconnaissent pas leur existence; autrement, les absens
présumés sont-ils habiles à recueillir les succes-

sions échues depuis leur absence? C'est une question sur laquelle le Conseil d'état fut partagé, et
que nous examinerons en expliquant les effets de
l'absence (1). Observons seulement ici que l'article 115 suppose qu'il y a des cas où l'absent présumé est admis à succéder; c'est, par exemple,
lorsque les héritiers présens l'exigent pour leur
intérêt.

394. Il reste à parler des personnes qui peuvent
provoquer des mesures pour l'administration des
biens de l'absent.

Ce sont, dit l'art. 112, les *parties intéressées,*
c'est sur leur *demande* que le tribunal doit *statuer :* il faut donc qu'elles aient un intérêt légal,
c'est-à-dire qui puisse être la base d'une action.
Un intérêt éventuel, tel que celui des héritiers
présomptifs, un intérêt de pure affection, tel que
celui des parens, ne suffisent pas pour les autoriser à agir par action directe, et à requérir une
mesure déterminée, comme des recherches dans
les papiers, la location des fermes, etc. : la loi a
fixé le moment où il est permis aux héritiers d'agir;
c'est celui où il y a lieu de suivre la déclaration
d'absence (2). Les parties intéressées, dans le sens
de l'art. 112, sont les créanciers, les associés, en
un mot, les tiers qui ont un intérêt né et actuel à
provoquer la mesure sur laquelle ils veulent faire
prononcer.

_____

(1) *Voy. infrà,* n.ᵒˢ 476 et suiv., 480.
(2) Locré, tom. 11, pag. 323 et 324, édition in-8º.

395. Mais les parens et même les amis peuvent, par voie de réquisition, stimuler le ministère public d'agir, en l'avertissant que les affaires
de l'absent sont en souffrance, et en le laissant
ensuite requérir ce qu'il croit le plus convenable;
car l'art. 114 charge spécialement le ministère public de veiller aux intérêts des personnes présumées absentes, et doit être entendu sur toutes les
demandes qui les concernent.

Ainsi il a deux fonctions : l'une, de former lui-
même les demandes qu'il juge convenables pour
les intérêts de l'absent; l'autre, d'appuyer ou de
contredire les demandes formées par les tiers intéressés.

—————

CHAPITRE II.

De la Déclaration d'absence.

SOMMAIRE.

396. *En quoi consiste cette formalité, qui est nouvelle; division
du chapitre.*

396. LA déclaration d'absence est une formalité nouvelle, inconnue dans notre ancienne jurisprudence, et qui consiste dans un jugement
par lequel, avant de statuer sur l'administration
des biens d'une personne qui a disparu de son
domicile, les juges déclarent qu'elle doit être

considérée comme absente. Autrefois, lorsqu'un homme était absent, s'il s'était écoulé sept ans dans certaines coutumes, et dix ans en d'autres (1), sans qu'on eût reçu de ses nouvelles, ses héritiers présomptifs se faisaient envoyer en possession de ses biens sur un simple acte de notoriété. C'est pour faire cesser les abus qui pouvaient en résulter, que le Code a établi des règles fixes et uniformes sur ce point important. Nous verrons en ce chapitre,

1°. Quand et par qui la déclaration d'absence peut être provoquée;

2°. A quel tribunal il faut s'adresser, et comment l'absence doit être constatée et jugée;

3°. Les règles particulières aux militaires et aux marins.

SECTION PREMIÈRE.

Quand et par qui la Déclaration d'absence peut être provoquée.

SOMMAIRE.

397. *Il faut trois circonstances pour que la déclaration d'absence puisse être provoquée.*

(1) Anjou, art. 269; Maine, art. 287; Duparc-Poullain, Principes du droit français, tom. II, pag. 46; Locré, tom. II, pag. 35, édition in-8°.

397. POUR que la déclaration d'absence puisse être provoquée contre un citoyen, il faut le concours de trois circonstances :

1°. Eloignement du domicile et de la résidence ;

2°. Défaut de nouvelles ;

3°. Laps de quatre années écoulé depuis son éloignement ou depuis ses dernières nouvelles.

A défaut de l'une de ces trois circonstances, la demande en déclaration d'absence doit être rejetée.

» Lorsqu'une personne, dit l'art. 115, aura cessé » de paraître au lieu de son domicile ou de sa ré- » sidence (1), et que depuis quatre ans on n'en » aura point eu de nouvelles, les parties intéres- » sées pourront se pourvoir devant le tribunal de » première instance, afin que l'absence soit dé- » clarée. »

398. Si l'absent avait laissé une procuration, les parties intéressées ne pourraient poursuivre la déclaration d'absence qu'après dix ans révolus depuis sa disparition, ou depuis ses dernières nouvelles (art. 121), quand même la procuration viendrait à cesser avant l'expiration des dix années. (Art. 121 et 122).

399. Nous avons vu ci-dessus que dans le cas

_____

(1) La première rédaction portait : « Celui qui aurait disparu de son domicile ou de sa résidence, *ou* dont on n'aurait aucunes nouvelles....»
La conjonction alternative *ou* fut effacée et remplacée par la cumulative *et*. *Voy.* Locré, tom, 11, pag. 336, édition in-8°.

de l'art. 112, qui parle de la présomption d'absence, *les parties intéressées* ne sont pas les héritiers, mais les créanciers, les associés et tous les tiers qui ont un intérêt légal et actuel à provoquer des mesures promptes pour l'administration des biens de l'absent. Dans le cas de l'art. 115, au contraire, les parties *intéressées* à poursuivre la déclaration d'absence ne sont, ni les créanciers, ni les autres tiers, qui, n'étant pas obligés d'attendre les formalités lentes, prescrites pour parvenir à la déclaration d'absence, ont une voie plus courte, en provoquant, en vertu de l'art. 112, même depuis la demande en déclaration d'absence, les mesures qu'exige la situation de leurs affaires.

Les parties *intéressées*, dans le sens de l'art. 115, sont donc les héritiers présomptifs, et même ceux d'un degré postérieur, lorsque ceux du degré le plus proche négligent d'agir (1), l'autre époux, les personnes qui auraient la propriété des biens dont l'absent n'avait que l'usufruit; en un mot, tous ceux qui ont sur les biens de l'absent des droits subordonnés à la condition de son décès.

_____

(1) Locré, pag. 342.

SECTION II.

A quel tribunal il faut s'adresser, et comment l'absence peut être constatée et jugée.

SOMMAIRE.

400. C'est au tribunal de première instance du domicile de l'absent, que les parties intéressées doivent adresser leur requête, en y joignant les pièces et documens, s'il en existe de propres à justifier leur demande.

401. Le tribunal ordonne qu'il sera fait, contradictoirement avec le procureur du roi, une enquête non seulement dans l'arrondissement du domicile, mais encore dans celui de la résidence, s'ils sont distincts l'un de l'autre. (Art. 116). Le tribunal procède à la première enquête, et envoie une commission rogatoire au tribunal civil du lieu de la résidence, pour faire procéder à la seconde.

402. Les parens, et même les successibles de

l'absent, sont admis comme témoins dans cette enquête, parce qu'ils sont ordinairement plus en état d'avoir des nouvelles de l'absent.

D'ailleurs, ils ont pour contradicteur le procureur du roi, et puis le tribunal apprécie le degré de confiance que méritent leurs dépositions, comme il apprécie le résultat des preuves.

405. Le Code laisse sur ce point la plus grande latitude aux juges ; il ne leur prescrit que des règles négatives. Ils ne doivent pas prononcer la déclaration d'absence, à défaut des conditions et des preuves qu'il indique ; mais ils ne sont point obligés de la prononcer toutes les fois que les dépositions des témoins établissent le concours des trois circonstances indiquées par l'art. 115, c'est-à-dire l'éloignement du domicile et le défaut de nouvelles depuis quatre ans. Dans ce cas-là même, s'ils sont persuadés que l'absence n'est pas certaine, ils peuvent rejeter la demande ou prolonger les délais. Ils ne sont liés par aucune règle positive. Ils sont les maîtres d'apprécier, suivant leur conscience, les circonstances et le mérite des preuves.

Tel est le sens de l'art. 117, qui veut que le tribunal, en statuant sur la demande, ait d'ailleurs égard aux motifs de l'absence et aux causes qui ont pu empêcher d'avoir des nouvelles de l'individu présumé absent.

Tel serait le projet, annoncé par l'absent, de séjourner plusieurs années dans quelque contrée lointaine ; l'entreprise d'un voyage de terre ou

de mer qui, par son objet ou ses grandes distances, exigerait un très-long tems (1).

Tels seraient encore les cas de la captivité de
l'absent, de la perte d'un navire et d'autres événemens qui pourraient déterminer les juges à
prolonger les délais (2).

404. Les témoins sont entendus dans les formes
ordinaires, contradictoirement avec le procureur
du roi, qui peut aussi produire ses témoins.

Au reste, la preuve testimoniale n'est point la
seule admise; on doit consulter les lettres, les
actes et toutes les pièces capables de justifier ou
de détruire les faits d'absence.

405. C'est après avoir apprécié toutes ces preuves et documens que le tribunal peut prononcer
la déclaration d'absence; mais son jugement ne
peut être rendu qu'un an après celui qui a ordonné l'enquête. Ainsi, l'absence ne peut être déclarée qu'après cinq ans au moins, si l'absent n'a
pas laissé de procuration, et onze ans s'il en a laissé
une.

406. Le procureur du roi doit envoyer, aussitôt qu'ils sont rendus, les jugemens tant préparatoires que définitifs, au grand-juge, ministre de
la justice, qui les rend publics. (Art. 118).

La publicité donnée au jugement qui ordonne
l'enquête, est un appel fait à l'absent. Il peut en

---

(1) *Voy.* Locré, tom. 11, pag. 353 et suiv., édition in-8.°
(2) Bigot de Préameneu, Exposé des motifs, tom. 11, pag. 174 et
175.

avoir connaissance par les papiers publics; il faut lui laisser le tems de reparaître, ou de donner de ses nouvelles. C'est par ce motif que le jugement qui déclare l'absence, ne peut être rendu qu'un an après le premier.

SECTION III.

Règles particulières aux militaires et aux marins.

SOMMAIRE.

---

(1) *Voy.* la loi du 13 janvier 1817, relative aux moyens de constater le sort des militaires absens, tom. IV de la 7.ᵉ série du Bulletin des lois, pag. 33.

moyens de constater le sort des militaires absens, qui étaient en activité pendant les guerres qui ont eu lieu depuis le 21 avril 1792 jusqu'au 20 novembre 1815.

407. LES règles tracées par le Code sur la présomption et sur la déclaration d'absence, s'appliquent à tous les citoyens, à l'exception des militaires, sur l'absence desquels les lois des 11 ventôse, 16 fructidor an II et 6 brumaire an V, ont établi des règles particulières auxquelles le Code n'a point dérogé; car, suivant la loi du 30 ventôse an XII, il n'y a d'abrogé dans les lois antérieures que celles qui sont relatives à des matières qui font l'objet du Code; or, il ne s'est pas occupé des militaires absens. Aussi un décret du 16 mars 1807 (1), ordonna la publication des trois lois citées, dans les départemens au-delà des Alpes, alors réunis à la France, ce qui suppose qu'elles avaient continué d'être en vigueur dans le reste de la France. Elles continuent donc de l'être encore aujourd'hui, car l'art. 68 de la Charte veut que toutes les lois existantes qui ne sont pas contraires à ses dispositions, restent en vigueur jusqu'à ce qu'il y soit légalement dérogé.

408. La loi du 11 ventôse an II ordonne (art. 1) au juge de paix qui a mis les scellés sur les effets et papiers d'une succession à laquelle un militaire

___

(1) *Voy.* aussi un arrêt de la Cour de Bruxelles, du 24 mai 1809, qui ordonne l'exécution de ces lois, Sirey, an 1809, pag. 382.

est appelé, de lui en donner immédiatement avis, s'il sait à quel corps ou armée il est attaché; il doit également en instruire le ministre de la guerre, et le double de ses lettres doit être copié à la suite de son procès-verbal, avant de le présenter à l'enregistrement.

409. (Art. 2.) Si, dans le délai d'un mois, le militaire ne donne pas de ses nouvelles, et n'envoie point de procuration, l'agent national, aujourd'hui remplacé par le maire de la commune dans laquelle la succession s'est ouverte, doit convoquer sans frais le conseil de famille, pour nommer un curateur à l'absent.

410. (Art. 3). Le curateur peut provoquer la levée des scellés, assister à leur reconnaissance, et faire procéder à l'inventaire et à la vente des meubles, et en recevoir le prix, à la charge d'en rendre compte soit au militaire, soit à son fondé de pouvoir. Il administre les immeubles en bon père de famille. (Art. 4).

411. La loi du 16 fructidor an II étend (art. 1) les dispositions de la précédente aux officiers de santé, et à tous les citoyens attachés au service des armées, et elle donne au conseil d'administration du corps auquel les militaires appartiennent, le pouvoir de rapporter leurs procurations, dans le cas où, se trouvant au bivouac ou en pays ennemi, ils ne pourraient avoir de notaires.

412. Enfin, la loi du 6 brumaire an V ajoute à ces dispositions des mesures pour la conservation des

propriétés des défenseurs de la patrie. Elle veut, 1°. qu'il soit nommé, par les tribunaux civils, trois citoyens qui formeront un conseil officieux chargé de consulter et de défendre gratuitement les affaires des défenseurs de la patrie, et des autres citoyens absens pour le service des armées de terre et de mer.

413. 2°. Aucune prescription ni péremption d'instance ne peut s'acquérir contre eux, depuis leur départ jusqu'à l'expiration d'un mois après la publication de la paix générale, ou après la signature du congé absolu qui leur serait délivré avant cette époque.

Le délai est de trois mois, si, au moment de la paix ou de l'obtention du congé absolu, ces citoyens font leur service hors de la République, mais en Europe ; de dix-huit mois, dans les colonies en-deçà du Cap de Bonne-Espérance, et de deux ans au-delà de ce Cap.

414. (Art. 4). Les jugemens prononcés contre eux, ne peuvent donner lieu au décret ni à la dépossession d'aucun immeuble pendant les délais ci-dessus énoncés.

415. (Art. 5). Aucun de ces jugemens ne peut être mis à exécution, qu'autant que la partie poursuivante aura présenté et fait recevoir, par le tribunal qui aura rendu le jugement, une caution solvable de rapporter, le cas échéant.

416. Ces dispositions, si favorables aux militaires, n'empêchent pas qu'on ne puisse provoquer contre eux la déclaration d'absence, mais dans le cas seulement où ils ont disparu du corps

auquel ils étaient attachés; car c'est à son corps, c'est sous le drapeau qu'est le lieu de la résidence d'un militaire. Il faut donc commencer par s'assurer qu'il a disparu de son corps et qu'il ne se trouve plus sous le drapeau. Les procureurs du roi sont chargés de demander préalablement et par écrit, aux ministres de la guerre et de la marine, des renseignemens sur le militaire présumé absent; il doit en être fait mention dans les jugemens, soit préparatoires, soit définitifs, suivant une circulaire du ministre de la justice, du 16 décembre 1806 (1).

417. Il s'était élevé des difficultés sur les moyens de constater le sort des militaires ou marins qui étaient en activité, pendant les guerres qui ont eu lieu depuis le 21 avril 1792, jusqu'au traité de paix du 20 novembre 1815. Ces difficultés ont été applanies par la loi du 13 janvier 1817, dont voici les dispositions :

Art. 1. Lorsqu'un militaire ou un marin en activité pendant les guerres qui ont eu lieu depuis le 21 avril 1792, jusqu'au traité de paix du 20 novembre 1815, aura cessé de paraître, avant cette dernière époque, à son corps et au lieu de son domicile ou de sa résidence, ses héritiers présomptifs ou son épouse pourront, dès à présent, se pourvoir au tribunal de son dernier domicile, soit pour faire déclarer son absence, soit pour

____

(1) Rapportée dans le Recueil de Sirey, Décisions diverses, an 1808, pag. 30.

faire constater son décès, soit pour l'une de ces fins au défaut de l'autre.

2. Leur requête et les pièces justificatives seront communiquées au procureur du roi, et par lui adressées au ministre de la justice, qui les transmettra au ministre de la guerre ou au ministre de la marine, selon que l'individu appartiendra au service de terre ou à celui de mer, et rendra publique la demande, ainsi qu'il est prescrit à l'égard des jugemens d'absence, par l'art. 118 du Code civil.

3. La requête, les extraits d'acte, pièces et renseignemens recueillis au ministère de la guerre ou de la marine, sur l'individu dénommé dans ladite requête, seront renvoyés, par l'intermédiaire du ministre de la justice, au procureur du roi.

Si l'acte de décès a été transmis au procureur du roi, il en fera immédiatement le renvoi à l'officier de l'état civil, qui sera tenu de se conformer à l'art. 98 du Code civil.

Le procureur du roi remettra le surplus des pièces au greffe, après en avoir prévenu l'avoué des parties requérantes, et, à défaut d'acte de décès ; il donnera ses conclusions.

4. Sur le vu du tout, le tribunal prononcera.

S'il résulte des pièces et renseignemens fournis par le ministre, que l'individu existe, la demande sera rejetée.

S'il y a lieu seulement de présumer son existence, l'instruction pourra être ajournée pendant un délai qui n'excédera pas une année.

Le tribunal pourra aussi ordonner les enquêtes prescrites par l'art. 116 du Code civil, pour confirmer les présomptions d'absence résultant desdites pièces et renseignemens.

Enfin l'absence pourra être déclarée, ou sans autre instruction, ou après ajournement et enquêtes, s'il est prouvé que l'individu a disparu sans qu'on ait eu de ses nouvelles, savoir : depuis deux ans, quand le corps, le détachement ou l'équipage dont il faisait partie, servait en Europe; et depuis quatre ans, quand le corps, le détachement ou l'équipage se trouvait hors de l'Europe.

5. La preuve testimoniale du décès pourra être ordonnée, conformément à l'art. 46 du Code civil, s'il est prouvé, soit par l'attestation du ministre de la guerre ou de la marine, soit par toute autre voie légale, qu'il n'y a pas eu de registres, ou qu'ils ont été perdus ou détruits en tout ou en partie, ou que leur tenue a éprouvé des interruptions.

Dans le cas du présent article, il sera procédé aux enquêtes contradictoirement avec le procureur du roi.

6. Dans aucun cas, le jugement définitif portant déclaration d'absence ou de décès, ne pourra intervenir qu'après le délai d'un an, à compter de l'annonce officielle prescrite par l'art. 2.

7. Lorsqu'il s'agira de déclarer l'absence ou de constater en justice le décès des personnes mentionnées en l'art. 1 de la présente loi, les jugemens contiendront uniquement les conclusions,

le sommaire des motifs et le dispositif, sans que la requête puisse y être insérée. Les parties pourront même se faire délivrer, par simple extrait, le dispositif des jugemens interlocutoires ; et s'il y a lieu à enquête, elles seront mises en minute sous les yeux des juges.

8. Le procureur du roi et les parties requérantes pourront interjeter appel des jugemens, soit interlocutoires, soit définitifs.

L'appel du procureur du roi sera, dans le délai d'un mois, à dater du jugement, signifié à la partie au domicile de son avoué.

Les appels seront portés à l'audience sur simple acte, et sans aucune procédure.

9. Dans le cas d'absence déclarée en vertu de la présente loi, si le présumé absent a laissé une procuration, l'envoi en possession provisoire sous caution pourra être demandé, sans attendre le délai prescrit par les art. 121 et 122 du Code civil, mais à la charge de restituer, en cas de retour, sous les déductions de droit, la totalité des fruits perçus pendant les dix premières années de l'absence.

Les parties requérantes qui posséderont des immeubles reconnus suffisans pour répondre de la valeur des objets susceptibles de restitution, en cas de retour, pourront être admises par le tribunal à se cautionner sur leurs propres biens.

10. Feront preuve en justice, dans les cas prévus par la présente loi, les registres et actes de décès des militaires, tenus conformément aux articles 88 et suivans du Code civil, bien que les-

dits militaires soient décédés sur le territoire français, s'ils faisaient partie des corps ou détache-
mens d'une armée active ou de la garnison d'une
ville assiégée.

11. Si les héritiers présomptifs ou l'épouse négligent d'user du bénéfice de la présente loi, les
créanciers ou autres personnes intéressées pourront, un mois après l'interpellation qu'ils seront
tenus de leur faire signifier, se pourvoir eux-
mêmes en déclaration d'absence ou de décès.

12. Les dispositions de la présente loi sont ap-
plicables à l'absence ou au décès de toutes les
personnes inscrites aux bureaux des classes de la
marine, à celles attachées par brevets ou commissions aux services de santé, aux services administratifs des armées de terre et de mer, ou
portées sur les contrôles réguliers des administrations militaires.

Elles pourront être appliquées par nos tribunaux à l'absence et au décès des domestiques,
vivandiers et autres personnes à la suite des armées, s'il résulte des rôles d'équipage, des pièces
produites et des registres de police, permissions,
passeports, feuilles de route et autres registres,
déposés aux ministères de la guerre et de la marine, ou dans les bureaux en dépendans, des
preuves et des documens suffisans sur la profession desdites personnes et sur leur sort.

13. Les dispositions du Code civil relatives aux
absens, auxquelles il n'est pas dérogé par la présente loi, continueront d'être exécutées,

CHAPITRE III.

Des Effets de l'absence.

SOMMAIRE.

418. *L'absent n'est présumé ni vivant, ni mort, pendant les deux premières périodes de l'absence.*
419. *L'incertitude de sa vie oblige à prendre des mesures pour l'administration de ses biens.*
420. *Division du chapitre.*

418. PENDANT les deux premières périodes de l'absence, on regarde la vie et la mort de l'absent comme également incertaines (1). Un absent n'est aux yeux de la loi ni mort ni vivant. C'est à ceux qui ont un intérêt qu'il soit vivant à prouver sa vie ; de même que c'est à ceux qui ont un intérêt qu'il soit mort à prouver son décès.

Lorsqu'un individu, après avoir disparu de son domicile, ne fait donner de ses nouvelles ni à ses parens, ni à ses amis, il est naturel de croire que son silence a des causes extraordinaires, et cette cause peut être son décès. Alors s'élèvent deux présomptions contraires, l'une de sa mort par le défaut de nouvelles, l'autre de sa vie par le cours ordinaire de la nature. La juste conséquence de

___

(1) Tronchet, dans Locré, pag. 578. Ce principe, adopté par les rédacteurs du Code, est bien développé dans le nouveau Denisart, au mot *Absence*, § 2, pag. 49.

ces deux présomptions contraires, est l'état d'in
certitude (1).

419. Néanmoins, la seule incertitude de la vie
de l'absent, et la protection que lui doit la société,
obligent à prendre des mesures provisoires pour
l'administration de ses biens.

420. C'est sur ces principes que le Code a réglé les effets de l'absence pendant les deux premières périodes. Il les envisage sous trois rapports : 1°. par rapport aux biens présens ; 2°. par
rapport aux droits éventuels ; 3°. par rapport au
mariage. Ce chapitre est donc divisé en trois sections.

SECTION PREMIÈRE.

*Des Effets de l'absence, relativement aux
biens que possédait l'absent au jour de
sa disparition.*

L'EFFET principal de l'absence déclarée, est l'envoi des héritiers en possession des biens de l'absent. Cet envoi peut être provisoire ou définitif.
Nous diviserons donc cette section en deux paragraphes.

---

(1) Bigot de Préameneu, Exposé des motifs.

§ Ier.

De l'Envoi en possession provisoire.

SOMMAIRE.

421. PENDANT l'absence présumée, on ne prend aucune mesure générale pour l'administration des biens de l'absent ; on se borne aux mesures rigoureusement nécessaires et commandées par son intérêt, ou par l'intérêt des tiers qui ont des droits à exercer contre lui, ou des affaires qui lui sont communes. L'intérêt de ses héritiers n'est compté pour rien dans cette première période ; mais à mesure que l'absence sans nouvelles se prolonge, l'incertitude de la vie de l'absent augmente. Il devient aussi plus urgent de pourvoir à l'administration générale de ses biens ; et ces biens devant appartenir aux parens que la loi appèle à succéder, il est juste de les autoriser à veiller à la conservation d'une fortune à laquelle ils ont des droits légitimes quoiqu'éventuels ; il est politique de faire servir l'intérêt personnel des héritiers à protéger les intérêts de l'absent.

Tels ont été les motifs qui ont engagé le législateur à confier l'administration des biens de l'absent à ses héritiers, d'abord en qualité de dépositaires, plutôt que de nommer un administrateur étranger. On a pensé qu'il valait mieux appeler l'affection, et sur-tout l'intérêt personnel, au secours de l'absent ; de là l'envoi en possession provisoire.

Nous examinerons à qui, quand, comment et à quelles conditions cet envoi peut être accordé

quels en sont les effets, à quels biens il s'étend,
et comment il peut cesser.

422. Suivant l'art. 120, « dans le cas où l'absent n'aurait point laissé de procuration pour
l'administration de ses biens, ses héritiers présomptifs, au jour de sa disparition ou de ses
dernières nouvelles, pourront, en vertu du jugement définitif qui aura déclaré l'absence, se
faire envoyer en possession provisoire des biens
qui appartenaient à l'absent au jour de son départ ou de ses dernières nouvelles, à la charge
de donner caution pour la sûreté de leur administration. »

Si le Code préfère les héritiers présomptifs de
l'absent au jour de sa disparition ou de ses dernières nouvelles, ce n'est pas qu'il le présume
mort à cette époque. Cette présomption serait
presque toujours contraire à la vérité; car il est
certain, par exemple, que l'absent était vivant le
jour où il a écrit pour donner de ses nouvelles.

L'absent, comme nous l'avons dit, n'est ni vivant ni mort aux yeux de la loi; mais sa vie étant
devenue incertaine depuis sa disparition ou ses
dernières nouvelles, il est nécessaire de préférer
ceux qui étaient ses héritiers présomptifs à cette
époque. Car si d'autres prétendaient les exclure,
en alléguant qu'ils sont préférables au jour de la
déclaration d'absence, ou à une autre époque intermédiaire, il leur faudrait prouver que l'absent
était encore vivant à cette même époque, à laquelle ils sont en droit d'exclure ceux que la loi

appelait au jour de la disparition ou des dernières nouvelles ; car c'est à ceux qui ont un intérêt qu'il fût vivant à une certaine époque, de prouver sa vie à la même époque, suivant la maxime *ei incumbit probatio, qui dicit. Loi 2, ff. de probat.* Forcée de donner les biens de l'absent à ses héritiers, la loi a donc dû préférer ceux qui étaient appelés au moment de la disparition ou des dernières nouvelles, et par conséquent leurs héritiers ou ayant-cause.

423. De là il résulte que si l'absent, au moment de sa disparition ou de ses dernières nouvelles, n'avait pour héritiers que son père et des collatéraux maternels, ceux-ci partageraient l'envoi en possession avec le père, sans pouvoir être exclus par les frères ou sœurs de l'absent, qui seraient nés d'un second mariage contracté par le père depuis la disparition du fils.

De là il résulte encore que, si l'absent avait pour héritiers, au jour de sa disparition ou des dernières nouvelles, deux cousins-germains dont l'un serait mort, deux ou trois ans après, les enfans du cousin décédé, ses héritiers collatéraux, ou même ses héritiers institués ou légataires universels, partageraient l'envoi en possession des biens de l'absent avec le cousin survivant, parce qu'ils exercent les droits du décédé, qui était héritier présomptif au jour de la disparition.

424. Si l'absent avait laissé procuration, ses héritiers ne pourraient demander l'envoi en possession de ses biens, ni même provoquer la dé-

claration d'absence, qu'après dix années révolues
depuis sa disparition ou depuis ses dernières
nouvelles (art. 121), quand même la procuration
aurait cessé auparavant. (Art. 122). Il faut même
remarquer que le Code ne distingue point si la
procuration était partielle ou générale, donnée
ou non en vue de l'absence; il suffit d'une procuration quelconque (1).

Si l'absent avait laissé une procuration motivée
sur la longueur de son absence, et ajouté qu'il
veut que sa procuration dure vingt ans, elle n'empêcherait pas de provoquer l'absence, mais elle
pourrait être un motif pour engager les juges de
retarder la déclaration de l'absence, comme ils en
ont le droit.

425. Suivant l'art. 120, l'envoi en possession ne
s'étend qu'aux biens qui appartenaient à l'absent
au jour de sa disparition ou de ses dernières nou-
velles; ce qui semble exclure les successions échues
depuis cette époque, puisque les biens qui en dépendent n'appartenaient pas à l'absent lorsqu'il a
disparu.

Si donc, en vertu de l'art. 113, ses cohéritiers
présens, pour ne pas rester dans l'incertitude,
avaient, comme ils en ont le droit, fait nommer
un notaire pour le représenter dans les partages
d'une succession échue depuis son départ, les
biens compris dans sa lotie ne retourneraient pas

---

(2) Locré, tom. II, pag. 399, édition in-8°.

à ses héritiers présomptifs au jour de sa disparition, à moins qu'ils ne fussent eux-mêmes appelés à les recueillir à son défaut, au moment de l'ouverture de la succession ; autrement, ils appartiendraient à ceux qui, à défaut de l'absent, les auraient recueillis à cette dernière époque.

426. Pour obtenir l'envoi en possession, les héritiers doivent s'adresser au tribunal qui a prononcé la déclaration d'absence, et faire prononcer l'envoi en possession par un jugement séparé (1), postérieur au premier; ou bien par le jugement même qui déclare l'absence, si ceux qui l'ont provoqué sont aussi ceux qui doivent être envoyés en possession, et s'ils ont demandé cet envoi par leurs conclusions. Et, comme cette possession provisoire n'est qu'un dépôt, le tribunal ne peut l'accorder qu'aux conditions prescrites par le Code, savoir : .

1°. De donner, pour sûreté de leur administration, une caution qui sera reçue dans les formes prescrites pour les cautions judiciaires (2), et dont la solvabilité est discutée par le procureur du roi. (Art. 114).

2°. De rendre compte de leur administration. en cas que l'absent reparaisse, ou qu'on ait de ses nouvelles. (Art. 125).

3°. De faire procéder à l'inventaire du mobi-

---

(1) Locré, tom. II, pag. 393.

(2) *Voy.* le Code de procédure, art. 517 et suiv. Les enfans même ne sont pas dispensés de donner caution. Locré, *ibid.*

lier et des titres de l'absent, en présence du procureur du roi, ou d'un juge de paix par lui requis. (Art. 126).

427. Le Code laisse à la prudence du tribunal la faculté d'ordonner la vente de tout ou partie du mobilier, s'il le juge à propos pour l'intérêt de l'absent seulement. Il ne devrait donc pas faire vendre sa bibliothèque, ses collections de tableaux et autres objets d'affection, qu'il n'a peut-être rassemblés qu'avec beaucoup de peines et de dépenses, et dont il serait injuste de le dépouiller par provision et dans l'incertitude de son retour (1).

Le Code n'ordonne point de suivre pour la vente les formalités prescrites pour vendre les meubles des mineurs, c'est-à-dire les enchères après affiches ; le tribunal pourrait en dispenser dans les cas où l'intérêt de l'absent pourrait l'exiger (2).

428. Dans le cas de vente, il doit être fait emploi du prix, ainsi que des fruits échus, c'est-à-dire de tous les fermages, revenus et intérêts échus, avec le prorata au jour de l'envoi en possession, parce que tous ces objets sont des capitaux qui doivent être colloqués au profit de l'absent. (Art. 126).

Le Code ne prescrivant ni le mode, ni la nature de l'emploi, ils sont laissés à la prudence des héritiers, qui, à défaut d'emploi, devraient tenir compte des intérêts de plein droit, du jour où

---

(1) Locré, tom. II, pag. 454, édition in-8°.
(2) Locré, *ibid.*, pag. 455.

il a pu être fait. Ils sont en faute s'ils ont laissé oisifs les capitaux de l'absent; ils sont censés les avoir employés à leur profit.

Ils devraient même les intérêts des sommes qu'ils pourraient devoir à l'absent, du jour qu'elles étaient exigibles, quand même elles auraient été prêtées originairement sans intérêts. *A semetipso cur non exigerit ei imputabitur, si fortè non fuerit usurarium debitum, incipit esse usurarium. Loi 6, § 12, ff de neg. gest.*

429. Par la même raison les héritiers ne pourraient opposer à l'absent, à son retour, aucune espèce de prescription, à moins qu'elle ne fût acquise avant l'envoi en possession. De ce moment, toute prescription est nécessairement suspendue contre eux en faveur de l'absent, parce qu'ils devaient l'exiger d'eux-mêmes avant l'accomplissement de la prescription. *Loi 8, ff de neg. gest.*

430. Ceux qui ont obtenu l'envoi provisoire peuvent, pour leur sûreté, faire procéder par un expert nommé par le tribunal à la visite des immeubles, à l'effet d'en constater l'état. Le rapport de l'expert est homologué en présence du procureur du roi, et les frais en sont pris sur les biens de l'absent. (Art. 126). A défaut de cette formalité, ils sont censés avoir reçu l'immeuble en bon état, et sont tenus de le rendre de même.

431. Du reste il paraît que, dans leur administration, les héritiers doivent suivre les formalités prescrites pour l'administration des biens d'un mi-

...eur (1). Comme le tuteur, ils ne peuvent aliéner ...i hypothéquer les immeubles (art. 128), que ...our cause de nécessité et en vertu de jugement ... 2126); ils ne devraient pas même aliéner les ...neubles dont le tribunal aurait ordonné la con-...ervation (2). Ils ne pourraient faire, autrement ...u'en justice, un partage dans lequel l'absent se-...ait intéressé, ni transiger pour lui, qu'en suivant ...s formalités prescrites au tuteur.

Il y a néanmoins une différence remarquable ...ntre les tuteurs et les héritiers envoyés en pos-...ession. Le ministère des tuteurs est forcé : c'est ...ne charge civile qu'ils ne peuvent refuser.

L'envoi en possession est de pure faculté; il ...st même demandé par les héritiers, qui, sous ce ...oint de vue, ont du rapport avec un *negotiorum* *gestor*; mais ils en diffèrent en un point essen-...iel, c'est qu'ils ne s'immiscent pas d'eux-mêmes ...lans l'administration des biens de l'absent; ils y ...ont envoyés par le magistrat, et leur administra-...ion n'est pas gratuite. On a craint que l'avantage ...le conserver des biens qui peuvent leur appar-...tenir un jour, ne fût pas un motif suffisant pour ...léterminer les héritiers à se charger d'adminis-...trer les biens de l'absent. Ils peuvent en être dé-

---

(1) Locré, pag. 454.

(2) Mais comme, en fait de meubles, la possession vaut titre (art. 2279), et que, par cette raison, l'art. 128 borne aux immeubles la défense d'aliéner, l'acquéreur qui aurait acquis ces meubles ne pourrait être exposé à l'action de revendication, sauf le recours de l'absent vers les vendeurs pour ses dommages et intérêts.

tournés par l'incertitude de les recueillir, par le désagrément d'être exposés à rendre un compte, peut-être à des héritiers qui viendraient les exclure; par l'embarras de garder ou de colloquer les fonds; par la crainte de les dissiper, et par les faux frais d'une pareille administration.

. Cependant il est avantageux pour l'absent que la garde de ses biens soit déférée à ceux qui ont le plus d'intérêt à les conserver. On a considéré, d'ailleurs, qu'il serait trop onéreux pour les héritiers de rendre compte de la totalité des revenus; qu'il était juste de leur donner une indemnité, et qu'enfin il valait mieux, pour l'intérêt de l'absent, qu'il fît, pendant les premières années, le sacrifice d'une partie de ses revenus. Ce sacrifice augmente à mesure que l'incertitude de son retour s'accroît.

432. Si l'absent reparaît avant quinze ans révolus, depuis le jour de sa disparition, on ne lui doit compte que du cinquième du revenu net de ses biens; du dixième, s'il ne reparaît qu'après quinze ans.

Mais après trente ans d'absence, on ne lui doit compte que du capital; la totalité des revenus appartient à ceux qui ont été envoyés en possession. (Art. 127).

433. Dans la discussion faite au Conseil d'état. on demanda si l'héritier qui aurait pu partager la jouissance que donne l'envoi en possession, et qui ne l'a pas fait, peut, après quinze ans, réclamer sa part des revenus que l'art. 127 accorde aux héritiers. La raison de douter est que l'article pa-

raît limitatif, et ne s'applique qu'à ceux qui, par suite de l'envoi provisoire, auront joui des biens de l'absent.

On répondit, et c'est la raison de décider, que, dès que la loi appelle à la jouissance provisoire tous les héritiers, l'héritier qui y aurait eu droit, et qui ne l'aurait pas obtenu pour sa portion, pourrait toujours en demander compte à ses cohéritiers.

434. L'un des principaux effets de l'envoi en possession, est de faire résider toutes les actions actives et passives de l'absent sur la tête des héritiers qui le représentent.

Les assignations données aux présumés absens, jusqu'à l'époque de la déclaration d'absence, doivent être notifiées à leur dernier domicile, dans la forme prescrite par l'art. 68 du Code de procédure, s'ils ont un domicile connu, et s'ils n'en ont point, dans la forme prescrite par l'art. 69, n°. 8.

Mais après la déclaration d'absence, toute personne qui aurait des droits à exercer contre l'absent, ne peut poursuivre que contre ceux qui ont été envoyés en possession de ses biens, ou qui en auront l'administration légale (art. 134), c'est-à-dire contre l'époux qui a opté pour la continuation de communauté.

435. Un autre effet remarquable de l'envoi en possession, est, suivant l'art. 123, que s'il existe un testament, il peut être ouvert à la réquisition des parties intéressées, ou du procureur du roi, si elles ne sont pas connues; et les légataires, les

donataires, ainsi que tous ceux qui auraient, sur
les biens de l'absent, des droits subordonnés à la
condition de son décès, pourront les exercer provisoirement, à la charge de donner caution. (Article 123).

Mais il faut remarquer que cet article ne permet l'exercice de ces droits que lorsque les héritiers présomptifs ont obtenu l'envoi en possession
provisoire (1).

L'envoi des héritiers en possession provisoire,
est une condition sans laquelle ni l'ouverture du
testament, ni l'exercice provisoire des droits subordonnés à la mort de l'absent, ne peuvent être
demandés, quoique ceux qui ont, sur les biens
de l'absent, des droits subordonnés à son décès,
paraissent compris, par l'art. 115, au nombre des
parties *intéressées* qui peuvent provoquer la déclaration d'absence, formalité qui doit précéder
l'envoi en possession des héritiers, et l'exercice
des droits subordonnés au décès de l'absent, qui
doit en être la suite, et qui ne présente aucune
utilité pour ce dernier. L'envoi en possession, au
contraire, est établi principalement pour son in-

(1) *Voy.* Locré, tom. II, pag. 423 et 424. Le Tribunat demandait
qu'on permît l'exercice des droits subordonnés à la mort de l'absent,
et l'ouverture du testament après la déclaration d'absence; et sans attendre l'envoi en possession des héritiers, l'action pour l'exercice des
droits aurait été dirigée contre un curateur *ad hoc.* Cette proposition
ne fut pas adoptée, par des raisons qui toutes militent en faveur de l'héritier institué ou légataire universel : il semble donc qu'il devrait être
admis à demander l'envoi en possession, si les héritiers légitimes gar-
daient le silence. Mais à qui pourrait-il le demander ?

érêt ; celui des héritiers n'est que secondaire. Si le ~~ode~~ leur fait quelques avantages, c'est pour les ~~écider~~ à se charger d'une administration dont ils ~~rofiteront~~, si l'absent ne reparaît pas, mais dont ~~n~~ espère qu'il profitera avant eux.

Les héritiers une fois appelés à une jouissance ~~nticipée~~ d'une partie des revenus dont la mort ~~le~~ l'absent devait les mettre en possession, il n'y ~~vait~~ pas de motif pour ne pas établir dès lors, ~~lans~~ tout son entier, l'ordre de choses qui devait ~~ésulter~~ de la mort de l'absent, et pour ne point ~~aire~~ profiter de la provision ses légataires, ses do-~~nataires~~, etc.

Mais comme l'envoi en possession peut seul ~~tablir~~ cet état provisoire, qui n'a même été in-~~roduit~~ qu'afin que l'envoi en possession soit de-~~mandé~~, on se serait écarté du système général ~~le~~ la loi, si l'on avait admis à l'exercice de leurs ~~droits~~ des légataires, des donataires, enfin tous ~~ceux~~ qui ne pourraient avoir de prétentions qu'à ~~aison~~ du concours que l'envoi en possession éta-~~blissait~~ entre eux et les héritiers, et dont d'ailleurs ~~a~~ jouissance n'est d'aucune utilité à l'absent, pour ~~l'~~intérêt duquel l'envoi en possession est institué.

456. La possession provisoire des héritiers pré-~~somptifs~~ cesse par le retour de l'absent, par les ~~nouvelles~~ qu'on reçoit de son existence, par la ~~preuve~~ de son décès, enfin, par l'envoi en pos-~~session~~ définitive.

457. Si l'absent reparaît, il exerce ses droits ~~comme~~ il le juge à propos, envers les personnes ~~qu'il~~ trouve en possession provisoire de ses bien-.

Elles sont obligées de lui rendre compte de leur administration ; mais elles sont en droit de retenir les quatre cinquièmes des revenus, s'il reparaît avant quinze ans révolus du jour de sa disparition ; les neuf dixièmes, s'il ne reparaît qu'après les quinze ans. (Art. 127).

Les légataires ou l'héritier institué qui ont été mis en possession provisoire, sont autorisés à faire cette retenue, par la généralité des expressions de l'art. 127, quelqu'étrange qu'il puisse paraître qu'un légataire, qu'un héritier institué puissent se prévaloir contre leur bienfaiteur du don qu'il ne leur avait fait qu'en cas de prédécès, pour s'approprier la majeure partie de ses revenus, tandis que peut-être il avait révoqué ce don, avant de savoir qu'ils eussent été envoyés en possession.

438. Quoique l'absent ne reparaisse pas, si on reçoit des nouvelles qui prouvent son existence (art. 131), les effets du jugement qui avait déclaré l'absence cessent de plein droit, sauf à revenir, s'il y a lieu, aux mesures conservatoires prescrites dans le premier chapitre, en cas d'absence présumée.

Ainsi, du jour de ces nouvelles reçues, les héritiers et autres personnes envoyées en possession en vertu de la déclaration d'absence, cessent de gagner les quatre cinquièmes ou les neuf dixièmes des revenus de l'absent, sans qu'il soit nécessaire qu'on leur ait notifié ces nouvelles, pourvu qu'ils en aient eu connaissance, ou qu'ils n'aient pu raisonnablement les ignorer. Par exemple, si l'absent leur avait écrit, s'il avait écrit à un ami, qui

leur eût montré la lettre, ils allégueraient vainement leur ignorance. Le fait de la lettre reçue
ou montrée pourrait être prouvé par témoins;
d'abord, parce que c'est un fait dont la preuve
testimoniale est admissible;. 2°. parce que la dis-
simulation de cette lettre les constitue en mauvaise foi : c'est une fraude qu'on peut prouver
par témoins.

Si, sans avoir directement reçu des nouvelles de
l'existence de l'absent, ces nouvelles avaient été si
notoires que ses héritiers n'en pussent prétendre
cause d'ignorance; par exemple, si ces nouvelles
avaient été insérées dans les papiers publics, c'en
serait assez pour les empêcher de gagner les fruits.

439. L'envoi en possession des biens de l'absent
cesse encore par les preuves survenues de son décès. Alors le provisoire devient définitif, si ceux
qui ont été envoyés en possession sont encore les
plus proches héritiers au moment du décès qui
donne ouverture à la succession. Au contraire,
s'ils ne sont plus, ou si partie d'entre eux ne sont
plus héritiers présomptifs à l'époque du décès, les
biens doivent être rendus à ceux qui les excluent,
sous la réserve des fruits acquis en vertu de l'article 127.

Si trois cousins-germains de l'absent ont été
envoyés en possession de ses biens, qu'ils ont partagés provisoirement, et qu'ensuite l'un d'eux
vienne à mourir laissant des enfans; s'il est prouvé
que l'absent est mort depuis leur père, ils doivent
restituer la portion qu'il avait eue dans le partage provisoire des biens de l'absent, parce qu'à

l'époque de l'ouverture de la succession ils n'y ont plus de droit : ils retiendront seulement la portion des fruits, accordée par l'art. 127 à ceux qui sont envoyés en possession provisoire.

440. Enfin, l'envoi en possession provisoire cesse par la possession définitive que peuvent obtenir, dans la troisième époque de l'absence, les héritiers, les légataires et autres ayant-droit.

———

§ II.

De l'Envoi en possession définitive.

SOMMAIRE.

451. *S'il reparaît des enfans de l'absent, la prescription de trente ans peut leur être opposée.*

452. *Si les héritiers s'étaient bornés à l'envoi provisoire, ils resteraient dépositaires, et ne pourraient ni prescrire ni aliéner.*

453. *Dans quels cas la prescription ne peut être opposée aux enfans de l'absent.*

454. *Les héritiers qui n'avaient pas concouru à l'envoi provisoire, peuvent néanmoins concourir à l'envoi définitif, pourvu qu'ils forment leur demande avant le jugement qui le prononce.*

455. *Les effets de l'envoi définitif cessent par les nouvelles de l'absent ou par la preuve de son décès, si, dans ce dernier cas, les envoyés en possession n'étaient plus ses héritiers à cette dernière époque.*

441. Après avoir expliqué les effets que produit l'absence pendant les deux premières périodes, il nous reste à voir ceux qu'elle produit pendant la troisième, qui commence, suivant l'art. 129,

1°. Lorsqu'il s'est écoulé trente ans depuis l'envoi en possession provisoire, ou depuis l'époque à laquelle l'époux commun en biens a pris l'administration de l'absent;

2°. Lorsqu'il s'est écoulé cent ans depuis la naissance de l'absent.

Dans l'un et l'autre de ces deux cas, les cautions données par les héritiers ou autres personnes envoyées en possession provisoire, sont déchargées de plein droit; et de plus, tous les ayant-droit peuvent demander le partage des biens de l'absent, et faire prononcer l'envoi en possession définitive. Il faut voir comment cet envoi est accordé, quels en sont les effets et quand il cesse.

442. Ce n'est pas seulement aux héritiers, mais à tous les ayant-droit, tels que les légataires, les donataires et autres personnes ayant sur les biens de l'absent des droits subordonnés à son décès, que le Code permet de demander l'envoi en possession définitive. (Art. 129).

443. Pour y parvenir, ils doivent s'adresser au tribunal de première instance qui avait prononcé la déclaration d'absence et l'envoi en possession provisoire. Avant d'accorder l'envoi définitif, le tribunal doit constater dans la forme ordinaire, c'est-à-dire par des enquêtes contradictoires avec le procureur du roi, que, depuis le premier envoi en possession, l'absence a continué sans qu'on ait eu de nouvelles; et d'après le résultat des enquêtes faites, tant dans l'arrondissement du domicile de l'absent, que dans celui de sa dernière résidence (1), s'ils sont distincts l'un de l'autre, le tribunal prononce l'envoi définitif, s'il y a lieu.

444. L'art. 129 suppose qu'il y aura de nouvelles enquêtes, puisqu'il exige, pour accorder l'envoi définitif, que l'absence ait continué, fait qui, par conséquent, doit être prouvé par le demandeur.

445. Si la demande a pour motif qu'il s'est écoulé cent ans depuis la naissance de l'absent, il y a deux faits à justifier, l'époque de sa nais-

---

(1) Argum. art. 116.

sance et la continuation d'absence, s'il y a eu envoi en possession provisoire, ou l'absence même,
s'il n'y a pas d'envoi provisoire.

Car, en ce dernier cas, on n'est pas obligé d'obtenir d'abord l'envoi en possession provisoire ; la
présomption de mort après cent ans d'existence,
autorise à demander immédiatement l'envoi en
possession définitive (1).

446. L'effet de cet envoi est de transférer] aux
héritiers la propriété des biens de l'absent (2),
mais résoluble sous la condition de son retour
ou de celui de ses enfans. Cet effet est le même
dans les deux cas, c'est-à-dire dans le cas des
trente années écoulées depuis i'envoi en possession, ou dans le cas des cent années écoulées depuis la naissance de l'absent ; mais dans le premier cas, il n'est pas fondé sur le même principe
que dans le second.

Dans le premier cas, l'envoi en possession définitive, et la translation de propriété qui en est
la suite, ne sont fondés ni sur la prescription ni
sur la présomption de mort de l'absent ; car d'un
côté, pour prescrire, il faut avoir possédé *animo
domini,* et ceux qui sont en possession provisoire
ne sont que dépositaires ; et d'un autre côté l'absent n'est réputé ni vivant ni mort. L'envoi en
possession définitive est, en ce cas, fondé sur

_____

(1) Locré, tom. II, pag. 480, édition in-8°.
(2) Bigot de Préameneu, Exposé des motifs, pag. 185 ; Locré,
pag. 467.

une règle d'ordre public à laquelle l'intérêt de l'absent doit céder (1). Après le laps de trente-cinq ans au moins, nécessaire pour obtenir l'envoi en possession définitive, le retour de l'absent serait l'événement le plus extraordinaire, et il faut enfin que le sort des héritiers soit fixé; que les propriétés ne soient pas plus long-tems incertaines, et qu'elles rentrent dans le commerce.

Tels sont les motifs qui ont fait établir l'envoi en possession définitive après trente ans écoulés depuis l'envoi en possession provisoire.

Au contraire, dans le cas de cent ans écoulés depuis la naissance de l'absent, l'envoi en possession définitive est fondé sur la présomption de son décès. Le principe qu'il n'est réputé ni vivant ni mort, ne peut raisonnablement être étendu au-delà de toute probabilité, c'est-à-dire au-delà du plus long terme de la vie ordinaire, qui est cent ans.

Aussi, par une règle très-ancienne, l'absent, dans notre jurisprudence française, était présumé mort à l'époque où il aurait atteint sa centième année (2). Les rédacteurs du Code ont adopté

---

(1) Bigot de Préameneu, *ubi suprà.*

(2) Bretonnier, Questions de droit, pag. 2, v.º *Absent*; Duparc-Poullain, Principes du droit, tom. II, pag. 44; Menochius, *de præsumpt., lib.* 6, *præsumpt.* 49, où la question est approfondie; *voy.* aussi les Observations de la Cour d'appel de Paris, qui voulait que l'absent fût déclaré présumé mort, après trente ans d'absence légale; Locré, pag. 469 et suiv.

cette règle pour en faire le fondement de l'envoi en possession définitive (1).

447. Mais dans ce cas, aussi bien que dans le précédent, cet envoi doit être demandé. C'est le jugement par lequel il est prononcé qui transfère aux héritiers de l'absent la propriété de ses biens, comme si sa succession s'était ouverte au moment de sa disparition ou de ses dernières nouvelles. Il se fait, par ce jugement, une interversion complète dans la possession des héritiers. De simples dépositaires qu'ils étaient, ils deviennent propriétaires; ils peuvent partager les biens, les hypothéquer, les aliéner à titre onéreux ou gratuit, comme tout autre bien qui leur serait propre, ou qui serait provenu d'une succession ouverte par décès; car l'envoi en possession définitive ouvre une succession conditionnelle qui place les choses dans l'état où elles doivent demeurer, si l'absent ne reparaît pas.

448. Mais la propriété des héritiers envoyés en possession définitive est résoluble; elle est résolue en totalité, si l'absent reparaît à quelque époque que ce soit, sans qu'ils puissent lui opposer aucune prescription; car, comme ils ne possèdent qu'à titre d'héritiers, leur titre s'évanouit, quand il est prouvé que l'absent est vivant. *Viventis nullus heres* (2).

_____

(1) Le projet de Code portait : « Après les cent années révolues de » l'absent......, il est présumé mort du jour de sa disparition, etc...... » *Voy.* aussi Locré, pag. 480.

(2) Locré, pag. 466.

449. Néanmoins, il ne peut recouvrer ses biens que dans l'état où ils se trouvent à l'instant où il reparaît, et quant à ceux qui ont été aliénés, il n'en peut demander que le prix, ou les biens provenant de l'emploi qui en a été fait (art. 132), et une indemnité relative aux hypothèques dont seraient grevés ceux qui ne seraient pas vendus.

Il ne peut faire résoudre (1) les contrats d'aliénation légalement passés par ses héritiers depuis l'envoi définitif. C'est une exception à la règle que personne ne peut transférer plus de droits qu'il n'en a lui-même. Quant aux revenus des biens perçus pas les héritiers, ils leur sont irrévocablement acquis, jusqu'au moment où l'absent a reparu ou donné de ses nouvelles : il ne peut leur en demander aucun compte.

450. Mais il semble que l'absent a droit de réclamer les revenus ou fermages arriérés, encore dus par les fermiers ou débiteurs, et même ceux que les héritiers auraient perçus depuis son retour, puisqu'il reprend ses biens dans l'état où ils se trouvent.

451. Si l'absent ne reparaissait pas, mais s'il avait laissé des enfans ou descendans directs, dont l'existence était restée inconnue pendant les trente-cinq ans au moins qui doivent s'être écoulés depuis son départ avant l'envoi en possession défini-

---

(1) Cambacérès. *Voy.* le Procès-Verbal, tom. I, pag. 197. C'est une conséquence de l'art. 132, qui dit qu'il ne peut recouvrer que le prix de ceux qui auraient été vendus.

tive, ils peuvent demander la restitution des biens
de leur père, comme il le pourrait faire lui-même
s'il se présentait (1), c'est-à-dire dans l'état où ils
se trouvent. Ils n'ont pas besoin de prouver l'existence ou la mort de l'absent, il leur suffit de prouver leur filiation; leur qualité de descendans est
un titre pour obtenir de préférence la possession
des biens (2).

Si c'étaient des enfans naturels légalement reconnus, ils pourraient réclamer la portion de
biens qui leur est attribuée par l'art. 757 du Code.

Mais l'action des enfans ou descendans n'est
plus admise, s'il s'est écoulé trente ans depuis
l'envoi définitif. Cet envoi est un titre en faveur
des collatéraux, et, depuis ce titre, ils ont possédé pendant le plus long tems requis pour opérer la prescription. Ils ont le droit de l'opposer,
non pas à l'absent, s'il reparaît ou si son existence
est prouvée, mais à ses descendans, qui ne peuvent
se plaindre si, après une révolution de soixante-
cinq ans au moins, depuis la disparition de leur
auteur, ils ne sont plus admis à une recherche
qui, comme toutes les actions de droit, doit être
soumise à une prescription : leur action est une
véritable pétition d'hérédité qui ne peut durer que
trente ans.

452. Cependant les héritiers de l'absent ne pourraient invoquer aucune prescription, s'ils s'étaient

---

(1) Art. 133.
(2) Bigot de Préameneu, Exposé des motifs, pag. 186.

bornés à obtenir l'envoi en possession provisoire,
sans avoir obtenu l'envoi définitif, parce qu'ils
n'auraient pas cessé de n'être que dépositaires :
c'est l'envoi en possession définitive qui peut seul
faire cesser cette qualité. Si les héritiers ont négligé de provoquer l'envoi en possession définitive, qui n'est accordé qu'après de nouvelles enquêtes, il est à croire qu'ils en ont été empêchés
par la crainte de voir se découvrir, sur l'existence
de l'absent, des nouvelles qui auraient fait cesser les effets de l'envoi en possession provisoire.
(Art. 131). Ils restent donc toujours dépositaires
jusqu'à l'envoi définitif, et les aliénations qu'ils
feraient, avant de l'avoir obtenu, pourraient être
attaquées par l'absent, ou par ses enfans et descendans. Les acquéreurs ne pourraient s'en plaindre; c'était à eux de s'assurer du titre et des droits
de leur vendeur.

453. La prescription de trente ans ne court pas
contre les enfans et descendans de l'absent pendant leur minorité, qui suspend la prescription,
suivant l'art. 2252 (1).

Cette prescription ne pourrait également leur
être opposée, s'ils prouvaient que l'envoi en possession définitive a été frauduleux; par exemple,
s'ils prouvaient que ceux qui l'ont obtenu avaient
reçu des nouvelles de l'absent depuis l'envoi provisoire.

---

(1) Maleville, sur l'art. 133 ; Le Roi de l'Orne, Exposé des motifs,
tom. II, pag. 199 ; M. Proudhon pense le contraire, tom. I, pag. 182.

454. Nous avons dit que l'envoi en possession définitive ouvre une succession conditionnelle, qui place les choses dans l'état où elles doivent rester si l'absent ne reparaît pas. Cette succession est ouverte au profit de tous ceux qui étaient ses héritiers présomptifs au jour de sa disparition ou de ses dernières nouvelles, et même de ceux qui n'auraient pas concouru à l'envoi provisoire , pourvu qu'ils forment leur demande avant l'envoi définitif; car le jugement qui le prononce transfère la propriété à ceux qui sont envoyés en possession, et ce n'est qu'aux enfans et aux descendans *directs* de l'absent que l'art. 133 permet, pendant trente ans , de demander la restitution des biens à ceux qui ont obtenu l'envoi définitif.

La conséquence naturelle de cette disposition limitative, qui n'admet que les descendans *directs,* est que les *collatéraux* n'ont pas la même faculté.

455. Mais si, même après l'envoi définitif, on recevait des nouvelles de l'absent, ou *si son existence* était prouvée (art. 132), la propriété des personnes envoyées en possession s'évanouirait avec leur titre. Les biens, dans l'état où ils se trouveraient à l'époque des nouvelles reçues , le prix de ceux qui auraient été aliénés, ou les biens provenant de l'emploi qui aurait été fait du prix des biens vendus, rentreraient dans le patrimoine de l'absent, et sa succession ne s'ouvrirait qu'au jour de son décès; ou s'il ne reparaissait pas, au jour de ses dernières nouvelles, en faveur des héritiers les plus proches à ces époques, et ceux

qui auraient joui des biens de l'absent seraient tenus de les restituer, sous la réserve des fruits par eux acquis.

Il en serait de même si, avant les trente ans requis pour opérer la prescription, au lieu de recevoir des nouvelles de l'existence de l'absent, on recevait la nouvelle de son décès, avec l'époque précise à laquelle il est arrivé.

L'art. 13o porte que la succession sera ouverte du jour de son décès prouvé, au profit des héritiers les plus proches à cette époque, et que ceux qui auraient joui des biens de l'absent seront tenus de les restituer.

Cet article ne paraît pas limité au cas de l'envoi en possession provisoire, puisqu'il est placé à la suite de l'art. 129, qui parle de l'envoi définitif. Il y a, dans l'un et l'autre cas, même raison de décider (1).

———

§ III.

Des Effets de l'absence, lorsque l'absent est marié.

SOMMAIRE.

———

(1) Le discours du tribun Huguet, Exposé des motifs, tom. II, pag. 212, *in fine.*

457. Quid, *si c'est le mari qui est absent présumé?*

458. *De la surveillance des enfans, pendant la première période de l'absence du mari.*

459. *Effets de l'absence pendant la seconde période. Si l'absence de la femme continue, le mari* doit *provoquer la déclaration d'absence.*

460. *Après la déclaration d'absence, soit qu'il opte pour la dissolution, ou pour la continuation de communauté, le mari doit faire nommer un subrogé tuteur à ses enfans mineurs.*

461. *S'ils sont majeurs, tout se passe dans les règles ordinaires.*

462. *Mais le mari peut les empêcher d'être envoyés en possession provisoire des biens, en continuant la communauté, sur laquelle il a les mêmes droits que si la femme n'était point absente, et pourquoi.*

463. *En ce cas, il prendrait l'administration des biens qu'elle s'était réservés, et du mobilier, exclus de la communauté.*

464. *Mais il en doit faire inventaire.*

465. *Si le mari opte pour la dissolution de la communauté, on en fait le partage et la liquidation, et il donne caution pour les choses susceptibles de restitution.*

466. *S'il continue la communauté, il ne donne caution que pour les biens qui en sont exclus, et dont il doit se faire envoyer en possession et faire inventaire.*

467. *L'époux qui continue la communauté peut seul empêcher les héritiers de l'absent d'être envoyés en possession provisoire des biens. Conséquence de ce principe, relativement à la femme mariée sous le régime dotal, ou séparée de biens.*

468. *Effets de l'absence du mari. Après l'absence déclarée, la femme doit faire nommer un subrogé tuteur à ses enfans mineurs.*

469. *Si elle continue la communauté, elle prend l'administration des biens qui en dépendent, ainsi que des biens propres du mari; mais elle doit faire inventaire même des premiers, à la différence du mari.*

470. *Elle doit donner caution.*

Nous avons cru devoir, pour plus de clarté, parcourir sans interruption les effets de l'absence dans ses trois périodes, lorsque l'absent n'est pas marié. Voyons maintenant ce qui arrive lorsque l'un des époux est présent et l'autre absent; il faut distinguer si c'est la femme ou le mari.

456. Si c'est la femme, il n'y a le plus souvent, pendant la première période, aucune mesure à prendre pour l'administration de ses biens, dont le mari est administrateur légal, soit qu'il y ait (1428) ou non (1530, 1531) communauté; il a même l'administration des biens dotaux de son épouse (1549).

Mais il peut être forcé de recourir à la justice, pour les mesures à prendre relativement aux biens paraphernaux (art. 1576) de la femme, et pour ses autres biens, dans le cas où il y aurait sépa-ration de biens stipulée par le contrat de mariage, ou prononcée par la justice.

Quant aux inventaires, comptes, partages et liquidations, dans lesquels la femme présumée absente se trouverait intéressée, s'il y a commu-nauté, le mari est seul administrateur de tous les biens qui y entrent; il peut en provoquer le partage, sans le concours de la femme.

Quant aux biens qui n'y entrent pas, il peut

seulement demander un partage provisionnel de ceux dont il a droit de jouir.

Si les cohéritiers de la femme veulent provoquer un partage définitif, pour ne pas rester dans l'incertitude, il semble qu'outre le mari présent, qu'il faut toujours mettre en cause, ils doivent faire nommer un notaire pour représenter la femme, conformément à l'art. 113.

Du reste, l'absence de la femme n'opère aucun changement relativement à la surveillance des enfans.

457. Si c'est le mari qui se trouve dans le cas de l'absence présumée, la femme n'ayant le droit d'administrer ni les biens de son mari, ni même les siens propres, sera souvent obligée de recourir à la justice, pour faire ordonner les mesures qu'exigera la nécessité, et pour se faire autoriser à administrer et à percevoir les revenus, ainsi qu'à prendre telles autres mesures qui seront jugées convenables.

458. Si le mari qui a disparu laisse des enfans mineurs, la mère en a de plein droit la surveillance, et elle exerce tous les droits du mari quant à leur éducation et à l'administration de leurs biens (art. 141), sans qu'il lui soit nommé de subrogé tuteur pendant cette première période; et si elle vient à décéder avant que l'absence du mari ait été déclarée, la surveillance des enfans sera déférée par le conseil de famille aux ascendans les plus proches, et, à leur défaut, à un tuteur provisoire. (Art. 142).

459. Quant aux effets de l'absence dans la seconde période, il faut distinguer si c'est le mari ou la femme qui est absente, s'il y a des enfans mineurs ou s'il n'y en a pas.

Si l'absence de la femme se prolonge pendant quatre ans, le mari peut et doit, pour l'intérêt de ses enfans comme pour le sien, provoquer et faire prononcer la déclaration d'absence. Car l'envoi en possession définitive des biens de l'absent ne pouvant être obtenu que trente ans après l'envoi provisoire, ou après que l'époux commun a pris l'administration des biens de l'absent, si le père tardait de prendre ces mesures il pourrait arriver, si la mère ne reparaissait pas, que, pendant toute leur vie, les enfans fussent dans l'impuissance de disposer de ses biens, à quelque titre que ce soit.

460. Après la déclaration d'absence de l'épouse, le mari, suivant l'art. 124, a le choix d'opter pour la continuation ou pour la dissolution de la communauté. Mais dans l'un comme dans l'autre cas, il doit faire nommer à ses enfans un subrogé tuteur, contradictoirement avec lequel il puisse consommer son option, et procéder au réglement de ses droits, en cas de dissolution.

461. Si les enfans sont majeurs, tout se passe entre eux et leur père de la même manière qu'entre le mari et les héritiers collatéraux de son épouse absente. Ils peuvent, si le mari n'agit pas, provoquer la déclaration d'absence de leur mère; et, après l'absence déclarée, ils peuvent et doivent demander l'envoi en possession provisoire des biens.

462. Mais le mari peut empêcher cet envoi, en déclarant opter pour la communauté.

Cette faculté, accordée au conjoint présent, est une conséquence nécessaire du principe que l'absent n'est présumé ni mort ni vivant pendant la deuxième période de l'absence : il y a seulement incertitude sur son existence; et si cette incertitude suffit pour autoriser les héritiers présomptifs à se faire envoyer en possession des biens, elle ne suffit pas, quand il s'agit de dissoudre, entre le conjoint présent et l'absent, un contrat qui doit durer toute leur vie.

Les héritiers qui en provoqueraient la dissolution, se rendraient demandeurs, et seraient, en cette qualité, assujettis à prouver leur demande, c'est-à-dire à justifier le décès de l'absent. Des héritiers à qui la loi n'accorde la possession des biens qu'à titre de dépôt, ne peuvent, contre la volonté de l'une des parties, rompre un contrat synallagmatique, le plus solennel de tous les contrats; l'absence de l'une des parties n'y doit apporter aucun changement : il continue d'exister aux mêmes conditions. Ainsi, le mari qui a opté pour la continuation, demeure, après l'absence déclarée, comme auparavant, seul administrateur légal des biens de la communauté; il peut les vendre, les hypothéquer sans le concours des héritiers de la femme, comme il le pouvait faire sans le consentement de cette dernière, conformément aux art. 1421 et 1422, sauf la renonciation que les héritiers de la femme seront libres de faire lors de la dissolution. S'il en était autrement, ce ne serait plus une continuation de communauté, mais un nouveau contrat régi par des règles différentes.

Si la femme absente s'était, par contrat de mariage, réservé le droit de toucher sur ses quittances une partie de ses revenus ou l'administration d'une partie de ses immeubles; si, en excluant de sa communauté tout ou partie de son mobilier, elle s'en était réservé l'administration et la disposition; si la communauté était réduite aux acquêts, ce qui exclut de la communauté le mobilier présent et futur (art. 1498), le mari, en optant pour la continuation de communauté, prendrait, de préférence aux héritiers de la femme, l'administration de ses immeubles et du mobilier exclus de la communauté. C'est ce qui résulte de l'article 124, qui porte que l'époux commun en biens, s'il opte pour la continuation de communauté, *pourra empêcher l'envoi provisoire des héritiers*, et prendre ou conserver, par préférence, l'administration des biens de l'absent.

463. Ainsi, en optant pour la continuation de communauté, le mari *conserve* l'administration des biens de sa femme, que lui défère l'art. 1428, et *prend* l'administration de ceux qu'elle s'était réservé d'administrer.

Ces mots de l'art. 124, l'époux commun en biens *pourra prendre,* s'appliquent aussi à la femme; car, on ne peut pas dire qu'elle *conserve*, sur les biens du mari, l'administration qu'elle n'avait pas : mais cette application n'est point restreinte

à la femme; sa disposition est générale, et s'étend
par conséquent au mari, qui prend l'administration des biens réservés par la femme.

464. Mais à l'égard de ces derniers biens, il est
obligé de faire procéder à l'inventaire du mobilier et des titres, en présence du procureur du
roi près le tribunal de première instance, ou d'un
juge de paix requis par ce dernier, conformément
à l'art. 126, sans qu'il soit besoin d'appeler les
héritiers de la femme à cet inventaire, qui est
ordonné pour l'intérêt de cette dernière et pour
celui de ses héritiers.

465. Si le mari opte pour dissoudre provisoirement la communauté, il en partage les biens
et il exerce ses reprises et tous ses droits légaux
et conventionnels, contradictoirement avec les héritiers de la femme, suivant l'art. 124, qui astreint indistinctement l'époux qui opte pour la
dissolution de communauté, à donner caution
pour les choses *susceptibles de restitution,* telles
que les meubles exclus de la communauté, dont
la femme lui aurait fait don en cas de survie, les
immeubles qu'il faut rendre en bon état.

466. Au reste, ce n'est que dans le cas ou l'é-
poux présent opte pour la dissolution de la communauté, que l'art. 124 l'astreint à donner caution. Cet article prévoit les deux cas de la continuation et de la dissolution provisoire de la communauté, et ce n'est que dans le dernier qu'il
impose l'obligation de donner caution pour les
choses susceptibles de restitution.

Il faut aussi remarquer que, dans le cas de continuation, l'obligation de faire inventaire n'est imposée à l'époux présent, par l'art. 126, qu'à l'égard *du mobilier et des titres de l'absent,* non pas à l'égard *du mobilier de la communauté,* ce qui est très-différent : on ne peut donc étendre cette obligation aux meubles de la communauté continuée. Il ne peut y avoir aucun doute à l'égard du mari présent, qui, en sa qualité de chef de la communauté, conserve le droit de disposer à titre onéreux, et même, en certains cas, à titre gratuit. (Art. 1421 et 1422). Il n'est donc obligé de faire inventaire et de donner caution qu'à l'égard des biens exclus de la communauté, dont il doit se faire envoyer en possession provisoire de préférence aux héritiers.

467. Ce n'est qu'à l'époux commun en biens, et encore en cas qu'il opte pour la continuation de communauté, que l'art. 124 donne la faculté d'empêcher l'envoi en possession provisoire des héritiers. Cette faculté ne peut donc être étendue au mari dont l'épouse a été mariée sous le régime dotal. Il en est de même si, par le contrat de mariage, les époux se sont mariés sans communauté ou avec stipulation qu'ils seront séparés de biens (art. 1536), ou enfin dans le cas où la communauté serait dissoute par un jugement de séparation de biens.

Mais si, en se soumettant au régime dotal, les époux avaient stipulé une société ou une communauté d'acquêts, conformément à l'art. 1581, les effets de cette société doivent être réglés conformément aux art. 1498 et 1499, qui disent positivement qu'une pareille société est une communauté d'acquêts. Il semble donc qu'en optant pour la continuation de cette communauté partielle, le mari peut empêcher les héritiers de la femme déclarée absente, d'être envoyés en possession provisoire des biens dotaux.

Car, en donnant à l'époux *commun en biens* la faculté d'empêcher les héritiers de l'absent d'être envoyés en possession provisoire des biens, l'article 124 n'a pas distingué entre la communauté légale et la communauté conventionnelle, modifiée de l'une des manières indiquées dans l'article 1497, et l'on ne doit pas distinguer quand la loi ne distingue pas.

Le conjoint présent peut donc réclamer l'exécution de son contrat, comme dans le cas d'une communauté ordinaire.

Si l'on ne peut, comme nous le pensons, refuser au mari présent la faculté de continuer cette communauté d'acquêts, et lui ôter l'administration des biens qui la composent, comment pourrait-on lui ôter celle des biens dotaux, et diviser ainsi, contre l'esprit et la lettre de l'art. 124, les mesures provisoires auxquelles l'absence de la femme donne lieu? Il nous paraît donc que, dans ce cas, le mari doit conserver l'administration des biens dotaux, et même prendre celle des biens paraphernaux, de préférence aux héritiers de la femme.

468. Après avoir examiné les effets de l'absence de la femme, passons à ceux de l'absence du mari.

Si elle se prolonge pendant quatre ans, la femme, pour son intérêt et pour celui de ses enfans, doit suivre la déclaration d'absence.

Mais après l'absence déclarée, soit qu'elle veuille ou non continuer la communauté, elle doit faire nommer un subrogé tuteur à ses enfans pour consommer, contradictoirement avec lui, l'option de continuer la communauté ou de la dissoudre; et, en cas de dissolution, pour exercer ses reprises et tous ses droits légaux et conventionnels, à la charge, en ce dernier cas, de donner caution pour les choses susceptibles de restitution.

469. Si elle opte pour la continuation de communauté, soit légale, soit conventionnelle, elle prendra l'administration des biens qui en dépendent, ainsi que celle des propres du mari absent, et même du mobilier, exclus de la communauté, en faisant procéder à l'inventaire du mobilier et des titres de son mari, contradictoirement avec le procureur du roi, sans qu'il soit nécessaire d'y appeler les héritiers de son mari.

Elle doit également faire inventaire des biens qui dépendent de la communauté, quoiqu'en pareil cas le mari n'y soit pas obligé.

La raison de différence est sensible. L'absence de l'un des conjoints ne peut ni dissoudre la communauté, ni préjudicier aux droits du conjoint présent. Le mari, pendant l'absence de la femme, comme auparavant, continue donc d'être maître de la communauté, d'en administrer seul les biens; il peut même les vendre ou les hypothéquer : il serait donc inutile de l'assujettir à un inventaire, car si la femme reparaissait, il ne lui devrait aucun compte.

La femme, au contraire, n'a point le droit d'administrer les biens de la communauté pendant la vie du mari. S'il est empêché par quelque cause que ce soit, maladie, voyage, absence, elle ne peut néanmoins administrer sans une procuration de sa part, ou sans l'autorisation de la justice. (Art. 222—1427).

Si l'absence du mari est déclarée, elle peut, en optant pour la continuation de communauté, empêcher les héritiers d'être envoyés en possession des biens, et en prendre elle-même l'administration. En le faisant, elle se met à leur place; elle administre pour son mari; elle n'est que sa mandataire légale, à peu près comme quand elle est nommée tutrice de son mari interdit. Ce n'est donc pas son propre bien que la femme administre, c'est celui de son mari absent. Elle n'a sur la communauté qu'un droit habituel, auquel elle peut renoncer même après l'avoir administré. Elle est donc obligée de faire un inventaire des biens confiés à son administration, comme auraient fait les héritiers du mari, auquel, comme eux, elle devra rendre compte de son administration, s'il reparaît.

470. Les mêmes raisons qui obligent la femme à faire inventaire, l'obligent également à donner caution, même relativement aux biens qui dépendent de la communauté dont elle prend l'administration, et qu'elle devra remettre à son mari en lui rendant compte (1), s'il reparaît.

471. La femme qui continue la communauté n'en conserve pas moins le droit d'y renoncer ensuite. Il est possible que des affaires entreprises avant le départ du mari réussissent mal, que des dettes qu'elle ignorait se découvrent. (Art. 124).

472. Dans la troisième période de l'absence, c'est-à-dire lorsqu'il s'est écoulé trente ans depuis l'envoi provisoire, ou cent ans depuis la naissance de l'époux absent, les héritiers ont le droit de demander la dissolution de la communauté, de se faire envoyer en possession définitive, et d'exercer tous leurs droits envers l'époux présent ; mais il n'est tenu à leur rendre aucun compte du revenu des biens de l'absent dont il a joui. (Art. 127).

_____

(1) Répondra-t-elle, sur ses propres, du reliquat de compte qu'elle aurait dû économiser, et qu'elle a dissipé? *Voy.* liv. 3, tit. 5, chap. 2, 1.re part., sect. 1, § 2.

SECTION II.

Des Effets de l'absence relativement aux droits éventuels qui peuvent compéter à l'absent.

SOMMAIRE.

473. Suivant l'axiôme fondamental en cette matière, l'absent n'est présumé ni mort ni vivant.

D'un autre côté, c'est à celui qui forme une demande à prouver qu'elle est fondée : c'est, en jurisprudence, un principe fécond en conséquences.

De ces deux principes combinés, dérivent toutes les dispositions de cette section.

474. Il en résulte, 1°. que ceux qui prétendent exercer un droit auquel la mort de l'absent peut seule donner ouverture, sont obligés de prouver son décès.

Ainsi, quoique suivant l'art. 130, la succession de l'absent soit ouverte du jour de son décès, au profit des héritiers les plus proches à cette époque, ils doivent prouver la date de ce décès, s'ils veulent évincer les héritiers qui, étant les plus proches au jour de sa disparition, ont obtenu l'envoi en possession définitive, par les motifs ci-devant expliqués.

475. Il en résulte, 2°. que si l'on prétend exercer un droit qui suppose la vie de l'absent, on est obligé de prouver qu'il existe (1).

Cette seconde règle est établie dans les termes les plus généraux par l'art. 135, qui porte : « Qui-
» conque réclamera un droit échu à un individu
» dont l'existence *ne sera pas reconnue,* devra prou-
» ver que ledit individu existait quand le droit a
» été ouvert; jusqu'à cette époque, il sera déclaré
» non recevable dans sa demande.»

476. L'art. 136 applique cette règle générale

_____

(1) C'est pour cela que celui qui réclame les arrérages d'une rente viagère, constituée sur la tête d'une personne qui n'est pas présente, doit prouver l'existence de cette personne. (Art. 1983).

Mais pourquoi le mandataire n'est-il pas tenu de prouver l'existence du mandant au nom duquel il réclame une somme ?

Parce que la somme n'en serait pas moins due, quand il serait mort; ses héritiers pourraient l'exiger du mandataire qui leur doit compte.

au cas d'une succession : «S'il s'ouvre une suc-
» cession à laquelle soit appelé un individu *dont*
» *l'existence n'est pas reconnue,* elle sera dévolue
» exclusivement à ceux avec lesquels il aurait eu
» le droit de concourir, ou à ceux qui l'auraient
» recueillie à son défaut.»

Cet article embrasse les deux manières dont
on peut venir à une succession, soit seul, comme
ayant le droit, en qualité de plus proche en degré,
d'exclure les plus éloignés, soit en concourant
avec d'autres cohéritiers égaux en degré ou venant par représentation. Dans l'un et l'autre cas,
l'individu dont *l'existence n'est pas reconnue,* est
formellement exclu; la succession est *dévolue exclusivement* à ceux qui auraient eu le droit de concourir avec lui, ou qui l'auraient recueillie à son
défaut.

477. Mais cette disposition s'applique-t-elle aux
absens déclarés? Qu'est-ce qu'un individu dont
l'existence n'est pas reconnue? La dévolution prononcée par l'art. 136 exclut-elle les mesures conservatoires?

La première de ces questions fut agitée au Conseil d'état, où les avis furent d'abord partagés.
On disait, d'un côté, que, tandis que l'absence
n'est pas déclarée ou reconnue légalement, l'absent est réputé vivant aux yeux de la loi, à moins
que sa mort ne soit prouvée. S'il en était autrement, il en résulterait, disait-on, qu'un citoyen
serait à peine embarqué, qu'il deviendrait incapable de succéder. Vainement il aurait laissé une
procuration. Inutilement il en enverrait une des

lieux lointains où il réside, pour le représenter dans le partage d'une succession, parce qu'on pourrait demander la preuve de son existence, sur le fondement qu'il peut être décédé entre la signature et l'arrivée de la procuration. Alors, il n'y aurait plus de rapport entre ceux qui n'habitent pas la même contrée, et l'on ne pourrait plus agir par un fondé de pouvoirs.

On en concluait que la nécessité des certificats de vie doit être bornée aux rentes viagères, et que lorsqu'un absent a laissé ou envoyé une procuration, la preuve de son existence ne saurait être exigée avant la déclaration d'absence, pour l'admettre à succéder ;

Que s'il y a des raisons pour décider que l'absent ne peut succéder qu'autant que son existence est prouvée, il y en a d'aussi fortes pour ne pas permettre à celui qui veut l'exclure, de ne prendre exclusivement l'hérédité qu'en prouvant qu'il est décédé.

On ajoutait que la question était déjà décidée par l'art. 113, qui avait été adopté, et qu'il faudrait changer, si l'opinion contraire prévalait.

A ces raisonnemens, on répondait que ceux qui se présentent pour hériter, à l'exclusion de l'absent, n'ont rien à prouver, parce qu'ils tirent leur droit d'eux-mêmes, c'est-à-dire de la loi qui les appèle : ils exercent donc ce droit exclusivement, lorsque personne ne se trouve en état de réclamer le concours ou l'exclusion.

Au contraire, ceux qui se présentent pour recueillir une succession du chef de l'absent, sont obligés de prouver qu'il existe, car pour succéder il faut exister; et celui qui allègue le fait de l'existence pour entrer en partage d'une succession, est obligé de prouver ce fait.

Quant aux inconvéniens qui peuvent, en certains cas, dériver de ce principe, on répondit que l'absent ne perd pas irrévocablement la succession, faute de preuves de son existence, puisqu'on lui réserve la pétition d'hérédité, qui dure trente ans (1).

478. Au reste, on concilia l'art. 113 avec le principe que l'absent présumé n'est, comme l'absent déclaré, réputé ni vivant ni mort par cette distinction. Si les parties intéressées reconnaissent l'existence de l'absent présumé; si elles ne veulent pas, quant à présent, user de la dévolution que l'art. 136 fait à leur profit, il doit, suivant l'art. 113, être nommé un notaire pour représenter l'absent dans les successions ouvertes depuis sa disparition; si, au contraire, elles ne reconnaissaient pas son existence, elles peuvent profiter de la dévolution, en vertu de l'art. 136.

Cette seconde opinion prévalut, et l'art. 136 n'a fait aucune distinction entre l'absent présumé et l'absent déclaré; et afin que l'art. 113 ne fût

---

(1) La réponse est insuffisante; car si celui qui s'est emparé de la succession devient insolvable, la pétition d'hérédité est illusoire, si la succession ne consiste qu'en meubles, ou si les immeubles ont été vendus à un acquéreur qui a possédé pendant dix ou vingt ans, *Voy.* le n.º 481.

appliqué à l'absent présumé, que lorsque son existence serait reconnue par les parties intéressées, ou plutôt qu'elle ne serait pas contestée par elles, on changea la rédaction de l'art. 136. Le projet portait : « Toute succession sera dévolue » exclusivement aux seuls parens avec lesquels » *l'absent* aurait eu droit de concourir, ou aux pa-» rens du degré subséquent. »

On trouva que ce mot *l'absent* était équivoque, et qu'on pourrait le restreindre à l'absent déclaré, par opposition à l'absent présumé, qui, suivant l'art. 113, doit être représenté par un notaire, dans les successions ouvertes à son profit.

On y substitua cette circonlocution : *L'individu dont l'existence ne sera pas reconnue.*

Le vrai sens de l'art. 136 est donc que, s'il s'ouvre une succession à laquelle soit appelé un individu déclaré absent, ou seulement présumé tel, elle est dévolue exclusivement à ceux avec lesquels il aurait eu le droit de concourir, ou qui l'auraient recueillie à son défaut, à *moins que son existence* ne soit reconnue par eux; car alors il serait représenté par un notaire, suivant l'article 113 (1).

_____

(1) Si quelques-uns des héritiers présens reconnaissent l'existence de l'absent, et que les autres refusent de la reconnaître, les premiers doivent prouver leur allégation. C'est une conséquence du principe; car en reconnaissant son existence, ils demandent qu'il soit admis au partage.

Ainsi l'a jugé la Cour d'appel de Turin, par un arrêt du 15 juin 1808, qui est d'accord avec le principe. Sirey, an X, décisions diverses, pag. 538. Une sœur avait provoqué le partage de la succession du père

479. Ainsi, les héritiers présens ne peuvent méconnaître l'existence de celui qui a le droit de concourir avec eux ou de les exclure, s'il n'est pas dans le cas de l'absence présumée, c'est-à-dire si son existence n'est pas devenue incertaine par défaut de nouvelles. Ils ne pourraient méconnaître l'existence de ceux que l'art. 840 qualifie *de non présens :* d'où il résulte que le citoyen qui aurait envoyé une procuration, celui qui serait embarqué depuis un tems trop récent, pour qu'on puisse concevoir des soupçons raisonnables sur son existence (1), conservent le droit de succéder, sans pouvoir être écartés des successions ouvertes depuis leur éloignement, sous prétexte qu'on ne reconnaît pas leur existence. Le Code ne permet d'écarter que les absens présumés, parce que leur existence étant incertaine, il est permis de ne la pas reconnaître. Quant à ceux qui ne sont pas présumés absens, ils doivent être représentés par leurs mandataires, ou par un notaire.

480. Mais si les héritiers présens peuvent écarter les absens présumés, dont ils refusent de re-

---

commun, entre ses deux frères présens. Ils demandèrent qu'un autre frère absent fût mis en cause. Elle soutint que l'existence de ce dernier n'étant pas reconnue, il ne devait pas être appelé.

(1) M. Proudhon, tom. 1, pag. 142, pense le contraire, et porte la chose jusqu'à dire que les autres héritiers pourraient méconnaître l'existence de celui qui se serait embarqué la veille de l'ouverture de la succession : ce qui paraît aussi contraire à l'équité qu'à l'esprit et même à la lettre de l'art. 136, qu'on ne peut appliquer qu'aux absens déclarés ou au moins *présumés* tels, et non pas aux *non présens.*

connaître l'existence, sont-ils dispensés des mesures conservatoires prescrites par l'art. 819 du Code civil, et par les art. 911 et suivans du Code de procédure, tels que le scellé et l'inventaire?

Trois arrêts rendus, l'un le 27 mars 1808, par la Cour d'appel de Paris (1), l'autre le 20 juillet 1808, par la Cour d'appel de Bruxelles, et le troisième le 9 avril 1810, par la Cour d'appel de Rennes (2), ont jugé l'affirmative, par le motif que la loi n'a prescrit aucune mesure pour la conservation des droits réservés à l'absent.

Ces décisions paraissent conformes à la lettre de l'art. 136, qui prononce contre l'absent une exclusion complète en faveur des présens. Il est vrai que l'art. 137 réserve l'action en pétition d'hérédité, et les autres droits qui compéteront à l'absent, à ses représentans ou ayant-cause, pendant le délai de trente ans, établi pour la prescription. Ainsi, la dévolution prononcée par l'art. 136 n'est que provisoire, et seulement en attendant que l'absent se présente; mais l'art. 137 n'ordonne ni scellés, ni inventaire, pour constater les forces de la succession, ni caution pour garantie de la restitution (3).

481. On ne peut dissimuler qu'en ceci la loi a

---

(1) Rapporté par Sirey, an 1808, pag. 193; an 1809, pag. 160.

(2) *Voy.* le Journal des arrêts de la Cour de Rennes, par MM. Carré et Duguen, an X, pag. 92 et suiv.

(3) Un arrêt de la Cour de Riom, du 20 mai 1816, a jugé que le ministère public a droit de requérir la nomination d'un notaire pour ré-

manqué de prévoyance. L'ancienne jurisprudence n'accordait la dévolution aux héritiers présens, qu'à la charge de faire inventaire et de donner caution (1). Cette mesure sage est aussi dans l'esprit du Code; il donne aux enfans naturels la totalité des biens de leurs père et mère, lorsqu'à l'ouverture des successions il ne se présente pas de parens au degré successible. (Art. 758). Mais il les oblige à faire apposer les scellés, à faire faire inventaire, et même à faire emploi du mobilier, ou à donner caution pour en assurer la restitution, en cas qu'il se présente des héritiers. (Article 771).

Il impose les mêmes obligations à l'époux survivant, à qui la succession est aussi dévolue, s'il ne se présente ni parens au degré successible, ni enfans naturels.

Enfin, l'administration des domaines même, à qui la succession est dévolue par déshérence, est obligée, sous peine de dommages et intérêts envers les héritiers, s'il s'en présente, de faire mettre les scellés et de faire faire inventaire.

Pourquoi donc les héritiers présens qui s'emparent d'une succession à l'exclusion de l'absent présumé, en vertu d'une dévolution qui n'est que

---

présenter, mais seulement dans l'inventaire d'une succession, un individu dont l'existence n'est pas reconnue, encore que la succession s'étant ouverte postérieurement à l'absence, soit dévolue exclusivement aux héritiers présens. Sirey, 1818, 2.ᵉ part., pag. 210. Il serait à désirer que cette jurisprudence devînt générale.

(1) *Voy.* Duparc-Poullain, Principes du droit, tom. II, pag. 46, n.° 8.

provisoire, telle que celle qui est faite en faveur des enfans naturels de l'époux survivant et de l'Etat, seraient-ils seuls dispensés de toute mesure conservatoire? C'est une lacune qu'il faut remarquer, afin d'avertir le législateur de la réparer.

482. Si l'art. 137 réserve à l'absent, pendant trente ans, la pétition d'hérédité, l'art. 138 veut que tant qu'il ne se présentera pas, ou que les actions ne seront pas exercées de son chef, les héritiers présens qui ont recueilli la succession gagnent les fruits *par eux perçus de bonne foi.*

L'existence de l'absent étant incertaine à l'ouverture de la succession, on ne peut reprocher de mauvaise foi à l'héritier présent qui l'a recueillie en vertu de la dévolution de la loi. Il a donc le droit de faire les fruits siens comme tout possesseur de bonne foi. (Art. 549). Mais il cesse d'être de bonne foi aussitôt qu'il a des nouvelles certaines de l'existence de l'absent, et de ce moment il cesse de faire les fruits siens. (Art. 550). Il doit en tenir compte à l'absent ou à ceux qui se présentent pour exercer ses droits. Ils font partie de la succession, et entrent dans la pétition d'hérédité.

Aussi l'art. 138 ne donne à ceux qui ont recueilli la succession, à l'exclusion de l'absent, que les fruits *par eux perçus de bonne foi.*

Le principe que l'héritier de bonne foi fait les fruits siens, peut encore s'appliquer à d'autres cas, comme nous le verrons au titre des Successions.

SECTION III.

Des Effets de l'absence relativement au mariage.

SOMMAIRE.

483. *L'absence la plus longue ne suffit pas pour dissoudre le mariage.*

484. *Mais si l'époux présent avait contracté un second mariage, l'époux absent serait seul recevable à l'attaquer.*

485. *Le retour de l'époux absent ne rend ni aux parties intéressées, ni au ministère public, le droit d'attaquer ce mariage.*

486. *Lorsque ce mariage est déclaré nul, les enfans n'en sont pas moins légitimes, si l'un des époux est de bonne foi.*

487. *L'absence de l'un des époux donne à l'autre le droit de se faire envoyer en possession de ses biens.*

483. LA présomption qui résulte de l'absence la plus longue et de l'âge le plus avancé, fût-il même de cent ans, ne suffit pas pour dissoudre le mariage. Une présomption ne peut suppléer à la preuve du décès de l'un des époux, suivant la disposition prohibitive de l'art. 147, qui défend de contracter un second mariage avant la dissolution du premier.

Si l'époux d'un absent voulait former de nouveaux liens, sans rapporter la preuve que les premiers sont rompus, toutes les personnes que la loi admet à former des oppositions aux mariages, et même le ministère public, pourraient s'y opposer.

484. Mais si, nonobstant la prohibition, l'époux

présent avait contracté un second mariage, soit par fraude, soit par erreur, l'incertitude de la vie de l'absent doit empêcher de troubler inconsidérément le second mariage, dont la nullité est subordonnée à l'existence incertaine du premier époux (1). C'est par cette raison que l'art. 139 veut que l'époux absent soit seul recevable à attaquer ce mariage par lui-même, ou par son fondé de pouvoir spécial, *muni de la preuve de son existence;* expressions qui annoncent que la procuration seule ne suffirait pas, et que le mandataire devrait en outre représenter un certificat de vie.

485. Le retour de l'époux ne rend ni aux parties intéressées, ni au ministère public, le droit d'attaquer le second mariage, à la différence du cas où l'un des époux aurait contracté un second mariage, sans que l'autre époux se trouvât dans le cas de l'absence : ce serait alors la bigamie pure, dont toutes les parties intéressées, et même le ministère public, peuvent se plaindre. (Art. 184). Au lieu que, dans le premier cas, l'époux présent est en quelque sorte excusable d'avoir passé à un second mariage, parce qu'il pouvait croire le premier époux décédé.

486. Si l'époux faisait à son retour annuler le mariage contracté pendant son absence, les enfans qui en seraient issus n'en seraient pas moins

---

(1) *Voy.* ci-après, au titre du Mariage, chap. 1, § 4; le vingt-huitième plaidoyer de d'Aguesseau, et l'arrêt imprimé à la suite.

légitimes, pourvu que les deux époux ou seulement l'un d'eux fût de bonne foi. (Art. 201 et 202).

487. Un dernier effet de l'absence, relativement au mariage, est de donner à l'époux présent le droit de demander l'envoi en possession provisoire des biens de l'absent, de préférence aux héritiers, et l'envoi définitif au défaut de parens habiles à lui succéder. Ce dernier droit est une conséquence nécessaire de l'art. 767, qui veut qu'un des époux succède à l'autre, lorsque le premier mourant ne laisse ni parens dans les degrés successibles, ni enfans naturels.

CHAPITRE IV.

De la Surveillance des enfans mineurs du père qui a disparu.

Nous avons refondu, dans les précédens chapitres, les dispositions de celui-ci, qui, d'ailleurs, ne présentent pas d'obscurité.

TITRE V.

Du Mariage.

NOTIONS PRÉLIMINAIRES.

SOMMAIRE.

488. *Le mariage est régi par des lois d'ordres différens; mais le Code ne le considère que comme un contrat civil.*

489. *Définition du mariage ainsi considéré.*

490. *Considéré comme sacrement, il est du ressort de la puissance spirituelle, et comme contrat civil, du ressort de la puissance temporelle.*

491. *Abus provenus de la confusion des institutions civiles et religieuses, relativement au mariage.*

492. *On ne reconnut pour légitimes que les mariages contractés en face de l'église, et les non catholiques se trouvèrent sans état civil.*

493. *L'édit de septembre 1787 distingua le contrat civil du sacrement, en faveur des protestans.*

494. *La liberté des cultes rendit nécessaire la séparation du contrat civil et du sacrement pour tous les citoyens. C'est uniquement comme contrat civil que le mariage sera considéré dans cet ouvrage.*

488. La matière du mariage, autrefois si compliquée, est devenue simple et facile depuis que la loi ne le considère plus que sous ses rapports civils.

Le mariage doit son institution à la nature, sa

perfection à la loi, sa sainteté à la religion, qui l'a élevé à la dignité de sacrement.

Comme union instituée par la nature, il consiste dans le consentement libre et volontaire des deux parties, dans la foi mutuelle qu'elles se donnent réciproquement.

Comme contrat civil, non seulement il demande la liberté du consentement, mais il faut encore que ce consentement soit légitime, c'est-à-dire qu'il soit conforme aux lois de l'Etat.

Enfin, comme société consacrée par la religion, il doit être revêtu de certaines formalités sans lesquelles l'Eglise ne l'élève point à la dignité de sacrement.

Mais le Code civil ne s'occupe point de cette dernière manière d'envisager le mariage; il le considère seulement tel qu'il était avant l'établissement de la religion chrétienne, c'est-à-dire comme un contrat du droit naturel, dont l'origine remonte à la création, et dont les formes sont réglées par le droit civil.

489. Ainsi considéré, le mariage est l'union ou la société légitime de l'homme et de la femme, qui s'unissent pour perpétuer leur espèce, pour s'aider à supporter le poids de la vie, et pour partager leur commune destinée, les biens et les maux qui leur arrivent. C'est un contrat qui, dans l'intention et suivant le vœu des deux conjoints, doit durer autant que leur vie, mais qui peut néanmoins être résolu dans les cas et pour les causes déterminés par la loi.

490. Ce contrat, qui est la source des familles,

a, dans tous les tems, fixé l'attention des législateurs d'une manière particulière. Chez tous les peuples policés, la loi civile s'est occupée de tracer les règles et les solennités du mariage : nulle part il n'a été ni dû être abandonné à la licence des passions, ou au caprice des parties contractantes.

D'un autre côté aussi , tous les peuples ont fait intervenir la religion dans les solennités du mariage, et demandé la bénédiction du ciel sur un acte qui doit avoir une si grande influence sur le sort des époux.

La religion catholique a sanctifié le mariage en l'élevant à la dignité de sacrement ; et, sous ce dernier point de vue, le mariage est du ressort de la puissance ecclésiastique ou spirituelle, à laquelle il appartient de régler ce qui concerne les sacremens, comme il appartient à la puissance civile ou temporelle de régler ce qui concerne les contrats.

491. Les institutions civiles et religieuses, relativement au mariage, étroitement unies dans tous les états catholiques, avaient fini par être tellement confondues depuis plusieurs siècles , que les auteurs ultramontains, qui désiraient concentrer (1) les deux puissances dans la personne du chef de l'Eglise, en étaient venus au point de contester aux souverains le droit dont avaient tou-

---

(1) *Voy.* Pothier, Traité du contrat de mariage , n.° 15 ; Launoi , *de regià in matrimonium potestate.*

jours usé les empereurs romains, de faire des lois sur le mariage. Cette erreur avait pour prétexte que l'autorité civile ou séculière ne peut s'étendre aux choses spirituelles. Quoique ces idées fausses et dangereuses fussent rejetées en France, et victorieusement réfutées par les docteurs de la Sorbonne, la législation antérieure à 1787 avait laissé le contrat civil et le sacrement tellement confondus, que l'autorité civile y semblait éclipsée.

Tous les mariages étaient célébrés devant le propre curé des contractans, qui était à la fois ministre du contrat au nom de l'Etat, et ministre du sacrement au nom de l'Eglise.

Cette confusion de deux pouvoirs différens dans la même personne, en produisit une dans les idées et dans les principes. On en vint au point que, depuis l'ordonnance de Blois (1), qui avait en cela adopté les canons du concile de Trente, on ne reconnut plus pour légitimes, et produisant les effets civils, que les mariages contractés en face d'Eglise. On n'excepta même pas les mariages des protestans ou des non catholiques, qui se trouvèrent ainsi placés dans la cruelle alternative, ou de profaner, par des conversions simulées, le sacrement auquel ils ne croyaient point, afin de pouvoir se marier en face d'Eglise, ou de compromettre l'état de leurs enfans, en contractant,

---

(1) En 1579, art. 40 et 44. *Voy.* Pothier, n.os 347 et suiv., n.o 349; le Mémoire de Target, dans l'affaire d'Anglure.

devant leurs ministres, des mariages frappés d'a
vance de nullité par les lois alors existantes.

492. Des jurisconsultes profonds avaient démontré que les institutions civiles et religieuses
qui régissaient le mariage, pouvaient et devaient
être séparées; que le contrat civil et le sacrement
étaient deux choses distinctes dans leur origine,
et qu'il ne fallait pas confondre : ils demandaient,
et l'opinion publique demandait avec eux, que
l'état civil des hommes fût indépendant du culte
qu'ils professaient. Des magistrats instruits, des
hommes d'état éclairés, reconnaissaient la justice
de cette demande, et furent chargés, par le feu
roi Louis xvi, de rédiger l'édit du mois de septembre 1787, par lequel il fut reconnu que le
droit naturel ne permet pas au législateur de refuser à ceux qui ne professent pas la religion catholique, de faire constater civilement leurs mariages, afin de jouir, comme tous les autres citoyens, des effets civils qui en résultent. Ils furent
en conséquence autorisés à se marier devant un
officier de la justice civile, qui prononçait au nom
de la loi que les parties étaient unies *en légitime
et indissoluble mariage.*

493. Le contrat civil fut donc, à l'égard des non
catholiques, séparé du sacrement, que ceux-ci
ne voulaient ni recevoir, ni reconnaître; mais la
même loi ordonna que les mariages des catholiques continueraient d'être tels qu'ils étaient précédemment, et que ces mariages ne pourraient,
dans aucun cas que ce fût, être constatés que sui-

vant les rites et les usages de la religion, autorisés par les ordonnances.

La première Assemblée constituante proclama la liberté des cultes. La loi civile, en renonçant à tout empire sur les opinions religieuses qu'elle ne pouvait forcer, ne pouvait plus, sans inconséquence, ordonner aux citoyens de faire bénir leurs mariages suivant les rites d'une religion particulière, puisqu'elle protège toutes les religions.

494. Il devint donc indispensable de séparer, pour tous les citoyens indistinctement, le contrat civil du sacrement de mariage; et la Constitution de 1791, tit. 2, art. 7, déclara que « la loi ne considère le mariage que comme un contrat civil. » On trouve la même déclaration dans la loi du 20 septembre 1792 (1), sur le divorce, et c'est dans le même esprit qu'a été rédigé le Code civil. Nous considérerons donc le mariage uniquement comme un contrat civil, sans nous occuper des lois religieuses, ni de la bénédiction nuptiale, qui n'est plus une loi que pour la conscience des fidèles.

---

(1) Dans le préambule.

CHAPITRE PREMIER.

*Des Qualités et Conditions requises pour pouvoir con-
tracter mariage.*

SOMMAIRE.

495. *Toute personne peut contracter mariage, si elle n'en est
empêchée par une loi prohibitive.*
496. *Les empêchemens de mariage varient dans les différentes
législations.*
497. *Quel est aujourd'hui leur nombre.*

495. Toute personne pubère est habile à contracter mariage, à moins qu'elle n'en soit empêchée par quelque loi prohibitive. Il faut donc voir
quels sont les empêchemens de mariage.

496. Ces empêchemens varient suivant les différentes législations. Tandis que le contrat n'a pas
été séparé du sacrement, la puissance temporelle
et la puissance spirituelle, le sacerdoce et l'empire
avaient, chacun en ce qui le concerne, le droit
d'établir des empêchemens de mariage : ces empêchemens étaient nombreux ; et, pour mettre de
l'ordre dans la manière de les expliquer, les auteurs les divisaient :

1°. A raison de l'effet qu'ils produisaient, en
empêchemens dirimans, qui opèrent la nullité du
mariage, et en empêchemens prohibitifs, qui ne
contiennent que la défense, sans emporter la nullité du mariage.

2°. A raison de leur étendue, en empêchemens absolus, qui empêchent de contracter mariage avec quelque personne que ce soit : tel est le lien d'un premier mariage, la mort civile, etc.

Et en empêchemens relatifs, qui n'empêchent de contracter mariage qu'avec certaines personnes seulement : tels sont la parenté, l'alliance, le divorce et le crime.

3°. A raison de leur origine, en empêchemens qui naissent de la nature même du mariage, de la loi naturelle et divine, des lois des princes séculiers, ou de la discipline ecclésiastique.

497. Ces divisions ont encore aujourd'hui leur utilité ; mais le nombre des empêchemens a beaucoup diminué depuis qu'on ne considère le mariage que comme contrat civil ; on peut aujourd'hui les réduire aux suivans :

1°. Le défaut d'âge compétent ;

2°. Défaut de consentement de l'une des parties, ou de toutes les deux, fondé sur la violence, la crainte, le dol ou l'erreur ;

3°. Le lien d'un mariage subsistant ;

4°. La consanguinité et l'affinité ;

5°. Le défaut de consentement des parens ou de la famille, dans les cas où il est requis ;

6°. L'inobservation des formalités prescrites sous peine de nullité, pour la célébration des mariages ;

7°. Le défaut de consentement du Roi aux mariages des princes de la famille royale ;

8°. La mort civile, qui non seulement empêche de contracter aucun mariage valide, quant aux effets civils, mais qui dissout aussi, quant aux

effets civils, même le mariage valablement contracté avant qu'elle fût encourue;

9°. Le crime d'adultère, qui, après le divorce
prononcé en justice, empêche l'époux coupable
de jamais se marier avec son complice, même
après la mort de l'époux innocent;

10°. Le défaut de consentement par écrit du
ministre de la guerre ou de la marine, au mariage
des officiers en activité de service, et du conseil
d'administration de leur corps, au mariage des
sous-officiers et soldats;

11°. La femme ne peut contracter un nouveau
mariage qu'après dix mois révolus depuis la dissolution du mariage précédent. (Art. 228 et 296).

Nous examinerons si l'engagement dans les ordres sacrés, est encore un empêchement de mariage.

Nous verrons au chap. 4, qui traite des demandes en nullité de mariage, quels effets produi-
sent ces différens empêchemens, lesquels d'entre eux sont dirimans ou seulement prohibitifs,
quand, comment, et par qui peuvent être proposées les nullités qui en résultent : nous nous
bornerons dans ce chapitre à expliquer succincte-
ment chacun de ces empêchemens.

SECTION PREMIÈRE.

Défaut d'âge compétent.

SOMMAIRE.

498. *La puberté ou l'âge du mariage était anciennement fixé à quatorze ans pour les garçons, à douze ans pour les filles.*
499. *Le Code l'a fixé à dix-huit ans pour les garçons, et à quinze ans pour les filles.*
500. *Mais le Roi peut accorder des dispenses, et comment elles s'obtiennent.*

498. Le but du mariage est la procréation des enfans et la propagation de l'espèce. Les impubères n'ont donc pas les qualités requises par la nature pour contracter un mariage légitime.

Mais l'âge de puberté varie suivant les différens climats; et sous le même climat il varie dans les divers individus, selon leur genre d'éducation, selon le lieu qu'ils habitent dans leur enfance. Il est cependant nécessaire d'établir une règle uniforme et générale sur l'âge auquel les hommes peuvent contracter mariage. Le droit romain et le droit canonique, dont les dispositions étaient suivies en France, avaient fixé cet âge à quatorze ans accomplis pour les garçons, et à douze ans aussi accomplis pour les filles.

499. La loi du 20 septembre 1792 l'avait reculé d'une année, et fixé à quinze ans pour les garçons, et à treize ans pour les filles.

On pensa, au Conseil d'état, que la règle du droit romain et canonique, originairement établie pour la Grèce et pour l'Italie, convenait moins à nos climats septentrionaux. On invoqua la règle établie en Prusse. Suivant le Code prussien (1), les hommes ne peuvent se marier avant l'âge de dix-huit ans accomplis, et les filles avant quatorze ans aussi accomplis.

On recula encore ce terme d'une année pour les filles, et, par l'art. 144, « l'homme, avant dix-» huit ans révolus, la femme, avant quinze ans » révolus, ne peuvent contracter mariage. »

L'ancienne règle nous semble mieux assortie aux climats, par exemple, du Languedoc et de la Provence, que celle qu'on suit sur les bords glacés de la Baltique et de la Vistule. Bonaparte ne craignit point d'affirmer au Conseil d'état qu'il est impossible de ne pas permettre aux filles françaises, nées dans les Indes, de se marier avant quinze ans, et il fut dit qu'il est nécessaire de faire au Code les exceptions qu'exige la différence du climat et des habitudes, dans les contrées séparées du continent (2). Ce raisonnement s'applique à nos provinces méridionales.

500. L'austérité de la règle est tempérée par la faculté que la loi donne au Gouvernement d'accorder des dispenses d'âge pour des motifs graves. (Art. 145).

---

(1) Titre du mariage, n.° 37.
(2) *Voy.* Locré, tom. III, pag. 213 et 214, édition in·8°.

Les formes à suivre pour obtenir ces dispenses sont déterminées par l'arrêté du Gouvernement, du 20 prairial an XI. La pétition doit être présentée au procureur du roi près le tribunal du domicile du pétitionnaire. Ce magistrat met son avis au pied de la pétition, qui est ensuite adressée au ministre de la justice, pour en faire son rapport au Roi, qui statue; et, si la dispense est accordée, l'ordonnance est, à la diligence du procureur du roi, et en vertu d'ordonnance du président, enregistrée au greffe du tribunal de l'arrondissement dans lequel le mariage sera célébré.

Enfin, une expédition de l'ordonnance, dans laquelle il est fait mention de l'enregistrement, demeure annexée à l'acte de célébration du mariage.

SECTION II.

Du Défaut de consentement.

SOMMAIRE.

501. *Le consentement forme l'essence du mariage; division de la section.*

501. C'EST le consentement des parties contractantes, et non pas le commerce charnel, qui forme l'essence du mariage : *Nuptias consensus, non concubitus facit. Loi 30, ff de R. J.*

Il n'y *a donc pas de mariage*, lorsqu'il n'y a pas de consentement (art. 146); le mariage est radicalement nul.

Il ne s'agit pas ici du cas où le consentement serait supposé dans un acte faux, auquel l'une des parties n'aurait pas concouru; ce serait un délit qui devrait être poursuivi criminellement, suivant les formes prescrites en matière de faux; il s'agit du cas où il existe un consentement apparent, mais détruit dans son essence par des vices qui le rendent nul.

Ces vices sont, 1°. le défaut de raison; 2°. la violence ou la contrainte; 3°. l'erreur et le dol; car le consentement doit être l'effet d'une volonté libre et réfléchie.

Nous diviserons cette section en trois paragraphes, dans le dernier desquels nous traiterons, par occasion, de l'impuissance.

---

§ Ier.

Du Défaut de raison.

SOMMAIRE.

502. *Celui qui est en démence ou en fureur ne peut contracter mariage; mais, s'il n'est pas interdit, il faut une opposition.*

503. *Les sourds et muets peuvent se marier.*

502. L'INDIVIDU qui se trouve en état de dé-

mence ou de fureur, est incapable de donner un consentement valable, et par conséquent de contracter mariage. (Art. 174, n°. 2).

Le Tribunat demandait qu'il fût décidé que celui qui est en démence ou furieux, est incapable de donner un consentement, lors même qu'il aurait des intervalles lucides. Il ne fut rien décidé sur ce point (1), qui demeure abandonné à la prudence des tribunaux.

Si l'individu que l'on prétend en démence n'était pas interdit, le mariage célébré sans opposition serait valide. L'opposition ne pourrait être formée que par les ascendans, par le frère ou la sœur, l'oncle ou la tante, le cousin ou la cousine-germaine majeurs; mais le tribunal pourrait prononcer main-levée pure et simple de cette opposition, qui ne doit jamais être reçue qu'à la charge, par l'opposant, de provoquer l'interdiction, et d'y faire statuer dans un délai fixé (2).

303. Les sourds et muets peuvent se marier (3), pourvu qu'ils soient en état de manifester leur volonté d'une manière non équivoque; car la validité des mariages ne dépend point des paroles,

---

(1) Locré, tom. III, pag. 49, édition in-8°.

(2) Si l'interdit s'était marié sans le consentement du conseil de famille, le mariage serait-il nul? Quelle personne pourrait l'attaquer? *Voy.* ci-après chap. 4.

(3) *Voy.* Locré, tom. III, pag. 51 et suiv.; d'Héricourt, lettre G, pag. 55 et 85, édition de 1771; Boehmer, liv. 4, tit. 1, § 101. Les sourds et muets peuvent faire un testament, ordonnance de 1755, art. 8; accepter une donation, Code civil, art. 936 et 979. *Voy.* Manjansius, *de surdorum et mutorum testamenti factione*, tom. 1, pag. 442.

comme les stipulations en dépendaient à Rome, mais du consentement exprimé par des signes extérieurs. En cas de contestation, c'est aux tribunaux à décider si le sourd et muet est en état de manifester sa volonté.

——————

§ II.

De la Violence ou de la Contrainte.

SOMMAIRE.

504. Sɪ la violence est réelle et physique, telle que dans le cas d'un rapt exécuté à force ouverte par celui qui veut épouser une personne malgré elle, ou d'un enlèvement exécuté par des parens qui veulent forcer une personne à un mariage qu'elle ne veut point, et si la violence continue d'exister au moment même de la célébration du

mariage devant l'officier de l'état civil, qui est lui-même violenté ou complice, il est évident qu'il n'y a pas de consentement.

505. Mais la contrainte peut n'être que morale et cachée : l'esprit peut être contraint quoique le corps soit libre. Cette contrainte peut venir ou de mauvais traitemens, où de menaces antérieures au moment de la célébration du mariage : la crainte qui en résulte peut être telle qu'elle détermine la personne contrainte à donner malgré elle, devant l'officier de l'état civil, un consentement libre en apparence.

Il y a donc alors consentement de la part de celui qui agit par crainte, car il se détermine par un acte réfléchi de sa volonté ; il choisit entre deux choses qui lui répugnent à la vérité toutes les deux; mais enfin il choisit, et il n'y a pas de choix sans volonté ou sans consentement.

De là, les jurisconsultes romains, attachés aux principes rigoureux du Portique, soutenaient que la volonté contrainte n'en était pas moins une volonté (1). Ils en concluaient que le consentement donné par crainte était valable *stricto jure*, et que le contrat ne pouvait être annulé sans le secours du préteur.

506. Le Code civil a suivi des principes plus conformes à la raison, en déclarant *non valable* le consentement qui n'est donné que par erreur,

---

(1) Loi 21, § 5, *ff quod metûs causâ*, 4. 2.

extorqué par violence ou surpris par dol. (Article 1109) (1).

S'il y a une espèce de volonté dans la personne qui aime mieux contracter un mariage qui lui déplaît que de s'exposer à un mal plus grand, sa liberté n'est que respective, la contrainte est absolue. Le consentement imparfait qu'elle donne au mariage, concourt avec la volonté de ne pas le contracter, si elle n'y était pas forcée par une contrainte illégale. Un pareil consentement ne peut être valable, parce qu'il n'est pas libre. Le mariage est donc nul, quand même l'autre époux ne serait auteur ni complice de la violence, quand même il l'aurait ignorée (art. 1111); à plus forte raison s'il y avait participé. Car alors, il n'aurait plus le droit d'accepter une promesse extorquée par une violence qui lui est imputable, et dont il est obligé de réparer les suites, ainsi que le dommage qu'en a souffert la personne qui en a été l'objet.

507. Mais toute espèce de contrainte n'est pas suffisante pour opérer la nullité du consentement. Il faut que la violence soit de nature à faire impression « sur une personne raisonnable (2), et » qu'elle puisse lui inspirer la crainte d'exposer sa » personne ou sa fortune à un mal considérable » et présent. On a égard en cette matière à l'âge,

---

(1) *Nihil consensui tam contrarium est quàm vis atque metûs, quem comprobare contra bonos mores. Loi 116, ff de R. J.*

(2) *Si talis metûs inveniatur qui potuit cadere in constantem virum. Cap. 8, X, de spons.* Pothier, du Mariage, tom. 1, pag 374.

» au sexe et à la condition des personnes (1). »
(Art. 1112).

La crainte révérencielle, telle que celle de déplaire à un père violent et emporté, ne suffirait pas
pour faire annuler un mariage ; il en serait de
même des menaces vagues. Il faut que la crainte
soit présente, dit l'art. 1112 : *Metum præsentem
esse oportet, non suspicionem inferendi ejus. Loi 9, ff
quod metûs causâ.*

508. Enfin, il faut que la contrainte ait directement le mariage pour objet. Par exemple, un
voisin puissant et violent vous menace de la mort;
dans le dessein de l'appaiser, vous lui faites offrir
en mariage votre fille, qui consent à l'épouser,
par la crainte qu'elle a conçue pour votre vie. Le
mariage ne serait pas nul, parce que les menaces
et les violences n'avaient point pour objet de contraindre votre fille à un mariage (2).

509. Le mariage contracté par crainte n'en serait
pas moins nul (3), quand même l'époux violenté
aurait par sa conduite occasionné la violence qu'il
a éprouvée. Par exemple, si un homme surpris
avec une personne qu'il a déshonorée, était, par
la violence et par les menaces, forcé de l'épouser,
dans l'ancienne jurisprudence, on jugeait nuls de
pareils mariages, en condamnant néanmoins le

---

(1) *Voy.* Boehmer, *Jus ecclesiasticum protest.*, *in tit. de spons.,* § 133.
(2) Boehmer, *ibid.*, § 139.
(3) Boehmer, *ibid.*, § 135.

coupable aux dommages et intérêts de la personne déshonorée (1).

510. Le rapt ou l'enlèvement d'une personne du sexe est un des actes qui caractérisent le plus fortement la violence ou la contrainte. Il formait, du tems de Justinien (2) et de Charlemagne, un empêchement dirimant, perpétuel et absolu, qui empêchait le mariage entre le ravisseur et la personne ravie, quand même celle-ci, étant hors de la puissance du ravisseur, y aurait donné librement son consentement.

Le droit canonique avait mitigé ces dispositions rigoureuses, en permettant le mariage avec le ravisseur, si la personne ravie y donnait un consentement libre.

Le concile de Trente y ajouta la condition que la personne ravie fût mise avant le mariage hors de la puissance du ravisseur : *A raptore separata et in loco tuto constituta.*

L'ordonnance de 1639, art. 5, avait en ce point adopté la disposition du concile de Trente.

Le rapt de violence était alors un empêchement d'ordre public. C'était un crime puni de la peine de mort par les ordonnances (3).

Aujourd'hui le rapt, non plus que toute autre contrainte pour parvenir à un mariage, n'opère

(1) *Voy.* Lacombe, Jurisprudence civile, au mot *Empêchement*, n.° 7.

(2) *Voy.* Pothier, du Mariage, n.° 225; Lacombe, Jurisprudence canonique, v.° *Rapt.*

(3) Muyart de Vouglans, Institutes au droit criminel; Lacombe, au mot *Rapt.*

plus qu'une nullité relative, que les deux époux, en cas que tous les deux aient été contraints, ou celui des deux dont le consentement n'a pas été libre, peuvent seuls réclamer. Eux seuls sont recevables à attaquer le mariage pour défaut de liberté. (Art. 180). Comme nous le dirons au chapitre 4, le Code pénal du 12 février 1810, art. 357, ne prononce pas de peine contre le rapt de violence, lorsqu'il n'a été commis que pour épouser la personne ravie.

511. Notre législation actuelle ne reconnaît plus le rapt de séduction, que l'ancienne jurisprudence française punissait de mort (1). Le rapt de séduction ne pouvait avoir lieu qu'à l'égard d'une personne mineure de l'un ou de l'autre sexe. Il était commis contre la famille de la personne séduite : c'est pourquoi on l'appelait *raptus in parentes*. On a pensé que la loi avait assez pourvu à l'intérêt de la famille, en décidant que le consentement du mineur n'est pas suffisant pour valider son mariage (2).

---

(1) *Voy.* la déclaration du 22 septembre 1730.
(2) *Voy.* Locré, tom. III, pag. 66, édition in-8°.

§ III.

De l'Erreur et du Dol, et par occasion de l'Impuissance.

SOMMAIRE

512. « Il n'y a point de consentement valable,

» s'il n'a été donné que par erreur ». (Art. 1109). *Non videntur qui errant consentire. Loi* 116, § 2, *ff de R. J.* Ce principe est applicable à toutes les conventions; et si l'erreur détruit le consentement dans les contrats du plus mince intérêt, à plus forte raison dans le mariage, le plus important de tous les contrats de la vie civile.

Mais l'erreur peut tomber sur la personne même ou seulement sur ses qualités : c'est ce qu'il importe de bien distinguer.

513. Il y a erreur sur la personne, quand un individu est physiquement substitué à un autre individu. Cette erreur physique opère toujours, et a opéré dans tous les tems la nullité du mariage.

J'avais intention d'épouser Marie Par un concours singulier de circonstances et de surprises, je suis trompé; j'épouse Jeanne, qui lui est substituée à mon insu, et qui se fait passer pour Marie. Il est évident que le mariage est nul, par le défaut de consentement, car le concours des deux volontés ne se rencontre pas dans cette espèce. Si Jeanne a voulu m'épouser, je n'ai pas voulu épouser Jeanne. Si j'ai dit que je la prenais pour épouse, c'est à Marie que je croyais parler; c'est Marie que je voulais épouser. D'ailleurs, Jeanne ne peut se prévaloir d'un consentement surpris par un dol auquel elle a participé, en se faisant passer pour Marie.

514. Mais il serait peut-être impossible de citer un exemple d'un mariage contracté par erreur sur l'individu ou sur la personne physique; car, lors-

qu'on se présente devant l'officier de l'état civil
pour se marier, on agrée la personne physique
qu'on a devant les yeux. Réduire la règle à l'erreur
sur la personne physique ou sur l'individu, ce serait donc l'anéantir presqu'absolument; l'erreur
ne peut guère tomber que sur la personne morale
ou sociale, c'est-à-dire sur les qualités qui la constituent. Il faut donc voir si l'erreur sur ces qualités emporte le défaut de consentement, et par
conséquent la nullité du mariage.

515. Ces qualités sont la condition ou le rang
qu'une personne tient dans la société, sa fortune,
ses mœurs et son caractère; enfin, son état civil,
sa patrie, son nom et sa famille.

516. Jamais (1), dans les tems même où l'on
reconnaissait plusieurs classes de citoyens, des nobles, et des plébéiens flétris sous la dénomination
de roturiers, l'erreur sur ces qualités ne fut considérée comme capable de vicier le consentement.
Il en est de même de l'erreur sur les avantages de
la fortune et même sur les qualités morales.

On a toujours jugé que le mariage demeurait
hors d'atteinte, quoiqu'on eût épousé une rotu-
rière la croyant noble, une fille pauvre la croyant
riche, une prostituée qu'on croyait vertueuse, une
veuve qu'on croyait fille (2).

---

(1) Excepté à Rome, sous l'empire de la loi *Pappia Poppœa*, qui ne
fut pas de longue durée.

(2) Pothier, n.º 310; Pirrhing, sur les Décrétales, *in tit. de sponsalibus*, n.º 142.

Car l'erreur n'annule le contrat que lorsqu'elle tombe sur la substance même de la chose qui en est l'objet. (Art. 1110).

517. Le mariage ne serait pas nul, quand même l'un des époux aurait, par un mensonge ou un dol personnel, contribué à induire l'autre époux en erreur, sur l'une des qualités dont on vient de parler (1).

Car le dol n'est une cause de nullité dans les contrats, que lorsque les manœuvres pratiquées par l'une des parties sont telles, qu'il est évident que, sans ces manœuvres, l'autre partie n'aurait pas contracté (art. 1116) : c'est ce qui ne se présume jamais, et ce qui doit être prouvé. Or, il n'est pas présumable que les époux aient fait de ces qualités une condition irritante du mariage.

518. Les lois romaines et canoniques déclaraient les mariages nuls, lorsque, par erreur, on avait épousé une personne esclave la croyant libre; mais la servitude étant depuis très-long-tems abolie en France, ces lois y étaient et y sont encore aujourd'hui sans application (2).

L'erreur sur l'état civil a beaucoup de rapport avec l'erreur sur la condition de servitude, lorsque, croyant épouser une personne qui jouit de son état civil, qui est une personne dans la so-

(1) Pothier et Pirrhing, *ibid.*
(2) Pothier, n.os 511 et 512.

ciété, j'en épouse une qui est morte civilement,
qui n'est plus une personne civile (1).

Mais comme l'art. 25 du Code déclare l'individu mort civilement, incapable de contracter un
mariage qui produise *aucun effet civil,* et qu'il déclare même dissous, aussi quant aux effets civils,
le mariage que cet individu avait précédemment
contracté, il n'est nécessaire de recourir au moyen
d'erreur que pour faire produire à ces mariages,
valables quant au lien, les effets civils en faveur
de l'époux qui est de bonne foi, et en faveur des
enfans (2).

Si les deux époux étaient tous les deux morts
civilement, aucun d'eux ne pouvant invoquer la
bonne foi, quand même il eût ignoré la mort civile de l'autre, le mariage ne pourrait produire
aucun effet civil, ni en leur faveur, ni en faveur
des enfans.

519. L'erreur sur la qualité d'étranger ne suffirait pas pour faire annuler un mariage, parce
que le mariage est permis entre Français et étrangers, et que même les étrangers jouissent en
France de certains droits civils.

520. L'erreur sur la famille de l'un des époux
n'est point aussi capable de vicier le consentement

---

(1) Dans l'ancienne jurisprudence, on jugeait valables, *quoad fœdus,*
mais nuls quant aux effets civils, les mariages contractés depuis la mort
civile. Art. 6 de la déclaration du 29 novembre 1639. *Voy.* d'Héricourt,
lettre G, pag. 96, n.º 85; Lacombe, Jurisprudence canonique,
v.º *Empêchement,* sect. 5, tit. 2; Pothier, n.º 213; *vid. suprà,* n.º 285.
    (2) *Vid. suprà,* n.º 284.

et d'annuler le mariage. En épousant Titia, j'ai
cru épouser la fille de Titius, citoyen distingué
par ses mœurs et ses vertus, plus encore que par
ses richesses et ses emplois. Une action en suppo-
sition de part, vient ôter à Titia son nom, sa famille, ses richesses et sa considération : ce n'est
plus qu'une fille naturelle sans autre dot que ses
vertus. Le mariage ne devient pas nul (1).

C'est la personne physique de Titia qui était
l'objet essentiel du mariage ; le reste n'était qu'ac-
cessoire. Or, l'erreur n'annule les contrats que
lorsqu'elle tombe sur la substance même de la
chose qui en est l'objet. (Art. 1110).

Si l'erreur sur les qualités morales et naturelles,
sur les mœurs, les vertus, le caractère, n'annule
pas le mariage, l'annuler pour cause d'erreur sur
les qualités civiles, sur la légitimité, sur la famille, ce serait, disait Bonaparte, alors premier
consul, dégrader la nature humaine, car ce serait
donner la préférence aux qualités civiles sur les
qualités naturelles (2).

Les qualités civiles étaient d'un grand poids,
lorsqu'il existait des distinctions *de castes* (3) ;
mais aujourd'hui qu'on ne considère plus l'homme
qu'en lui-même, et tel qu'il est dans la nature,
la considération de l'individu détermine le plus

---

(1) Maleville, Cambacérès, etc., dans Locré, tom. III, pag. 72.

(2) Locré, tom. III, pag. 39, édition in-8°.

(3) *Ibid.*, pag. 78.

grand nombre des mariages. Si le nom et les qualités civiles tiennent aux idées sociales, il y a quelque
chose de plus réel dans les qualités morales, comme
l'honnêteté, la douceur, l'amour du travail. On
ne peut pas dire que celui qui les rencontre dans
la personne qu'il a épousée a été trompé, quoiqu'il se soit mépris sur de simples accessoires (1).

521. Mais l'erreur sur la qualité, sur le nom et
la famille, peut quelquefois dégénérer en erreur
sur la personne, ou, comme disent les auteurs (2),
renfermer l'erreur sur la personne; elle peut aussi
être produite par le dol personnel de l'un des
conjoints, et être telle qu'il soit évident que, sans
ses manœuvres, le mariage n'eût pas été contracté.

L'erreur sur la qualité renferme erreur sur la
personne, lorsqu'il paraît, par les circonstances,
que c'est la qualité seule qui a déterminé la volonté de l'autre époux; que cette qualité était une
condition tacite, sans laquelle il n'eût pas contracté; ce qui ne peut guère arriver qu'à l'égard
d'une personne inconnue de l'autre époux avant
le tems de la célébration du mariage.

On en donne pour exemple la demande faite
au nom d'un prince de la fille aînée d'un autre
prince, héritière de la principauté de son père.

---

(1) Locré, tom. III, pag. 78, édition in-8°.

(2) Pirrhing, *de sponsalib. et matrim.*, *ubi suprà*; Van Espen, *Jus
ecclesiast. univ.*, *part. 2, sect. 1, tit. 13, cap. 4*; *de impedim. erroris et
condit.*

Les parens envoient la fille cadette, et le prince l'épouse croyant épouser l'aînée, qu'il ne connaissait pas. Il y a erreur sur la personne, car le prince ne voulait réellement épouser que l'aînée, héritière de la principauté de son père; et s'il n'a pas formellement énoncé cette condition irritante, il a suffisamment manifesté sa volonté, en demandant l'aînée et non la cadette. Il est moralement certain, par les circonstances, que le mariage n'eût pas été contracté, si le prince avait su que la princesse qu'on lui présentait était la cadette. S'il lui a promis la foi du mariage, c'est qu'il croyait parler à l'aînée. Il y a ici erreur sur la personne, aussi bien que dans le cas où l'on substitue Jeanne à Marie.

Il est même possible que la princesse soit innocente de la fraude, et qu'elle ait été trompée elle-même par ses parens. Mais le mariage n'en est pas moins nul, par le défaut réel de consentement de la part d'une des parties.

522. On peut, quoique très-rarement, trouver dans des personnes d'un rang moins élevé, à faire l'application de ces principes à des mariages faits à l'aide de faux titres, et sur des rapports mensongers. Titius, mon ancien ami et mon parent, établi à Bayonne, a un fils unique que je ne connais point, et j'ai une fille. Nous formons le projet de les unir, et ce projet est agréé. Mais sur le point de venir à Rennes pour terminer, mon ami meurt, et cet événement retarde le mariage. Six mois après arrive un jeune homme qui se dit le fils de mon

ami, et qui vient pour célébrer le mariage arrêté.
Il est muni des papiers nécessaires, le mariage est
célébré. L'arrivée du fils de mon ami, de celui à
qui ma fille était promise, découvre l'erreur. Il
se trouve que le premier arrivé est un fils naturel,
né avant le mariage, et d'une autre femme. Il a,
pour nous tromper, falsifié son acte de naissance,
en y substituant les mots de fils légitime à ceux
de fils naturel.

Le mariage est nul, 1°. parce que l'erreur sur
la qualité emporte ici erreur sur la personne, et
par conséquent défaut de consentement. Ma fille
croyait épouser celui à qui elle avait été promise ;

2°. Parce qu'il y a ici de la part du mari un dol
personnel de telle nature que, sans ses manœuvres, il est évident que le mariage n'eût pas été
contracté. (Art. 1116).

En donnant à l'époux trompé le délai de six
mois pour demander la nullité du mariage, *depuis que l'erreur a été par lui reconnue* (181), le
Code paraît supposer qu'il s'agit d'une erreur sur
la personne civile. L'erreur sur la personne physique ou sur l'individu ne peut durer aussi long-
tems.

523. Mais il ne suffit pas qu'il y ait dol de la
part d'un des époux pour tromper l'autre, lorsque l'erreur sur la qualité n'emporte pas erreur
sur la personne. *Finge* : Titius, enfant naturel, recherche Mevia en mariage ; il sait qu'elle a, ainsi
que ses parens, une grande répugnance pour s'al-
lier à un individu né hors mariage : il leur cèle

donc son état, et au moment de la célébration du mariage, il altère son acte de naissance, pour y substituer les mots de fils légitime à ceux de fils naturel.

L'erreur est découverte. Le mariage n'est pas nul, car il est évident que l'erreur sur la qualité n'emporte point ici erreur sur la personne.

Et, d'un autre côté, il n'est point évident que, sans la supercherie de Titius, le mariage n'eût pas été contracté.

La difficulté est de bien discerner, quand l'erreur sur la qualité emporte erreur sur la personne; quand le dol est tel que, sans les manœuvres d'une des parties, le mariage n'eût pas été contracté.

524. La question de la nullité du mariage, pour cause d'erreur, fut vivement agitée au Conseil d'état, mais elle n'y fut point résolue.

Le projet qu'on discutait portait : « Il n'y a pas » de mariage, lorsqu'il n'y a pas de consente- » ment; il n'y a pas de consentement, lorsqu'il y » a erreur ou violence sur la personne. »

Ce mot personne parut équivoque. On ne savait s'il était réduit à la personne physique et individuelle, ou s'il fallait l'étendre à la personne civile ou sociale.

En d'autres termes, si l'erreur sur les qualités qui constituent la personne sociale, vicie le consentement aussi bien que l'erreur sur l'individu.

D'un côté, on soutenait que l'erreur sur les

qualités civiles devait vicier le mariage dans tous les cas; de l'autre, qu'elle ne devait avoir cet effet que dans les cas où l'époux sur lequel elle tombe en aurait été complice (1).

Mais on ne put s'accorder; et, pour terminer la discussion, on retrancha la seconde partie de l'article projeté, et on ne conserva que la première partie, qui contient le principe abstrait: « Il n'y a pas de mariage, lorsqu'il n'y a point de » consentement (2). »

Ainsi, on laissa aux tribunaux à décider, suivant les faits et les circonstances, les cas où il n'y a point de consentement valable.

Les règles que nous venons de tracer sont le résultat des dispositions adoptées depuis par le Code, au chapitre des conditions essentielles pour la validité des conventions, et des réflexions des plus profonds jurisconsultes.

525. Quant à l'erreur sur les qualités nécessaires pour accomplir le but du mariage, l'impuissance était autrefois, dans la personne de l'un ou de l'autre sexe en qui elle se rencontrait, un empêchement dirimant qui la rendait incapable de contracter aucun mariage, parce que la procréation des enfans en est la fin principale. Le Code garde, à ce sujet, un silence absolu, provenu

(1) Ce dernier avis était celui de Bonaparte. *Voy.* Locré, tom. III, depuis la pag. 67 à la pag. 84.

(2) On a cependant laissé subsister l'expression d'*erreur dans la personne*, en l'art. 180.

sans doute des abus et des scandales auxquels avait donné lieu la difficulté de vérifier la réalité de cet empêchement. Il paraît donc que l'esprit du Code n'est pas d'autoriser des demandes en nullité de mariage, motivées sur une allégation d'impuissance dont il n'existerait d'autres preuves que la faiblesse des organes ou des vices naturels de conformation, auxquels les gens de l'art pourraient, sur des conjectures souvent démenties par les faits, attribuer la stérilité du mariage.

Cependant la Cour d'appel de Trèves, par un arrêt du 27 janvier 1808 (1), a décidé que l'impuissance ou les causes physiques de conformation qui s'opposent au but naturel et légal du mariage, sont des empêchemens qui l'annulent de plein droit; en conséquence, elle a ordonné, avant faire droit, qu'une femme serait vue et visitée par des gens de l'art dont les parties conviendraient, pour constater si sa conformation physique s'oppose au but du mariage, et si l'obstacle existait avant le mariage, et s'il est survenu depuis.

Nous ignorons si cet arrêt, qui nous paraît contraire à l'esprit du Code, a été dénoncé à la Cour de cassation; il est au moins fort douteux qu'elle en adopte les principes (2).

---

(1) Rapporté par Sirey, an 1808, 2.e part., pag. 214.

(2) Depuis la première édition de cet ouvrage, la Cour de Trèves a rendu son arrêt définitif, le 1.er juillet 1808, par lequel, « attendu » qu'il résulte du rapport des gens de l'art que l'état physique de ladite

526. Si l'impuissance était accidentelle et manifeste; par exemple, si un eunuque avait l'impudence de contracter un mariage en célant son état à la future, il semble qu'elle serait recevable à faire déclarer le mariage nul. Cette nullité nous paraît dans le véritable esprit du Code, qui veut (art. 312) que l'impuissance accidentelle du mari soit un moyen suffisant pour désavouer l'enfant conçu pendant le mariage, quoiqu'il en soit autrement de l'impuissance naturelle.

D'ailleurs il y aurait, en ce cas, non seulement erreur dans une qualité qui rendait la personne inhabile à contracter mariage; il y aurait, de plus, dol de la part du mari, qui ne pourrait se pré-

---

» N... et sa conformation s'opposent au but naturel et légal du mariage; » que cet empêchement existe avant le mariage, et qu'il n'est pas pos- » sible d'y remédier ;

» La Cour donne défaut contre l'intimée, faute de plaider..........., et » statuant au principal, déclare le mariage contracté entre les parties » nul *de plein droit*, condamne l'intimée aux dépens ».

Nous persistons à croire cet arrêt mal rendu et contraire à l'esprit du Code, qui a voulu bannir sans retour ces procès scandaleux, qui avaient pour prétexte des infirmités plus ou moins graves, proscrire pour toujours ces visites indécentes qui blessent la pudeur, que réprouve la morale, et dont cependant les gens de l'art ne pouvaient tirer que des conjectures trompeuses, souvent démenties par les faits.

Dans l'espèce, ce n'était qu'après avoir vécu avec son épouse pendant dix-huit mois que le mari se plaignait qu'elle était inhabile au coït. Cette circonstance ne suffisait-elle pas pour faire présumer que l'empêchement, s'il existait, n'existait pas au premier tems du mariage; et pour rendre le mari non recevable dans sa demande en nullité, par argument de l'art. 181 ?

Si la femme, comme elle le devait faire, s'était refusée à la visite, qu'eût pu faire la Cour de Trèves? Aurait-elle pu conclure que ce refus contenait une reconnaissance tacite de l'inhabilité de la femme? que cette inhabilité était antérieure au mariage, quoique le mari eût habité

valoir d'un consentement surpris par son dol personnel.

L'impuissance survenue pendant le mariage n'en
a jamais opéré la dissolution.

SECTION III.

Du Lien d'un mariage subsistant.

SOMMAIRE.

527. *C'est un empêchement dirimant. Le bigame est puni d'une*
peine afflictive, si la bonne foi n'est pas prouvée.

---

avec la femme pendant dix-huit mois? Une pareille conséquence blesserait également les règles de la logique et la saine morale.

Elle blesserait même les principes reçus en jurisprudence, et condui-
rait à rétablir le divorce par consentement mutuel. Supposons qu'un
mari et une femme, dégoûtés l'un de l'autre, désirent également de
voir briser leurs liens. Le pourraient-ils au moyen d'une procédure col-
lusoire? Le mari forme sa demande en nullité du mariage, sous le
prétexte que la conformation de sa femme la rend inhabile à remplir
le but naturel et légal du mariage, comme dit la Cour de Trèves; il
demande à la faire visiter. L'épouse, pour prévenir la visite, reconnaît
l'exactitude des faits allégués par son mari. Pourra-t-on, sur cette reconnaissance volontaire, prononcer la nullité du mariage? Non, certes.
Une pareille jurisprudence tendrait à rétablir indirectement le divorce
par consentement mutuel.

Eh bien! si, au lieu de reconnaître les faits, l'épouse laisse défaut et
se refuse à la visite, la prétendue reconnaissance tacite, qu'on voudrait
induire de son refus, pourrait-elle avoir plus de force que la reconnaissance expresse de l'exactitude des faits?

On ne saurait donc admettre la jurisprudence de la Cour de Trèves.
La Cour de Gênes eut raison de la rejeter, par un arrêt du 7 mars
1811, qui jugea que l'impuissance naturelle n'ayant point été placée par

528. *Le mariage contracté par l'un des époux pendant l'absence de l'autre, ne peut être attaqué que par ce dernier.*

529. *S'il ne l'attaque pas, il ne peut contracter lui-même un second mariage.*

530. *Si la nullité du premier mariage était attaquée, elle devrait être préalablement jugée.*

527. Il est dans nos mœurs qu'un premier mariage valable et subsistant, soit un obstacle à un second. (Art. 147). C'est un empêchement dirimant et absolu.

La bigamie est même rangée en France au nombre des crimes ou délits publics, et punie d'une peine afflictive et infamante (1), à moins que le bigame ne puisse prouver une bonne foi qui le rende excusable.

La bonne foi est présumée de droit, lorsque l'absence du premier époux avait été déclarée.

528. Néanmoins, comme l'absence ne dissout pas le mariage, quelque longue qu'elle soit, l'époux d'un absent ne peut former de nouveaux liens s'il ne prouve le décès de l'absent. Sans cette preuve, toutes les personnes que la loi admet à former des oppositions, et même le ministère public, peuvent s'y opposer.

Mais si, nonobstant la prohibition de la loi,

le Code pénal au rang des causes de nullité de mariage, elle ne peut en autoriser l'annulation, et que l'erreur n'est pas une cause de nullité du mariage, si elle ne porte que sur les qualités de la personne. Cet arrêt est rapporté par Sirey, tom. XI, 2.e part., pag. 193 et suiv., où l'on peut en voir l'espèce et les motifs.

(1) De la peine des travaux forcés à tems. Art. 340 du Code pénal.

l'époux présent avait contracté un nouveau mariage, l'incertitude de la vie de l'absent empêche
de l'attaquer; l'absent seul est recevable à le faire,
comme nous l'avons dit *suprà*, n°. 484. (*Voy.* le
vingt-huitième plaidoyer de d'Aguesseau.)

529. S'il ne l'attaque pas, il ne peut profiter
de la faute du conjoint présent, pour contracter
lui-même un second mariage. Le premier n'est
point dissous aux yeux de la loi; elle retient seulement l'action du ministère public, pour ne laisser la faculté de se plaindre qu'à l'époux dont les
droits ont été violés, et qui est par conséquent
plus intéressé que personne à faire annuler le second mariage.

Mais la loi ne l'autorise point à se taire, pour
contracter lui-même un second mariage au mépris du premier qui n'est pas dissous, et dont il
peut réclamer les droits. Elle n'a point fait en sa
faveur d'exception à l'art. 147, dont la disposition
est générale.

530. Si le premier mariage était nul, comme
il ne pourrait produire aucun effet, il n'y aurait
point de bigamie; le second mariage serait seul
valide (1). Si donc les nouveaux époux opposent
la nullité du premier mariage, cette nullité doit
être jugée préalablement. (Art. 189) (2). Mais les

---

(1) D'Aguesseau, tom. II, pag. 183; tom. III, pag. 12; tom. IV,
pag. 88 et suiv.
(2) Pothier, du Mariage, n.° 107; Pirrhing, *in tit. de sponsalibus,*
n.° 158; Lacombe, Jurisprudence canonique, au mot *Empêchement,*
n.° 6.

fausses déclarations faites pour parvenir au second mariage, peuvent mériter une instruction criminelle contre les contractans et contre ceux qui y ont assisté (1).

SECTION IV.

Empêchement de consanguinité et d'affinité.

SOMMAIRE.

531. La parenté ou consanguinité est une liaison produite par le sang et la nature seuls, par la loi civile seule, ou par la nature et la loi civile tout en-

semble. Ainsi on distingue trois sortes de parentés, la naturelle, la civile et la mixte.

La parenté naturelle est la liaison que le sang et la nature seuls ont mise entre les personnes qui descendent l'une de l'autre, ou d'un auteur commun, mais d'une union qui n'est pas reconnue pour légitime par la loi civile.

Cette liaison existe entre les enfans naturels et leurs descendans, leurs père et mère et les parens des père et mère.

La maxime que les enfans naturels n'ont point de famille, ne s'applique qu'aux rapports civils; les rapports naturels qui résultent de la liaison du sang entre les enfans naturels ou leurs descendans, et les parens des père et mère, sont les mêmes qu'entre les enfans légitimes et les parens de leurs père et mère : *Jura sanguinis nullo jure civili dirimi possunt* (1).

La parenté civile est l'ouvrage de la loi seule ; elle résulte de l'adoption, et n'existe qu'entre l'adoptant, l'adopté et les descendans de celui-ci, ainsi qu'entre l'adopté et les enfans naturels ou adoptifs de l'adoptant.

Observez que le mot enfant naturel a différentes significations en droit, suivant le mot auquel il est opposé. Opposé au mot légitime, il signifie l'enfant né hors mariage; opposé au mot adoptif, il signifie non seulement l'enfant né hors

_____

(1) Loi 8, *ff de R. J.*

mariage, mais encore et principalement l'enfant légitime.

La loi n'établit aucun lien entre l'adopté et les parens ascendans ou collatéraux de l'adoptant.

La parenté mixte est la liaison que la loi, d'accord avec la nature, a mise entre les personnes qui descendent les unes des autres, ou d'un auteur commun, au moyen d'un mariage légitime.

532. La série des personnes entre lesquelles cette liaison existe, s'appelle une ligne de parenté.

Il y a deux lignes de parenté, la directe et la collatérale.

La ligne directe est la série des personnes qui descendent l'une de l'autre.

Cette ligne est ascendante ou descendante.

La série des personnes qui descendent de celle dont il s'agit, de *moi*, par exemple, est la ligne descendante.

Et celle des personnes de qui je descends, est la ligne ascendante.

Dans la ligne directe descendante, sont, le fils, le petit-fils, l'arrière-petit-fils, etc.

Dans l'ascendante, sont, le père, l'aïeul, le bisaïeul, le trisaïeul, etc.

La ligne collatérale est la série des personnes qui descendent d'un auteur commun. On l'appelle collatérale, *quasi à latere,* parce qu'elle est composée de deux lignes directes qui descendent à côté l'une de l'autre, en partant de l'auteur commun, qui est le point de leur union.

533. On appelle degré de parenté la distance qu'il y a entre deux parens. Les degrés se comptent par le nombre des générations ; de manière qu'on compte autant de degrés qu'il y a de personnes engendrées, soit en ligne directe, soit en ligne collatérale.

Le mot degré de parenté est une expression métaphorique, empruntée de la figure généalogique sur laquelle on figurait la parenté. On donnait autrefois à ce tableau la figure d'un escalier ou d'une échelle.

534. L'alliance ou l'affinité est la liaison qui existe entre l'un des conjoints, par mariage, et les parens de l'autre conjoint : *Necessitudo inter unum è conjugibus et alterius conjugis cognatos*. Ainsi, tous les parens de la femme sont alliés du mari, et *vice versâ*.

535. Les prohibitions ou empêchemens de mariage entre parens et alliés, étaient autrefois fort étendus, et la discipline ecclésiastique avait beaucoup varié sur ce point dans les différens tems.

Ces empêchemens, aujourd'hui réglés par la loi civile, sont réduits à quelques dispositions fort simples et fort claires.

536. 1°. En ligne directe, le mariage est prohibé entre tous les ascendans et descendans légitimes ou naturels, et les alliés de la même ligne.

Toutes les nations ont eu en horreur les mariages entre les pères ou mères et les enfans ou petits-enfans : c'est un empêchement fondé sur le droit naturel et sur les lois positives, divines et humaines.

537. 2°. En ligne collatérale, le mariage est prohibé entre le frère et la sœur légitimes ou naturels, et les alliés au même degré. (Art. 162).

La morale et la politique s'accordent pour défendre les mariages entre les frères et sœurs. Cette prohibition dérive de l'honnêteté publique. La famille doit être le sanctuaire des mœurs. Il faut éviter tout ce qui peut les corrompre : le mariage n'est pas une corruption. Mais l'espérance du mariage entre les personnes qui vivent sous le même toit, et dans une si grande intimité, pourrait introduire la corruption et entraîner des désordres qui souilleraient la maison paternelle, et en banniraient l'innocence et la vertu.

Aucune autorité dans l'Etat n'a le droit de lever, par des dispenses, les prohibitions portées dans ces deux articles.

538. 3°. Des raisons d'honnêteté publique ont aussi fait défendre le mariage entre l'oncle et la nièce, la tante et le neveu (art. 163), le grand-oncle et la petite nièce (1). Mais la loi donne au Gouvernement le pouvoir de lever cette prohibition par une dispense donnée dans la forme que nous avons indiquée ci-dessus, en parlant des dispenses d'âge.

La prohibition ne s'étend point aux oncles et tantes, nièces et neveux par alliances; et comme

---

(1) Avis du Conseil d'état, approuvé le 7 mai 1808.

le Code ne reconnaît la parenté naturelle qu'entre les ascendans et les descendans, les frères et les sœurs, on voit, en comparant l'art. 163 avec les deux précédens, que le mariage n'est défendu qu'entre l'oncle et la nièce, la tante et le neveu *légitimes,* et non entre les mêmes parens *naturels,* ou simplement unis par alliance (1).

539. Des raisons de décence et d'honnêteté publique ont aussi fait défendre le mariage,

Entre l'adoptant, l'adopté et ses descendans;

Entre les enfans adoptifs du même individu;

Entre l'adopté et les enfans qui pourraient survenir à l'adoptant;

Entre l'adopté et le conjoint de l'adoptant, et réciproquement entre l'adoptant et le conjoint de l'adopté (348).

SECTION V.

Défaut de consentement des ascendans ou de la famille.

SOMMAIRE.

540. *Les garçons avant vingt-cinq ans, les filles avant vingt-un ans, ne peuvent se marier sans le consentement de leur père, ou de leur mère, s'il est mort ou dans l'impossibilité de manifester sa volonté.*

---

(1) Maleville, tom. I, pag. 179.

541. *S'ils sont morts tous les deux, les aïeuls et aïeules les remplacent, et le dissentiment entre les lignes emporte consentement.*

542. *S'il n'y a point d'ascendans, il faut le consentement du conseil de famille, jusqu'à vingt-un ans.*

543. *Quand les ascendans sont hors d'état de manifester leurs volontés.*

544. *Quid, si les ascendans sont morts sans qu'on puisse produire l'acte de leur décès?*

545. *Faute du consentement des ascendans, le mariage des mineurs est nul, et l'officier de l'état civil puni.*

546. *Les enfans ne peuvent demander raison du refus de leurs ascendans.*

547. *Ils peuvent la demander au conseil de famille.*

548. *Après la majorité, les enfans doivent requérir le consentement de leurs ascendans par un acte respectueux.*

549. *L'acte respectueux doit être notifié par deux notaires à personne ou domicile. La présence des enfans n'est pas nécessaire.*

550. *Les ascendans n'ont plus le pouvoir d'exhéréder, faute d'actes respectueux ; mais l'officier de l'état civil est puni.*

551. *Les enfans naturels légalement reconnus sont, comme les légitimes, obligés d'obtenir ou de requérir le consentement de leurs père et mère, ou d'un tuteur* ad hoc.

540. DE toutes les actions de l'homme, le mariage est une de celles qui intéressent le plus sa destinée ; et comme les facultés et les forces du corps se développent avant celles de l'esprit, l'homme se trouve habile à contracter mariage avant que l'âge ait muri sa raison, et qu'il soit en état de faire un choix éclairé. Dans le premier âge des passions, la loi ne l'abandonne point à lui-même ;

elle lui donne un guide pour le diriger dans l'acte peut-être le plus important de sa vie.

« Le fils qui n'a pas atteint l'âge de vingt-cinq » ans accomplis, la fille qui n'a pas atteint l'âge » de vingt-un ans accomplis, ne peuvent contrac- » ter mariage sans le consentement de leurs père » et mère. »

«En cas de dissentiment, le consentement du » père suffit (art. 148), » parce qu'il est le chef de la famille, et que, dans une société composée de deux personnes, toute délibération serait im- possible, si l'une des deux n'avait la prépondé- rance. La loi, guidée par la nature, garantit cet avantage au père.

«Si l'un des deux est mort, ou s'il est dans » l'impossibilité de manifester sa volonté, le con- » sentement de l'autre suffit. (Art. 149).

541. « Si le père et la mère sont morts, ou s'ils » sont dans l'impossibilité de manifester leurs vo- » lontés, les aïeuls et aïeules les remplacent. S'il » y a dissentiment, il suffit du consentement de » l'aïeul.

» S'il y a dissentiment entre les deux lignes, ce » partage emportera consentement. (Art. 150).»

Ainsi, la loi n'accorde en ce point nulle préro- gative à la ligne paternelle sur la maternelle, ni même à l'aïeul paternel sur l'aïeule maternelle. On n'a pas suivi pour les mariages le même esprit que pour les tutelles (1), à l'égard desquelles l'aïeul

(1) Maleville, sur l'art. 150, tom. I, pag. 169.

paternel est préféré (art. 402); la faveur des mariages a fait établir que la ligne qui consent l'emporte sur l'autre. Comme les suffrages se comptent par ligne et non par tête, un seul ascendant,
l'aïeule maternelle, par exemple, l'emporte seule,
si elle consent au mariage, sur l'aïeul et sur l'aïeule
paternels qui s'y opposent, parce que le dissentiment entre les deux lignes emporte consentement.

542. «S'il n'y a ni père, ni mère, ni aïeuls, ni
» aïeules, ou s'ils se trouvent dans l'impossibilité
» de manifester leur volonté, les fils ou filles mi-
».neurs de vingt-un ans, ne peuvent contracter
» de mariage sans le consentement du conseil de
» famille. (Art. 160). »

Ainsi, la nécessité d'obtenir le consentement
du conseil de famille, ne s'étend pas au-delà de
l'âge de vingt-un ans, même pour les garçons,
quoiqu'à leur égard l'autorité des père et mère et
ascendans s'étende jusqu'à vingt-cinq ans.

543. Les père et mère et ascendans sont dans
l'impossibilité de manifester leurs volontés, lorsqu'ils sont en démence, absens, condamnés à une
peine emportant la mort civile, ou même à une
peine afflictive ou infamante, pendant la durée
de la peine (1).

Dans le premier cas, il faut que l'interdiction
soit prononcée. Il ne suffirait pas à des enfans
d'alléguer la démence ou l'imbécillité de leurs as-

---

(1) *Voy. suprà*, n.º 242, pag. 225.

cendans, pour se dispenser d'obtenir leur consentement. Dans le cas d'une interdiction provoquée, mais non encore prononcée, il faudrait attendre l'issue du jugement, pàrce que l'état des hommes est provisoire.

L'absence est constatée par le jugement qui a déclaré l'absence, ou par celui qui a ordonné l'enquête; ou, enfin, s'il n'a été rendu aucun jugement, par un acte de notoriété délivré par le juge de paix du lieu où l'ascendant à eu son dernier domicile connu. Cet acte doit contenir la déclaration de quatre témoins appelés d'office par le juge de paix. (Art. 155).

A l'égard de l'ascendant condamné à une peine emportant la mort civile, il faut distinguer celui qui est condamné par contumace, de celui qui l'est contradictoirement. Ce dernier étant considéré comme mort, ne peut manifester sa volonté.

Le condamné par contumace, s'il est encore dans le délai de cinq ans, n'est pas mort civilement : il faut donc obtenir son consentement, ou constater son absence dans la forme prescrite par l'art. 155.

Le consentement des ascendans condamnés à une peine afflictive ou infamante pendant la durée de la peine, n'est point exigé pour le mariage des enfans majeurs, parce que ces ascendans sont dans un état d'interdiction légale.

Leur consentement est suppléé par celui du conseil de famille, si les enfans sont mineurs.

544. Si les pères et mères des futurs mariés sont morts, il n'est pas nécessaire de représenter les

actes de leur décès, lorsque les aïeuls ou aïeules attestent ce décès, et, dans ce cas, il doit être fait mention de leur attestation dans l'acte de mariage.

Si les pères, mères, aïeuls ou aïeules dont le consentement est requis, sont décédés, et si l'on est dans l'impossibilité de produire l'acte de leur décès, ou la preuve de leur absence, faute de connaître leur dernier domicile, il peut être procédé à la célébration du mariage des majeurs, sur leur déclaration à serment que le lieu du décès et celui du dernier domicile de leurs ascendans leur sont inconnus.

Cette déclaration doit être aussi certifiée par le serment des quatre témoins de l'acte de mariage, lesquels affirment que, quoiqu'ils connaissent les futurs époux, ils ignorent le lieu du décès de leurs ascendans et de leur dernier domicile.

L'officier de l'état civil doit faire mention de ces déclarations dans l'acte de mariage (1).

Si, dans ces cas, les futurs étaient mineurs, il faudrait suppléer le consentement des ascendans par celui du conseil de famille, en déclarant, dans la délibération, que le lieu du décès, et celui du dernier domicile des ascendans, sont ignorés.

545. Le mariage des fils de famille, contracté avant l'âge de vingt-cinq ou vingt-un ans accomplis, sans avoir préalablement obtenu le consen-

---

(1) Avis du Conseil d'état, approuvé le 4 thermidor an XIII.

tement de leurs ascendans ou du conseil de famille, est nul; et l'officier civil qui aurait célébré
ce mariage, sans énoncer le consentement des ascendans, ou, à leur défaut, du conseil de famille,
serait, à la diligence des parties intéressées et du
ministère public, condamné à une amende qui
peut aller jusqu'à 300¹, et un emprisonnement de
six mois au moins. (Art. 156).

La nullité du mariage des mineurs, contracté
sans le consentement de leurs pères et mères, est
de droit ancien; elle était prononcée par les lois
romaines, par celles des Français, dès les premiers tems de la monarchie (1). Enfin, cette nullité est de droit commun en Europe.

Autrefois, en Angleterre, les mariages contractés par les mineurs, sans le consentement des parens, étaient valides, et les lois se contentaient
d'infliger une peine au prêtre qui avait marié des
enfans de famille sans le consentement de leurs
pères.

L'expérience a démontré le peu de sagesse de
cette loi; et, par un statut du Parlement, fait la
vingt-sixième année du règne de Georges II, il a
été ordonné que les mariages contractés par des
enfans mineurs de vingt-un ans, sans le consentement de leurs parens, seraient nuls (2).

546. La nécessité du consentement des père et

___

(1) *Voy.* Pothier, du Mariage, n.º 323; d'Aguesseau, tom. III,
pag. 69; Boehmer, *de sponsatione impuberum*, lib. 4, tit. 2.
(2) *Voy.* Blackstone, *book* 1, *chap.* 15, n.º 3.

mère ou ascendans, au mariage de leurs enfans
et petits-enfans qui n'ont pas atteint l'âge de vingt-
cinq ou vingt-un ans, est fondée sur l'amour des
parens, sur leur raison, sur l'incertitude de celle
des enfans, et sur-tout sur l'autorité de cette magistrature domestique que la loi donne aux pères
et mères, et qui s'étend en ce point aux aïeuls
et aïeules.

Ce n'est point entreprendre sur la liberté des
enfans, que de les protéger contre la violence de
leurs penchans. Ils ne peuvent, même avec le concours du reste de la famille, ni demander compte
du refus que leurs ascendans pourraient faire de
consentir à leurs mariages (1), ni déférer aux tribunaux les motifs de ce refus : l'amour des pères
et mères fait présumer ces motifs raisonnables.
Les forcer d'en rendre compte à la justice, ce serait remettre au magistrat civil l'inspection que
la loi n'a donnée qu'au magistrat domestique, et
qu'il est si raisonnable de lui laisser.

547. Il n'en est pas ainsi du conseil de famille,
qui n'exerce, à l'égard des mineurs de vingt-un
ans, qu'une magistrature subsidiaire. Le refus de
consentir au mariage pourrait avoir des motifs
d'un intérêt personnel aux opposans : ils doivent
donc rendre compte des motifs de leur refus ou
de leur opposition, et ces motifs peuvent être déférés aux tribunaux.

---

(1) Pothier, n.° 332; Bigot de Préameneu, Exposé des motifs,
pag. 506; argum., art. 176.

548. Lorsque les garçons ont atteint l'âge de vingt-cinq ans, et les filles vingt-un ans accomplis, le consentement des père et mère n'est plus, pour le mariage, d'une nécessité absolue. Mais à tout âge les enfans de famille doivent, avant de contracter mariage, demander, par un acte respectueux et formel, le conseil de leur père et de leur mère, ou celui de leurs aïeuls ou aïeules, lorsque les père et mère sont décédés, ou dans l'impossibilité de manifester leur volonté. (Art. 151).

Si les enfans qui n'ont pas atteint, les garçons trente, et les filles vingt-cinq ans accomplis, n'obtiennent pas le consentement de leurs ascendans par ce premier acte de respect et de soumission, ils doivent le renouveler deux autres fois de mois en mois ; et un mois après le troisième acte, il pourra être passé outre à la célébration du mariage.

Après l'âge de trente ans pour les garçons, et de vingt-cinq ans pour les filles (1), *il pourra être,* à défaut de consentement sur un acte respectueux, passé outre, un mois après, à la célébration du mariage. (Art. 153).

Remarquez que la loi dit *il pourra être.* Ainsi, après le délai d'un mois, à compter du premier ou du troisième acte respectueux, les ascendans peuvent encore déférer aux tribunaux les motifs

---

(1) L'art. 153 dit : *Après trente ans.* Mais il est la suite du précédent, qui dit trente ans pour les garçons et vingt-cinq ans pour les filles. *Voy.* Bigot de Préameneu, Exposé des motifs, pag. 306.

de leur refus, en faisant prononcer sur leur opposition.

549. L'acte respectueux doit être notifié par deux notaires ou par un notaire et deux témoins, et non par un huissier, dont la présence est toujours fâcheuse, parce que son ministère ordinaire est d'exécuter les actes rigoureux de la justice, au lieu que les notaires sont, par état, les dépositaires des secrets de famille.

Il n'est pas nécessaire que l'enfant soit personnellement présent à l'acte respectueux (1), ni que cet acte soit notifié à la personne de l'ascendant (2), pourvu qu'il le soit à son domicile.

550. Le pouvoir d'exhéréder n'a été donné dans aucun cas (3) aux père et mère, par le Code civil. Ainsi, le défaut d'acte respectueux ne soumet pas les enfans, comme autrefois, à la peine de l'exhérédation.

Mais il soumet l'officier civil qui a célébré le

---

(1) Arrêt de la Cour de cassation, du 4 novembre 1807, Sirey, an 1808, pag. 57. On appelait autrefois ces actes *sommations respectueuses*. Le Code a évité d'employer l'expression de *sommation*; mais elle ne vicierait pas l'acte respectueux dans lequel on s'en serait servi, pourvu que d'ailleurs les expressions fussent réellement respectueuses. Même arrêt.

(2) L'art. 154 veut que, dans le procès-verbal, il soit fait mention *de la réponse*. Il n'en faut pas conclure que l'acte doit être notifié à la personne. On fait mention de la réponse, du refus de répondre, ou de l'impuissance de répondre, résultant de ce que l'ascendant n'a pas été trouvé à son domicile. Il suffit que le refus de répondre ou l'absence de l'ascendant soit mentionnée dans le procès-verbal.

(3) *Voy.* Bigot de Préameneu, Exposé des motifs, pag. 304; Maleville, sur l'art. 157; Locré, tom. III, pag. 124 et 125.

mariage sans se faire représenter les actes respectueux, à une amende qui ne peut excéder 3oo¹, et
à un emprisonnement qui ne peut être moindre
d'un mois.

551. Tout ce qu'on vient de dire sur la nécessité du consentement des père et mère et de l'acte
respectueux, est applicable aux enfans naturels (1)
légalement reconnus. (Art. 158).

L'enfant naturel qui n'est pas légalement reconnu ou qui a perdu ses père et mère, ou dont
les père et mère ne peuvent manifester leur volonté, est obligé, avant l'âge de vingt-un ans révolus, de prendre, pour se marier, le consentement d'un tuteur *ad hoc* (2), qui lui est nommé
par un conseil composé d'amis et convoqué par
le juge de paix.

SECTION VI.

De l'Inobservation des formalités prescrites pour la célébration du mariage.

552. Nous verrons dans les chapitres suivans
quelles sont ces formalités, et quelles sont celles
dont l'inobservation emporte la peine de nullité.

---

(1) *Secùs*, dans l'ancienne jurisprudence. *Voy.* Pothier, n.º 342.
(2) Tuteur *ad hoc*, dit le Code, c'est-à-dire exprès pour consentir
au mariage. Si l'enfant naturel avait déjà un tuteur, il faudrait donc
qu'il fût autorisé à consentir au mariage.

SECTION VII.

Défaut de consentement du Roi au mariage des Princes de la famille royale.

553. Le mariage des princes du sang peut influer sur le sort des Etats. On a donc sagement établi qu'ils ne pourraient se marier sans le consentement du représentant héréditaire de la Nation.

Suivant un usage très-ancien en France, les princes du sang royal ne pouvaient contracter mariage sans le consentement du Roi.

On peut voir à ce sujet le savant traité du docteur Launoi, *de regiâ in matrimonium potestate.*

C'est en vertu de cet usage que le mariage de Gaston, duc d'Orléans, avec la princesse Marguerite de Lorraine, fut déclaré nul par arrêt du mois de septembre 1634.

Cette ancienne loi de la monarchie française doit continuer d'être observée, et regardée comme étant encore en pleine vigueur.

SECTION VIII.

De la Mort civile.

554. La mort civile empêche non seulement de contracter un mariage valide, quant aux effets civils, mais elle dissout même aussi, quant aux effets civils seulement, le mariage valablement contracté

avant qu'elle fût encourue. (Art. 25). —(*Vid. sup.*, n°. 285, pag. 260).

SECTION IX.

Du Crime d'adultère.

555. Les Romains défendaient le mariage entre une femme et son adultère, et déclaraient invalide un pareil mariage (1).

Suivant le droit canonique, autrefois suivi en France sur ce point, l'adultère n'était un empêchement de mariage qu'en deux cas seulement; 1°. lorsqu'il avait été commis avec promesse de s'épouser après la mort de l'époux innocent; 2°. lorsque l'un des coupables avait attenté à la vie de l'époux innocent (2).

Suivant le Code civil, le crime d'adultère est un empêchement de mariage dans un seul cas, lorsque le divorce a été admis en justice pour cause d'adultère. Alors l'époux coupable *ne peut jamais se marier* avec son complice. (Art. 298).

Cet empêchement est perpétuel, en sorte que l'époux coupable ne peut épouser son complice, même après la mort de l'époux innocent.

Le divorce est aboli par la loi du 8 mai 1816;

---

(1) *Voy.* Pothier, n.° 231.
(2) Pothier, *ubi suprà*; d'Héricourt, lettre G, pag. 82, n.os 80 et suiv.

mais les lois n'ayant point d'effet rétroactif, l'effet produit par le divorce prononcé avant la promulgation de la loi du 8 mai 1816, doit continuer de subsister ; ainsi , l'époux coupable ne pourrait , même aujourd'hui, épouser son complice, quoique l'époux innocent soit décédé.

Le Code se tait sur le cas où l'époux innocent aurait , au. lieu du divorce, obtenu seulement la séparation de corps pour cause d'adultère. La raison de décider paraît la même. La séparation de corps est le divorce des catholiques. Néanmoins, faute d'une loi précise, on ne peut étendre la prohibition d'un cas à l'autre.

SECTION X.

Du Divorce.

Le divorce était, suivant le Code, un empêchement de mariage perpétuel et relatif, ou temporaire et absolu.

556. Il était un empêchement perpétuel et relatif entre les époux divorcés , qui ne pouvaient jamais se réunir par un nouveau mariage, pour quelque cause que le divorce eût été prononcé. (Art. 295).

Il était un empêchement temporaire et absolu, dans le cas où il avait été prononcé d'un consentement mutuel. Dans ce cas , aucun des deux époux ne pouvait contracter un mariage , avec quelque personne que ce fût, pendant les trois années qui suivaient la prononciation du divorce. (Art. 297).

Le divorce prononcé par le consentement mutuel n'ayant aucune cause apparente, on avait craint que les époux n'y fussent déterminés par la perspective d'une union prochaine avec l'objet d'une passion nouvelle.

Quant à la disposition qui défendait aux époux divorcés de se réunir, on la puisa dans les anciennes lois du Mexique, sur la foi de l'historien Solis et de Montesquieu (1).

On prétendit que le divorce ne devait être prononcé que sur la preuve d'une nécessité absolue, et lorsqu'il était bien démontré à la justice que l'union entre les deux époux étant impossible, la réunion ne pourrait être qu'une occasion nouvelle de scandale.

On avait craint encore que les époux ne saisissent le moyen d'un divorce simulé, pour changer ensuite, en se remariant, les conditions de leur premier mariage, qui doivent être irrévocables (2).

Il était facile de prévenir ce dernier inconvénient, en ordonnant, comme dans le cas de la séparation de corps et de biens (art. 1451), que les époux divorcés ne pourraient, en se réunissant, changer les conditions de leur premier mariage.

---

(1) Esprit des lois, liv. 16, chap. 15; Maleville, sur l'art. 295.
(2) Treilhard, Exposé des motifs, tom. II, pag. 339.

Quant à la première raison, si le divorce avait été maintenu, on aurait eu à examiner, lors d'une révision du Code, s'il convient de conserver la loi peut-être incertaine des anciens Mexicains, de préférence aux lois européennes et au droit romain.

Mais si les époux divorcés voulaient aujourd'hui se remarier, comme l'empêchement qui résultait du divorce n'était pas un empêchement dirimant, et comme d'ailleurs la réunion des époux est favorable dans nos mœurs, sur-tout lorsqu'il existe des enfans, il est à croire que personne ne s'opposerait au mariage.

SECTION XI.

Du Défaut de consentement du Ministre de la guerre, ou du Conseil d'administration, pour le mariage des militaires.

557. Le décret du 16 juin 1808 défend aux officiers de tout genre, en activité de service, de se marier avant d'en avoir obtenu la permission par écrit du ministre de la guerre, et aux sous-officiers et soldats en activité de service, avant d'avoir obtenu la même permission du conseil d'administration de leur corps.

Mais cet empêchement n'est que prohibitif Le mariage contracté au mépris de cette prohibition

serait valide : seulement, les officiers qui contreviendraient à cette défense encourraient la destitution et la perte de leurs droits, tant pour eux
que pour leurs veuves et leurs enfans, à toute
pension ou récompense militaire.

Et tout officier de l'état civil qui aurait sciem-
ment célébré le mariage d'un officier, sous-officier
ou soldat en activité de service, sans s'être fait représenter les permissions requises, ou qui aurait
négligé de les joindre à l'acte de célébration du
mariage, serait destitué de ses fonctions.

Les dispositions de ce décret ont été, par un
autre décret du 3 août 1808, étendues aux officiers et aspirans de la marine, aux officiers des
troupes d'artillerie de la marine, aux officiers du
génie maritime, aux administrateurs de la marine, et à tout officier militaire et civil du département de la marine.

Et, par décret du 21 décembre 1808, aux officiers réformés jouissant d'un traitement de réforme. Le motif du décret a été d'empêcher que
les officiers ne pussent contracter des mariages in-
convenans, susceptibles d'altérer la considération
due à leur caractère.

Enfin, par décret du 28 août 1808, les dispositions de celui du 16 juin 1808 ont été étendues
aux commissaires ordonnateurs et ordinaires des
guerres et aux adjoints, aux officiers de santé,
militaires de toutes classes et de tous grades, aux
officiers des bataillons d'équipages, aux sous-officiers et soldats en activité de service des bataillons
d'équipage.

SECTION XII,

Du Délai que doit observer la femme entre la dissolution d'un premier mariage et la célébration d'un second.

558. Suivant l'art. 228, la femme ne peut contracter un nouveau mariage qu'après dix mois révolus depuis la dissolution du mariage précédent.

Nous examinerons au chap. 4 si cet empêchement est dirimant, ou simplement prohibitif (1).

SECTION XIII.

De l'Engagement dans les ordres sacrés.

SOMMAIRE.

559. *Cet engagement était autrefois un empêchement dirimant,
qui n'existe plus dans l'ordre civil.*

560. *Cependant le Gouvernement, par voie de police, défend
aux officiers civils de recevoir le mariage des prêtres qui,
depuis le Concordat, ont continué ou repris l'exercice de
leurs fonctions.*

559. L'engagement dans les ordres sacrés était

---

(1) Par arrêt du 29 octobre 1811, Sirey, tom. XII, pag. 46, la Cour
de cassation a décidé que cet empêchement n'est que prohibitif. *Voy.*
ci-après chap. 4, sect. 2.

autrefois un empêchement de mariage, et cet empêchement était dirimant, principalement dans
l'Eglise latine. Le mariage des prêtres, diacres et
sous-diacres était nul (1).

Depuis que les nouvelles lois eurent séparé le
contrat civil du sacrement de mariage, cet empêchement s'évanouit par rapport au contrat civil. La loi du 20 septembre 1792, ne plaçant pas
l'engagement dans les ordres sacrés au nombre
des empêchemens de mariage, suppose que les
prêtres peuvent se marier. La loi ne considérant
plus le mariage que comme contrat civil, il faudrait, pour remettre en vigueur la disposition du
droit canonique, et les réglemens ecclésiastiques
qui défendent le mariage aux prêtres catholiques,
une loi positive qui n'existe point. Il en résulte que
l'engagement dans les ordres sacrés n'est point un
empêchement dirimant du mariage dans l'ordre
civil.

Ainsi, le mariage des prêtres, s'ils en contrac-
taient un, ne serait point nul aux yeux de la loi;
il produirait tous les effets civils, et les enfans qui
en naîtraient seraient légitimes (2).

560. Cependant ces mariages sont généralement
réprouvés par l'opinion; ils ont des dangers pour
la sûreté et pour la tranquillité des familles : un
prêtre catholique aurait trop de moyens de sé-

---

(1) *Voy.* Van Espen, tom. I, pag. 581; d'Héricourt et tous les cano-
nistes.

(2) Portalis, Rapport fait au Corps législatif, à l'occasion de la loi
relative au Concordat.

duire, s'il pouvait se promettre d'arriver au terme de sa séduction par un mariage légitime (1).

Ces motifs ont porté le Gouvernement à défendre, par mesure de police, aux officiers de l'état civil, de célébrer le mariage des prêtres « qui, » depuis le Concordat, se sont mis en communion » avec leur évêque, et ont continué ou repris les » fonctions de leur ministère. On abandonne à leur » conscience ceux d'entre les prêtres qui auraient » abdiqué leurs fonctions avant le Concordat, et » qui ne les ont plus reprises depuis. On a pensé » avec raison que les mariages de ces derniers présentaient moins d'inconvéniens et moins de scandales. »

Cependant, tandis qu'il n'existera point de loi prohibitive, le mariage des prêtres sera valide aux yeux de la loi civile, et les enfans qui en naîtront seront légitimes. Il est peut-être à désirer que le Gouvernement fasse régler par une loi positive ce point important, qui a donné lieu à tant de discussions (2).

---

(1) Lettre du ministre des cultes au préfet de la Loire-Inférieure, imprimée dans le nouveau Répertoire, v.º *Mariage*, sect. 3, n.º 4; dans le Recueil de Denevers, 1809, pag. 466 et 470; et dans celui de Sirey, an 1809, 2.º part., pag. 389. *Voy.* aussi an 1810, 1.ʳᵉ part., pag. 60.

(2) *Voy.* les réflexions de Sirey, tom. IX, 2.º part., pag. 389.

CHAPITRE II.

Des Formalités relatives à la célébration du mariage.

CES formalités sont de deux espèces, les unes doivent précéder, les autres accompagner le mariage.

———

SECTION PREMIÈRE.

Des Formalités qui précèdent le mariage.

CES formalités sont,
1°. Les publications du mariage;
2°. La remise des pièces exigées par la loi.

———

§ Iᵉʳ.

Des Publications.

SOMMAIRE.

561. *Les publications doivent être faites au domicile des parties. Ce qu'on entend par domicile, en ce qui concerne le mariage.*
562. *Elles doivent aussi être faites au domicile de ceux sous la puissance de qui sont les parties, relativement au mariage.*
563. *Ce qu'elles doivent énoncer.*
564. *Combien il doit en être fait.*

561. Les publications sont l'annonce publique du mariage qui doit être contracté. Elles doivent être faites le dimanche par l'officier de l'état civil, à la municipalité du domicile des contractans, et devant la porte de la maison commune. (Art. 63 et 166).

Le domicile, en ce qui concerne le mariage, s'établit par le seul fait d'une habitation continuée pendant six mois dans la même commune (article 74), quand même on n'aurait pas l'intention d'y fixer son domicile : il suffit d'y avoir résidé sans interruption, soit pour affaires, soit pour tout autre motif. Le militaire même qui aurait demeuré en garnison pendant six mois, dans une commune du territoire français, y aurait son domicile relativement au mariage (1).

Mais si le domicile, en ce qui concerne le mariage, s'établit par le seul fait de la résidence, il faut que ce soit la résidence actuelle et dernière.

---

(1) Avis du Conseil d'état, approuvé le 4 complémentaire an XIII.

Si, après avoir résidé pendant six mois entiers dans une même commune, un homme là quittait pour aller résider dans une autre où il habitait depuis peu de tems, ce ne serait pas la précédente résidence qu'il vient de quitter qu'on devrait considérer comme son dernier domicile, relativement au mariage, mais son véritable domicile (1).

Le domicile établi par une résidence de six mois, n'empêche pas que les publications ne doivent en outre être faites à la municipalité du dernier domicile (art. 167), c'est-à-dire du véritable domicile.

562. Si les parties contractantes ou l'une d'elles sont, relativement au mariage, sous la puissance d'autrui, c'est-à-dire si elles sont âgées, les filles de moins de vingt-un ans accomplis, et les garçons de moins de vingt-cinq, lorsqu'ils ont des ascendans vivans, et de vingt-un ans, lorsqu'ils n'en ont point, les publications doivent être faites non seulement à leurs municipalités respectives, mais encore à la municipalité du domicile de ceux sous la puissance desquels ils se trouvent (art. 168); c'est-à-dire au domicile des ascendans dont le consentement est nécessaire pour le mariage; et s'il n'en existe point, à la municipalité dans laquelle doit être convoqué le conseil de famille, sans le consentement duquel le mariage ne peut être fait.

563. Les publications doivent énoncer,

---

(1) *Voy.* Locré, tom. III, pag. 188 et 189, édition in-8°.

1°. Les prénoms, noms, professions et domiciles des futurs époux;

2°. Leur qualité de majeurs ou de mineurs;

3°. Les prénoms, noms, professions et domiciles de leurs père et mère.

564. Il doit être fait deux publications à huit jours d'intervalle, c'est-à-dire que la seconde doit être faite le dimanche qui suit la première.

565. Il est dressé de ces publications un acte qui est inscrit sur un registre particulier qu'on appelle **registre des publications**, et qui doit être coté et paraphé sur chaque feuille par le président du tribunal de première instance, ou par le juge qui le remplace. Il est déposé à la fin de chaque année au greffe du tribunal de l'arrondissement.

Un extrait de l'acte de publication doit rester affiché à la porte de la maison commune, pendant les huit jours d'intervalle de l'une à l'autre publication.

566. Le mariage ne peut être célébré avant le troisième jour, depuis et non compris celui de la seconde publication. Ainsi, un mariage dont la seconde publication aurait été faite le dimanche 4 février 1809, ne pourrait être fait au plus tôt que le mercredi 7.

567. Si le mariage n'a pas été célébré *dans l'année*, à compter *de l'expiration du délai des publications* (1), il ne peut être célébré qu'après de

(1) Art. 65. Ces termes de l'art. 65 sont équivoques, mais ils sont

nouvelles publications renouvelées dans la même forme..

Ainsi, dans l'exemple proposé, si le mariage n'avait pas été fait au plus tard, le 7 février 1810, il faudrait renouveler les publications.

568. On peut obtenir, pour des causes graves, des dispenses de la seconde publication, et non de la première. Cette dispense est accordée au nom du Roi, par le procureur du roi, dans l'arrondissement duquel les pétitionnaires se proposent de célébrer leur mariage.

Ce magistrat doit rendre compte au grand juge des causes qui ont donné lieu à la dispense.

Elle est déposée au secrétariat de la commune où le mariage est célébré; le secrétaire en délivre une expédition, dans laquelle il est fait mention du dépôt, et qui demeure annexée à l'acte de célébration (1).

569. Quelque essentielle que soit la formalité des publications, leur omission n'entraîne point

---

une suite de l'art. 64, dont la disposition finale porte : « Le mariage » ne pourra être célébré avant le troisième jour, depuis *et non compris* » celui de la seconde publication ». Il paraît donc que ce sont ces trois jours dont parle l'art. 65, sous l'expression du délai des publications; mais alors, comme le mariage doit être fait *dans l'année*, à compter de l'expiration du délai des publications, reste à savoir si le terme *à quo*, le terme du départ, se compte. S'il se comptait, le mariage, dans l'exemple proposé, devrait être fait au plus tard le 6 février 1810; s'il était fait le 7, il ne serait plus *dans l'année*, mais hors l'année. Mais il paraît que, comme dans l'art. 64, il ne doit pas être compté; ainsi le mariage peut être fait le 7.

(1) Arrêté du Gouvernement, du 20 prairial an XI, dans le Bulletin des lois.

la nullité du mariage (1); mais s'il n'a pas été
précédé des deux publications requises, ou s'il
n'a pas été obtenu des dispenses de la seconde,
ou si l'intervalle prescrit, soit entre l'une et l'autre publication, soit entre la dernière et la célébration du mariage, n'a pas été observé, le procureur du roi doit faire prononcer, contre l'officier de l'état civil, une amende qui ne pourra
excéder 300^t, et contre les parties contractantes,
ou ceux sous la puissance desquels elles ont agi,
une amende proportionnée à leur fortune. (Article 192).

§ II.

Des Pièces qui doivent être remises à l'officier de l'état civil, avant le mariage.

570. Ces pièces sont, 1°. l'acte de naissance de
chacun des futurs époux. (Art. 70). S'ils sont dans
l'impossibilité de se le procurer, cet acte peut être
suppléé par un acte de notoriété, comme nous
l'avons dit au titre des actes de l'état civil.

2°. L'acte de consentement de tous ceux dont
il est requis. Cet acte doit être authentique, et
contenir les prénoms, nom, profession et domicile de l'époux auquel ce consentement est né-

---

(1) *Voy.* Locré, tom. III, pag. 408, édition in 8°.; d'Aguesseau,
tom. III, pag. 80 et suiv.

cessaire, ainsi que de tous ceux qui ont concouru à l'acte, et leur degré de parenté.

Si les ascendans dont le consentement est nécessaire sont présens au mariage, leur présence suffit pour constater leur consentement, sans qu'il soit besoin d'en rapporter un acte.

3°. A défaut du consentement des ascendans, les futurs époux doivent représenter les procès-verbaux des actes respectueux qui ont été faits.

4°. En cas que les futurs époux ou l'un d'eux ne puissent représenter ni le consentement de leurs ascendans, ni les actes respectueux, parce que ces ascendans sont morts ou absens, il faut, au premier cas, représenter les actes de décès, ou y suppléer de la manière expliquée *suprà*, n°. 359 et suivans, et au second, constater l'absence par la représentation des jugemens qui l'ont déclarée ou qui ont ordonné l'enquête, ou enfin par un acte de notoriété, dans la forme expliquée au même paragraphe.

5°. Il faut représenter les certificats des publications faites dans les divers domiciles.

6°. La main-levée des oppositions, s'il en a été fait, ou les certificats délivrés par les officiers de l'état civil des communes où il a été fait des publications, attestant qu'il n'existe point d'opposition.

7°. Une expédition authentique des dispenses qui ont pu être accordées.

SECTION II.

Des Formalités qui accompagnent le mariage.

SOMMAIRE.

571. *Le mariage doit être célébré dans la commune où l'un des deux époux a son domicile.*
572. *Devant l'officier civil et publiquement.*
573. *Formalité de la célébration.*
574. *Si l'on peut se marier par procureur.*
575. *Ce qu'on doit énoncer dans l'acte de mariage.*
576. *Des mariages contractés en pays étranger.*
577. *Le Français pourrait épouser une étrangère qui n'aurait pas l'âge prescrit par les lois françaises.*
578. *Si les mariages contractés par un Français en pays étranger sont nuls faute de publications.*
579. *L'acte de célébration du mariage d'un Français en pays étranger doit être, à son retour, transcrit sur les registres de l'état civil.*
580. *Inconvéniens qui peuvent résulter du défaut de transcription.*

571. LES formalités qui accompagnent le mariage sont celle de la célébration, qui doit être faite dans la commune où l'un des époux a son domicile, c'est-à-dire où il a fait une résidence continue pendant six mois. (Art. 74).

Les militaires, même en activité de service, lorsqu'ils se trouvent sur le territoire de France, ne peuvent contracter mariage que devant les officiers de l'état civil des communes où ils ont résidé sans interruption pendant six mois, ou devant l'officier de l'état civil des communes où leurs futures épouses ont acquis leur domicile, et après les publications ordinaires (1).

Mais celui que ses affaires ou d'autres motifs avaient forcé de faire une résidence continue pendant six mois dans une commune étrangère, n'est pas privé du droit de célébrer son mariage dans le lieu de son véritable domicile où il est revenu. Il fut reconnu au Conseil d'état que la disposition de l'art. 74, qui permet de célébrer le mariage dans le lieu de la simple résidence de six mois, n'est qu'une exception à la règle générale, et qu'on ne perd pas le droit de célébrer son mariage dans le lieu de son domicile, pour avoir acquis le droit de le célébrer ailleurs (2).

572. La célébration doit être faite devant l'officier de l'état civil, constitué ministre de la loi pour célébrer les mariages. (Art. 75, 165). Il est le témoin nécessaire de l'engagement des époux, qu'il reçoit au nom de la loi. Il ne suffit pas que la célébration soit faite devant l'officier de l'état civil du domicile de l'une des parties, il faut encore qu'elle soit faite publiquement dans la maison commune. Rien ne doit être caché dans un acte où le public même est intéressé, et qui donne une nouvelle famille à la cité. Nous verrons, au chapitre des nullités, quelles sont les conséquences du défaut de publicité du mariage.

_____

(1) Avis du Conseil d'état, approuvé le 4 complémentaire an XIII.
(2) *Voy.* Locré, tom. III, pag. 181--187, édition in-8°., et *ibi* Tronchet.

573. Le jour désigné par les parties, après les délais des publications, en présence de quatre témoins du sexe masculin, âgés de vingt-un ans au moins, parens ou autres choisis par les parties intéressées (art. 37, 75), l'officier de l'état civil (1) fait lecture aux parties des pièces relatives à leur état et aux formalités du mariage, dont la remise a dû lui être faite, et du chap. 6 du titre du mariage, sur les droits et devoirs respectifs des époux.

Il reçoit ensuite de chacun d'eux, l'un après l'autre, la déclaration qu'ils veulent se prendre pour mari et femme; il prononce au nom de la loi qu'ils sont unis par le mariage, et il en dresse acte sur-le-champ.

574. La lecture des dispositions du Code sur les droits et devoirs respectifs des époux, que la loi prescrit de faire avant de recevoir leurs engagemens, ne peut avoir d'autre but que de leur rappeler l'étendue de ces engagemens, ainsi que leurs devoirs, à une époque où ils sont encore li-

---

(1) S'il refusait sans motifs valables, il faudrait le traduire devant les tribunaux, sans autorisation préalable du Gouvernement. Les maires ne tiennent les registres de l'état civil que par l'effet d'une délégation particulière; et le Conseil d'état, par un avis du 30 nivôse an XII, distinguant en eux deux qualités, a décidé que, comme officiers de l'état civil, ils ne sont point agens du Gouvernement, et qu'on peut les traduire en jugement sans autorisation préalable; d'ailleurs, les tribunaux doivent seuls décider de ce qui touche l'état civil. *Voy.* Locré, tom. III, pag. 194, 195, et tom. II, pag. 53 et 75. Suivant les art. 156 et 192, les peines encourues par les officiers de l'état civil, pour contravention aux dispositions du Code, sont prononcées par les tribunaux, à la diligence du procureur du roi.

bres. Quelques personnes en concluent que le mariage ne peut se faire par procureur; mais la conséquence n'est pas nécessaire, puisque la lecture
dont il s'agit n'est point requise sous peine de
nullité (1).

575. On doit énoncer dans l'acte de mariage,

« 1°. Les prénoms, noms, professions, âges,
» lieux de naissance et domiciles des époux;

» 2.°. Les prénoms, noms, professions et do-
» miciles des pères et mères;

» 3°. Le consentement des pères et mères, aïeuls
» et aïeules, et celui de la famille, dans le cas où
» ils sont requis;

» 4°. Les actes respectueux, s'il en a été fait;

» 5°. Les publications dans les divers domiciles;

» 6°. Les oppositions, s'il y en a eu, leur main-
» levée ou la mention qu'il n'y a point eu d'oppo-
» sition;

» 7°. La déclaration des contractans de se pren-
» dre pour époux, et le prononcé de leur union
» par l'officier public;

» 8°. Les prénoms, noms, âges, professions et
» domiciles des témoins, et leur déclaration s'ils
» sont parens ou alliés des parties, de quel côté
» et à quel degré. (Art. 76). »

_____

(1) Autrefois, on pouvait se marier par procureur. *Voy.* Pothier,
n.° 567. Il n'existe, dans la législation nouvelle, aucune loi qui le dé-
fende. Dans les conférences tenues au Conseil d'état, Bonaparte dit
qu'aujourd'hui le mariage n'a plus lieu qu'entre personnes présentes.
Voy. Locré, tom. III, pag. 79.

576. On priverait les Français du droit de se marier en pays étranger, si on les obligeait d'y observer les formes établies en France. Le mariage doit donc alors être contracté selon les formes établies dans le lieu où il est célébré, suivant la règle *locus regit actum*, appliquée aux actes de l'état civil par les art. 47 et 48, et notamment aux mariages, par l'art. 170, qui porte : « Le mariage » contracté en pays étranger entre Français, et » entre Français et étrangers, sera valable,

» 1°. S'il a été célébré dans les formes usitées » dans le pays;

» 2°. Pourvu qu'il ait été précédé des publica-» tions prescrites par l'art. 63;

» 3°. Et que le Français n'ait point contrevenu » aux dispositions contenues au chapitre précé-» dent. »

C'est-à-dire aux conditions requises par le Code pour contracter mariage; car, comme les lois personnelles suivent le Français partout, il en résulte que, même en pays étranger, il est tenu de se conformer aux dispositions des lois françaises, relativement à l'âge des contractans, à leur famille, et aux empêchemens du mariage.

577. Mais ce n'est qu'au Français que l'art. 170 impose l'obligation de ne point contrevenir aux conditions requises par le Code pour contracter mariage, et non à l'étranger qui contracterait avec un Français. Si donc le mariage se faisait dans un pays où les filles peuvent se marier à douze ans, le Français pourrait épouser valablement une fille qui n'aurait que cet âge.

578. L'art. 170 exige encore que les mariages contractés en pays étranger, aient été précédés des deux publications ordonnées par l'art. 63.

Mais comme ces publications ne sont pas requises sous peine de nullité, pour les mariages contractés en France, on ne saurait croire que leur omission entraînât la nullité d'un mariage contracté en pays étranger (1).

Au surplus, la formalité des publications à faire en France, des mariages contractés en pays étranger, ne peut concerner que ceux des Français qui n'auraient établi leur domicile actuel chez l'étranger que par le laps de six mois de résidence. (Art. 167) (2).

579. Mais dans les trois mois après le retour du Français sur le territoire du royaume, l'acte de célébration du mariage « contracté en pays étran- » ger, doit être transcrit sur le registre public des » mariages du lieu de son domicile. »

Ce délai de trois mois n'est point de rigueur, et la transcription peut être faite après son expiration. Il faut même remarquer que, si l'acte n'avait pas été transcrit du vivant des époux, leurs

---

(1) *Voy.* Delvincourt, tom. I, pag. 314, note 4; il doute que le mariage fût valide sans publication. Son doute est fondé sur le texte de l'art. 170, qui porte que le mariage est valable, *pourvu qu'il ait été procédé* par des publications : d'où il conclut que cette disposition fait de ces publications une condition du mariage.

Il nous paraît que cet article n'attache point à l'omission des publications, dans ce cas, plus de force que dans les cas ordinaires, c'est-à-dire dans les cas de mariages faits en France.

(2) *Voy.* Locré, tom. II, pag. 216 et 217; Delvincourt, *ubi suprà.*

descendans pourraient le faire transcrire. C'est ce qui résulte de la rédaction de l'art. 171 , qui se borne à dire que l'acte sera transcrit, sans expliquer à la diligence de quelle personne. La loi n'a point attaché la peine de nullité à l'omission de cette transcription.

580. Jusqu'à la transcription, le mariage n'étant pas légalement connu en France, les collatéraux des époux qui, en vertu de la vocation de la loi, se seraient ressaisis des biens dépendans des successions des deux époux, pourraient peut-être, en certains cas, être considérés comme possesseurs de bonne foi ; en conséquence, il semble qu'ils gagneraient les fruits perçus antérieurement à la demande.

Le défaut de transcription pourrait aussi excuser celui qui aurait contracté, en France, un mariage avec l'un des époux mariés chez l'étranger, parce qu'il serait censé avoir contracté de bonne foi, et dans l'ignorance du premier mariage.

CHAPITRE III.

Des Oppositions au mariage.

SOMMAIRE.

581. Il vaut mieux prévenir les contraventions que d'avoir à les punir ou à les réparer. De là, le droit de former opposition aux mariages qui seraient près d'être célébrés contre les prohibitions de la loi.

On avait abusé, dans l'ancienne jurisprudence, du droit de former opposition aux mariages. Beaucoup d'oppositions avaient été dictées par la vanité, l'ambition ou l'avarice.

Le souvenir de ces abus a influé sur les dispositions du Code à ce sujet. Si le droit de former opposition aux mariages était autrefois trop étendu, il est aujourd'hui extrêmement resserré.

582. Nous examinerons,

₹ 1°. Les personnes qui peuvent former opposition aux mariages, et les causes qui peuvent motiver les oppositions;

2°. Les formes de ces oppositions et les conséquences de la violation de ces formes;

3°. Comment les oppositions sont jugées;

4°. A quels dommages et intérêts exposent des oppositions mal fondées.

On n'a point séparé l'indication des personnes qui ont le droit de former des oppositions à un mariage, des causes pour lesquelles on peut en former, parce que ces causes varient, et sont plus ou moins restreintes, suivant les personnes, et que c'est quelquefois la cause qui donne qualité à la personne de l'opposant, comme dans l'opposition fondée sur l'existence d'un premier mariage.

583. La faculté de s'opposer au mariage appartient,

1°. A l'époux de l'individu qui veut contracter un second mariage avant la dissolution du premier. (Art. 172).

On ne pouvait refuser à une personne engagée dans un mariage, la faculté de défendre son titre et de réclamer ses droits.

584. 2°. Nous avons vu que le mariage des mineurs est nul, s'ils n'ont pas obtenu le consentement de leurs ascendans, et que ceux-ci ne sont pas tenus de rendre compte des motifs de leur refus.

Les ascendans ont de plus le droit de former opposition au mariage de leurs enfans et descendans, même après la majorité de ceux-ci, et quelque âge qu'ils puissent avoir atteint.

Le droit des ascendans à cet égard est même illimité; il n'est point restreint à certaines causes particulières. Leur opposition doit toujours être admise, quand même leurs motifs n'y seraient pas énoncés, sauf aux futurs époux à déférer cette opposition aux tribunaux, qui ont le droit de la rejeter s'ils ne la trouvent pas bien fondée, sans néanmoins pouvoir prononcer de dommages et intérêts contre les ascendans.

Mais ce droit d'opposition n'est donné aux ascendans que graduellement, et à défaut les uns des autres : le père seul peut l'exercer; et, à son défaut, c'est-à-dire s'il est dans l'impossibilité physique ou morale d'agir, la mère seule; à défaut du père et de la mère, les aïeuls, et à défaut d'aïeuls, les aïeules.

585. A défaut d'aucun ascendant, le frère ou la sœur, l'oncle ou la tante, le cousin ou la cousine-germaine de l'un des époux, peuvent former opposition au mariage.

Ce droit n'est point accordé aux neveux et nièces, quoique plus proches parens que les cousins et cousines-germaines, parce qu'en droit, on considère les oncles ou tantes comme étant, avec leurs neveux et nièces, dans un rapport qui représente le degré de père et de fils. Or, pour déterminer les degrés qui donneraient le droit de former opposition, on s'est plus arrêté à la nature des rapports qu'à la proximité du degré.

Mais l'opposition du frère et de la sœur, et des autres collatéraux désignés dans l'art. 174, ne peut être reçue que dans deux cas seulement : 1°. lorsque le consentement du conseil de famille requis par l'art. 160 n'a pas été obtenu ;

2°. Lorsque l'opposition est fondée sur l'état de démence du futur époux. Cette opposition, *dont le tribunal peut prononcer main-levée pure et simple,* ne doit jamais être reçue qu'à la charge par l'opposant de provoquer l'interdiction et d'y faire statuer dans le délai fixé. (Art. 174).

Celui sur qui l'opposition est formée, peut se pourvoir de suite en main-levée, et l'opposant ne peut arrêter le cours de l'instance ; si la démence paraît supposée et n'être qu'un prétexte, le juge peut d'office faire comparaître la personne prévenue de démence, l'interroger et rejeter l'opposition, s'il la trouve mal fondée, en ordonnant qu'on passera outre à la célébration du mariage.

3°. Dans le cas où il serait nécessaire d'examiner à fond si l'allégation de démence est fondée, le juge doit fixer un délai dans lequel l'opposant sera tenu de faire statuer sur l'interdiction.

Il serait peut-être à désirer que, déférant au

vœu de la Cour de cassation, on eût étendu le
droit d'opposition accordé aux collatéraux, aux cas
d'empêchement provenant d'un premier mariage
subsistant, du défaut d'âge requis par la loi, et
même de parenté dans les degrés prohibés ; car
il vaut mieux appeler les oppositions que d'exposer
à des demandes en nullité. Nous verrons bientôt
quels sont les moyens qui restent pour empêcher
de pareils mariages.

586. 4°. Dans les deux cas précédens, c'est-à-
dire lorsque le consentement du conseil de famille
n'a pas été obtenu, ou lorsque l'opposition est
fondée sur l'état de démence du futur époux, le
tuteur ou le curateur peut, pendant la durée de
la tutelle ou de la curatelle, former opposition
au mariage du mineur, pourvu qu'il y soit autorisé par un conseil de famille qu'il peut convoquer.
(Art. 175).

587. « Tout acte d'opposition doit énoncer la
» qualité qui donne à l'opposant le droit de la for-
» mer ; contenir élection de domicile dans le lieu
» où le mariage devra être célébré (1), et les motifs
» de l'opposition ; les ascendans seuls sont dispen-
» sés d'énoncer leurs motifs. Ces trois formalités
» sont requises à peine de nullité et d'interdiction

---

(1) M. Defermon objecta au Conseil d'état que, dans l'exécution,
cette disposition pourrait rencontrer des difficultés, parce que les
opposans peuvent ignorer le lieu où le mariage sera célébré. Locré,
tom. III, pag. 246.

On lui répondit que les publications l'énoncent ; ce qui n'est pas
exact. *Voy.* l'art. 63.

« de l'officier ministériel qui aurait signé l'acte
» contenant opposition. (Art. 176) ».

588. « Les actes d'opposition doivent être si-
» gnés sur l'original et sur la copie par les oppo-
» sans, ou par leurs fondés de procuration spéciale
» et authentique; ils doivent être signifiés avec la
» copie de la procuration à la personne ou au do-
» micile des parties, et à l'officier de l'état civil,
« qui doit mettre son visa sur l'original. (Art. 66).

» L'officier de l'état civil doit faire sans délai
» mention sommaire des oppositions sur le registre
» des publications; il doit aussi faire mention en
» marge de l'inscription desdites oppositions; des
» jugemens ou des actes de main-levée, dont expé-
» dition lui aura été remise. (Art. 66).

» Il ne peut célébrer le mariage avant qu'on lui
» ait remis la main-levée de l'opposition, sous peine
» de 300ᶠ d'amende et de tous dommages et in-
» térêts. » (Art. 67).

589. L'expérience prouve que les retardemens
font souvent échouer les mariages. Il était donc
prudent d'abréger, pour les demandes en main-
levée des oppositions, les délais ordinaires de la
procédure : cette matière est regardée comme
très-célère. L'art. 177 veut que le tribunal de première instance prononce dans les dix jours sur les
demandes en main-levée des oppositions, qui, d'ailleurs, ne sont point soumises à l'essai de conciliation. (Art. 49 du Code de procédure).

Le jugement est sujet à l'appel : mais s'il y a
appel, il doit être statué dans les dix jours de la
citation. (Art. 178). Il faut remarquer que cet ar-

ticle ne déclare point l'instance périmée, faute
d'y être statué dans les dix jours, et que le délai
n'est qu'en faveur de ceux qui provoquent le mariage (1).

590. L'art. 179 soumet à des dommages et intérêts ceux qui succombent dans leur opposition,
à l'exception des ascendans, qui n'y peuvent jamais être condamnés : leur tendresse présumée
écarte d'eux tout soupçon de mauvaise foi, et fait
excuser leur erreur.

La quotité des dommages et intérêts est abandonnée à la prudence des juges ; elle dépend des
circonstances, et sur-tout du préjudice que l'opposition a pu causer aux parties intéressées : une
opposition mal fondée peut faire échouer un mariage. Il existe alors un grand préjudice qu'il faut
réparer.

591. On peut être étonné que le Code n'ait pas
mis le procureur du roi au nombre des personnes qui peuvent mettre des oppositions à un mariage, sur-tout lorsque la violation de l'empêchement qui motiverait l'opposition devient un délit, comme dans le cas de polygamie ou d'inceste.
La loi impose à ce magistrat (art. 184-190) l'obligation de faire prononcer la nullité de ces mariages, et de faire condamner les deux époux à se
séparer. La même obligation lui est imposée à
l'égard des mariages contractés avant la puberté.

---

(1) Arrêt de la Cour de cassation, du 4 novembre 1808, Sirey,
an 1808, pag. 57 et suiv.

Celui qui a le droit de faire annuler un mariage ne doit-il pas avoir, à plus forte raison, le droit de s'y opposer? Ne vaut-il pas mieux prévenir les délits que de les laisser commettre, pour avoir ensuite à les punir? Un tribunal pourrait-il rejeter l'opposition du ministère public, fondé, par exemple, sur ce que l'un des futurs époux n'a pas acquis l'âge requis par la loi?

592. Si ce droit de former opposition aux mariages n'est pas donné au ministère public, c'est peut-être parce qu'il peut, parce qu'il doit même, ainsi que toute personne quelconque, dénoncer à l'officier de l'état civil, les empêchemens qui s'opposent à la célébration d'un mariage proposé, et que cet officier doit refuser de célébrer le mariage, si la preuve de la réalité de l'empêchement lui est acquise.

La loi prononce même contre lui des amendes et d'autres peines plus fortes, telles que l'emprisonnement et la destitution (1), s'il célèbre un mariage sans que les conditions prescrites pour le contracter aient été observées, lorsqu'il a pu avoir connaissance de l'empêchement. S'il n'a pas été prononcé de peine contre lui dans les autres cas, c'est qu'il a pu ignorer les empêchemens; mais s'ils les a connus, s'il lui ont été dénoncés, et si les actes nécessaires pour les prouver lui ont été remis, il doit refuser de célébrer le mariage: il s'exposerait même au moins au blâme, en le

_____

(1) Art. 157, 192, 193, Code civil; décret du 11 juin 1808.

célébrant; car il est du devoir de tout homme public d'empêcher les violations de la loi, en tout ce qui concerne les fonctions dont il est chargé.

Ainsi, par exemple, quoique aucune personne, à l'exception des ascendans, qui sont dispensés de motiver leur opposition, ne puisse en fonder une sur le divorce, sur l'adultère, sur l'inobservation du délai de dix mois, depuis la dissolution d'un premier mariage, dans les cas ci-devant expliqués, si la preuve que ces empêchemens existent est remise à l'officier public, par quelque personne que ce soit, même étrangère à la famille, il est de son devoir de se refuser à la célébration du mariage.

Outre la voie d'opposition, accordée à un très-petit nombre de personnes, pour empêcher un mariage illégal, il reste donc la voie de remettre à l'officier de l'état civil la preuve de l'existence d'un empêchement légal.

CHAPITRE VI.

De la Preuve du mariage, des demandes en nullité des mariages, et de l'effet de la bonne foi dans les mariages, ou du mariage putatif.

593. Ce chapitre, qui contient des dispositions sur la preuve des mariages et sur leur nullité, se divise naturellement en deux sections, l'une de la preuve du mariage, l'autre des demandes en nullités de mariage; et comme l'effet des nullités cesse par la bonne foi des époux, ou de l'un d'eux, nous ajouterons une troisième section sur l'effet de la bonne foi dans les mariages.

SECTION PREMIÈRE.

De la Preuve du mariage.

SOMMAIRE.

594. *En général, la preuve d'un mariage se tire des registres de l'état civil.*

595. *La possession d'état ne dispense pas les époux de représenter l'acte de célébration de leur mariage.*

596. *Les enfans en sont dispensés sous trois conditions; renvoi.*

597. *Ce que c'est que la possession d'état.*

598. *Elle sert à corroborer l'acte de célébration du mariage, et à en couvrir les vices.*

599. *Les époux sont dispensés de représenter cet acte, lorsqu'il n'existe point de registres ou qu'ils sont perdus,*

600. *Et lorsque la preuve du mariage est acquise par le résultat d'une procédure criminelle.*

594. En général, la preuve du mariage se tire des registres publics où est inscrit l'acte de célébration, *et nul ne peut* « réclamer le titre d'époux » et les effets civils du mariage, s'il ne représente » un acte de célébration, inscrit sur le registre de » l'état civil. » (Art. 194).

Nous n'adoptons point les principes de la jurisprudence romaine, suivant laquelle la longue cohabitation, l'honneur que le mari avait rendu à celle qu'il disait être sa femme ; le bruit public, l'opinion des voisins, paraissaient des preuves suffisantes pour établir l'existence et la certitude des mariages. Le Code exige la représentation d'un acte de célébration.

Cette disposition est conforme à l'article 7 du titre 20 de l'ordonnance de 1667, qui, néanmoins, ne restreignait pas aussi impérieusement la preuve des mariages aux registres de l'état civil, que le fait notre art. 194, conçu en termes prohibitifs.

595. La règle est si rigoureuse, que la possession d'état même ne peut dispenser les prétendus époux de représenter l'acte de célébration de mariage devant l'officier de l'état civil (art. 195), non seulement lorsqu'ils voudraient opposer cette possession à des tiers, mais encore lorsqu'ils voudraient se l'opposer respectivement l'un à l'autre.

Il n'est pas rare de voir, dans les grandes villes, des individus qui, sans être mariés, se font, par rapport au mariage, une sorte de possession d'état; quelquefois même ils la corroborent par un contrat de mariage, et sur-tout par les qualités qu'ils prennent dans les actes.

Ne pas sévir contre eux, ce serait faciliter et autoriser le concubinage. Les époux ne pouvant jamais ignorer où ils se sont mariés, il est juste d'exiger d'eux l'acte même de leur mariage. Ces motifs ne permettent d'admettre aucune exception en faveur des époux.

596. Il n'en est pas ainsi des enfans, qui peuvent ignorer le lieu où le mariage de leurs père et mère a été célébré. L'art. 197 les dispense de représenter cet acte de célébration pour prouver leur légitimité; mais il exige trois conditions.

La première, que les deux époux soient décédés;

La seconde, qu'il y ait possession d'état de la part des père et mère;

La troisième, que l'acte de naissance des enfans soit conforme à cette possession.

Nous reviendrons sur cette matière, au chapitre des preuves de la filiation des enfans légitimes.

579. On entend, en général, par possession d'état, la notoriété qui résulte d'une suite non interrompue de faits tendant à prouver l'état dont une personne a joui dans la société et dans la famille.

Ainsi, deux personnes qui ont toujours vécu publiquement comme mari et femme, et qui ont passé pour tels, sans contradiction, ont la possession de l'état de mari et femme.

598. Si cette possession ne suffit pas pour suppléer l'acte de célébration de mariage, et pour dispenser de le représenter, elle sert à le corroborer et à en couvrir les vices. « Lorsqu'il y a pos- » session d'état, et que l'acte de célébration du » mariage devant l'officier civil est représenté (quel- » que vicieux que puisse être cet acte, quand » même il ne serait inscrit que sur une feuille vo- » lante), les époux sont respectivement non rece- » vables à demander la nullité de cet acte ('ar- » ticle 196) », à l'exception des cas où la loi leur permet expressément de former cette demande ; par exemple, dans les cas d'inceste et de bigamie, comme nous le verrons bientôt.

599. Les époux ne sont dispensés de représenter l'acte de leur mariage que dans le seul cas de non existence des registres prévu par l'art. 46, qui veut que, lorsqu'il est constaté que les registres ont été perdus, ou qu'il n'en a pas existé, les mariages puissent être prouvés, tant par témoins que par les registres et papiers émanés des pères et mères décédés, comme nous l'avons vu au chap. 6, des actes de l'état civil, *suprá*, n°.346. Il en est de même, si les registres sont corrompus ou incomplets, *ibid.*

Mais s'il existe des registres en bonne forme et sans lacune, à l'époque où le mariage a dû être

célébré , et que les époux prétendent que l'acte
de célébration de leur mariage y a été omis , les
commencemens de preuve par écrit, ni les papiers émanés des pères et mères décédés , ne suffiraient pas, dans une action intentée au civil ,
pour faire admettre la preuve testimoniale de la
célébration d'un mariage , comme nous l'avons dit
au même endroit, n°. 353.

Si l'acte de célébration n'a pas été inscrit sur
les registres, c'est une faute que les parties doivent s'imputer. L'officier civil en commet une à la
vérité, lorsqu'il oublie ou néglige d'inscrire l'acte
de célébration d'un mariage sur son registre, mais
cette faute est commune avec les parties contractantes.

600. Cependant, s'il y avait fraude de sa part ;
par exemple si, au lieu d'inscrire l'acte de célébration sur le registre de l'état civil, il l'avait inscrit sur un autre registre ou sur des feuilles volantes qu'il eût supprimées; en un mot, s'il avait
omis frauduleusement d'inscrire l'acte de célébration sur le registre , cette fraude donnerait
aux époux, ainsi qu'à tous ceux qui ont intérêt
de faire déclarer le mariage valable, et même au
commissaire du Gouvernement, le droit de poursuivre criminellement l'officier civil, pour crime
de suppression d'état. La même action aurait lieu
contre ceux qui auraient altéré ou falsifié le registre; et si, par le résultat de cette procédure
criminelle, la preuve de la célébration légale du
mariage se trouvait acquise, l'inscription du jugement sur les registres de l'état civil assurerait au

mariage tous les effets civils, à compter du jour de sa célébration. (Art. 198, 199).

Si l'officier civil était décédé lors de la découverte de la fraude, l'action pourrait être dirigée au civil, contre ses héritiers. Mais dans la crainte d'une collusion possible entre eux et les personnes qui chercheraient à se procurer, par ce moyen, la preuve de la célébration d'un mariage, le Code veut que l'action ne puisse être suivie que par le procureur du roi, sur la dénonciation et en présence des parties intéressées. (Art. 200).

SECTION II.

Des Demandes en nullité des mariages.

SOMMAIRE.

609. *Examen de chaque nullité en particulier. Du défaut de consentement des époux.*

610. *De la ratification expresse ou tacite en ce cas.*

611. *Le mineur dont le consentement n'a pas été libre, peut former la demande en nullité, et elle ne peut l'être sans son aveu, ni après sa mort.*

612. *La nullité qui résulte du défaut de consentement des parens n'est pas relative.*

613. *Quelles personnes peuvent la proposer.*

614. *Elle ne peut plus l'être, quand il y a eu ratification expresse ou tacite.*

615. *Les mineurs ne peuvent attaquer leur mariage, lorsqu'il s'est écoulé un an depuis qu'ils ont atteint l'âge compétent. Explication de l'art. 183.*

616. *La ratification tacite a la même force que la ratification expresse.*

617. *Mais le simple silence n'est pas une ratification, à moins qu'il n'ait duré un an depuis que l'époux a acquis l'âge compétent.*

618. *La ratification de l'époux ne peut être opposée à ses parens.*

619. *Et celle des parens peut être opposée à l'époux mineur.*

620. *Du défaut d'âge requis pour le mariage.*

621. *Cette nullité est couverte par le laps de six mois, depuis que les époux ont acquis l'âge compétent.*

622. *Ou s'il y a eu ratification, tacite avant l'expiration des six mois.*

623. *Par qui peut être proposée la nullité résultant du défaut d'âge compétent.*

624. *Il peut être dû des dommages et intérêts à l'époux dont le mariage est déclaré nul, parce qu'il n'a pas l'âge compétent.*

625. *Les parens qui ont consenti au mariage d'un impubère, ne peuvent attaquer le mariage.*

626. Quid *des ascendans du pubère qui a épousé une impubère ?*

627. *Des collatéraux ou des enfans d'un premier mariage.*

628. *Et du ministère public.*

629. *La nullité d'un mariage entaché du vice de bigamie, est perpétuelle et ineffaçable.*

63o. *Mais la condition des enfans nés avant ou depuis la dissolution du premier mariage est différente.*

63i. *Les enfans nés depuis peuvent être reconnus et même légitimés.*

632. *Par qui la nullité peut être proposée.*

633. *Si les ascendans peuvent la proposer.*

634. *Elle peut l'être par l'époux au préjudice duquel le mariage a été contracté.*

635. *Elle peut l'être par le ministère public, et quand son action cesse.*

636. *Les collatéraux et les enfans d'un premier mariage ne peuvent la proposer du vivant des époux.*

637. *Si la nullité du premier mariage est proposée, elle doit être préalablement jugée.*

638. *De la nullité qui résulte de l'inceste.*

639. *Le consentement des parens ou leur approbation ne les rend pas non recevables à attaquer ces mariages, ni les mariages entachés du vice de bigamie.*

640. *De la nullité qui résulte du défaut des qualité requises.*

641. *Il n'y a que deux formalités essentielles qui entraînent la nullité du mariage.*

642. *Qu'est-ce qu'un mariage contracté publiquement ? Et si le mariage peut être célébré ailleurs qu'en la maison commune.*

643. *Si le mariage serait nul, par cela seul qu'il n'y avait pas quatre témoins.*

644. *De l'incompétence de l'officier de l'état civil.*

645. *Par qui peut être proposée la nullité résultant du vice de clandestinité.*

601. Si on attaque comme nul un mariage dont la preuve est représentée, il faut en faire juger la nullité ; car le mariage n'est jamais nul de plein droit ; il y a toujours un titre et une apparence qu'il faut détruire, une question à décider par le juge qui doit appliquer le droit au fait. La cause de nullité peut être fausse, la nullité peut être couverte. Le cas même d'un acte faux où l'on supposerait un consentement ou un mariage qui n'a pas existé, doit être déféré à la justice, parce que la foi est due au titre, jusqu'à ce qu'il soit déclaré faux.

Il ne suffit donc pas que la loi prononce les nullités ; il faut qu'elles soient jugées.

Les nullités résultent de l'inobservation des conditions ou des formalités requises pour contracter mariage ou pour le célébrer.

Mais cette inobservation n'entraîne pas toujours la nullité du mariage, et lors même qu'il est nul, toutes personnes ne sont pas admises à proposer la nullité ; celles qui y sont admises ne le sont pas toujours. Le repos des enfans, la tranquillité des familles, le laps de tems et d'autres circons-tances, peuvent élever des fins de non-recevoir as-sez puissantes pour couvrir les nullités; la bonne foi peut en détruire les effets.

602. Nous avons donc à examiner quelles sont les causes de nullité des mariages, quelles per-sonnes peuvent les proposer, et dans quel tems; combien il y a d'espèces de nullités, et comment elles peuvent être couvertes; quels en sont les ef-fets, comment ils peuvent cesser.

6o3. Mais auparavant, il faut rappeler quel-ques principes généraux d'où dérivent la plupart des dispositions de ce chapitre. On proposa même d'insérer ces principes dans le Code; mais le Con-seil d'état pensa qu'il convenait mieux au législa-teur de les *supposer,* que de surcharger la loi de définitions et de distinctions dont le développe-ment convient mieux à l'école.

6o4. D'abord, un mariage peut être attaqué ou pendant la vie de celui qui l'a contracté, ou après sa mort (1).

Pendant sa vie, deux sortes de personnes ont seules le droit d'en faire prononcer la nullité. Les unes sont les parties mêmes entre lesquelles ce lien a été formé, ou l'époux au préjudice duquel

(1) D'Aguesseau, tom. II, pag. 169; tom. III, pag. 15o et 155; tom. IV, pag. 97 et 99; tom. V, pag. 68.

a été contracté un second mariage. Les autres sont les pères et mères, les tuteurs et curateurs autorisés par le conseil de famille. Comme ministres de la loi, comme dépositaires de son pouvoir en tout ce qui regarde la conduite des fils de famille et des mineurs, les parens peuvent venger en même tems et l'offense publique et leur injure particulière.

Mais les collatéraux que la loi n'a point individuellement revêtus de cette espèce de caractère public, qui est une image de la puissance du magistrat, ne peuvent jamais faire entendre leurs voix devant le tribunal de la justice, jusqu'à ce que la mort de celui dont ils veulent contester le mariage, ait ouvert la bouche à leurs plaintes.

Ce n'est pas qu'ils acquièrent après sa mort une autorité qu'ils n'ont point eue pendant sa vie ; mais comme l'intérêt des parties est la seule règle qui détermine la capacité qu'elles ont d'intenter une action, on juge qu'ils sont capables d'attaquer son mariage, parce qu'ils ont alors un intérêt sensible à le détruire.

Enfin, le ministère public ou le procureur du roi, vengeur né de toutes les offenses faites à la loi, peut et doit, quand elle a été violée dans un point qui blesse l'ordre public, faire prononcer la nullité du mariage.

605. Mais comment ceux qui peuvent attaquer les mariages peuvent-ils user de ce droit? Il faut distinguer.

- Il y a deux sortes de nullités : les unes, qu'on appelle relatives, parce qu'elles ne sont établies qu'en faveur de certaines personnes, parce qu'elles perdent toute leur force et deviennent impuissantes, lorsqu'elles sont proposées par d'autres. Lorsque ces personnes, par quelque motif particulier, ne sont plus en état de les proposer, le mariage est comme validé (1), non qu'il soit exempt de vice, mais par le défaut de droit dans ceux qui voudraient le faire annuler : *Non jure proprio, sed defectu juris alieni.*

On en trouve des exemples dans un père qui a approuvé un mariage ou expressément ou par un long silence.

Il y a d'autres nullités qu'on appelle absolues, parce qu'elles peuvent être proposées par tous ceux qui ont intérêt d'attaquer le mariage.

606. Mais il ne faut pas croire, comme le mot semble l'indiquer, que rien ne soit capable d'effacer le vice des mariages où il se rencontre des nullités absolues.

Ces nullités se subdivisent en deux espèces.

Les unes sont irréparables ; elles sont absolues dans toute la force du terme.

Les autres, de même que les nullités relatives, peuvent être couvertes par le tems, par la possession, par la naissance des enfans, par l'appro-

---

(1) D'Aguesseau, tom. III, pag. 150.

bation expresse ou tacite des parties intéressées à les faire valoir.

Si la majesté des lois semble exiger qu'elles soient observées à la rigueur, que l'on déclare nuls les mariages contraires à leurs dispositions, qu'on assure leur autorité par des exemples, le but même que les lois se proposent, qui est la tranquillité publique et le repos des familles, s'oppose à ce qu'on rompe un mariage paisible pour le simple défaut de conditions qui ne sont pas essentielles, ou qui peuvent être réparées.

607. Il existe une grande différence entre les conditions prescrites pour contracter mariage.

Les unes ont pour objet direct et principal l'intérêt public et le maintien du bon ordre. Elles sont pour tous les lieux, pour tous les tems, pour toutes les personnes; leur omission ne peut être réparée ni couverte.

Les autres ont pour objet principal l'intérêt particulier, soit des contractans, soit des tiers. Elles ne sont nécessaires qu'en certain tems, à l'égard de certaines personnes et dans certaines circonstances. Elles sont plutôt des précautions salutaires que des conditions essentielles; et, quoique la loi puisse déclarer un mariage nul dans son principe, par le défaut de ces conditions, qu'elle établit, leur omission peut néanmoins être couverte ou réparée. Ce qui était nul dans son principe, se ratifie par la suite, et l'on n'applique point au mariage la règle catonienne, qui n'a lieu que dans les testamens : *Quod ab initio vitiosum est, non potest tractu temporis convalescere* (1).

Les fins de non-recevoir ont donc lieu en matière de mariage, et sur-tout après la mort des conjoints.

608. Il y a bien de la différence entre examiner un mariage qui subsiste encore, et un mariage que la mort a séparé.

Dans le premier cas, on ne peut apporter trop de précautions pour discuter les nullités, parce qu'il est encore tems de les réparer : on s'arrête donc difficilement aux fins de non-recevoir.

Mais quand la mort a rendu toute réhabilitation impossible, et qu'il ne s'agit plus que de l'état d'un des conjoints, et sur-tout des enfans, les fins de non-recevoir ont plus de poids; elles sont plus facilement admises.

Quand on voit d'un côté un mariage confirmé par une possession tranquille, suivi de la naissance de plusieurs enfans, dont la mort seule a interrompu le cours. sans que jamais le mari ou la femme, leurs pères ou mères, aient fait la moindre démarche pour en rompre les nœuds; et que, d'un autre côté, on voit les collatéraux avides et intéressés venir, après la mort de l'un ou de l'autre des époux, troubler le repos de ses cendres, et attaquer un mariage qui a subsisté pendant long-tems aux yeux de la famille et du public, et qu'ils

_____

(1) D'Aguesseau, tom. II, pag. 171; tom. III, pag. 150; tom. IV, pag. 99.

ont peut-être eux-mêmes approuvé par leur conduite, la justice alors rejette leurs plaintes avares
avec une juste indignation, et leur impose un silence perpétuel, en les déclarant non recevables.

Tels sont les motifs et l'origine de la distinction
des nullités absolues en deux espèces.

Rien ne saurait couvrir les unes; telle est la nullité qui résulte de l'inceste, de la bigamie, et il
y aurait, au contraire, plus de scandale à faire
valoir les autres qu'à les dissimuler : il y aurait
un mal réel à troubler la paix des ménages et des
familles, pour de simples omissions de forme.

Les nullités même dont le vice ne peut être couvert, telles que celles qui résultent de l'inceste,
la bigamie, etc., peuvent perdre leur effet par la
bonne foi des contractans ou de l'un d'eux, lorsqu'un mariage a été contracté dans l'ignorance
des vices qui le font déclarer nul. Quant aux nullités relatives, elles peuvent toutes être couvertes
par le tems, ou par l'approbation expresse ou tacite des parties intéressées à les faire valoir.

609. Après avoir établi la théorie de la matière,
nous allons parcourir les différentes espèces de
nullités, et voir quand et par qui chacune d'elles
peut être proposée.

1°. La nullité qui résulte du défaut de consentement des deux époux, ou de l'un d'eux, est une
nullité relative qui ne peut être proposée que par
les époux, ou par celui dont le consentement n'a
pas été libre, ou qui n'a pas été induit en erreur.
(Art. 180).

Car celui qu'on suppose violenté ou trompé,

peut seul juger s'il y a réellement eu erreur ou violence, ou si un acquiescement postérieur de sa part n'a point effacé le vice qui avait infecté le consentement dans son principe; car, ce qu'on a fait d'abord par crainte ou par erreur, on peut dans la suite le ratifier par raison ou par choix.

Il suffit même d'une ratification tacite, qui est présumée de droit, toutes les fois qu'il y a eu co-habitation continuée pendant six mois, depuis que l'époux a acquis sa pleine liberté, ou que l'erreur a été par lui reconnue.

610. Le vice du consentement ne peut être effacé pendant que dure l'erreur ou la violence : ce n'est qu'après qu'elles ont cessé, que le mariage peut être ratifié, soit expressément, soit tacitement.

La ratification expresse produit son effet de suite, et du moment qu'elle est faite; le vice originaire est effacé, et le mariage devient inattaquable.

Mais la ratification tacite qui résulte de la cohabitation a paru équivoque. Le Code exige par cette raison, non seulement qu'elle soit continuée, mais qu'elle le soit pendant six mois : ce n'est qu'après ce délai que la demande en nullité n'est plus recevable. La survenance même d'un enfant, arrivée avant son expiration, n'équivaudra point à une ratification expresse, car il serait censé conçu avant la cessation de la violence ou de l'erreur. Ainsi, *quoiqu'il soit légitime* (1), son exis-

_____
(1) Cambacérès, dans Locré, tom. III, pag. 317, édition in-8°.

tence n'est pas une preuve que l'époux violenté
ou trompé ait expressément ratifié le mariage. Elle
ne serait pas une fin de non-recevoir contre la demande en nullité, formée dans les six mois (1).

611. Au reste, le droit de former cette demande
appartient à l'époux mineur, aussi bien qu'au majeur (2); mais il n'appartient qu'à lui seul : ses
père, mère, aïeuls ou aïeules, ne pourraient la
former (3); et s'il meurt avant de l'avoir formée,
quoiqu'encore mineur, dans le délai de six mois,
son droit ne passe point à ses héritiers (4). Si la
partie trompée ou violentée peut seule juger s'il y
a eu violence ou erreur, et savoir si ce vice primitif n'a pas été effacé par un consentement postérieur, on ne peut écouter ses héritiers, lorsqu'elle est morte sans réclamer.

612. 2°. La nullité qui résulte du défaut de consentement des pères et mères, des ascendans ou
du conseil de famille, dans les cas où le consentement est nécessaire, est aussi une nullité relative,

(1) Ainsi décidé deux fois par le Conseil d'état, *ibid.* ; et cette décision est conforme aux principes.

(2) Cela résulte de l'art. 181, dont la rédaction fut même changée
exprès. Locré, *ibid.*, pag. 310.

(3) C'est ce qui résulte du changement de rédaction fait au Conseil
d'état. La première rédaction portait que la nullité pourrait être invo-
quée, soit par les époux, *soit par leurs père, mère, aïeul ou aïeule.* Cette
phrase fut supprimée. Locré, tom. III, pag. 305.

(4) Art. 180-184; Locré, pag. 307.

qui ne peut être proposée que par ceux dont le consentement était requis, ou par celui des deux époux qui avait besoin de ce consentement. (Article 182).

613. Il résulte de cet article que c'est l'ascendant, dont le consentement était requis au moment où le mariage a été contracté, qui peut seul, à l'exclusion de tous les autres, proposer la nullité. Cet ascendant venant à mourir avant de l'avoir proposée, son droit ne passe point aux autres, qui n'ont point à venger l'injure faite à leur autorité méprisée.

Il en résulte encore qu'aucun des collatéraux n'a, individuellement, le droit de proposer la nullité; ce droit n'appartient qu'au conseil de famille; le tuteur même n'a pas ce droit, si ce n'est comme délégué de la famille, et comme exécuteur de sa délibération.

Si l'époux venait à décéder avant que le conseil de famille eût pris sa délibération, la demande en nullité ne pourrait plus être formée en son nom; car, un individu mort n'a plus ni conseil de famille, ni tuteur : il paraît donc qu'en ce cas le décès du mineur couvre la nullité.

L'indifférence des ascendans ou de la famille, ne doit pas priver du bénéfice de la loi celui des deux époux qui avait besoin de leur consentement. Si les plaintes d'un mineur qui a été surpris dans une convention peu importante, sont écoutées favorablement, on doit, à plus forte raison, lui accorder la même faveur, lorsqu'il demande à être restitué contre l'aliénation qu'il a faite de tous ses biens et de sa personne (1).

Tel est le motif de la demande en nullité que le Code l'autorise à former. (Art. 182).

614. Mais l'action en nullité ne peut être intentée, lorsque le mariage a été approuvé ou ratifié, soit expressément, soit tacitement, par les parens dont le consentement était requis (art. 183), car la ratification tacite, pourvu qu'elle soit certaine, a les mêmes effets et la même force que la ratification expresse.

Elle est expresse, quand elle est consignée dans des actes publics ou même privés, qui ont pour objet d'approuver le mariage.

Elle est tacite, lorsqu'elle résulte d'actions ou même d'écrits qui supposent nécessairement l'approbation du mariage; par exemple, lorsqu'un père, pardonnant l'injure faite à son autorité, reçoit, dans sa maison, son gendre ou sa bru, les traite comme ses enfans et leur donne ce nom, soit dans sa famille et dans les sociétés, soit dans les lettres qu'il leur écrit, soit lorsqu'il a souscrit l'acte de naissance d'un enfant né de ce mariage (2).

615. Les mineurs ne peuvent, suivant l'art. 183, attaquer leur mariage contracté contre le gré de

---

(1) D'Aguesseau, tom. II, pag. 462.

(2) Ainsi jugé dans le cas d'un enfant dont le grand-père avait été parrain. Pothier, du Mariage, n.° 446.

ceux dont ils en devaient obtenir le consentement, lorsqu'il s'est écoulé une année depuis qu'ils ont atteint l'âge compétent *pour consentir par eux-mêmes au mariage.* Façon de parler qui peut paraître équivoque à l'égard des garçons; car, suivant l'art. 160, lorsqu'ils n'ont point d'ascendans, ils sont capables de consentir par eux-mêmes au mariage à l'âge de vingt-un ans accomplis; au contraire, s'ils ont des ascendans, ils ne peuvent, sans leur consentement, contracter valablement mariage avant vingt-cinq ans, suivant l'art. 148. On peut donc demander si l'âge auquel les garçons peuvent attaquer leur mariage, varie suivant qu'ils ont ou qu'ils n'ont pas d'ascendans.

La raison de douter est que le prolongement de la minorité dans les garçons jusqu'à vingt-cinq ans, à l'égard du mariage, ne paraît relatif qu'à l'intérêt des ascendans, puisqu'aussitôt qu'ils sont morts, les garçons peuvent se marier à vingt-un ans : ajoutez que la ratification de l'époux ne peut être opposée qu'à lui seul, et nullement à ses ascendans. Ce ne serait donc qu'en invoquant le droit des tiers qu'il pourrait attaquer son mariage, malgré la ratification qu'il aurait faite après vingt-un ans.

D'un autre côté, on peut dire que si tel était le sens de l'art. 183 , il eût été plus court de dire simplement que l'action en nullité ne peut plus être intentée après le silence d'une année, depuis que l'époux a atteint l'âge de vingt-un ans accomplis, et qu'en disant depuis qu'il a atteint l'âge

compétent *pour consentir par lui-même au mariage,*
on est censé renvoyer à l'art. 148, aussi bien qu'à
l'art. 160 : d'où résulterait que le mari pourrait
attaquer, jusqu'à vingt-six ans, le mariage contracté sans l'aveu de ses ascendans. Nous ne sau-
rions croire que telle ait été l'intention du législateur, ni que ce soit le sens de l'art. 183.

616. La ratification tacite de l'époux mineur,
parvenu à sa majorité, a la même force que la ratification expresse, pourvu qu'elle soit certaine et
non équivoque. On ne peut appliquer à ce cas ce
que nous avons dit concernant la ratification du
mariage contracté par contrainte ou par erreur,
à l'égard duquel la cohabitation, quoique posté-
rieure à l'époque où l'époux a acquis sa liberté ou
découvert l'erreur, a paru un signe équivoque de
ratification, à moins qu'elle ne soit continuée
pendant six mois.

Dans le cas du mariage contracté en minorité,
on suit la règle générale, suivant laquelle le mineur
n'est plus recevable à revenir contre l'engagement
qu'il a pris, lorsqu'il l'a ratifié en majorité (article 1311); et au défaut d'acte de ratification, il
suffit que l'obligation soit exécutée volontairement
à l'époque où elle pouvait être valablement rati-
fiée.

Ainsi, la cohabitation volontaire, depuis la majorité, serait considérée comme une ratification
du mariage contracté en minorité, et formerait
une fin de non-recevoir contre l'époux qui voudrait l'attaquer; autrement, il faudrait dire que

la naissance d'un enfant, dix mois après la majorité de l'époux, ne l'empêcherait pas de former la demande en nullité du mariage contracté en minorité, ce qui serait absurde.

617. Mais le simple silence que l'époux garde depuis sa majorité, lorsque d'ailleurs il n'a fait aucun acte qui suppose l'approbation de son mariage, ne suffit pas pour en opérer la ratification, s'il a duré moins d'une année. C'est dans ce sens que l'art. 183 dit que l'époux n'est plus recevable à intenter l'action en nullité, lorsqu'il s'est écoulé une année sans réclamation, depuis qu'il a atteint l'âge compétent. Un silence aussi long-tems prolongé équivaut à une approbation.

618. La ratification de l'époux devenu majeur, ne peut être opposée aux parens dont l'autorité a été méprisée. Il en est résulté pour eux un droit que le fait seul de l'époux ne peut leur ôter. Ils ne sont privés de l'exercer que lorsqu'ils ont expressément ou tacitement approuvé le mariage, ou bien lorsqu'il s'est écoulé une année sans réclamation de leur part, depuis qu'ils ont eu connaissance du mariage.

619. Au contraire, l'approbation de ceux dont le consentement était nécessaire au mariage, peut être opposée aux époux, et les rend non recevables à attaquer le mariage contracté en minorité, parce qu'au moyen de cette approbation, il n'existe plus aucun vice dans le mariage.

620. 3°. Quoique l'art. 184 rassemble, dans une seule disposition, les trois nullités qui résultent

du défaut d'âge, d'un premier mariage subsistant, de la parenté ou de l'affinité, il y a néanmoins de grandes différences entre elles : la première est temporaire de sa nature; il n'en est pas ainsi des deux autres.

La prohibition du mariage, avant l'âge fixé par la loi, n'est qu'une précaution sage, nécessaire pour empêcher les individus de se nuire à eux-mêmes et à leur postérité, par des unions prématurées; elle est fondée sur la présomption qu'ils n'ont point encore atteint l'âge fixé par la nature. Si la réalité dément la présomption, l'objet de la loi est rempli; la cause qui produirait la nullité ne subsistant plus, l'effet ne doit pas survivre à la cause; ainsi, la demande en nullité n'est pas recevable, lorsque la femme qui n'avait point l'âge requis a conçu avant l'époque fixée pour la réclamation. (Art. 185).

Il est à remarquer que c'est à ce seul cas que l'art. 185 limite cette fin de non-recevoir. On ne peut donc pas l'étendre au cas où la femme pubère, mariée à un impubère, a conçu avant l'époque fixée par la réclamation. Le projet de Code, rédigé par la commission, n'avait pas fait cette distinction. La généralité de sa disposition étendait la fin de non-recevoir à ce dernier cas, aussi bien qu'au premier; mais on craignit d'ouvrir à la femme pubère le moyen de maintenir, par un crime, le mariage illégal contracté avec un mari impubère, et voilà pourquoi l'art. 185 n'admet l'exception, pour cause de grossesse, que dans le cas où la femme devenue enceinte est celle qui, au moment du mariage, n'avait pas atteint l'âge compétent.

Mais il n'exige point que la femme ait conçu avant la réclamation; il suffit que la conception survienne dans le délai donné, pour former la demande en nullité, quand même elle surviendrait pendant la litispendance (1).

Le projet de Code portait que la demande en nullité de mariage n'est pas recevable, « lorsque » la femme aura conçu avant l'époque de la récla- » mation. »

L'art. 185 porte, au contraire : « Lorsque la » femme qui n'avait point l'âge compétent a conçu » *avant l'échéance* de six mois, » depuis qu'elle et son mari, s'il était aussi impubère lors du mariage, ont atteint l'âge compétent.

---

(1) Locré, tom. III, pag. 379. Cette fin de non-recevoir peut rendre inutile la demande en nullité formée par les ascendans ou par le ministère public. L'épouse impubère pourra toujours soutenir qu'elle est enceinte, et les juges ne pourraient, pour vérifier son allégation, ordonner qu'elle serait visitée : cette mesure répugnerait à la décence et à nos mœurs.

Ordonnerait-on que l'épouse qui se dit enceinte sera provisoirement séparée de son mari, pour prononcer définitivement, après dix mois révolus, sur la demande en nullité, par argument des art. 228 et 316 ?

Il semble difficile d'admettre une séparation provisoire des deux époux qui sont d'accord, uniquement pour s'assurer si le motif de les séparer, et de prononcer la nullité de leur mariage, est encore existant.

Cependant cette mesure de séparation provisoire paraît conforme à la lettre de l'art. 190, qui ordonne au procureur du roi de demander la nullité du mariage, et de faire condamner les époux à se séparer. Elle est aussi conforme à l'esprit des dispositions du Code, qui n'a défendu le mariage avant l'âge fixé par la loi, que pour empêcher les individus de détruire leur santé par des unions prématurées.

621. Car, suivant le même article, « le ma-
» riage contracté par des époux qui n'avaient
» point encore l'âge requis, ou dont l'un des deux
» n'avait point atteint cet âge, ne peut plus être
» attaqué, lorsqu'il s'est écoulé six mois depuis
» que cet époux ou les époux ont atteint l'âge com-
» pétent. »

622. Mais si, avant l'expiration de ce délai,
l'époux devenu pubère avait ratifié le mariage par
une approbation expresse ou tacite, par exemple,
par la continuation de la cohabitation, le mariage
ne pourrait plus être attaqué. Il en résulte alors
un nouveau consentement tacite, que les parties
donnent à leur mariage, dans un tems où elles
sont devenues capables de le contracter : *Minorem
annis duodecim nuptam, tunc legitimam uxorem fore,
cùm apud virum explesset duodecim annos. Loi* 4,
ff de R. n.

Si, au contraire, il n'existe aucune ratification,
ni expresse ni tacite; par exemple, si les époux se
sont séparés sans s'être réunis depuis la puberté
survenue, c'est alors que le Code donne un délai
de six mois pour former la demande en nullité.

623. Suivant l'art. 184, elle peut l'être, soit par
les époux eux-mêmes, soit par tous ceux qui y ont
intérêt, soit par le ministère public.

Cet article ne fait aucune distinction entre les
époux. Ainsi, la demande en nullité est admise,
même de la part de celui des époux qui avait, au
moment du mariage, l'âge requis pour le contracter.

Le projet de Code en avait même une disposition spéciale, qu'on ne retrouve pas à la vérité dans le Code; mais on a rédigé l'art. 134 dans
les termes les plus généraux, en donnant le droit
de proposer la nullité, non seulement aux deux
époux sans distinction, mais encore à tous ceux
qui y ont intérêt; expressions qui comprennent
l'autre époux.

624. Le projet de Code ajoutait, sauf les dommages et intérêts qui peuvent être dus à l'autre
époux. Cette disposition, qui n'a point été rejetée,
est fondée sur l'équité. Si la simple inexécution
d'une promesse de mariage peut soumettre à des
dommages et intérêts celui qui refuse de l'accomplir, on doit, à plus forte raison, y condamner le
mari qui, par inconstance ou légèreté, provoque
la nullité du mariage qu'il a contracté avec une
fille impubère.

625. Il est évident que les ascendans, et même
le tuteur autorisé par le conseil de famille de l'é-
poux qui s'est marié avant l'âge requis, peuvent
attaquer le mariage contracté sans leur consentement : il se rencontre en ce cas deux causes de
nullité. Mais s'ils y ont consenti, ils ne sont plus
recevables à proposer la nullité résultant du défaut
d'âge. (Art. 186).

626. Quant aux ascendans de l'époux pubère
qui a épousé un impubère, il n'existe, dans le
Code, aucune disposition qui les autorise à attaquer le mariage. Le projet de Code les y autorisait formellement; mais la section de législation

proposa au Conseil d'état une rédaction (1) qui n'autorisait les ascendans à demander la nullité du mariage, que dans les cas où il a été contracté avant la dissolution d'un premier, ou entre parens ou alliés aux degrés prohibés. Ce silence gardé sur les mariages contractés avant l'âge requis, semblait refuser aux ascendans le droit de les attaquer.

Mais cette rédaction ne fut point adoptée, et le Conseil se réduisit à la formule générale de l'article 184, « Le mariage peut être attaqué par tous » ceux qui y ont intérêt ». Expressions sous lesquelles il est difficile de comprendre les ascendans de l'époux majeur qui a épousé une impubère, quand on les compare avec celles de l'art. 191, qui mettent nominativement les ascendans au nombre de ceux qui peuvent attaquer un mariage clandestin, quoiqu'il donne aussi ce droit à tous ceux qui y ont un intérêt né et actuel.

627. Quant aux héritiers collatéraux des époux, et aux enfans que l'un d'eux pourrait avoir d'un précédent mariage, ils ne peuvent, suivant l'article 187, former l'action en nullité du vivant des deux époux, mais seulement après que l'un d'eux est mort, parce que c'est alors seulement que les héritiers ont un intérêt né et actuel de faire prononcer la nullité du mariage. Mais, suivant l'article 186, ils seraient non recevables dans leur de-

---

(1) *Voy.* Locré, tom. **III**, pag. 358, édition in-8°.

mande, s'ils avaient consenti au mariage; et il semble que sa disposition doit s'appliquer au cas d'une simple approbation, soit expresse, soit tacite, et qu'il ne faut pas faire à cette espèce l'application d'un arrêt du 1er. août 1707, rapporté dans le Journal de audiences (1), qui jugea que l'approbation donnée à un mariage du vivant des deux époux, par les parens collatéraux, ne pouvait élever contre ces derniers une fin de non-recevoir, lorsqu'ils voulaient, après la dissolution du mariage, intenter l'action en nullité, parce qu'ils n'avaient aucun droit de critiquer, ni même d'examiner le mariage pendant que leur parent était vivant, et que l'approbation donnée à un acte ne rend non recevable à l'attaquer, que lorsqu'elle est donnée dans un tems où le droit de l'attaquer était ouvert.

628. Le mariage contracté avant l'âge requis peut encore être attaqué du vivant des époux, par le ministère public. L'art. 190 lui en fait même un devoir; car, dans l'esprit du Code, cet empêchement est fondé sur des motifs d'intérêt public et général. Mais l'action du ministère public n'est plus reçue, lorsque la femme a conçu avant l'âge requis, ni lorsque les époux ont atteint cet âge, ni enfin si l'un des deux est mort avant l'action; car l'art. 190 réduit le ministère public à agir du vivant des époux. C'est une règle générale que,

(1) Et dans Pothier, Traité du contrat de mariage, n.° 448.

lorsqu'une action en nullité n'est accordée que
pour l'intérêt des mœurs et de l'ordre public, elle
doit être exercée pendant la durée du mariage;
elle est éteinte et prohibée après sa dissolution,
puisqu'elle devient sans objet. (1).

629. 4°. A la différence de la nullité qui résulte
du défaut d'âge requis, celle qui résulte du lien
d'un premier mariage subsistant est perpétuelle;
elle ne s'efface ni par le laps de tems, ni par aucune ratification expresse ou tacite, même après
que le bigame est affranchi du premier engagement, qui seul formait obstacle au second mariage.

Les doubles mariages blessent essentiellement
les mœurs et l'ordre public. Les motifs qui les ont
fait défendre, obligent à se reporter toujours au
principe de ces unions scandaleuses. L'espoir que
la mort de l'époux délaissé pourrait dans la suite
les rendre valables, serait un encouragement à les
former. Cet espoir serait déjà criminel, et pourrait
conduire à des crimes plus grands. Aussi, hors le
cas dont parle l'art. 139, d'une union contractée
pendant l'absence du premier conjoint, de qui
l'existence était incertaine, on ne trouve dans le
Code aucune fin de non-recevoir par laquelle on
puisse écarter la demande en nullité, formée contre un mariage contracté avant la dissolution du
premier.

_____

(1) *Foy.* Locré, tom. III, pag. 588, 591 et 595.

63o. On peut pourtant observer que la condition des enfans nés avant ou depuis cette dissolution, est bien différente.

Les premiers sont des enfans adultérins qui (hors le cas de bonne foi de l'autre époux, dont nous parlerons bientôt), sont condamnés à une illégitimité ineffaçable, et ne peuvent jamais, soit à titre de donation ou autrement, prétendre à aucune partie des biens de leurs père et mère, mais seulement aux alimens que leur qualité d'hommes ne permet pas de leur refuser.

63i. Au contraire, les enfans nés depuis la dissolution du premier mariage, peuvent être reconnus par leurs père et mère, et même prétendre à une portion des biens de leur succession; ils peuvent aussi être légitimés par un mariage subséquent.

Car l'adultère, suivant le Code, n'étant un empêchement de mariage entre les deux coupables, que dans le seul cas où le divorce a été prononcé pour cause d'adultère (art. 298), il n'est pas défendu aux individus qui avaient contracté un mariage nul, avant la dissolution du premier; de se remarier légalement après sa dissolution.

632. La nullité, suivant l'art. 184, peut être proposée, soit par les époux eux-mêmes, soit par tous ceux qui y ont intérêt, soit par le ministère public.

Cet article ne distingue point entre les époux; ainsi l'époux bigame peut, aussi bien que l'autre, invoquer la nullité du mariage qu'il se repent d'avoir contracté contre la prohibition des lois.

Il faut toujours excepter le cas du second mariage contracté pendant l'absence du premier conjoint ; car, suivant l'art. 139, l'époux absent est
seul recevable à attaquer ce mariage ; le ministère
public n'en aurait pas le droit.

653. Le projet de Code civil donnait aux ascendans des époux le droit d'attaquer le second mariage contracté avant la dissolution du premier.
La section de législation du Conseil d'état proposa
une rédaction différente, mais qui leur donnait le
même droit. Cette rédaction fut même adoptée ;
mais elle fut dans la suite retranchée, et l'art. 184
se borne à dire en général *que le mariage peut être
attaqué par tous ceux qui y ont intérêt ;* et comme
rien n'indique pourquoi cette rédaction fut substituée aux précédentes, on ne peut voir dans ce
texte si la loi a voulu comprendre les ascendans
dans la classe de ceux qui ont intérêt d'attaquer
le mariage. On est porté à croire qu'elle ne l'a pas
voulu, si l'on compare cet article avec l'art. 190,
qui comprend nominativement les ascendans au
nombre de ceux qui peuvent attaquer un mariage
clandestin, quoiqu'il donne aussi ce droit à tous
ceux qui y ont un intérêt né et actuel. En tout
cas, ce droit n'appartiendrait pas à tous les ascendans concurremment, mais graduellement, et à
défaut les uns des autres, comme le droit d'opposition. (*Voy. suprà,* n°. 584).

Quoi qu'il en soit, la question de savoir si les
ascendans peuvent ou non attaquer de pareils mariages n'est pas très-importante, puisqu'il leur

reste un autre moyen de retirer leurs enfans d'un mariage incestueux ou entaché de bigamie, en mettant en mouvement le ministère public, qui est obligé d'agir aussitôt que les faits lui sont déférés.

634. L'époux au préjudice duquel a été contracté un second mariage, peut en demander la nullité du vivant même de l'époux qui était engagé avec lui. (Art. 188, 139).

635. Le ministère public peut et doit proposer cette nullité, et faire condamner les époux à se séparer; mais il ne peut la proposer, suivant l'article 190, que du vivant des deux époux. Il ne peut plus agir lorsque la dissolution du mariage a mis fin au scandale, et que les époux sont séparés par la mort. L'objet de son action a cessé.

Le ministère public ne peut aussi, comme nous l'avons dit, attaquer le mariage contracté pendant l'absence de l'autre époux.

636. Les héritiers collatéraux et les enfans issus d'un autre mariage, ne peuvent, du vivant des deux époux, attaquer le second mariage contracté avant la dissolution du premier; ils ne le peuvent qu'après la mort de l'un des époux, parce que c'est alors seulement qu'ils ont un intérêt actuel de le faire déclarer nul. (Art. 187). Si les ascendans étaient au nombre des héritiers de l'un des époux, ils auraient également en cette qualité le droit d'attaquer le mariage.

637. Dans tous les cas où le mariage est atta-

qué pour vice de bigamie, si la nullité du premier mariage est opposée, elle doit être préalablement jugée (art. 189), parce que si le premier mariage était nul, il ne pourrait produire aucun effet, il n'y aurait point de bigamie, et le second mariage seul serait valide (1).

638. 5°. La nullité qui résulte de l'inceste, lorsque le mariage est contracté dans les degrés prohibés de parenté ou d'affinité, est aussi une nullité absolue et perpétuelle, puisque les liens de la parenté durent autant que ceux qu'ils unissent.

Néanmoins, la section de législation avait proposé au Conseil d'état une distinction qui paraît fort raisonnable. Sa rédaction ne donnait le droit d'attaquer le mariage, soit aux époux, soit aux ascendans, soit même au ministère public, que dans le cas seulement où il n'échoit pas d'accorder des dispenses; mais cette distinction a été rejetée par l'art. 184, qui ne limite point le droit d'attaquer le mariage au cas où il a été contracté dans les degrés auxquels on n'accorde point de dispenses.

Du reste, ce que nous avons dit sur les personnes qui peuvent attaquer les mariages pour vice de bigamie, s'applique aux mariages incestueux.

639. Il faut y ajouter une observation commune à ces sortes de mariages; c'est que le consentement

_____

(1) *Voy. supra*, n.° 550, pag. 447.

des parens n'en peut couvrir le vice, ni les rendre non recevables à les attaquer. Cette fin de non-recevoir n'est établie, par l'art. 186, qu'à l'égard des mariages contractés avant l'âge requis, dont le défaut n'est qu'un empêchement temporaire.

640. 6°. Ce ne sont point les cérémonies, c'est la foi et le consentement des parties qui font le mariage; mais il importe à la société, aux familles et aux époux, que ce consentement soit donné dans une forme solennelle et régulière. La nullité qui résulte de l'omission des formalités requises pour la célébration du mariage est donc une nullité absolue.

Mais, d'un autre côté, il y aurait un mal réel à troubler la paix des ménages, et le repos des familles, pour de simples défauts de forme qui peuvent souvent n'être pas imputables aux époux et jamais aux enfans.

Le Code n'a donc pas voulu rendre toutes les formalités prescrites pour la célébration du mariage, également essentielles à sa validité. Il en est dont l'omission peut opérer la nullité du mariage, d'autres dont l'oubli n'entraîne pas des conséquences aussi graves.

641. L'art. 165 n'indique comme essentielles que deux formalités, 1°. la publicité de la célébration; 2°. la célébration devant l'officier civil du domicile d'une des parties.

« Le mariage, dit-il, sera célébré *publiquement* » devant l'officier civil du domicile d'une des par- » ties. »

L'art. 191, qui est une suite de celui-là, et qui en contient la sanction, ne permet d'attaquer « que » le mariage qui n'a point été contracté publique- » ment, et qui n'a point été célébré devant l'of- « ficier civil compétent. »

L'omission des autres formalités ne peut donc entraîner la nullité des mariages. Elle expose seulement l'officier public à une amende de 300ᶠ, et les parties contractantes ou les personnes sous la puissance desquelles elles ont agi, à une amende proportionnée à leur fortune. (Art. 992).

642. Mais il faut remarquer qu'aucun des articles cités ne définit ce que c'est, dans le sens du Code, qu'un mariage contracté publiquement. Cependant il importe d'en avoir une idée nette et précise. C'est d'abord un mariage célébré en présence des quatre témoins exigés par l'art. 75, et de l'officier public. Les anciennes ordonnances considéraient comme clandestins, et non contractés publiquement, les mariages faits hors de la présence de quatre témoins et du propre curé, remplacé aujourd'hui par l'officier de l'état civil (1).

Mais est-il, en outre, essentiel à la publicité du mariage qu'il soit célébré dans la maison commune, sans que l'officier civil puisse se transporter au domicile des parties ou ailleurs? M. Male-

_____

(1) *Voy.* Lacombe, Jurisprudence canonique, v.° *Empêchement*, pag. 280, et les ordonnances qu'il cite.

ville (1) soutient l'affirmative. Il se fonde sur ce qu'on proposa au Conseil d'état de donner à l'officier civil la faculté de se transporter au domicile des parties, pour y célébrer le mariage; par exemple, pour les mariages contractés *in extremis*; et qu'on répondit que cette faculté aurait beaucoup d'inconvéniens ; qu'elle deviendrait l'apanage de la puissance et de la richesse, et qu'il valait mieux conserver le principe de la publicité; que cependant il fut convenu de renvoyer cette question au titre du mariage, où l'on ne trouve point d'exception à la publicité, et où elle est au contraire confirmée par l'art. 165. M. Portalis, dans l'Exposé des motifs, édition de Didot, pag. 245, dit aussi que l'officier civil « n'a aucun pouvoir per-
» sonnel de changer le lieu, ou de modifier les
» formalités de la célébration. »

M. Locré, au contraire (2), dit que le mariage célébré hors de la maison commune et même hors de la commune n'est pas nul, pourvu qu'il l'ait été publiquement et par l'officier civil compétent. Il prétend que cette question fut ainsi décidée au Conseil d'état, et que cette décision était la suite du système adopté sur les mariages *in extremis*, qui ne sont pas défendus par le Code, et qu'il ne fallait pas rendre impossibles dans le fait, en les tolérant dans le droit.

Mais il n'indique point où se trouve cette dé-

<hr />

(1) Sur l'art. 74, pag. 97.
(2) Tom. III, pag. 401, édition in-8°.

cision, qu'on cherche en vain dans les procès-verbaux des conférences, et qui, d'ailleurs, ne pourrait être une règle obligatoire pour les tribunaux, au préjudice des dispositions du Code.

Autrefois, il n'était pas nécessaire que le mariage fût fait dans l'église paroissiale du domicile; le curé pouvait se transporter dans une autre, et il était fréquent de célébrer les mariages dans les chapelles castrales ou particulières.

Quoi qu'il en soit, un arrêt de la Cour de cassation (1), du 22 juillet 1807, a décidé que l'art. 75, qui indique la maison commune pour le lieu où les mariages doivent être célébrés, n'ayant pas textuellement prononcé la peine de nullité contre l'inobservation de cette disposition, les tribunaux peuvent, sans contrevenir à la loi, ne pas avoir égard à cette irrégularité.

D'où l'on peut induire que, lorsque la peine de nullité n'est pas expressément prononcée par les articles du Code qui prescrivent les formalités du mariage, les juges peuvent annuler ou maintenir les mariages attaqués pour omission de ces formalités, selon que l'intérêt public et celui des familles leur paraissent l'exiger (2).

---

(1) Rapporté par Sirey, an 1807, pag. 556.

(2) Mais voyez deux arrêts, l'un du 12 fructidor an 10, l'autre du 12 prairial an 11, rapportés dans les *Questions de droit*, v.° *Mariage*, pag. 251, par lesquels la Cour de cassation a décidé que les juges ne peuvent pas prononcer la nullité d'un mariage, lorsqu'elle n'est pas prononcée par la loi.

C'est en effet pour leur laisser cette liberté que les art. 165 et 191 du Code, se sont bornés à exiger que le mariage soit célébré *publiquement*, sans définir en quoi consiste la publicité, afin d'en abandonner la décision à la prudence des juges.

L'art. 193 l'indique clairement; il porte : Les » peines prononcées par l'art. 192, seront encourues pour *toute contravention* aux règles prescrites » par l'art. 165, lors même que ces contraventions » *ne seraient pas suffisantes* pour faire prononcer la » nullité du mariage

Donc c'est aux tribunaux à juger si la contravention est suffisante pour opérer la nullité. La conséquence est nécessaire.

Aussi, on remarque que l'art. 191 dit seulement que le mariage qui n'a pas été « contracté publiquement, et qui n'a point été célébré devant » l'officier public compétent, *peut être attaqué*. » Il ne dit pas que ce mariage est nul; il n'ordonne pas d'en prononcer la nullité.

D'un autre côté, l'art. 165 n'est pas conçu en termes prohibitifs comme les art. 144, 147, 148, 161, 162 et 163, à l'égard desquels on ne pourrait pas dire que les contraventions aux règles qu'ils prescrivent peuvent n'être pas suffisantes pour faire prononcer la nullité du mariage.

Les rédacteurs du projet de Code proposaient un article qui portait que « la loi ne reconnaît que » le mariage contracté conformément à ce qu'elle prescrit ». Mais cet article, rédigé d'ailleurs dans d'autres vues (1), fut rejeté précisément, parce que la règle qu'il renfermait manquait d'exactitude, et que la loi reconnaît des mariages qui n'ont pas été célébrés conformément à tout ce qu'elle prescrit. On peut donc, en rapprochant les art. 165 191 et 193, de la jurisprudence de la Cour de cassation, poser en principe que la nullité qui résulte des contraventions aux règles établies par l'art. 165, n'est point radicale, et qu'elle dépend des circonstances, que la prudence des juges peut seule apprécier (2).

Il peut y avoir contravention en un seul point ou en plusieurs à la fois. Ces combinaisons peuvent beaucoup varier, ainsi que les circonstances. La loi ne pouvant les prévoir toutes, encore moins les apprécier, a laissé au magistrat le soin de décider si leur nombre, si leur importance suffisent pour faire annuler les mariages qui sont attaqués.

---

(1) *Voy.* Locré, pag. 595.

(2) Maleville, sur l'art. 193, pag. 206, est de cet avis. *Voy.* aussi les Questions de droit de Merlin, v.° *Inscription hypothécaire*, tom. III, pag. 114, col. 1, à la fin, 2.° édition.

Cependant M. Portalis établit une doctrine contraire dans l'Exposé des motifs, pag. 255. « La plus grave de toutes les nullités, dit-il, est » celle qui dérive de ce qu'un mariage n'a pas été célébré publique- » ment, et en présence de l'officier civil compétent. Cette nullité donne » action aux pères et aux mères, aux époux, au ministère public, et à » tous ceux qui y ont intérêt. *Elle ne peut être couverte par la posses-* » *sion*, ni par aucun acte exprès ou tacite de la volonté des parties. » Elle est indéfinie et absolue. Il n'y a pas mariage, mais commerce » illicite entre des personnes qui n'ont point formé leur engagement en » présence de l'officier civil compétent, témoin nécessaire du contrat. » Dans notre législation actuelle, le défaut de présence de l'officier civil, » compétent a les mêmes effets qu'avait autrefois le défaut de présence

Sur quoi l'on peut observer que l'art. 191 paraît exiger la réunion de plusieurs contraventions; car, pour permettre d'attaquer un mariage, il exige deux choses qu'il réunit par une conjonction copulative.

643. L'ancienne jurisprudence exigeait aussi, pour annuler un mariage comme clandestin, plusieurs contraventions aux règles établies; ainsi, par exemple, quoique alors, comme aujourd'hui, la loi exigeât la présence de quatre témoins, si le mariage d'un majeur avait été célébré par le propre curé en présence de deux témoins seulement, on ne jugeait pas cette contravention suffisante pour prononcer la nullité (1); et vraisemblablement on ne l'annulerait pas aujourd'hui, s'il ne se trouvait pas d'autres circonstances suffisantes pour y déterminer les juges.

» du propre curé. Le mariage était *radicalement* nul; il n'offrait qu'un » attentat aux droits de la société, et une infraction manifeste des lois » de l'État ».

Il ne paraît pas que cette doctrine puisse s'accorder avec le texte du Code. Comment croire que cette nullité soit la plus grave des nullités? plus grave que celle qui résulte de la bigamie et de l'inceste, du défaut de consentement des parties? Comment croire qu'elle ne peut être couverte par la possession, lorsque l'art. 196 dit positivement le contraire à l'égard des époux? M. Portalis dit qu'elle a les mêmes effets qu'avait le défaut de présence du propre curé; mais la nullité qui en résultait pouvait être couverte par des fins de non-recevoir; le ministère public ne pouvait même la faire valoir que pour faire condamner les parties à réhabiliter leur mariage devant le propre curé. *Voy.* le 11.e plaidoyer de d'Aguesseau; Lacombe, Jurisprudence canonique, v.° *Empêchement*, dist. 13, art. 1. *Voy.* sur-tout la note 2, *supra*, pag. 532.

(1) Lacombe, v.° *Empêchement*, pag. 283.

644. De même, l'incompétence de l'officier civil (1) pourrait n'être pas jugée suffisante pour annuler un mariage, d'ailleurs régulier, si elle était
excusée par les circonstances ; par exemple si, au
lieu de l'officier de l'état civil du domicile des parties, on avait pris celui d'une commune où l'une
d'elles avait une maison de campagne, quoiqu'elle
n'y eût pas résidé pendant les six mois continus
exigés pour établir le domicile relativement au
mariage.

645. La nullité résultant du vice de clandestinité ou de l'inobservation des formalités prescrites
pour le mariage, peut être proposée par les époux
eux-mêmes, par les pères et mères et ascendans,
au défaut les uns des autres (2), du vivant même
des deux époux, et, après leur mort, par tous
ceux qui y ont un intérêt né et actuel. (Art. 191).

646. Mais lorsqu'il y a possession d'état, et que
l'acte de célébration du mariage devant l'officier
de l'état civil est représenté, les époux sont respectivement non recevables à demander la nullité,
et à attaquer leur mariage pour vice de clandestinité. (Art. 196). Cette possession d'état laisse
subsister l'action à l'égard des autres personnes.

647. L'ancienne jurisprudence ne donnait au
ministère public le pouvoir d'attaquer les mariages
clandestins, que pour en ordonner la réhabilita-

---

(1) *Voy.* l'arrêt du 12 prairial an 13, dans les Questions de droit,
v.° *Mariage*, pag. 231.

(2) Argum. art. 173.

tion (1), et non pour en faire prononcer la dissolution. C'était aussi le vœu des rédacteurs du projet du Code (2); mais on craignit que les parties
ne négligeassent d'exécuter le jugement qui ordon-
nerait la réhabilitation, et le ministère public fut
autorisé à demander la dissolution du mariage
clandestin; mais la loi ne lui en fait pas un devoir, comme dans les cas prévus par l'art. 184.
L'art. 191 dit seulement que le ministère public
peut attaquer le mariage, et non pas qu'il le doit.
Il est, au contraire, de son devoir de n'user de
cette autorisation qu'avec la plus grande circons-
pection, et seulement lorsqu'il y a scandale notoire, lorsque l'ordre public est troublé, sans quoi
son ministère dégénérerait en inquisition (3).

648. Il est à remarquer que le pouvoir du ministère public n'est pas borné à provoquer la nullité des mariages contraires à la loi; il doit aussi
protéger et faire maintenir les mariages légalement faits, que les parties voudraient faire annuler par des procédures collusoires. Il pourrait
même se rendre appelant d'un jugement qui aurait déclaré un mariage nul, et auquel les parties
auraient acquiescé, sans qu'on pût lui opposer la
fin de non-recevoir résultant du délai de trois
mois, accordé par le Code de procédure pour relever appel (4).

---

(1) *Voy.* Pothier, du Mariage, n.ᵒˢ 451 et 459; ordonnance du 13 juin 1697.
(2) Art. 40; *voy.* Locré, tom. III, pag. 405 et 406.
(3) Locré, tom. III, pag. 370 et suiv.
(4) Ainsi l'ont jugé avec raison deux arrêts, l'un de la Cour de Bru

649. Il ne faut pas confondre les mariages clandestins dont nous venons de parler, avec les mariages secrets et les mariages *in extremis.*

On appelait mariages secrets ceux qui, quoique contractés selon les lois, avaient été tenus cachés pendant la vie des époux, ceux dont la connaissance avait été concentrée avec soin parmi le petit nombre de témoins nécessaires à leur célébration.

Il ne suffisait pas, pour la publicité d'un mariage, qu'il eût été célébré avec toutes les formes prescrites; il fallait encore qu'il fût suivi, de la part des deux époux, d'une profession publique de leur union, et qu'ils ne rougissent pas d'être unis. La déclaration de 1639 privait de tous les effets civils ces mariages, qui ressentaient plutôt la honte d'un concubinage, que la dignité d'un mariage.

Le but principal de cette loi était de prévenir les alliances inégales qui blessaient l'orgueil des grands noms, ou qui ne pouvaient se concilier avec l'ambition d'une grande fortune. Ces préjugés ayant été bannis de notre législation, fondée sur l'égalité des droits, la déclaration de 1639 est aujourd'hui abrogée; l'observation des formes, dans la célébration du mariage, garantit suffisamment sa publicité de fait et de droit, et des époux qui,

---

xelles, du 1.er août 1808, Sirey, 1808, 2.e part., pag. 273; l'autre de la Cour de Pau, du 28 janvier 1809; Sirey, 1809, 2.e part., pag. 241.

malgré l'observation de ces formes, pourraient aujourd'hui, ce qui est beaucoup plus difficile qu'autrefois, parvenir à rendre leur union secrète, ne seraient plus exposés à la voir privée des effets civils.

Les mariages contractés à l'extrémité de la vie, qu'on appelait mariages *in extremis,* étaient aussi, par la déclaration de 1639 et par l'édit de mars 1697, privés de tous les effets civils, lorsqu'ils avaient été précédés d'un commerce illicite entre les deux époux. Mais on a pensé qu'il n'était pas juste de condamner au désespoir un père mourant, dont le cœur, déchiré par les remords, voudrait, en quittant la vie, assurer l'état d'une épouse, ou celui d'une postérité innocente dont il prévoit la misère et le malheur. Ces mariages ne sont donc plus défendus sous l'empire du Code.

650. 7°. Le Code se tait sur les personnes qui peuvent proposer la nullité du mariage contracté depuis la mort civile, parce qu'elle est considérée non comme un moyen de faire annuler le mariage, mais comme l'empêchant de se former, même en apparence, quant aux effets civils(1); et il naît de là une exception que peuvent faire valoir en tout tems tous ceux qui y ont intérêt.

651. 8°. Nous avons vu que le crime d'adultère était un empêchement perpétuel de mariage entre

---

(1) *Voy. suprà,* n.° 285,

les deux coupables, lorsque le divorce a été prononcé pour cause d'adultère;

Que le divorce était un empêchement perpétuel
de mariage entre les deux époux divorcés, qui ne
peuvent plus se réunir pour quelque cause que le
divorce ait été prononcé ;

Que, lorsqu'il a été prononcé par consentement
mutuel, il est un empêchement temporaire qui
ne permet pas aux époux divorcés de contracter
un nouveau mariage pendant trois ans;

. Enfin, que la femme ne peut contracter un
nouveau mariage qu'après dix mois révolus depuis
la dissolution du mariage précédent. (Art. 228).

Le Code ne dit point si ces empêchemens sont
dirimans ou simplement prohibitifs; mais il ne
donne à personne le droit de les attaquer; il ne
contient aucune disposition sur ce point, comme
il en contient sur les autres empêchemens, dont
nous avons précédemment parlé.

Nous pensons, par ces motifs, que ces quatre
empêchemens ne sont que prohibitifs, et que les
mariages contractés au mépris de ces prohibitions
ne peuvent être attaqués, quoique les dispositions
qui défendent ces mariages paraissent toutes conçues en termes prohibitifs. (ne pourra) (1).

_____

(1) *Voy.*, dans le second volume, le chap. 8, des Seconds mariages.
Voy. aussi un arrêt de la Cour de cassation, du 29 octobre 1811, Sirey,
an 1812, pag. 46, qui juge que l'empêchement n'est que prohibitif,
dans le cas de la veuve qui convole à un second mariage avant dix mois.

652. L'effet des nullités est que les mariages déclarés nuls sont considérés comme n'ayant point existé. Il n'y a point de communauté, les conventions matrimoniales et les donations sont comme non avenues, sauf néanmoins la restitution de la dot ou des sommes que le mari aurait reconnu (1) avoir reçues de la femme ou de ses parens; les enfans issus de ces mariages sont réduits à la condition d'enfans naturels, sans pouvoir être héritiers, même de leurs pères et mères, sauf la portion de biens que la loi leur accorde; mais l'effet des nullités peut cesser par la bonne foi.

SECTION III.

Du Mariage putatif ou des Effets de la bonne foi dans le mariage.

SOMMAIRE.

(1) *Voy.* un arrêt du 1.er août 1707, dans le Journal des audiences; autre dans Lacombe, Jurisprudence canonique, au mot *Empêchement*, pag. 285, et cela contre la disposition du droit romain, suivant lequel la dot et les donations revenaient au fisc, lorsque les mariages avaient été contractés contre la prohibition des lois. *Inst. de nupt.*, § 12.

653. La bonne foi de ceux qui se sont unis par un mariage qu'ils croyaient autorisé par la loi, et dont ils ignoraient les empêchemens, mérite qu'on accorde à eux et à leurs enfans les avantages de l'état dans lequel ils croyaient vivre légitimement, lorsque d'ailleurs leur erreur était excusable. C'est sur ce principe d'équité que le Code veut, en conformité de l'ancienne jurisprudence, que le mariage qui a été déclaré nul produise néanmoins les effets civils, tant à l'égard des époux qu'à l'égard des enfans, lorsqu'il a été contracté de bonne foi. (Art. 201).

Il ajoute que si la bonne foi n'existe que de la part de l'un des époux, le mariage ne produit les effets civils qu'en faveur de cet époux et des enfans issus de ce mariage. (Art. 202).

654. Le mariage que l'un des conjoints au moins a cru légitime, est appelé par les docteurs mariage putatif, *matrimonium putativum*. Hertius (1) le définit d'une manière claire et précise : *Matrimonium putativum est quod solemniter et bonâ fide, saltem opinione justâ unius conjugis contractum, inter personas jungi veritas consistit.*

655. Ainsi, trois conditions sont nécessaires pour donner les effets civils au mariage putatif : bonne foi, solennité dans l'acte, erreur excusable.

La première de ces trois conditions dépend de circonstances tout à fait personnelles aux deux conjoints, ou à celui des deux qui allègue la bonne foi. S'il était prouvé qu'il n'a pas ignoré l'empêchement au mariage qu'il voulait contracter, ou dans lequel il a continué de vivre, il deviendrait indigne de la faveur que la loi accorde à la seule bonne foi.

656. Si, postérieurement au mariage, les conjoints ou l'un d'eux acquièrent la connaissance certaine d'un empêchement légal, ils doivent se sé-

---

(1) *De matrimonio putativo. Voy.* aussi Boehmer, *Jus ecclesiast. protest.*, *lib.* 4, *tit.* 17, *pag.* 300; Pirrhing, *in tit. qui fili sint legit.* X, *lib.* 4, *tit.* 17; *voy.* aussi d'Aguesseau, tom. IV, pag. 274; le nouveau Denisart, au mot *Bonne foi.*

parer ou le faire cesser, s'il est possible ; ils ne peuvent rester unis avec bonne foi, à moins qu'ils n'aient des motifs plausibles de croire que l'empêchement dont on les avertit n'existe pas (1).

Il serait donc possible que, dans le nombre des enfans nés d'une même union, il y en eût qui recueillissent tous les avantages que donne la bonne foi des père et mère, tandis que les autres en seraient privés (2).

Il est évident qu'il ne pourrait exister de bonne foi dans un mariage contracté entre deux personnes engagées toutes les deux dans les liens d'un premier mariage, quoiqu'à l'insu l'une de l'autre, ou entre deux personnes mortes civilement (3).

---

(1) Par exemple si, usant du droit que leur donne l'art. 189, ils soutenaient le premier mariage nul, ils pourraient rester unis pendant la litispendance, et même pendant le cours de l'appel. Pirrhing, *ubi supra*.

(2) M. Proudhon, tom. II, pag. 5 et 6, pense que la bonne foi n'est nécessaire qu'au moment du contrat, et que les effets civils du mariage putatif ne cessent qu'après que le mariage a été déclaré nul, et que les époux ont été condamnés à se séparer.

C'est aller trop loin. Si les époux ont des motifs plausibles de croire leur mariage valide, ils peuvent sans doute rester unis jusqu'au jugement qui leur ordonne de se séparer. Mais, par exemple, si l'on avait remis à l'époux de bonne foi un acte en forme qui prouvât la célébration d'un premier mariage encore existant entre l'autre époux et une autre personne ; si on découvrait que les époux sont frères et sœurs, et qu'on leur en remît la preuve ; que, malgré cette connaissance acquise, ils s'obstinassent à rester unis, il serait difficile de soutenir que les effets de la bonne foi, qui ne peut plus exister, continuassent néanmoins d'exister.

(3) Si l'une d'elles seulement était morte civilement, la bonne foi de l'autre donnerait les effets civils au mariage. *Vid. suprà*, pag. 257.

657. La seconde condition est la solennité du mariage. On n'est de bonne foi aux yeux de la loi, qu'autant qu'on a fait publiquement ce qu'elle prescrit pour faire un acte légitime. Ainsi, les effets de la bonne foi ne s'étendraient pas aux enfans nés d'une cohabitation antérieure au mariage putatif (1). L'art. 202 ne les accorde qu'aux *enfans issus du mariage*, et non pas aux enfans nés avant le mariage putatif.

Si le mariage subséquent légitime les enfans nés avant sa célébration, lorsqu'il est valide, il ne produit pas les mêmes effets quand il est nul. Il ne peut légitimer les enfans nés avant la solennité du mariage, d'une cohabitation entre deux personnes qui ne pouvaient pas s'unir, quand même l'empêchement n'aurait plus subsisté lors du mariage, quand les deux conjoints ou l'un d'eux allégueraient avoir ignoré l'empêchement existant lors de la cohabitation ; car on ne peut jamais être de bonne foi dans le concubinage. La loi, dit d'Aguesseau (2), récompense l'innocence telle qu'elle se trouve dans celui qui contracte de bonne foi et par erreur de fait, un mariage défendu ; mais que la loi récompense une personne qui a voulu mal faire, parce qu'elle a cru faire un moindre mal, c'est ce qui ne peut pas être écouté.

658. Enfin, il faut que l'erreur des deux con-

_____

(1) D'Aguesseau, tom. IV, pag. 277.
(2) *Ubi suprà*, et pag. 282.

joints, ou de celui qui allègue la bonne foi, soit excusable, qu'il ait pu se tromper, et que la loi souffre la cause de son erreur.

Si les conjoints n'avaient pas pris toutes les mesures indiquées par la loi, pour être instruits des empêchemens qui pouvaient s'opposer à leur union, ce ne serait plus le cas d'alléguer la bonne foi; cette bonne foi ne serait plus présumée.

659. Par exemple, un mariage est contracté sans publications, et l'on découvre ensuite qu'un des conjoints était engagé dans les liens d'un premier mariage : le conjoint libre pourrait plus difficilement faire admettre l'allégation de bonne foi, à moins qu'il ne fût mineur, ou qu'il y eût des circonstances suffisantes pour caractériser sa bonne foi. La seule opinion que le conjoint libre dirait en pareil cas avoir eue de la validité de son mariage, ne serait pas une excuse légitime ; ce ne serait pas *opinio justa*. Les tribunaux n'excuseraient pas l'erreur dans laquelle on ne serait tombé que pour n'avoir pas pris tous les moyens que la loi prescrivait, afin de l'éviter.

660. Les effets de la bonne foi, relativement aux droits de celui qui a contracté dans l'ignorance de l'empêchement qui s'opposait à son mariage, se rapportent à trois objets :

Les droits pour la répétition de la dot, et des autres conventions matrimoniales; les droits sur la communauté; le droit de succéder aux enfans.

661. Si les deux époux obligés de se séparer

Ainsi, ils recueillent non seulement les successions de leurs père et mère, même de celui qui n'était pas de bonne foi (1), mais encore les successions collatérales provenues du chef de ce dernier; ils portent le même nom et les armes de leur père, et recueillent les majorats établis en faveur de l'aîné des mâles (2).

---

(1) *Voy.* Lacombe, Jurisprudence civile, au mot *Enfant*, n.° 12. Ainsi jugé contre l'ordre de Malte, pour le pécule d'un profès marié.

(2) C'est ainsi du moins qu'on le jugeait sous l'ancienne législation, et la décision doit être la même sous l'empire du Code civil.

FIN DU TOME PREMIER.

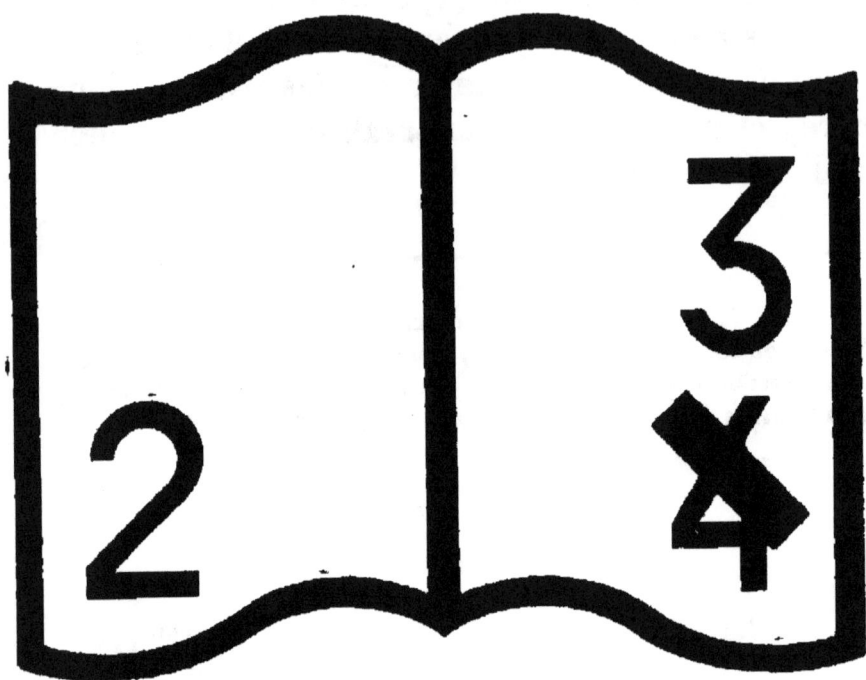

Pagination incorrecte — date incorrecte

NF Z 43-120-12

TABLE
DES TITRES ET CHAPITRES.

TITRE PRÉLIMINAIRE.

étaient de bonne foi, leurs droits seraient, à tous égards, les mêmes que si le mariage avait été légitime.

Les droits de communauté s'exerceraient au moment de la séparation; et quant aux avantages stipulés au profit l'un de l'autre dans leur contrat de mariage, ils conserveraient leur force; mais néanmoins, pour ne produire leur effet que dans les mêmes cas, et aux mêmes époques où ces droits seraient ouverts, si le mariage avait été valide.

Les deux époux séparés conserveraient également le droit de succéder à leurs enfans.

662. Mais si l'un des époux était de mauvaise foi, il n'aurait rien à prétendre, en aucun cas, aux avantages stipulés en sa faveur, quand même ils auraient été stipulés réciproques, quoiqu'en ce cas, l'autre époux conservât tous ses droits, parce que le mariage ne produit aucun effet civil à l'égard de l'époux de mauvaise foi.

663. Quant aux droits de chacun des époux sur les biens communs et confondus, l'époux de bonne foi pourrait faire liquider ses droits, conformément aux règles établies pour les communautés conjugales, dans les cas où le mariage est valide.

Mais si ce règlement lui était désavantageux, il pourrait demander à reprendre tous les effets qu'il aurait apportés, et la moitié des acquêts communs.

664. Il conserverait aussi le droit de succéder

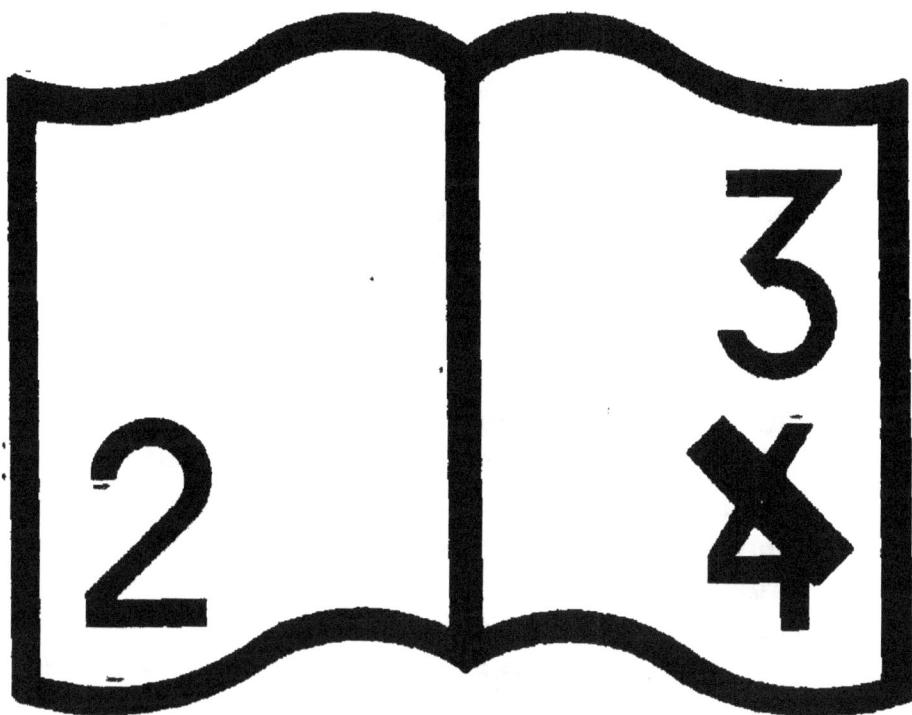

Pagination incorrecte — date incorrecte

NF Z 43-120-12

aux enfans ; droit dont l'époux de mauvaise foi serait privé, quoique ses enfans eussent celui de lui succéder. C'est peut-être le seul cas où le droit de succession ne soit pas réciproque.

665. Il peut naître des questions difficiles sur les droits de plusieurs femmes qui auraient successivement contracté de bonne foi avec le même homme, et dont le mariage aurait subsisté en même tems, sur les biens que le mari aurait acquis pendant le cours de ces mariages. Le Code garde le silence sur ces cas rares et extraordinaires. La règle la plus raisonnable qu'on puisse suivre, semble être de considérer les acquisitions faites pendant la durée de la cohabitation avec chaque femme, comme le résultat d'une société telle qu'elle aurait pu exister entre deux personnes étrangères, et de partager les bénéfices, non pas selon les règles de la communauté conjugale, mais selon les règles générales de la société.

Un ancien arrêt, rapporté par Carondas, dans ses Réponses, liv. 8, chap. 17, dans l'espèce duquel un homme était mort ayant deux femmes qu'il avait épousées pendant la vie d'une première, laquelle laissait des enfans, jugea que les deux dernières femmes avaient chacune la moitié des meubles et acquêts que le défunt avait respectivement acquis avec elles.

666. Quant aux enfans nés de ces mariages putatifs, ils sont légitimes à tous égards ; ils jouissent des mêmes droits que s'ils étaient nés d'un mariage à la légitimité duquel il n'y aurait eu aucun obstacle.

BIBLIOTHÈQUE NATIONALE — R.F. — IMPRIMÉS

TITRE V.

Du mariage.

www.ingramcontent.com/pod-product-compliance
Lightning Source LLC
Chambersburg PA
CBHW031351210326
41599CB00019B/2722